January 18, 1999

What do I consider my most important Contributions?

- That I early on — almost sixty years ago — realized that MANAGEMENT has become the constitutive organ and function of the <u>Society of Organizations</u>;

- That MANAGEMENT is not "Business Management- though it first attained attention in business- but the governing organ of ALL institutions of Modern Society;

- That I established the study of MANAGEMENT as a DISCIPLINE in its own right; and

- That I focused this discipline on People and Power; on Values; Structure and Constitution; AND ABOVE ALL ON RESPONSIBILITIES- that is focused the <u>Discipline of Management</u> on Management as a truly LIBERAL ART.

*Peter F. Drucker*

## 我认为我最重要的贡献是什么？

- 早在60年前，我就认识到管理已经成为组织社会的基本器官和功能；
- 管理不仅是"企业管理"，而且是所有现代社会机构的管理器官，尽管管理最初侧重于企业管理；
- 我创建了管理这门独立的学科；
- 我围绕着人与权力、价值观、结构和方式来研究这一学科，尤其是围绕着责任。管理学科是把管理当作一门真正的人文艺术。

彼得·德鲁克
1999年1月18日

注：资料原件打印在德鲁克先生的私人信笺上，并有德鲁克先生亲笔签名，现藏于美国德鲁克档案馆。为纪念德鲁克先生，本书特收录这一珍贵资料。本资料由德鲁克管理学专家那国毅教授提供。

彼得·德鲁克和妻子多丽丝·德鲁克

## 德鲁克妻子多丽丝寄语中国读者

在此谨向广大的中国读者致以我诚挚的问候。本书深入介绍了德鲁克在管理领域的多种理念和见解。我相信他的管理思想得以在中国广泛应用，将有赖于出版及持续的教育工作，从而令更多人受惠于他的馈赠。

盼望本书可以激发各位对构建一个令人憧憬的美好社会的希望，并推动大家在这一过程中积极发挥领导作用，他的在天之灵定会备感欣慰。

*Doris Drucker*

注：本页照片和多丽丝寄语原文与亲笔签名由北京光华博雅管理研修学院提供。

# 新 社 会

[美] 彼得·德鲁克 著

石晓军 覃筱 等译

## The New Society
### The Anatomy of Industrial Order

彼得·德鲁克全集

机械工业出版社
CHINA MACHINE PRESS

图书在版编目（CIP）数据

新社会 /（美）彼得·德鲁克（Peter F. Drucker）著；石晓军等译 . —北京：机械工业出版社，2018.6（2025.6 重印）
（彼得·德鲁克全集）
书名原文：The New Society: The Anatomy of Industrial Order

ISBN 978-7-111-60101-2

I. 新… II. ①彼… ②石… III. 工业社会学 - 研究 IV. F40

中国版本图书馆 CIP 数据核字（2018）第 107922 号

北京市版权局著作权合同登记　图字：01-2005-4384 号。

Peter F. Drucker. The New Society: The Anatomy of Industrial Order.

Copyright © 1993 by Peter F. Drucker.

Chinese (Simplified Characters only) Trade Paperback Copyright © 2019 by China Machine Press.

This edition arranged with Routledge, a member of the Taylor & Francis Group, LLC through Big Apple Tuttle-Mori Agency, Inc. This edition is authorized for sale in the Chinese mainland (excluding Hong Kong SAR, Macao SAR and Taiwan).

No part of this book may be reproduced or transmitted in any form or by any means, electronic or mechanical, including photocopying, recording or any information storage and retrieval system, without permission, in writing, from the publisher.

All rights reserved.

本书中文简体字版由 Routledge（Taylor & Francis 集团成员）通过 Big Apple Tuttle-Mori Agency, Inc. 授权机械工业出版社在中国大陆地区（不包括香港、澳门特别行政区及台湾地区）出版发行。未经出版者书面许可，不得以任何方式抄袭、复制或节录本书中的任何部分。

本书两面插页所用资料由彼得·德鲁克管理学院和那国毅教授提供。封面中签名摘自德鲁克先生为彼得·德鲁克管理学院的题词。

# 新社会

出版发行：机械工业出版社（北京市西城区百万庄大街 22 号　邮政编码：100037）
责任编辑：董凤凤　　　　　　　　　　　　责任校对：李秋荣
印　　刷：固安县铭成印刷有限公司　　　　版　　次：2025 年 6 月第 1 版第 5 次印刷
开　　本：170mm×230mm　1/16　　　　 印　　张：27.5
书　　号：ISBN 978-7-111-60101-2　　　　定　　价：109.00 元

客服电话：（010）88361066　68326294

版权所有 • 侵权必究
封底无防伪标均为盗版

如果您喜欢彼得·德鲁克（Peter F. Drucker）或者他的书籍，那么请您尊重德鲁克。不要购买盗版图书，以及以德鲁克名义编纂的伪书。

# 出版说明

彼得·德鲁克是管理学的一代宗师,现代组织理论的奠基者,由于他开创了管理这门学科,被尊称为"现代管理学之父"。他终身以教书、著书和咨询为业,著作等身,是名副其实的"大师中的大师"。德鲁克的著作思想博大深邃,往往在书中融合了跨学科的多方面智慧。本书是"彼得·德鲁克全集"系列著作之一,从初版到现在,历经沧桑、饱经岁月锤炼,尽管人类已经迈进了21世纪,经济形态由工业经济发展到了知识经济,但重温本书,读者仍能清晰地感觉到书中依旧非常贴近现实生活的一面,深刻体会到现今出版和阅读本书的意义和价值所在。书中大师许多精辟独到的见解,开理论认识之先河,跨时空岁月之局限,借鉴学习之意义不言而喻,但由于受当时时代背景、社会氛围、个人社会阅历、政治立场等方方面面的局限性,作者的某些观点仍不免过于体现个人主观认识,偏颇、囿困之处在所难免,请读者在阅读时仔细斟辨,批判接受、客观继承。

| 目　录 |

出版说明
推荐序一（邵明路）
推荐序二（赵曙明）
推荐序三（珍妮·达罗克）
译者序
1993年版序
1962年版序

引言　工业时代的革命 / 1

第一部分 | **工业企业**

第1章　新社会秩序 / 23
第2章　现代社会中的企业 / 32
第3章　对企业的剖析 / 45
第4章　"避免亏损"法则 / 61
第5章　更高产出法则 / 74

第 6 章　盈利性和业绩 / 79

## 第二部分 ｜ 工业秩序问题剖析之一：经济冲突

第 7 章　真正的问题在于工资的冲突 / 89

第 8 章　工人对产量提高的抵制 / 97

第 9 章　工人对盈利的敌视 / 104

## 第三部分 ｜ 工业秩序问题剖析之二：管理层与工会

第 10 章　管理层是否能够成为合法的治理机构 / 117

第 11 章　工会组织能否长久存在 / 124

第 12 章　工会需求与共同福利 / 133

第 13 章　工会领导者的困境 / 149

第 14 章　企业员工分化的忠心 / 167

## 第四部分 ｜ 工业秩序问题剖析之三：工厂社区

第 15 章　个人对于地位和职责的要求 / 175

第 16 章　需要"管理者态度" / 182

第 17 章　工作中的人 / 194

第 18 章　真的缺乏机会吗 / 210

第 19 章　沟通缺口 / 218

第 20 章　"投币机论"与"萧条休克症" / 224

## 第五部分 | 工业秩序问题剖析之四：管理职能问题

第 21 章　管理工作的三重性 / 233

第 22 章　管理者为什么不履行自己的职责 / 244

第 23 章　未来的管理者从哪里来 / 251

第 24 章　规模大是良好管理的障碍吗 / 256

## 第六部分 | 工业秩序原理之一：消灭贫困

第 25 章　劳动力作为资本性资源 / 261

第 26 章　可预见收入与就业 / 264

第 27 章　利润中的工人利益 / 278

第 28 章　失业的威胁 / 287

## 第七部分 | 工业秩序原理之二：联邦制管理组织

第 29 章　"组织学就是研究人的学问" / 299

第 30 章　分权制与联邦制 / 304

第 31 章　竞争性市场对管理来说是必要的吗 / 315

## 第八部分 | 工业秩序原理之三：工厂社区的自治性

第 32 章　社区的治理与企业的管理 / 321

第 33 章　管理层必须真正管理 / 329

第 34 章　工人及其社区自治机构 / 339

第 35 章　工厂社区自治机构与工会 / 349

第九部分 | 工业秩序原理之四：作为公民的工会

第 36 章　理性工资政策　/ 361
第 37 章　工会能在多大程度上控制民众　/ 369
第 38 章　罢工何时会变得不堪忍受　/ 377

**结论　一个自由的工业社会** / 381

**1962 年版后记** / 397

| 推荐序一 |

## 功能正常的社会和博雅管理
为"彼得·德鲁克全集"作序

享誉世界的"现代管理学之父"彼得·德鲁克先生自认为,虽然他因为创建了现代管理学而广为人知,但他其实是一名社会生态学者,他真正关心的是个人在社会环境中的生存状况,管理则是新出现的用来改善社会和人生的工具。他一生写了 39 本书,只有 15 本书是讲管理的,其他都是有关社群(社区)、社会和政体的,而其中写工商企业管理的只有两本书(《为成果而管理》和《创新与企业家精神》)。

德鲁克深知人性是不完美的,因此人所创造的一切事物,包括人设计的社会也不可能完美。他对社会的期待和理想并不高,那只是一个较少痛苦,还可以容忍的社会。不过,它还是要有基本的功能,为生活在其中的人提供可以正常生活和工作的条件。这些功能或条件,就好像一个生命体必须具备正常的生命特征,没有它们社会也就不成其为社会了。值得留意的是,社会并不等同于"国家",因为"国(政府)"和"家(家庭)"不可能提供一个社会全部必要的职能。在德鲁克眼里,功能正常的社会至少要由三大类机构组成:政府、企业和非营利机构,它们各自发挥不同性质的作用,每一类、每一个机构中都要有能解决问题、令机构创造出独特绩效的权力中心和决策机制，这个权力中心和决策机制同时也要让机构里的每个人各得其所，既有所担当、做出贡献，又得到生计和身份、地位。这些在过去的国家中从来没有过的权力中心和决策机制，或者说新的"政体"，就是"管理"。在这里德鲁克把企业和非营利机构中的管理体制与政府的统治体制统称为"政体"，是因为它们都掌握权力，但是，这是两种性质截然不同的权力。企业和非营利机构掌握的，是为了提供特定的产品和服务，而调配社会资源的权力，政府所拥有的，则是整个社会公平的维护、正义的裁夺和干预的权力。

在美国克莱蒙特大学附近，有一座小小的德鲁克纪念馆，走进这座用他的故居改成的纪念馆，正对客厅入口的显眼处有一段他的名言：

> 在一个由多元的组织所构成的社会中，使我们的各种组织机构负责任地、独立自治地、高绩效地运作，是自由和尊严的唯一保障。有绩效的、负责任的管理是对抗和替代极权专制的唯一选择。

当年纪念馆落成时，德鲁克研究所的同事们问自己，如果要从德鲁克的著作中找出一段精练的话，概括这位大师的毕生工作对我们这个世界的意义，会是什么？他们最终选用了这段话。

如果你了解德鲁克的生平，了解他的基本信念和价值观形成的过程，你一定会同意他们的选择。从他的第一本书《经济人的末日》到他独自完成的最后一本书《功能社会》之间，贯穿着一条抵制极权专制、捍卫个人自由和尊严的直线。这里极权的极是极端的极，不是集中的集，两个词一字之差，其含义却有着重大区别，因为人类历史上由来已久的中央集权统治直到20世纪才有条件变种成极权主义。极权主义所谋求的，是从肉体到精神，全面、彻底地操纵和控制人类的每一个成员，把他们改造成实现个别极权主义者梦想的人形机器。20世纪给人类带来最大灾难和伤害的战争和运动，都是极权主义的"杰作"，德鲁克青年时代经历的希特勒纳粹主义正是其中之一。要了解德鲁克的经历怎样影响了他的信念和价值观，最好去读他的《旁观者》；要弄清什么是极权主义和为什么大众会拥护它，可以去读汉娜·阿伦特1951年出版的《极权主义的起源》。

好在历史的演变并不总是令人沮丧。工业革命以来，特别是从1800年开始，最近这200年生产力呈加速度提高，不但造就了物质的极大丰富，还带来了社会结构的深刻改变，这就是德鲁克早在80年前就敏锐地洞察和指出的，多元的、组织型的新社会的形成：新兴的企业和非营利机构填补了由来已久的"国（政府）"和"家（家庭）"之间的断层和空白，为现代国家提供了真正意义上的种种社会功能。在这个基础上，教育的普及和知识工作者的崛起，正在造就知识经济和知识社会，而信息科技成为这一切变化的加速器。要特别说明，"知识工作者"是德鲁克创造的一个称谓，泛指具备和应用专门知识从事生产工作，为社会创造出有用的产品和服务的人群，这包括企业家和在任何机构中的管理者、专业人士和技工，也包括社会上的独立执业人士，如会计师、律师、咨询师、培训师等。在21世纪的今天，由于知识的应用领域一再被扩大，个人和个别机构不再是孤独无助的，他们因为掌握了某项知识，就拥有了选择的自由和影响他人的权力。知识工作者和由他们组成的知识型组织不再是传统的知识分子或组织，知识工作者最大的特点就是他们的独立自主，可以主动地整合资源、创造价值，促成经济、社会、文化甚至政治层面的改变，而传统的知识分子只能依附于当时的统治当局，在统治当局提供的平台上才能有所作为。这是一个划时代的、意义深远的变化，而且这个变化不仅发生在西方发达国家，也发生在发展中国家。

在一个由多元组织构成的社会中，拿政府、企业和非营利机构这三类组织相互比较，企业和非营利机构因为受到市场、公众和政府的制约，它们的管理者不可能像政府那样走上极权主义统治，这是它们在德鲁克看来，比政府更重要、更值得寄予希望的原因。尽管如此，它们仍然可能因为管理缺位或者管理失当，例如官僚专制，不能达到德鲁克期望的"负责任地、高绩效地运作"，从而为极权专制垄断社会资源让出空间、提供机会。在所有机构中，包括在互联网时代虚拟的工作社群中，知识工作者的崛起既为新的管理提供了基础和条件，也带来对传统的"胡萝卜加大棒"管理方式的挑战。德鲁克正是因应这样的现实，研究、创立和不断完善现代管理学的。

1999年1月18日，德鲁克接近90岁高龄，在回答"我最重要的贡献是什么"这个问题时，他写了下面这段话：

> 我着眼于人和权力、价值观、结构和规范去研究管理学，而在所有这些之上，我聚焦于"责任"，那意味着我是把管理学当作一门真正的"博雅技艺"来看待的。

给管理学冠上"博雅技艺"的标识是德鲁克的首创，反映出他对管理的独特视角，这一点显然很重要，但是在他众多的著作中却没找到多少这方面的进一步解释。最完整的阐述是在他的《管理新现实》这本书第15章第五小节，这节的标题就是"管理是一种博雅技艺"：

> 30年前，英国科学家兼小说家斯诺（C. P. Snow）曾经提到当代社会的"两种文化"。可是，管理既不符合斯诺所说的"人文文化"，也不符合他所说的"科学文化"。管理所关心的是行动和应用，而成果正是对管理的考验，从这一点来看，管理算是一种科

技。可是，管理也关心人、人的价值、人的成长与发展，就这一点而言，管理又算是人文学科。另外，管理对社会结构和社群（社区）的关注与影响，也使管理算得上是人文学科。事实上，每一个曾经长年与各种组织里的管理者相处的人（就像本书作者）都知道，管理深深触及一些精神层面关切的问题——像人性的善与恶。

管理因而成为传统上所说的"博雅技艺"（liberal art）——是"博雅"（liberal），因为它关切的是知识的根本、自我认知、智慧和领导力，也是"技艺"（art），因为管理就是实行和应用。管理者从各种人文科学和社会科学中——心理学和哲学、经济学和历史、伦理学，以及从自然科学中，汲取知识与见解，可是，他们必须把这种知识集中在效能和成果上——治疗病人、教育学生、建造桥梁，以及设计和销售容易使用的软件程序等。

作为一个有多年实际管理经验，又几乎通读过德鲁克全部著作的人，我曾经反复琢磨过为什么德鲁克要说管理学其实是一门"博雅技艺"。我终于意识到这并不仅仅是一个标新立异的溢美之举，而是在为管理定性，它揭示了管理的本质，提出了所有管理者努力的正确方向。这至少包括了以下几重含义：

第一，管理最根本的问题，或者说管理的要害，就是管理者和每个知识工作者怎么看待与处理人和权力的关系。德鲁克是一位基督徒，他的宗教信仰和他的生活经验相互印证，对他的研究和写作产生了深刻的影响。在他看来，人是不应该有权力（power）的，只有造人的上帝或者说造物主才拥有权力，造物主永远高于人类。归根结底，人性是软弱的，经不起权力的引诱和考验。因此，人可以拥有的只是授权（authority），也就是人只是在某一阶段、某一事情上，因为所拥有的品德、知识和能力而被授权。

不但任何个人是这样，整个人类也是这样。民主国家中"主权在民"，但是人民的权力也是一种授权，是造物主授予的，人在这种授权之下只是一个既有自由意志，又要承担责任的"工具"，他是造物主的工具而不能成为主宰，不能按自己的意图去操纵和控制自己的同类。认识到这一点，人才会谦卑而且有责任感，他们才会以造物主才能够掌握、人类只能被其感召和启示的公平正义，去时时检讨自己，也才会甘愿把自己置于外力强制的规范和约束之下。

第二，尽管人性是不完美的，但是人彼此平等，都有自己的价值，都有自己的创造能力，都有自己的功能，都应该被尊敬，而且应该被鼓励去创造。美国的独立宣言和宪法中所说的，人生而平等，每个人都有与生俱来、不证自明的权利（rights），正是从这一信念而来的，这也是德鲁克的管理学之所以可以有所作为的根本依据。管理者是否相信每个人都有善意和潜力？是否真的对所有人都平等看待？这些基本的或者说核心的价值观和信念，最终决定他们是否能和德鲁克的学说发生感应，是否真的能理解和实行它。

第三，在知识社会和知识型组织里，每一个工作者在某种程度上，都既是知识工作者，也是管理者，因为他可以凭借自己的专门知识对他人和组织产生权威性的影响——知识就是权力。但是权力必须和责任捆绑在一起。而一个管理者是否负起了责任，要以绩效和成果做检验。凭绩效和成果问责的权力是正当和合法的权力，也就是授权（authority），否则就成为德鲁克坚决反对的强权（might）。绩效和成果之所以重要，不但在经济和物质层面，而且在心理层面，都会对人们产生影响。管理者和领导者如果持续不能解决现实问题，大众在彻底失望之余，会转而选择去依赖和服从强权，同时甘愿交出自己的自由和尊严。这就是为什么德鲁克一再警告，如果管理失败，极权主义就会取而代之。

第四，除了让组织取得绩效和成果，管理者还有没有其他的责任？或者换一种说法，绩效和成果仅限于可量化的经济成果和财富吗？对一个工商企业来说，除了为客户提供价廉物美的产品和服务、为股东赚取合理的利润，能否同时成为一个良好的、负责任的"社会公民"，能否同时帮助自己的员工在品格和能力两方面都得到提升呢？这似乎是一个太过苛刻的要求，但它是一个合理的要求。我个人在十多年前，和一家这样要求自己的后勤服务业的跨国公司合作，通过实践认识到这是可能的。这意味着我们必须学会把伦理道德的诉求和经济目标，设计进同一个工作流程、同一套衡量系统，直至每一种方法、工具和模式中去。值得欣慰的是，今天有越来越多的机构开始严肃地对待这个问题，在各自的领域做出肯定的回答。

第五，"作为一门博雅技艺的管理"或称"博雅管理"，这个讨人喜爱的中文翻译有一点儿问题，从翻译的"信、达、雅"这三项专业要求来看，雅则雅矣，信有不足。liberal art 直译过来应该是"自由的技艺"，但最早的繁体字中文版译成了"博雅艺术"，这可能是想要借助它在中国语文中的褒义，我个人还是觉得"自由的技艺"更贴近英文原意。liberal 本身就是自由。art 可以译成艺术，但管理是要应用的，是要产生绩效和成果的，所以它首先应该是一门"技能"。另一方面，管理的对象是人们的工作，和人打交道一定会面对人性的善恶，人的千变万化的意念——感性的和理性的，从这个角度看，管理又是一门涉及主观判断的"艺术"。所以 art 其实更适合解读为"技艺"。liberal——自由，art——技艺，把两者合起来就是"自由技艺"。

最后我想说的是，我之所以对 liberal art 的翻译这么咬文嚼字，是因为管理学并不像人们普遍认为的那样，是一个人或者一个机构的成功学。它不是旨在让一家企业赚钱，在生产效率方面达到最优，也不是旨在让一家非营利机构赢得道德上的美誉。它旨在让我们每个人都生存在其中的人类社会和人类社群（社区）更健康，使人们较少受到伤害和痛苦。让每个工作者，按照他与生俱来的善意和潜能，自由地选择他自己愿意在这个社会或社区中所承担的责任；自由地发挥才智去创造出对别人有用的价值，从而履行这样的责任；并且在这样一个创造性工作的过程中，成长为更好和更有能力的人。这就是德鲁克先生定义和期待的，管理作为一门"自由技艺"，或者叫"博雅管理"，它的真正的含义。

邵明路

彼得·德鲁克管理学院创办人

| 推荐序二 |

# 跨越时空的管理思想

20多年来,机械工业出版社关于德鲁克先生著作的出版计划在国内学术界和实践界引起了极大的反响,每本书一经出版便会占据畅销书排行榜,广受读者喜爱。我非常荣幸,一开始就全程参与了这套丛书的翻译、出版和推广活动。尽管这套丛书已经面世多年,然而每次去新华书店或是路过机场的书店,总能看见这套书静静地立于书架之上,长盛不衰。在当今这样一个强调产品迭代、崇尚标新立异、出版物良莠难分的时代,试问还有哪本书能做到这样呢?

如今,管理学研究者们试图总结和探讨中国经济与中国企业成功的奥秘,结论众说纷纭、莫衷一是。我想,企业成功的原因肯定是多种多样的。中国人讲求天时、地利、人和,缺一不可,其中一定少不了德鲁克先生著作的启发、点拨和教化。从中国老一代企业家(如张瑞敏、任正非),及新一代的优秀职业经理人(如方洪波)的演讲中,我们常常可以听到来自先生的真知灼见。在当代管理学术研究中,我们也可以常常看出先生的思想指引和学术影响。我常常对学生说,当你不能找到好的研究灵感时,可以去翻翻先生的著作;当你对企业实践困惑不解时，也可以把先生的著作放在床头。简言之，要想了解现代管理理论和实践，首先要从研读德鲁克先生的著作开始。基于这个原因，1991年我从美国学成回国后，在南京大学商学院图书馆的一角专门开辟了德鲁克著作之窗，并一手创办了德鲁克论坛。至今，我已在南京大学商学院举办了100多期德鲁克论坛。在这一点上，我们也要感谢机械工业出版社为德鲁克先生著作的翻译、出版和推广付出的辛勤努力。

在与企业家的日常交流中，当发现他们存在各种困惑的时候，我常常推荐企业家阅读德鲁克先生的著作。这是因为，秉持奥地利学派的一贯传统，德鲁克先生总是将企业家和创新作为著作的中心思想之一。他坚持认为："优秀的企业家和企业家精神是一个国家最为重要的资源。"在企业发展过程中，企业家总是面临着效率和创新、制度和个性化、利润和社会责任、授权和控制、自我和他人等不同的矛盾与冲突。企业家总是在各种矛盾与冲突中成长和发展。现代工商管理教育不但需要传授建立现代管理制度的基本原理和准则，同时也要培养一大批具有优秀管理技能的职业经理人。一个有效的组织既离不开良好的制度保证，同时也离不开有效的管理者，两者缺一不可。这是因为，一方面，企业家需要通过对管理原则、责任和实践进行研究，探索如何建立一个有效的管理机制和制度，而衡量一个管理制度是否有效的标准就在于该制度能否将管理者个人特征的影响降到最低限度；另一方面，一个再高明的制度，如果没有具有职业道德的员工和管理者的遵守，制度也会很容易土崩瓦解。换言之，一个再高效的组织，如果缺乏有效的管理者和员工，组织的效率也不可能得到实现。虽然德鲁克先生的大部分著作是有关企业管理的，但是我们可以看到自由、成长、创新、多样化、多元化的思想在其著作中是一以贯之的。正如德鲁克在《旁观者》一书的序言中所阐述的，"未来是'有机体'的时代，由任务、目的、策略、社会的和外在的环境所主导"。很多人喜欢德鲁克提出的概念，但是德鲁克却说，"人比任何概念都有趣多了"。德鲁克本人虽然只是管理的旁观者，但是他对企业家工作的理解、对管理本质的洞察、对人性复杂性的观察，鞭辟入里、入木三分，这也许就是企业家喜爱他的著作的原因吧！

德鲁克先生从研究营利组织开始，如《公司的概念》（1946年），到研究非营利组织，如《非营利组织的管理》（1990年），再到后来研究社会组织，如《功能社会》（2002年）。虽然德鲁克先生的大部分著作出版于20世纪六七十年代，然而其影响力却是历久弥新的。在他的著作中，读者很容易找到许多最新的管理思想的源头，同时也不难获悉许多在其他管理著作中无法找到的"真知灼见"，从组织的使命、组织的目标以及工商企业与服务机构的异同，到组织绩效、富有效率的员工、员工成就、员工福利和知识工作者，再到组织的社会影响与社会责任、企业与政府的关系、管理者的工作、管理工作的设计与内涵、管理人员的开发、目标管理与自我控制、中层管理者和知识型组织、有效决策、管理沟通、管理控制、面向未来的管理、组织的架构与设计、企业的合理规模、多角化经营、多国公司、企业成长和创新型组织等。

30多年前在美国读书期间，我就开始阅读先生的著作，学习先生的思想，并聆听先生的课堂教学。回国以后，我一直把他的著作放在案头。尔后，每隔一段时间，每每碰到新问题，就重新温故。令人惊奇的是，随着阅历的增长、知识的丰富，每次重温的时候，竟然会生出许多不同以往的想法和体会。仿佛这是一座挖不尽的宝藏，让人久久回味，有幸得以伴随终生。一本著作一旦诞生，就独立于作者、独立于时代而专属于每个读者，不同地理区域、不同文化背景、不同时代的人都能够从中得到启发、得到教育。这样的书是永恒的、跨越时空的。我想，德鲁克先生的著作就是如此。

　　特此作序，与大家共勉！

南京大学人文社会科学资深教授、商学院名誉院长

博士生导师

2018 年 10 月于南京大学商学院安中大楼

| 推荐序三 |

彼得·德鲁克与伊藤雅俊管理学院是因循彼得·德鲁克和伊藤雅俊命名的。德鲁克生前担任玛丽·兰金·克拉克社会科学与管理学教席教授长达三十余载，而伊藤雅俊则受到日本商业人士和企业家的高度评价。

彼得·德鲁克被称为"现代管理学之父"，他的作品涵盖了39本著作和无数篇文章。在德鲁克学院，我们将他的著述加以浓缩，称之为"德鲁克学说"，以撷取德鲁克著述在五个关键方面的精华。

我们用以下框架来呈现德鲁克著述的现实意义，并呈现他的管理理论对当今社会的深远影响。

这五个关键方面如下。

（1）**对功能社会重要性的信念**。一个功能社会需要各种可持续性的组织贯穿于所有部门，这些组织皆由品行端正和有责任感的经理人来运营，他们很在意自己为社会带来的影响以及所做的贡献。德鲁克有两本书堪称他在功能社会研究领域的奠基之作。第一本书是《经济人的末日》（1939年），"审视了法西斯主义的精神和社会根源"。然后，在接下来出版的《工业人的未来》（1942年）一书中，德鲁克阐述了自己对第二次世界大战后社会的展望。后来，因为对健康组织对功能社会的重要作用兴趣盎然，他的主要关注点转到了商业。

（2）**对人的关注**。德鲁克笃信管理是一门博雅艺术，即建立一种情境，使博雅艺术在其中得以践行。这种哲学的宗旨是：管理是一项人的活动。德鲁克笃信人的潜质和能力，而且认为卓有成效的管理者是通过人来做成事情的，因为工作会给人带来社会地位和归属感。德鲁克提醒经理人，他们的职责可不只是给大家发一份薪水那么简单。

对于如何看待客户，德鲁克也采取"以人为本"的思想。他有一句话人人知晓，即客户决定了你的生意是什么，这门生意出品什么以及这门生意日后能否繁荣，因为客户只会为他们认为有价值的东西买单。理解客户的现实以及客户崇尚的价值是"市场营销的全部所在"。

（3）**对绩效的关注**。经理人有责任使一个组织健康运营并且持续下去。考量经理人的凭据是成果，因此他们要为那些成果负责。德鲁克同样认为，成果负责制要渗透到组织的每一个层面，务求淋漓尽致。

制衡的问题在德鲁克有关绩效的论述中也有所反映。他深谙若想提高人的生产力，就必须让工作给他们带来社会地位和意义。同样，德鲁克还论述了在延续性和变化二者间保持平衡的必要性，他强调面向未来并且看到"一个已经发生的未来"是经理人无法回避的职责。经理人必须能够探寻复杂、模糊的问题，预测并迎接变化乃至更新所带来的挑战，要能看到事情目前的样貌以及可能呈现的样貌。

（4）**对自我管理的关注**。一个有责任心的工作者应该能驱动他自己，能设立较高的绩效标准，并且能控制、衡量并指导自己的绩效。但是首先，卓有成效的管理者必须能自如地掌控他们自己的想法、情绪和行动。换言之，内在意愿在先，外在成效在后。

（5）**基于实践的、跨学科的、终身的学习观念**。德鲁克崇尚终身学习，因为他相信经理人必须要与变化保持同步。但德鲁克曾经也有一句名言：

"不要告诉我你跟我有过一次精彩的会面,告诉我你下周一打算有哪些不同。"这句话的意思正如我们理解的,我们必须关注"周一早上的不同"。

这些就是"德鲁克学说"的五个支柱。如果你放眼当今各个商业领域,就会发现这五个支柱恰好代表了五个关键方面,它们始终贯穿交织在许多公司使命宣言传达的讯息中。我们有谁没听说过高管宣称要回馈他们的社区,要欣然采纳以人为本的管理方法和跨界协同呢?

彼得·德鲁克的远见卓识在于他将管理视为一门博雅艺术。他的理论鼓励经理人去应用"博雅艺术的智慧和操守课程来解答日常在工作、学校和社会中遇到的问题"。也就是说,经理人的目光要穿越学科边界来解决这世上最棘手的一些问题,并且坚持不懈地问自己:"你下周一打算有哪些不同?"

彼得·德鲁克的影响不限于管理实践,还有管理教育。在德鲁克学院,我们用"德鲁克学说"的五个支柱来指导课程大纲设计,也就是说,我们按照从如何进行自我管理到组织如何介入社会这个次序来给学生开设课程。

德鲁克学院一直十分重视自己的毕业生在管理实践中发挥的作用。其实,我们的使命宣言就是:

> 通过培养改变世界的全球领导者,来提升世界各地的管理实践。

有意思的是,世界各地的管理教育机构也很重视它们的学生在实践中的表现。事实上,这已经成为国际精英商学院协会(AACSB)认证的主要标志之一。国际精英商学院协会"始终致力于增进商界、学者、机构以及学生之间的交融,从而使商业教育能够与商业实践的需求步调一致"。

最后我想谈谈德鲁克和管理教育,我的观点来自2001年11月 *BizEd* 杂志第1期对彼得·德鲁克所做的一次访谈,这本杂志由商学院协会出版,受众是商学院。在访谈中,德鲁克被问道:在诸多事项中,有哪三门课最重要，是当今商学院应该教给明日之管理者的？

德鲁克答道：

> 第一课，他们必须学会对自己负责。太多的人仍在指望人事部门来照顾他们，他们不知道自己的优势，不知道自己的归属何在，他们对自己毫不负责。
>
> 第二课也是最重要的，要向上看，而不是向下看。焦点仍然放在对下属的管理上，但应开始关注如何成为一名管理者。管理你的上司比管理下属更重要。所以你要问："我应该为组织贡献什么？"
>
> 最后一课是必须修习基本的素养。是的，你想让会计做好会计的事，但你也想让她了解组织的其他功能何在。这就是我说的组织的基本素养。这类素养不是学一些相关课程就行了，而是与实践经验有关。

凭我一己之见，德鲁克在2001年给出的这则忠告，放在今日仍然适用。卓有成效的管理者需要修习自我管理，需要向上管理，也需要了解一个组织的功能如何与整个组织契合。

彼得·德鲁克对管理实践的影响深刻而巨大。他涉猎广泛，他的一些早期著述，如《管理的实践》（1954年）、《卓有成效的管理者》（1966年）以及《创新与企业家精神》（1985年），都是我时不时会翻阅研读的书籍，每当我作为一个商界领导者被诸多问题困扰时，我都会从这些书中寻求答案。

珍妮·达罗克

彼得·德鲁克与伊藤雅俊管理学院院长

亨利·黄市场营销和创新教授

美国加州克莱蒙特市

| 译者序 |

# 新社会·和谐社会·创新型国家

只有经得起时间考验的思想才能够称得上伟大的思想,也只有伟大的思想才能在历史的长河中闪烁光芒。即使在半个世纪之后,我们读德鲁克的这本书,仍能感受到大师的思想锋芒穿透岁月,照亮人的心智。即使在今天,本书仍然有着它的"新"意,常读常新,犹如老树新花,越发的绚丽。即使在今天的中国,本书仍然有它的当代性、启发性和现实性。

这是一部复杂的作品,融会了德鲁克在管理学、社会学、政治学、历史学和心理学方面的高度智慧。这是一部现实的作品,是对当时正在兴起的工业社会的一个全面、独特、深刻的剖析,最为重要的是,它不仅给出问题,还给出答案的关键要点。这是一部预言式的作品,正如作者在序和后记中提到的那样,本书中揭示的很多重要趋势与思想都在短短的十几年中("历史长河中的一瞬间")变成了现实。这是一部影响重大的作品,正如作者指出的那样,这部作品在日本曾经产生过极其重大的影响。这是一部还需要继续挖掘的作品,这是一个巨大的思想宝库,毕竟,它融入了德鲁克多层面的智慧,也许,他思想的一鳞半爪,对我们来说却可能是开启一个新的想法的金钥匙。当然，本书也是有缺憾的，正如作者在后记中指出的那样："然而，这些都不是真正重要的、已发生的事件。真正重要的事件是作者在写作本书时已经完全看到但是没有深入思考、已经完全认识到但是没有深入理解的变化，这一点适用于所有试图进行分析和预测的作者。"德鲁克尤其多次提到没有对"知识工作者"进行分析是本书的一大缺憾。但是，我们对待大师，不能以一个全能全知的圣人来苛求，最重要的是，如何从大师的作品中汲取养分，服务于现实，服务于中国。

我们首先要认识本书书名的深刻用意。在我看来，"新社会"与书中的另外一个词"free enterprise society"（本书将它直译为自由企业社会）是基本同义的。这也许就是德鲁克在本书中试图追寻的答案。"这本著作的根本目的不是描述一个理想的社会，而是寻求一个**适合于我们这个时代的社会**。"德鲁克的用意在于，他认为本书中提出的工业社会中遇到的普遍问题，不会因为你是什么主义的社会而不同，无论是美国、英国、德国、日本还是当时的苏联、非洲和亚洲的发展中国家，在进行工业化的过程中都会遇到同样的问题。在我国，邓小平同志在20世纪90年代定下论断，市场主要是一种资源配置的手段，既不姓"资"，也不姓"社"，一语定乾坤，从此，"建设有中国特色社会主义市场经济体制"得以正式确立。

在我看来，指导我国今后十几年发展的最重要的战略思想有两个：一是构建和谐社会，二是建设创新型国家。当然，这两者都统一在"科学发展观"之下。我以为，前者主要解决的是"公平"问题，而后者主要解决的是"效率"问题。本书中的一些思想和方法，对于我们是很有借鉴意义的。

就业问题是我国建设和谐社会过程中遇到的一个越来越突出的问题。本书中关于工人的就业与收入保障计划的论述对于我国解决就业问题有一定的启发意义。首先，德鲁克指出，失业问题最严重的后果不是经济性的，而是社会性和心理性的。这就提示我们在解决下岗工人再就业问题时，不仅要注意解决其经济上的困难，更重要的是要在社会性层面和心理性层面建立起良好的机制，能够使他们摆脱失业恐惧。其次，德鲁克指出，真正能够解决就业与收入保障问题的是微观的经济主体——企业，而不是国家。企业可以通过收入的平稳化、专项基金的建立等方法，保证员工有一个较长远的就业与收入预期。这就提示我们，中国的大企业应做出表率，切实地提出一些能够增加社会就业和收入保障预期的计划与方案。当然，中国的就业问题有其特殊性：第一，我国的人口基数大。第二，我们处于一种两难的境地，一方面我们要加大国民教育的力度，特别是高等教育的力度，唯其如此，我们才能够大幅度提高全体国民的素质，才能够形成必要的"人力资本"；另一方面我们又面临着日益增长的新增毕业生的就业压力。第三，我国目前处于转型时期，结构化的失业问题也较为严重。第四，我们的国有企业的经营状况依然不容乐观，因企业经营不善而被迫失业的问题也比较突出。面对如此复杂的就业问题，自然不是凭一本50多年前的书能够全部解决的，这需要我们继续思考和探索。另外，本书关于管理层、工会、工厂社区三者关系的很多精彩论述，对于我们建设和谐社会具有启发意义。本书中有大量的关于工会的论述，尽管本书所谈到的工会不太适用于我国的情形，但我们可以将它看作组织中的一个利益团体，这样，平衡管理层、工会、工厂社区三者关系的论述，实际上就成为平衡三个利益团体之间关系的论述，这自然对我们是有启发意义的。

胡锦涛同志2006年1月9日在全国科学技术大会上的讲话《坚持走中国特色自主创新道路，为建设创新型国家而努力奋斗》中明确指出："加强国家创新体系建设……要建设以企业为主体、市场为导向、产学研相结合的技术创新体系，使企业真正成为研究开发投入的主体、技术创新活动的主体和创新成果应用的主体，全面提升企业的自主创新能力。"这表明，企业将在我国建设创新型国家的过程中扮演着越来越重要的角色。我认为，要使企业真正成为技术创新体系的主体，成为研究开发的主体，成为成果应用的主体，关键在于投资者和管理者。德鲁克在本书中的一个非常重要的基本思想是"管理者应该是企业的主人（governor）"，他应该拥有相应的社会权力、权威和责任。这一思想是深邃的，不太容易理解，要把它与中国的实际情况结合起来需要更多的思考和探索，但我相信，它至少能提供一种思考的切入点。此外，本书提到的管理职能三重性，管理者为什么不能履行职责等，对分析我国企业，特别是国有企业的问题都是很有帮助的。尤其是本书提出的，法定的所有权并不能解决问题，所有权和控制权分离等观点，对改善我国国有企业的治理结构更是有很大的帮助。

著名诗人、学者、散文家、翻译家余光中先生曾有一段关于翻译的精彩妙语，他是这样说的："一本好书，等于让原作者的神灵附体，原作者的喜怒哀乐，变成了你的喜怒哀乐。替古人担忧，总胜过替自己担忧吧。译一本杰作等于分享一个博大的生命，翻译也可以说是神游杰作之间而传其胜。神游固然可以忘忧，在克服种种困难之后，终于尽传其胜，更是一大欣悦了。"翻译本书的经验，犹如穿越崇山峻岭，跨越汪洋大海，仿佛神游之感觉。然而，德鲁克是博大精深的，尽传其胜自不敢夸言，我只是尽我所能地把这本书翻译好，不足之处在所难免。

最后，我要特别感谢覃筱博士的出色工作，特别感谢张振霞女士为翻译本书付出的辛勤劳动。其他参与本书翻译、校对、录入工作的还有我的学生李孟娜、朱芳菲、王豪、孙天雷、喻珊、王海峰、宋晓蓉、黄文昊、仇维佳、吴议晰、赵山河、杜沐、周蓉蓉、王文竞、王国成、肖远文、吴桃、石昭前、沈良凤，在此一并感谢。当然，文责由本人负责。

石晓军

北航 · 放晴斋

| 1993 年版序[一] |

    本书是我对第二次世界大战以后形成的工业化社会进行分析与诊断的三本系列中的最后一本。前面两本是《工业人的未来》(1942)和《公司的概念》(1946)。这两本书也都由 Transaction 出版社再版了。第一本书试图发展出一个一般性的且尤其适用于工业社会的理论。第二本书则是对一家重要的工业企业,也许是世界上最大的、最成功的制造企业——美国通用汽车公司的分析。它的分析是从通用汽车内部展开的,这是我对通用汽车 18 个月近距离考察的结果。在这 18 个月内,通用汽车对我的考察完全开放。而本书,作为这个系列的第三本书,则是对前两本书精华的提炼,并将它们凝练成工业社会系统的、有组织的理论与实际分析,它涉及工业社会的关键构成要素、主要机构、社会特性、问题与未来。在此之前,从未出现过类似的作品。事实上,以前一直没有人做过这方面的尝试。这是因为,本书不仅对工业社会的主要机构,包括大型企业、政府、工会进行了分析,它还将个人置于这种社会环境下进行了分析。不仅如此,它还试图

---

[一] 本书第 1 版于 1950 年由 Harper & Brothers 出版,于 1993 年由 Transaction 出版社再版。——译者注

将工业社会的社会学原理和自由社会的政治学原理联系起来。

最能令今天的读者吃惊的，也许是本书的洞识之一，即"工会组织能否长久存在"这一章所讲的内容。对40年前的许多读者来说，这是一个愚蠢的问题，当时许多评论者也是这么说的。因为那时候，工会是渗透到工业社会各个角落的"统治者"，是真正的赢家、真正的权力机构。但是，我在那时对此却表示怀疑。那时，我曾和几个主要的工会成员一起工作过好几年，我的经验告诉我，工会的权力基础极为狭窄，而且对于它们在工业社会中的真正功能是什么，这个问题还没有回答清楚。当然，我至今仍认为，掌有权力的管理层需要一个制衡的权力集团，这个观点在本书中表达得十分清楚，而且我本人至今仍对此深信不疑，一如40年前一样。但是，工会，作为我们从19世纪继承而来的事物，是否能成为这样的权力制衡者，我在本书中深表怀疑。之后发生的事情极大地支持了本书关于工会组织的结论，尽管那是1949年的工会组织，事实上它仍是美国至今知道的唯一的一种工会组织。今天的读者也许会认为本书给工会太多的篇幅，把这个问题看得过重了。但是，这里仍有一个最基本的问题，也就是一个以雇员为主的社会的基本政治结构问题，需要进一步回答。

相对于现在的类似书籍而言，工会在本书中占的篇幅可能过大了，与此同时，本书明显地忽视了现代社会中的另外一个重要要素。但是在1949年，没有一个人（我确实是说那时没有任何一个人）看到了这一点，那就是"知识工作者"。我是第一个认识到知识型工作和知识工作者的。事实上，是我发明了这个词，但那是8年以后的事了，它出现在我关于社会及社会性分析的著作中，即1957年的《已经发生的未来》（*Landmarks of Tomorrow*）。这本书现在也正在由Transaction出版社再版。现在回忆起来，真的觉得很奇怪，那时候我们所有人，无一例外地都没看到受过教育的雇员中层阶级，也就是知识型工作者的形成，而他们在之后的10年、

15年就成为社会的核心阶层。其实，在那个时候，促成这种巨大转变的重大事件早已发生，比如第二次世界大战之后的《退伍军人权利法案》（G. I. Bill）。根据这一法案，美国的"学院和大学之门"向数以百万计的退伍老兵敞开了。我们其中的一些人在当时就觉得这是一件极具革新意义的事件。我记得我在当时的一篇文章中曾指出，这样的政策在第一次世界大战时是不可想象的，第一次世界大战的退伍老兵绝不会想象他们能得到这样的一种"奖励"或"好处"，他们怎么也不可能获得这样的机会。这个政策明显地标志着社会价值，甚至是社会结构的根本改变，但是，当时的观察家，包括本人在内，都没有注意到这一点。现在回忆起来，这是再明显不过的事情了。

本书描述的工业社会是它处于鼎盛时期的状态，与今天的工业社会是有区别的。首先，在所有的发达国家中，现在的经济中心都已从制造业转到服务业。而在每个行业内部，经济中心也已从大企业转到中型企业，大型企业的成功故事是属于20世纪30~50年代的事。其次，社会的中心不再只是企业，非营利的"第三部门"在每个发达国家（唯一的例外是日本）的重要性日益显著。另外，即如我们已提到的，发达国家的基本社会问题不再是产业工人了，他们的问题已经退居其次。我们关注的中心逐渐集中到知识型工作的生产率及服务业工作的尊严等问题上，这是本书没有涉及的，也是写作本书那个时代没有出现的问题。

尽管有这些可修正之处，本书的基本方法、基本分析及基本概念框架在今天仍然适用。尤其是它关于基本的组织、管理的职能及限制、个人独立性需求及发达社会中主要机构的社区、将劳动力作为一种资源的讨论及本书中首次提出的其他一些观点，在今天的情况下，仍是适用的。顺便提及的是，本书是本人的著作中对日本产生过重大影响的第一本书，尤其是其中关于利润、管理的职能与功能，特别是将劳动力视为一种资源的观点，及创建工厂社区的必要性等，对日本的企业产生了重要的影响。在日本，人们至今仍认为本书在日本工业重组、日本现代管理发展，尤其是在20世纪50年代日本的雇员和劳动政策与实践的重大变革中，发挥了重要的指导作用。

彼得·德鲁克

加利福尼亚州克莱蒙特

## 1962年版序

本书有两个主题。第一，20世纪的工业社会是一个新的、特殊的社会，它是全球性的，而不是"西方的"或"资本主义的"。现在，我们对它知之甚少，值得我们深入探索。第二，这个新社会有它自己特殊的社会性组织，即工业企业。工业企业里有它的管理层、工厂社区及其连体孪生兄弟——工会。

当本书首次呈现在人们面前时，这些结论对许多读者来说也许是令人震惊的、新奇的。而在今天，也就是短短的几年之后，它们就成为人们普遍接受的观点了。当然，即使在今天，在苏联过于直白地表述这些观点也是不可取的。但自斯大林去世后，关于管理层的组织与功能问题，是苏联国内争论最多的政治与经济问题。这种争论与我们这个"腐朽的资本主义"世界中关于管理层的争论极为相似。这些问题及解决这些问题的方法，与我们遇到的大型企业的管理高层的相关问题及解决方法，并没有什么明显的不同。换言之，从制度上说，我们所讨论的新社会，在任何地方都有着同样的形态和同样的结构特点，区别主要是政治的、价值观的，而不是制度的（尽管这些区别的确很大）。类似的佐证是，解决组织的无人情味的逻辑与个人的理想、动机之间的矛盾，一直是苏联的小说家与剧作家钟爱的主题之一。

　　在美国，我们现在能听到"组织人"的说法，也就是将工业的社区的特征赋予员工。而在10年前，对美国社会及企业的主要批评，特别是对自由党的批评，主要说它太"个人主义化了"。

　　我重读本书之后，倒觉得它更加适用于20世纪60年代。在本书里没有现成的问题解决答案。它的目的主要是帮助人们理解工业社会。相对于10年或12年前，本书显然对今天的读者更有吸引力。在那时，一个大的解决方案包治一切问题的想法很盛行。我们曾经有过的痛苦经验告诉我们，一个承诺能包治所有问题的简单"药方"，事实上并不能解决社会、家庭和个人的所有问题，即如我们宣布"罪恶的朗姆酒"是非法的一样，这个简单的措施并不能解决所有的问题。但是，即使是这样，人们仍希望有一个更大的、更耀眼的、有着更大的经济影响力的、包治百病的万灵丹出现，这种心理促使人们在第一次世界大战之后接受了"禁酒令"，而这种心理在第二次世界大战之后仍十分盛行，只是"标签"不一样了。现在的"标签"是"共产主义"与"自由企业"，"劳工运动"与"全球政府"。甚至一些有识之士还相信，依靠新的"绝对武器"，即原子弹，至少能维持世界和平，甚至是世界的民主与繁荣。朝鲜战争（于1950年6月爆发，也就是本书首次出版后的数月）之所以对美国民众来说是如此令人震惊的事，其中一个主要原因就是它打破了人们的这种幻想及其他类似的幻想。从这里开始，人们开始从迷信中觉醒，从对过去大的、简单的、包治一切的解决方案的迷信中觉醒。

　　今天，我们要努力让第二次世界大战以后成长起来的新一代政府，对于我们面临的所有现实问题，都不要只给出一个简单的答案。而这一代人正将步入政府及政治组织的领导岗位，正将成为科学、技术、文化与商业界的领导者。我们应认识到我们需要面对许多现实的问题，我们需要切实地做许多看似琐碎的事。这里有风险、困难和妥协。这里既有问题，也有机会。我们（这里的"我们"至少包括这个世界上的所有发达国家）正变得也许与我们的父辈以及更久远的父辈完全不同。但是，要注意的是，我们现在天然地倾向于复杂化，甚至是"幼稚的"复杂化（例如"现代文学评论"中的一些例子，及现在流行的个性心理学中过于细致、过于复杂的方法），一如我们的先辈天然地倾向于简单化，甚至是"幼稚的"简单化一样。这两种倾向，其危险程度其实是一样的。但是，我们至少现在可以直面这样的现实：这个世界的构成是十分复杂的，有些事情不是只靠良好的意愿就能解决的。而这正是本书的核心假设，这个假设明显是非"乌托邦"的、反"乌托邦"的。

这次再版，不太可能带来第 1 版那样的冲击效应。但是正是因为它不再是"冲击性"的，它对新读者来说可能会具有更大的意义，而这次再版正是针对这些新读者的。它也许会让他们觉得："我不敢说我同意还是不同意，但是至少我懂它在说什么。"这正是本人所希望的。

彼得·德鲁克

引　言

# 工业时代的革命

"美国制造"是我们这个时代<sup>⊖</sup>的真正革命,而不是每天报纸的大标题中出现的任何"主义"。这些主义只是对时局动荡的暂时反映,是次要的,而不是本质的。真正的革命指导原则是大规模生产的思想。这一思想革命自亨利·福特推出第一辆"T型车"以来,在短短的40年里,对人类社会影响之快速、影响范围之广阔、影响程度之深刻,在人类历史上都是前所未有的。

尽管这一思想起源于底特律,是"底特律制造",但它的影响绝不仅限于美国和传统的西方工业地区。实际上,它对原材料生产国以及处于前工业文明的国家的影响才是最彻底的。大规模生产以席卷之势颠覆了这些社会、摧毁了这些文明,它们对这股新的力量毫无抵抗之力,也缺乏工业化的背景和习惯模式来缓冲这股新力量带来的冲击。在中国,随着人们的迁徙,大规

---

⊖ 要注意的是本书的第1版是写于20世纪50年代,所以"我们这个时代"实际指的是20世纪50~70年代。——译者注

模生产从沿海城市转移到了内陆腹地。在这一过程中，它也逐渐动摇了世界上最古老也是迄今为止最稳定的社会组织——中国式家庭。在印度，工业化正侵蚀着印度教种姓制度的基础，在工厂的环境下，不同种姓之间交往的繁文缛节根本无法继续进行。俄罗斯则试图运用大规模生产原理完成东罗马未能实现的事业：在东方专制思想指导下驾驭技术成果，就是所谓的"欧罗巴与大公牛的结合"，以实现一种号称是东西方完美结合产物的世界新秩序。在美国，古老的南方是迄今为止受工业化影响最小的地域，南北战争之前的庄园式生活的残梦仍在这片土地上延续着，但工业文明正以快速的步伐将古老的南方拖曳着前进。事实上，将南方的农场改变成农业生产装配线，还极有可能成为解决南方种族问题的有效方案。它解决种族问题的方式是南方的自由党和保守党做梦都没想到的：让黑人离开土地，到工业城市去谋生。

直至第一次世界大战，也就是一个世代之前，所谓的工业社会仅局限在北大西洋两岸的狭窄区域。唯一的例外是日本，它是唯一一块成功地移植机器文明的新土地。那时，工业的基本组织，即使是在最发达的工业国家中，也都是家族所有、家族管理的中等规模的工厂，雇用的工人一般不超过500人。那时的工厂与前工业时代的作坊最大的区别，仅仅在于使用了机械动力。

今天的情况已经发生了巨大的变化。没有经历过工业化洗礼的地域是孤立的、少数的。世界上的绝大多数地方都遍布着工业化时代的典型代表、基本组织，也就是大型的、由不掌握股权的职业经理人管理着的、雇员数成千上万的大规模生产型工厂，这些工厂也许是按照完全不同的技术、社会与经济原则组织起来的。现在的工厂与1910年前后的工厂相比，尽管只有一代之隔，但是社会变化如此巨大，使得20世纪初的工厂看起来更像是大规模生产型工厂的"老祖宗"——前蒸汽机时代的工匠铺子，而不像是它的"父辈"。新的工业化地区，仅仅在昨天还是田园牧歌，对机器和工厂一无所知，到了今天，就直接踏上了大规模生产的列车，省去了第一次"工业革命"的过程。

大规模生产方式的扩张不仅广大而且深远，扩张的广度表现为地理上的范围，而深度则表现为其对传统的、前工业文明的、非工业化的领域与职业的渗透。值得强调的是，工业革命对这些方面的重要影响完全可与原材料生产国工业化相提并论。

仅仅在一个世代以前，大量的生产工作还是以工业化以前几百年（如果不是几千年）的古老的方式完成的。在那个时代，即使是最发达的工业化国家，本质上也不具备真正的工业化特点。只有极少数一部分人，尽管在一些国家这一小部分人举足轻重，在真正以工业化的方式生活与工作。那时，即使在最发达的工业化国家中，大规模生产方式也仅被视为一种技术，比如生产装配线，而且常常局限于汽车工业。

两次世界大战教会了人们，使人们认识到，40年前，亨利·福特的第一家工厂所创建的大规模生产原则，既不是一种单纯技术，也不是一种简单的工具，而是可以指导与组织一切生产制造活动的基本原则。今天的情形更进一步表明，大规模生产原则不仅适用于生产与制造活动，**它实际上是"如何将人们组织在一起有效工作"的普遍适用原则。**

苏联的集体农庄第一次将大规模生产原理运用于农业。它的劳动力组织——将每个人作为一个高度专业化的工具使用，仅让他重复一项简单劳动，通过国有拖拉机站而实现的控制以及它的薪酬体系，无一不是大规模生产原理的具体运用。苏联的集体农庄当然已如同40年前的汽车工厂一样，成为历史陈迹。如今，密西西比三角洲的全机械化棉花农场、加州中心河谷灌溉土地上的蔬菜合作组织，它们与前工业时代的农业耕作传统的决裂就更加彻底了。英国人在宏伟的非洲花生种植计划中提出，要运用大规模生产思想对整个殖民帝国进行重组。传统上，农业即使不被人们视为前工业文明的传统世界的象征，也会被人们视为工业化的对立面，认为农业与工业化是不相容的，但是，事实表明农业也被大规模生产俘获了。

大规模商业企业的文书工作，既没有生产装配线，也没有传送带。但是，在今天，这些工作的组织方式与亨利·福特的T型车生产的组织方式毫无二致。大型保险公司的打字工作、大型银行的支票分检、邮购公司的订单分类与填写以及商业企业、政府部门的成千上万的其他类似工作，尽管在形式上和汽车生产装配线毫不相关，但是，它们在本质上也是一种无形的生产装配线。

类似地，科学研究也可以以大规模生产装配线的方式组织起来。在美国工业界主导的工程与化工研究中，这种情况已经存在很多年了。目前，大规模生产方式正被移用到医药、生物的研究中。位于纽约新成立的斯隆-凯特林癌症研究所（Sloan-Kettering）主要是因两位汽车工业先驱的捐赠而创建的，该研究所采用的工作理念与工作方法就是生产装配线的理念和方法。在战争时期，大规模生产方式在军事科学研究中的运用导致了原子弹的诞生，这是其他任何工作方式都不能做到的。在美国许多高产的实验室，如贝尔电话系统实验室和通用电气公司的一些实验室，即使在进行目的不在于应用的纯理论研究时，也采用大规模生产的组织方式。

大规模生产方式甚至还被成功地运用到那些常被认为是极具个性的工作中。梅奥诊所就是一个成功的例子，该诊所成功地将诊断与检查等工作组织成一条生产装配线，由此带来了效率与效果的明显提高。亨利·卢斯（Henry Luce）的"杂志群"模式，实际上也是另外一种形式的生产装配线，在这条生产装配线上，《时代》《生活》与《财富》等著名刊物应运而生。

最令人瞠目结舌的是大规模生产方式在军队中的运用。在所有的前工业组织中，军队是最正规也是似乎最不易改变的组织。但是，在第二次世界大战时期，大规模集团军进攻完全是按照大规模生产方式计划、准备与执行的。每个军官只执行一项高度专业分工、高度机械化的任务，而且很少从一项任务转到另外一项任务上，同时对自己的任务与总体战略的关联也毫不知情。将大规模生产方式运用到战争中可能是美国对第二次世界大战胜利做出的最大贡献之一，也是自500年前西班牙的"大首领"（Gran Capitan）创建现代军队的概念以来最大的军事组织变革。

"industry"一词曾表示人类劳动的任何组织。只有到了18世纪和19世纪早期，也就是第一次"工业革命"时期，这个词的词义范围才逐渐缩小，特指"制造业"。随着第二次工业革命，也就是大规模生产的到来，"industry"这个词的词义又开始回复到它原本的含义。今天的工业生产原则，也就是大规模生产原则，能在同样的理论基础上，根据同样的概念有效地组织几乎所有类型（无论在哪里，是何种工作）的群体劳动。这一原则不仅是人类迄今为止发现的最具革命性的生产原理，也是最具一般性的生产原理。

大规模生产原理绝不是一种机械的教条，否则，它的运用绝不可能超越制造业，也不可能脱离生产装配线、传送带及标准制造件等。它在本质上是一种社会原理，是一种人类组织的基本原理。在福特的工厂中，创新的方面不是它如何组织机械设备，而是它组织工人完成一项普通任务的独特方式。这也就部分地解释了这一新的原理为什么会给传统文化、人与社会及人与家庭的关系带来颠覆性的影响。

在所有这些影响中，最显著的就是：**劳动者与产品及生产工具的分离**。

人们早就观察到这种分离。过去，人们一直将这种分离归结于法制或经济的"上层建筑"。这种分离被认为是工业体系中的偶然现象，而不是本质现象。它还被其他所有研究第一次工业革命影响的重要学者所沿用。不仅如此，它也是教皇颁发的两条关于工业秩序著名通谕的假设，这两条著名通谕是《新事物通谕》及《四十年通谕》。那时，普遍的观点认为，只有当劳动者被赋予了对劳动工具的合法控制权时，他们才能真正地控制生产。

然而，在大规模生产的体系下，这种观点将不再成立。在这种情况下，劳动者与产品及劳动工具的分离是绝对的，它是这种体系的一种本质特征。它与法定控制权或政治制度毫无关系。劳动者自己无法生产，他必须融入由人、机器和工具组成的复杂组织中，也就是我们所说的工厂中去，才能发挥作用。我们甚至还可以看到，即使劳动者的联合组织，如合作社、工会或工会联盟也无法控制工厂，除非是形式上的，或完全是假设意义上的控制，更不用说单个的劳动者了。

事实上，即使在工厂里，劳动者也不再是从事从前意义上的"生产"（produce），而只是在"工作"（work），完成某项具体的任务。产品不再是由某个工人或某一群工人独立地生产出来的。任何一种产品的产出都会使用整个工厂的所有资源。这是一种"集体性"的产品。而单个劳动者甚至都不能确定自己的工作在这件产品的产出过程中发挥了什么作用。在一般情况下，他指不出产品中的哪个部件或哪个生产过程是他个人的工作。

类似的情形普遍地存在于运用大规模生产原理的所有组织中。最明显的例证甚至出现在制造业以外的行业中。比如，办公类型的组织，似乎没有什么"生产工具"，当一名书记员、计算机操作员或航运公司职员脱离了他们的组织之后，他们就会变得百无一用，也不能实现任何产出。类似地，工程师或工业化学家，无论他们受过多么良好的专业训练，只有当他们融入特定的组织中，才能有所作为，否则也将会百无一用。到这里，我们可以清楚地认识到，生产工具是一个生产元素，它融合于组织之中，是作为这个组织整体的一部分存在着的，而不是简单的物质工具。

人类历史上一直都存在着一些交易活动和职业，个人必须要依赖组织才能完成这些交易活动，才能有效地工作，才能获得成果。一个勇士携着自己的武器单枪匹马地打拼，神话般地建立起自己的王国，这样的故事只可能存在于人类历史久远的过去。确实，除了极少数的社会，大部分社会里的人们为了满足自身生存的需要，必须依赖邻里之间的物物交换，这种交换当然是某种意义上的"合作"行为了。但是，我们应注意的是，尽管在传统社会中，人们仅靠自己难以完全满足自身生存的需要，但是传统社会中绝大多数人能够独立地生产，除了使用一些祖辈相传或自己制造的工具之外，他们不需要其他额外的工具。狩猎者、牧人和农民都是这样。即使是工匠和有专业技能的人，也是如此。裁缝、车匠、面包师、牧师、医生和抄写员都能独立地、有效地实现自己的"产品"生产。

在工业社会中，情形发生了巨大的变化。只有极少数的艺术家及掌握着某些专门技能的人，能够完全依靠自己进行创作与生产。其他所有的人，都必须依赖某个组织，才能实现产出。**在工业体系中，是组织，而不是个人，才能实现产品的产出。**

劳动者与生产工具的这种分离威胁着所有传统社会的原有的地位与声望体系，无论是西方的传统社会，还是东方的传统社会。它令传统社会解体，使个人失去了原有的根基，如漂泊之草。

它还会使失业问题及失业的威胁成为不堪忍受的噩梦，倒不是它的经济后果有多可怕，而是它的社会后果令人难以忍受。这个问题反过来又迫使政府面临一个新的、以前从未遇到的任务，那就是如何阻止、救治由于失业而造成的经济萧条，这项工作超过人类迄今为止创立的所有政府组织的能力范围。

最后，劳动者与生产工具的分离还会导致一个老问题变得更加严重，那就是权力集中问题变得前所未有地迫切需要解决。如果听之任之，这完全有可能带来一种新的极权。

如果是组织而不是个人才能实现产品的产出，那么个人的工作（work）本身是不会带来社会地位、声望和权力的，能带来这些的是个人在组织中的职位（job）。社会地位、声望和权力源自你所属的组织，及你在组织中的地位、声望和权力。

我们应该认识到，认为大规模生产技术会泯灭个人的技能及精美手工艺带来的满足感的观点是错误的。相反，如果说它可能会消灭技术含量低的工作，则是基本正确的。当然，大规模生产对掌握高超技能的劳动者的需求是空前巨大的，而且它所需要的人数及技能的种类还在不断地增长。但是，新的大规模生产型社会所需要的技能完全不同于传统社会意义上的技能，它们是社会性的、智力上的技能，而不是使用工具与材料的技能。

因此，工业化从某种意义上来说，消除了传统社会中职业与技能所带来的社会声望、从事传统工作时带来的满足感。它将个人从他赖以生长的土壤里连根拔起，它使传统的价值体系不再适用，它令传统的行为模式寸步难行。

工业体系显然与前工业时代的社会结构、社会地位与阶级体系不能相容。工业化粉碎了这些社会中的制度刚性，也消除了这种制度刚性滋生的机会。我们只要看看所谓"自由职业者"的年老的中产阶级面临的经济与社会压力就知道了。而在西方，自由职业是他们传统上谋求社会地位提高的主要途径。

即使在西方，工人与产品及生产工具的分离所带来的破坏性的社会影响也是随处可见的。底特律的南方白人和南方黑人面临的问题就是一个例子。还有广为报道的大型工业化城市中的"第二代美国人"问题，在绝大多数情况下，该问题体现的是工业革命对这代人在故乡成长过程中获得的价值观与文化传统的冲击。但是，"工人与生产工具的分离"对社会结构、社会价值观和社会满意程度造成更具摧毁性影响的区域却是在西方社会以外。

## 作为社会威胁的失业问题

大规模生产本身的固有特征——劳动者与生产工具的分离，决定了萧条和失业问题在工业社会中处于十分突出的地位。并不是失业问题的经济性后果使之成为每个工业化国家挥之不去的噩梦。在美国，我们经受住了20世纪30年代大萧条的考验，使大部分劳动者未受到长期失业的困扰，并确保他们的家庭经济水平远远高于维持生存的水平，甚至比100年前的富人的生活水平还要高些。即使在经济大萧条的最初几年里，既没有设立相应的机构，也没有制定相应的决策，我们也做到了这一点。尽管如此，在美国，大萧条仍然在人们的心理、社会层面及政治层面上造成了十分恶劣的影响，这也从另一个侧面说明，美国是当今世界上工业化程度最高的国家。

长期失业的主要影响不是表现在物质上，而是表现在心理上：失去了自尊；失去了主动性；在极端的情况下，甚至失去了理性。失业带来的结果是一个人失去了他所依附的组织。然而，在工业社会中，人们一旦失去组织，他就变成了一个无用的"零件"，他不可能完全依靠自己完成生产。此时，他就像是一个没有家园的游荡的幽灵。"大萧条冲击"不仅对那些饱受长期失业之苦的人群产生了恶劣的影响，对于那些从没有失业，或从不用担心失业的人群也同样产生了巨大的心理压力。在整整10年里，人们生活在持续的恐惧之中，担心自己会在下一个发薪日被解雇。这种笼罩在恐惧感下的生活，甚至还不如真的已经被解雇了，那样反倒痛快了。

正是由于工业社会的体系将劳动者和生产工具永久性地分离开来，这才使得如何阻止经济萧条及失业的持续蔓延成为每个工业化国家必须要面对的重大问题。工业社会的公民无法理解也无法控制这股将他们抛离社会、剥夺他们体面的公民生活的力量。只有当现代工业社会设法驾驭好这种力量，它的社会成员才会认为这是一种可接受的或合理的社会形态，否则，这样的社会就会沦落成为毫无意义、缺乏理性、群魔乱舞的社会,最终变成挥之不去的噩梦。从解决经济萧条及由于萧条而导致的失业问题的途径来看,我们必须求助于适当的经济手段或经济政策工具。可见,它们确实是经济问题。但是,从它们的本源及其带来的恶劣后果来看,它们又不仅仅是经济问题,它们同时也是社会问题及心理问题。概括地说,它们是深刻的文化巨变而导致的问题。

劳动者与生产工具的分离使得我们不可能依靠"自然的调节系统"。如果听任其自身的调节,也许有可能在经济方面实现迅速的"康复"。但是这样做,或许还没等到它即将可能实现经济康复的那一天,我们这个社会就可能会因为社会性方面的动荡和问题暴露而早已崩溃了。

如果你说经济萧条和失业问题将会不可避免地导致"自由放任"(laissez faire)政策的放弃,那你就没有说到点子上。"自由放任"政策意味着放弃严格的监管。经济大萧条和失业问题当然不需要严格的监管,它们需要的恰恰相反,是积极的经济促进措施。

但是,这与放弃"自由放任"政策完全是两回事儿,它不是简单地放弃"自由放任"政策,而是难度要大得多的政策设计。只有少数政府在一定的范围内尝试着做这件事,并且能成功地设计并实施积极的经济政策的政府更是凤毛麟角。

首先,经济层面上的积极促进政策的设计与实施需要非常可靠与完整的信息、非凡的政策决策能力与经验以及同样非凡的行政管理技能。这就要求政府官员能集经济学家、政治家、训练有素的管理者的最优品质于一身,同时还要以自身的正直与诚实统领这些优秀品质。这样的完人去哪儿找呢?更何况,社会需要的不是一两个这样的完人,而是要求大部分政府官员都能如此!

其次,积极的经济政策的有效实施还要依赖充分掌握信息的公民(我们不要求是聪慧的），以及一个完全不受公众意见及舆论影响的独裁体制。要想制止或克服经济萧条，就必须制止消费的突然增长。但是，迄今为止，没有一个由选举产生的政府能确保它的选民能避免圣诞节的激增消费。即使是纳粹德国，它完全不受选民左右，在面对公众舆论与压力的情况下，它也从未有效地实施过反通胀的政策措施。

最后，应对经济萧条的积极经济政策更意味着政府应采购大量的资本商品㊀。然而，迄今为止，除了军火订单外，还没有一个政府对其他资本商品下过大订单。

应对经济萧条的有效政策要求政府在经济领域中采用全新的概念，它既不是"自由放任"，也不是集权主义的，而是一种共同承担责任的观念。任何一个政府都不应该拒绝承担制定与实施这项政策的责任。然而，这种责任对政府的要求又远远地超过已有的任何政府的能力范围。因此，它要求的是一种共同承担责任的观念。

## 新 利 维 坦㊁

个人可能会被剥夺运用生产工具的机会，同时，他又不能完全依靠自己完成生产。这些情况还会导致权力的集中，使之变得比以往任何时候都危险得多。

---

㊀ 资本商品是相对消费商品而言的。一般地，能形成固定资产的商品都可以称为资本商品，而即时消费即消失的商品则是消费商品。前者的例子如屋宇、交通工具、机器、武器装备等；后者的例子如粮食、易耗品、假期旅游等。——译者注

㊁ 名著《利维坦》（*Leviathan*）是英国资产阶级革命时期的政治思想家托马斯·霍布斯的代表作。中译本由黎思复、黎廷弼译，商务印书馆 1985 年出版。所谓"利维坦"，是《圣经》中记载的一种巨大的海兽，力大无穷。霍布斯以此来命名，意在比喻一个强大的国家。该书为大资产阶级和新贵族的政治统治奠定了理论基础。《利维坦》体系完备，论证严密，可以同古代亚里士多德的《政治学》遥相匹比。该书是为资产阶级登台论证的一部力作，在西方政治思想史上占有重要的地位。——译者注（根据史彤彪的论述附注）

问题的关键在于，权力掌握在政府手中。由于个人的生存依赖于对生产工具的获取，这就使得一个政权有可能完全控制个人，也就使得极权体制变成可能。如果个人能否进入一个生产组织的控制权掌握在某个人或某个组织的手中，这种控制权就可能被利用，成为对个人的控制。这种控制是十分有力的，即便不掌握着个人的命运，也掌握着个人的生活水平、社会和政治地位。只有在人们敬畏于未知的黑暗力量的原始部落里，我们才会发现同样程度的彻底、完全的控制。工业化革命能增强政府实施完全控制的能力，而在这之前，政府根本不可能实现这种操控，也正因为如此，人们才得以享受到一定程度的自由和隐私。

公民的社会生存完全依赖于他是否能进入一个生产组织中，这一点又使独裁专制体制有了一种新的魅力。当自由导致社会无法克服长期失业的风险时，自由就会变得不堪忍受，这时，独裁专制就会以解放者的面目出现在人们面前。进行大规模生产的社会必须要有一个拥有足够权力的强有力的政府以应付长期失业问题的威胁。同时，它必须是一个有限的、柔和的政府，这样才不至于威胁每个公民的自由、幸福和隐私。

在人类的历史上，曾有过许多独裁专制政权、警察国家和暴政。但是，除了在原始社会的部落里，魔力、禁忌和礼仪控制着人的全部生存，我们尚未看到完全意义上的极权体制——也就是这样的体制，个人本身及其所有的活动完全依附于国家。专制与极权是本质完全不同的两个概念。极权的"集总性"体现为它完全彻底地否定个人。在一种个人可以完全依赖自身而实现生产的文化中，也就是个人可以完全依赖自己而实现社会意义上的生存的文化中，完全意义上的集权是绝不可能出现的。任何独裁专制统治，无论是多么残酷暴戾和专横独断，如果它不能使人们的全部社会生活听命于它的命令，那么它的专制总是有限度的。

除此之外，只要个人依赖自身就能实现生产，他就可以把自己武装起来反抗独裁专制和暴政。将"革命暴动权利"视为捍卫自由的最终的和最根本的手段，是传统政治学的真知灼见。然而，在一个完全工业化的社会里，公民完全没有可能反抗掌握着生产工具的政府。面对轰炸机和坦克，"革命暴动权利"只能变成一种空洞而抽象的概念。即使是"全体罢工"这样的法宝，在极权者的专制统治面前也会变得同样苍白无力。公民能做的事只有表面上尽量顺从，而在自己的心灵里留出一片空地，以抚慰自己的灵魂。一个极权政府即使不能控制人们的心灵，也能控制公民的所有活动。可是，如果一种信念永远也不能付诸实施，它又能维持多久呢？

过去，通过法律的条文和限制就可以约束权力的滥用。如果政府违宪，人民就会采取最后的措施，用武装将之推翻。然而，在工业社会里，政府绝对地、完全地掌握着权力，因此人们不可能采用类似的手段。**世界上最完善的且权力制衡的设计最完美的宪法，也不可能阻止希特勒的篡权，更不用说阻止他篡权后的所作所为**。希特勒当时不可能遭到反抗，因为他掌握着获取生产工具的权力，这使得他的政权是完全集权的，也使他的政权有能力掌握所有的社会活动，从而缔造了一个属于他自己的工业社会。

合理的工业社会必须要分散独裁者手中的权力。但是与此同时，我们又要防止另外一种倾向，也就是权力的过度分散而使之堕入无政府主义社会，就像15世纪那样，到处是没有主教、盗贼横行的小公国和自治城市。那样的后果同样是人类难以承担的。相反，合理的工业社会必须要有合理的权力集中和统一，只有这样，我们才能实施应对经济萧条的有效措施。

除非工业社会能分散生产工具获取的予夺权力，否则，它就不可能成为一个自由的社会，它就会永远处在向极权社会演变的危险之中。但是，如果权力过分分散使之失去了采取行动的能力，那么它就不能成为一个真正意义上的社会。

在西方，由于劳动者与生产工具相分离而导致的问题尤为棘手，至少，它们是我们最能直接感知的问题。然而，工业化革命的真正的革命性影响却体现在北大西洋区域组成的旧的工业化地区之外的地域，具体地表现为它动摇了组成一切社会组织的细胞——家庭组织。

过去所有的社会，从最原始的形态到最发达的形态，都是建筑在人类的生理性社会单元、心理性社会单元、生产性社会单元三者合为一体的基础上的。换言之，在过去，如果人类社会的这三类基本构成单元是相互分离的，则构成不了一个真正意义上的社会。家庭，作为社会构成的基本细胞，尽管它的起源是出于人类生存繁衍的生理性需求，但是它已演变成人类情感联系的载体，这是放之四海皆准的道理。除了极少数情况之外，丈夫和妻子的结合无一例外地是人类繁衍生存所必需的生理性的、心理性的和社会性的伴侣关系。同样，除了极少数个别例外，孩子不仅被视为心理性社会单元的不可缺少的组成部分，同样也被视为社会性单元不可缺少的组成部分。一旦度过了他们的婴孩时期，孩子就会被作为正式成员而纳入生产性社会单元中，就像他们在出生时，作为一个成员被纳入情感和家族的体系中一样。

在原始社会里，妻子负责挖掘根块食物，采集野果，捕捉小型猎物；丈夫则要外出狩猎；孩子则守着母亲，帮她做一些小事，直到男孩长大后随父亲一同外出狩猎。在畜牧业社会里，妇女主要负责照看田园、驯养小型动物、纺纱织布以及为丈夫及牧羊犬准备一日三餐；丈夫的任务则是外出放牧；孩子则在家里帮助母亲纺纱织布，直到长大之后随父亲出去放牧。在农业社会里，生理性社会基本单元、心理性社会基本单元及生产性社会基本单元合而为一的程度更是空前的，这也可能是家庭型农业社会中，家庭具有强大的力量，而且一旦反抗也特别有力的主要原因。在高度发达的农业社会中，工匠和手工业者要依靠他们的妻子照看店铺，操持家务，照顾熟练工人和学徒的生活，同时还要负责接待顾客。而孩子则是家庭这个社会单元的年幼成员，像学徒一样参与家庭生活和工作，即便不是这样，至少也是一个近距离的观察者。

在工业化社会中，这种生理性、心理性社会单元与生产性单元的重叠将不复存在。**工业化使得家庭脱离出社会**。工作地点和居住地点不再合二为一了：父亲每天要到离家数里之外的工厂或办公室上班。妻子和孩子不再是生产性工作不可缺少的组成部分。他们可能会有自己的工作，也会各自到自己的工作地点去上班。但是，即使他们一家都在同一家工厂或同一个办公室工作，他们也不再以家庭为单元进行生产活动。

19世纪英国纺织工业普遍存在的童工问题，通常总是被人们视为工业化导致的结果。即使是五六岁的孩子被雇用来捻纱或纺纱，他们所做的工作也并不是他们这个年龄的小孩完全不能做的事，包括一些相对富裕家庭的小孩，到这个年龄也是可以做这些事的。童工问题令人憎恶、不道德的方面不在于让孩子所做的工作，而是在工作的性质，它是工业化的工作。当纺织工作从一个纺织匠的家庭转移到大工厂，尽管工作是同样的工作，但它们的性质完全不同了。尽管在工厂里，孩子也许同他们的母亲并肩工作，但是，他们已不再作为家庭成员的一分子参与工作了。他们只是在空间上和母亲并肩工作，并不是作为一个社会生产单元整体里的一部分和他们的母亲一起工作，就像在前工业社会的家庭里那样⊖。即使他们的母亲就在他们身旁工作，他们也不是作为一个家庭单元进行生产活动。此时，他们不再是以小孩的身份参与工作，而是正常的发育成长被生硬地裁断了的小大人。

尽管是基于不合理的论证，但是我们对早期工业化时期的童工问题的反应是正确的。无论是像工厂委员会所错误地相信的那样，认为雇用童工

---

⊖ 原文是"They worked next to, but not with, their mothers"。英语的介词有着十分丰富的内涵，而在中文中却没有相应的对照。因此，要译出这句话的含义，只能敷衍成文。——译者注

是一种创新之举，还是认为将传统的以家庭为单元的劳动形式转移到工厂中是邪恶的、残忍的和不道德的，所有这些已变得无关紧要。重要的是，人们已达成共识，认为工业体系中雇用童工是一种心灵的摧残和邪恶的行为，这种行为必须被制止。但是，这并不能彻底解决工业社会里的儿童问题。

在任何一个传统社会里，未成年人眼中的母亲是力量、成就感和社会权力的象征。然而，在工业社会中，即使能找到比打桥牌更好的消磨时光的方式，未成年人的母亲仍会觉得自己是一个问题。对社会来说，她们也是一个问题。在前工业社会里，"妇女平等"这个问题几乎不存在。男人似乎掌握着法律意义及宗族意义上的权力，但除了一小撮不用劳动即可生存的统治阶层之外，女人实际上掌握着社会性权力。在经济上，丈夫和妻子则是完全平等的，因为生产是一种共同努力。然而，在工业化社会里，妻子或母亲被排除在生产之外，也就被排除在社会之外了。

这种情况的出现是因为男人为了妻子及不能自立的孩子的生活而外出工作。男人的外出工作打破了家庭单元原来的三位一体，使之失去了生产性社会单元的功能，从而导致了妇女问题的出现。在经济大萧条时期，失业工人风雨一肩挑，苦苦地忍受着煎熬，为了摆脱困境宁愿做出任何牺牲。所有这些都清楚地表明，在工业社会里，只有当家庭与生产相分离，家庭才能得以维系。如果妻子不得不外出工作，这对男人来说是一种耻辱，这种思想在工人阶层中十分流行，同样也说明了这一点。

当然，和以往任何时候一样，家庭作为一个生理性尤其是情感性社会基本单元，仍是社会存在的必要基础。由于家庭与社会的分离，使得它在情感方面的特征更为突出，以至于人们对母性、孩子及家庭关系的赞美无以复加。然而，这反倒暴露出日益紧张的家庭问题，尤其是，一方面人们对家庭情感价值赞美有加；另一方面离婚率不断上升，越来越多的家庭分崩离析。

如今，家庭已经成为一种奢侈品，孩子不再是一种经济资产，而是一种经济负担。这也就不奇怪，为什么工业化的过程总是伴随着生育率下降的过程，这绝不是偶然现象。然而，家庭情感变得越来越弥足珍贵。在传统社会中，家庭情感的变故只不过是一个令人头痛的小麻烦，但在工业社会里，它则可能会变成严重的危机，导致"心理失调""精神失常""心理综合症"等问题，对个人和家庭造成毁灭性的破坏。

处在前工业发展阶段的非西方社会，对这种冲击传统家庭的力量毫无招架之功。它们的文化在这种冲击之下很快就土崩瓦解，就像感染了一场瘟疫。即使是在西方，家庭的削弱是一个渐进的过程，家庭与社会的分离同样也带来了深刻的影响。正是这种分离，使得我们的工业化城市变得令人恐惧，如虚幻泡影，令人压抑，就像是高楼林立的荒原。这与贫穷无关——实际上，底特律工薪阶层整洁的五居室之外停靠着崭新的轿车，冰箱、洗衣机也司空见惯。然而，所有这些只能给荒原城市平添更多的苍白。居处和家庭不再是社会生活的中心，这才是城市给人以诡异、暂时栖居地感觉的原因，也是现代工业城市表面看上去文明，暗地里却涌动着暴力和违法行为的根本原因。所有这些，与新的工业化大生产的整洁、漂亮、井然有序、富有节奏，形成鲜明、强烈的对比。

由大规模生产技术推动的工业革命仍会一往无前地扩张。在它的背后，蕴藏着两股推动社会变革的最强劲的力量：人们对高标准生活的渴求和国家防卫的需求，也就是国家对更高的作战能力的渴求。

农民运动分子抨击工业化罪恶的说教、所谓智者对物质主义危害的警告，所有这些在印度、南美或苏联中部人民悲惨的生存境地面前，都变得苍白无力。这些说教即使不是纯粹的谎言，也是一种谬论，它只是一小撮特权分子玩的把戏，试图用它掩盖他们企图永久维持统治的妄想。哪怕是最低限度的物质条件的改善，对于那些处在前工业阶段的赤贫国家（每个国家在前工业社会都会处于这种赤贫之中）的人民来说，都像无法抵抗的流感。

这并不是说工业化是一个快速的、无痛苦的过程，它也并不意味着贫穷的消除。即使在美国，经济最繁荣鼎盛的时期，仍然存在着令人触目惊心的贫困（尽管它们主要分布在非工业地域）。同样，这也不意味着其他所有国家都能达到美国的生活水平，因为美国享有地理位置优越、人口密度低、原材料供给充足等独特优势。当然，没有一个国家，至少在相当长的时间里，能像美国在第二次世界大战时期那样同时享受着最高标准的生活和最高标准的作战能力。

换句话说，工业化本身不会带来人类经济的新纪元。但是，它可望带来生产效率和生活标准的大幅度提高。这个幅度要远远高于自游牧时代到农业定居时代任何技术变革所带来的提高。

对作战能力提高的渴求同样强有力地刺激了大规模生产式的工业化进程。大部分国家更大、更强的武装工业化常以牺牲人民享受更高标准的生活为代价。在全能武器时代，除非我们能减少战争及战备对武器的需求，否则大规模生产革命带来的可能只是人们生活水平的急剧下降。当然，军需的膨胀倒不会减缓工业化的进程。相反，一个国家越贫穷，越缺乏国防力量，它反而越有压力建设国防工业，以抵御外来的侵略。

这场革命带来的社会与政治危机将会越来越明显、越来越普遍。关于"西方危机"，人们已经说得很多了。但我认为"东方危机"将会是一种更深层次的危机，它将危及社会与文化的根基。

如何应对这场危机，如何建设运转良好、充满自由的工业社会的新制度，是西方社会面临的最紧迫的任务，尤其是美国，首当其冲，义不容辞。因为美国是最发达的工业化国家，它的财富和生产效率使它有足够的能力解决这些问题，而其他的国家可能正为贫穷或社会关系紧张所困扰，根本无暇顾及这些问题。美国相对其他国家而言，也处于更为关键、敏感的位置，毕竟它的工业体系是最发达的。事实上，所有的证据都表明，美国只有很短的时间处理这些问题，也许是10年，也许是1/4个世纪，当然不会比这个时间更长了。

更重要的是，作为大规模生产革命的发祥地和重要推动者，美国已成为世界上最强大的国家。然而，迄今为止，美国的领袖地位仅局限在技术领域中，还未能构造出与这种技术相适应的社会和政治制度。但是，大规模生产技术对所有处于前工业阶段的文化和社会秩序而言，犹如一种无法抗拒的腐蚀剂，因此世界需要一种工业时代的政治与社会制度的典范。如果没有这样的典范供模仿和学习，那么大规模生产革命可能只会带来持续数十年的世界大战、混乱、绝望和毁灭。如果这个典范不是由西方树立的，如果它不是一个自由的工业社会的典范，那么它就会沦为奴隶工业社会的样式。

美国处于树立工业社会典范的最佳位置，这倒不完全是因为世界的技术是由"底特律制造"的。美国的领袖地位不像30年前那样广为接受，那时，世界相信亨利·福特找到了答案，"福特主义"在印度、德国或列宁的俄国都成为具有同等号召力的口号，这也是事实。这种幼稚的信念，即如亨利·福特自己的信念"机器，新的救世主"，很快就被大萧条击碎了，最终销声匿迹。

但是，因为美国在技术上的领袖地位以及它无与匹敌的军事和经济实力，同时也因为美国仍是西方世界的理想标本，因此，只要我们能付诸行动，领导者的位置仍可能是我们的。

然而，如果美国不能成为工业社会的模范，如果我们不能在自己的领土上建立起一个运行良好、高度自由的工业社会，我们所拥有的技术领先地位只会给世界和我们自己带来灾难。这将会使世界接受一种本来无法接受的制度与信仰，这种制度与信仰仇视植根于美国传统的信仰和制度以及一切西方传统。在这样的世界里，美国就不能维系自己的制度，甚至不能维持自己的独立。届时，无论军队多么强大，无论外交多么成功，无论马歇尔计划多么成功，都无法阻止这种大趋势。这些措施在那时尽管也是必要的、有益的，但那只是苟延残喘，最终不会起到什么效果。除非美国的世界领袖地位能得到认同，这些措施的作用才会彰显。而美国要获得世界领袖地位，只有通过创建"自由的工业社会"的典范才能实现。

# 1

第一部分

# 工业企业

THE NEW SOCIETY

第 1 章
新社会秩序

第 2 章
现代社会中的企业

第 3 章
对企业的剖析

第 4 章
"避免亏损"法则

第 5 章
更高产出法则

第 6 章
盈利性和业绩

第 1 章 | CHAPTER 1

# 新社会秩序

1928 年,第一次世界大战以后最繁荣的时期,亨利·福特正式宣布大规模生产新纪元的到来,他的一篇文章的题目"机器,新的救世主"代表了他的思想。列宁同样将技术视为"福特主义"的关键组成。列宁是 20 世纪初期福特最大的崇拜者之一,他提出的口号,共产主义就是"社会主义加电气化",完全表明他对这个新原则,也是他急需采用的新原理,持有一种彻底的技术化的观点。

早期探索时期的这种天真的乐观主义早已随风飘逝了,1929 年的经济崩溃标志着它的寿终正寝。即使是那些大规模生产的反对者和批评者,自 1929 年以后他们一直占着上风,也是以一种机械的原则看待大规模生产的本质。奥尔德斯·赫胥黎在《美丽新世界》(*Brave New World*)一书中认为,技术是罪魁祸首。这本书出版于经济大萧条的最低谷时期,表达了对先前雄心壮志的失望。同样,在卡雷尔·恰佩克㊀的《罗索姆的万能机器人》

---

㊀ 捷克小说家,剧作家。——译者注

（R.U.R.）的科幻戏剧中，技术也是罪魁祸首，这个戏剧还发明了"机器人"（robot）一词。在查理·卓别林的电影《摩登时代》（Our Times）中，技术也被描写成人类社会的敌人。无论亨利·福特的"机器，新的救世主"和查理·卓别林的《摩登时代》在看待技术对人类与社会发展的影响方面是多么迥乎不同，其实它们的本质都是相近的，它们都是以技术的视角看待新的工业化革命。将工业革命的原则视为一种新的技术、一种新的机器或一种新的使用机器的方法，一种新的组织非生命的、物质性力量的方法。人们过去讨论得最多的关键议题就是"人服从于机器"。

但是，如果我们切实地分析一下这个所谓的"新技术"，我们会发现它根本就不是什么"技术"，也不是组织物质力量的方式，而是一种社会秩序的基本原则。对福特的工作而言，这一点是毫无疑问的。事实上，他没有做出任何新的机械发明或发现，他所使用的所有机械都是已有的，为人们所熟悉的。只有他关于如何组织人进行工作的概念是全新的。

大规模生产革命的本质是人类社会秩序巨变的一个高峰，它代表着自200多年前工业革命以来人类社会秩序巨变的巅峰。在大规模生产革命中，工业主义的基本原则已完全成熟。此外，通过大规模生产革命的扩散，这些原理变成了放之四海皆准的一般原理，它渗透到全世界的每个角落，并为人们广为接纳。200年前起源于技术的工业革命，在大规模生产革命中已孕育成一种社会形态。大规模生产原理不仅包含着消融前工业社会的传统秩序的神奇元素，它还包含着**一种新的社会组织原理**。

## 专业化与一体化

大规模生产的本质体现在两个重要的概念上：专业化（specialization）与一体化（integration）。这两个概念描述的都是共同工作的劳动者之间的关系。

第一眼看上去，它们都是很陈旧且为人们所熟知的原理，没有什么新鲜可言。"专业化"似乎与我们熟悉的"劳动分工"（division of labor）没有什么不同，除了最原始的社会，人类一直都利用这种原则赖以生存。类似地，任何生产劳动，只要是依靠多于一人的生产劳动（当然艺术家的工作除外），就必须要依靠"一体化"或不同人劳动结果的"整合"，才能最终完成。

当我们用这两个词描述大规模生产时，它们的含义发生了巨大的变化。传统意义上的"专业化"以某个产品为界。鞋匠一生都在做鞋，制作家具的木匠只做家具，而房子的梁、橡子等的加工则由专门的木匠完成。国际分工的经典例子是：葡萄牙气候温暖、干燥，适宜于生产葡萄酒，而英国气候潮湿、多雨，适宜于生产羊毛。这个例子经常被自由贸易理论家引用，用来说明自由贸易的好处。在传统意义上的劳动分工中，"专业化"活动特指某个人或某个国家专注于生产最适合自身条件的某种特定产品。

也许有的人会争论说，你描绘的这种情景过于简单和形式化。就拿鞋匠来说，他也不是自己一个人完成做鞋的工作，而是和一个熟练工人以及一帮学徒一起完成的。这恰恰说明了传统意义上的"专业化"和新的"专业化"这两个概念的根本区别。鞋匠师傅可以很容易地只依靠自己一个人从头到尾把鞋做好。他这样做所花费的时间甚至不会比整个团队做出一双鞋所需要的工时多多少。熟练工也能只靠自己做出一双完整的鞋，尽管也许不是很好。学徒可能还不会做一双完整的鞋，但他们可以花费很长时间做出一双也许是不合格的产品，因为他们是来学习关于做鞋的全盘手艺的，他们要学习做鞋的全部操作过程。当然，如果让熟练工和学徒做些简单的活，而不是让师傅从头到尾都自己做，这样，生产效率自然会高些。但是，需强调的是，鞋匠师傅不一定非得要这样做，他完全可以依靠自己一个人完成。相对于师傅而言，熟练工和学徒只是学习者或帮助者，在工作中相互之间是从属关系，而不是协调关系。

与以上情况形成强烈对比的是，在大规模生产组织中，没有人有"专门的技能"。一个人在一家制鞋工厂工作了几乎一辈子，只要经过几天的简单培训，他就能成为电气设备工厂的完全合格的工人。这种情况甚至也适用于高层管理工作。实际上，这是现代管理思想的一个基本原理，认为一个能把制鞋厂管理得很好的生产副总裁，同样也能经营好一家钢丝绳厂；销售汽车经验丰富的销售总监，同样也能把化工产品销售得很好。

建立在大规模生产原理之上的劳动组织，单个劳动者工作的单位不再是一个产品，而是一项操作，甚至可能是一个动作。而产品是成千上万个操作的结果，每一项操作均由一个劳动者完成。没有任何一个操作者能单独生产出一个产品，无论他花费多少时间。只有一个组织、一家工厂才能生产出一个完整的产品。当然，只有极少数（如果存在的话）的行业或工序能达到大规模生产模式的理想状态，即将每个劳动者配置到一个动作上。但是，我们的确可以看到，新的"专业化"不是以生产出某个产品的能力为依据进行分工，而是以单个的操作或动作为依据进行分工，这才是当今组织工业化劳动的根本指导原则。

如果我们对这个新概念进行象征性的描述，我们就能马上明白它的社会含义。传统意义上，其惬意生活最广为人们接受、最古老的象征性形象就是一个远离尘嚣的隐者，他自己为自己做鞋子，饲养蜜蜂，自给自足。换句话说，他是传统意义上的、完全投身于"专业化"活动的典型形象。而工业时代，惬意生活的典型形象莫过于一位隐者在荒无人烟的地方操控按钮或不停地为假想的汽车安装刹车装置。这样的情景——一个人独自在旷野中操作一台高速运转的车床，也许是最令人捧腹的，但它也是对我们的工业文明最尖刻、辛辣的讽刺，这是一个代表着彻底的绝望、彻底的空虚且最可诅咒的情景。

新的"工业化"概念的核心不是说工作中的技能被消灭了。"技能被消灭"的说法只是一种想象，而不是事实。实际上，在绝大部分行业里不需要多少技能的操作只占很少的一部分。大规模生产恰恰是因为把众多技能高超的劳动者组织在一起，才带来了效率和生产率的空前提高。此外，从另一方面看，传统社会的生产中也有很多完全不需要什么技能的作业，如给庄稼锄草、除掉土豆叶茎上的害虫、推犁耕地等。

但是，在传统的作业中，无论它多么不需要技能，也与产品的生产直接有关。假设一个人做着丝毫不需要技能的工作，但他自己不生产产品，那么，他就是生产产品的那个人的一个帮手而已。比如一个农民，尽管他可能参加播种、庄稼的培植或收割的工作，但不是他自己生产粮食。而在新的专业化中，没有一个人生产产品，每个人都仅局限在某项操作或某个动作上㊀。

由于在现代工业的社会秩序中，没有人能单独生产产品，因此，"一体化"这个概念也被赋予了新的含义。只有当为数众多的个人所进行的操作或动作被组合在一起并整合成一种模式时，产品才能被生产出来。**正是这种模式才具有生产能力，而不是个人。**现代工业要求群体性的生产组织在远见性、精确性和凝聚力方面都要远远地高于我们所知道的任何组织。

正是亨利·福特为我们提供了"一体化"的原创性典范，此后的所有工业企业都纷纷模仿该模式。19世纪20年代，福特在新建的工厂里，开创了协调工人劳动与物流的方法，他不仅使那里的8万名工人的工作以及原材

---

㊀ 以上两段有些不容易理解，因为德鲁克的这两段有些简略。这两段主要说的意思有两层。第一层是，新的专业化并不意味着技能的消灭，实际上新的专业化中某些工序、操作对劳动者技能的要求可能会非常高，如IC设计，说新的专业化消灭了技能要求是一种误解。第二层意思是说，传统生产方式和新的专业化中都有不需要技能的工作，但是两者是有根本区别的。前者是生产某种产品的一个必要组成，而后者无论是需要高技能，还是不需要技能，都只是一道工序、一项操作或一个动作，它不可能生产出产品。——译者注

料、零部件的供应在时序上衔接紧密，浑然一体，而且把这种工作的一体化、富有节奏和及时性向前推广至原材料生产及采购阶段，包括在密歇根北部的铁矿开采及在巴西的橡胶采集，并向后推广至经销商的新车销售。这项计划涵盖数以百万计的工人两三年的工作。尽管福特本身的尝试当时以失败告终——因为计划太庞大、方法还不成熟的双重原因，但是它的影响是深远的。当时苏联的五年计划实质上就承袭了福特的思想。在第二次世界大战中的伟大的诺曼底登陆过程中，福特的思想在前所未有的人员规模、作业规模上得到运用，这次战役所涉及的人员数量、作业数量及其复杂程度，都是福特本人从未尝试过的。

大规模生产在技术性要求方面实际上比人类以往任何一种生产系统都要高。一体化过程中需要的新技术要远远多于专业化过程中消除了的技术。然而，所需要的新技术不是手工的，也不是关于工具和材料的知识。它一方面是技术性和理论性的，如对原理及工艺过程的知识；另一方面又是社会性的，如组织劳动者以合作无间的团队方式工作的技能，确保劳动者的作业速度和能力相协调的技能。总之，所需要的新"技能"是一种能看明白、理解乃至于创造出一种生产模式的能力。很显然，从这个定义来看，这是一种高层次的，甚至是艺术性的想象力。

能充分说明以上这一点的典型例子是第二次世界大战时期为美国海军生产舰用战斗机的故事。珍珠港事件爆发时，这种战斗机是经过测试唯一适合于太平洋作战的机型。但是，当时实际只生产了十几架该类战斗机，而且是由一家小型的飞机设计制造厂商完成的。当时，海军马上就需要数以千架这种战斗机，而不是十几架。原来的设计厂家根本不具备如此大规模的生产能力，它甚至没有进行大批量生产的蓝图。一家大公司匆匆接手，将自己最好的工厂进行改造，配备了该公司最好的工程师、机械师和技术精湛的工人，匆匆忙忙地开始生产。然而，这家大公司一架飞机也没能生产出来。在理论工作完成之前，这样的结果是必然的。这里所谓的理论工作包括：对飞机的分析；将它分解成组成部件；再将每一个组成部件细分成组件；每个组件再继续细分成单项的作业和动作；然后，再把作业整合成组件；将组件整合成部件；将部件整合成飞机。这些工作完全是纸面上的工作，最终会产出好几百吨重的设计图纸。这个工作完全是根据大生产原理展开的，在飞机专家看来，毫无价值。但是实际生产工作要由以前毫无生产飞机经验的工人完成，所以，这项工作就是十分必要的。这项工作的进展十分缓慢，几乎用了一年的时间，在此期间一架飞机也没能生产出来。但是，一旦这项工作完成了，工厂几乎马上就能满负荷生产，发挥出全部的生产能力。在最后一张蓝图绘制完成后的第5个星期，工厂就能以年产6000架飞机的速度进行生产了。

如果没有整合，不仅不可能生产出任何产品，而且每个人都会没有工作可做。无论是对个人而言，还是对社会而言，在现代工业社会中，真正能促成生产的因素是一种概念，也有人更愿意称之为"全局眼光"（vision）⊖。它是一种整体性观念，是一种对完整模式的全局把握。在大规模生产模式中，没有一个人能只依靠自己生产出产品。哪怕是最微不足道的作业没有完成，这个模式也会变得混乱无序。整个组织也就变得毫无意义，所有的生产都会因而停止。在大规模生产模式中，没有哪项作业是"决定性"的，也没有哪一项是多余的、不必要的。

每项作业的本质特征，实际也就是大规模生产技术的社会秩序，是在"专业化"和"一体化"的相互作用之中、在非本质的和可替代要素的相互作用之中，以及本质的和不可替代要素的相互作用之中体现出来的。结果表

---

⊖ "vision"这个词在管理学中有十分丰富的含义，现在常把它译为"愿景""远景"，那是在战略管理文献中常出现的一种含义，是指要看得"远"。但在这里是指一种能看到整体图景的能力，是指看得"全"，因此我们将之译为"全局眼光"。——译者注

明，大规模生产的社会秩序基本上是一种等级秩序，当然是一种特殊的等级秩序。

其实，工业时代的大规模生产并不是独一无二的。关于中世纪人们如何建筑教堂的微不足道的知识告诉我们，当时人们也是以专业化与一体化相结合的生产模式进行教堂的建筑的，这与现代的大规模生产模式十分相似。其他可类比的例子如：原始部落的宗教仪式舞蹈；剧院里的表演，一群演员按照几乎相同的原理共同完成戏剧的演出。交响乐团的演出是更加贴切的类比。

这些类比只是用来说明大规模生产秩序的特殊特征。部落宗教仪式中的舞者知道自己在这个仪式中只有少量的"戏份"，不可能有"重头戏"，因为重头戏要留给头领。但是，如果他的动作和头领的动作十分相似，他就能理解"明星人物"的作用，也就能把握全局，理解自己的动作与全局的关系。同样，交响乐队的定音鼓手永远也不可能替代首席小提琴的角色，更不用说指挥了。但是，他必须能识乐谱，甚至还要比较熟练地识读乐谱，否则他就不能跟上节奏，及时完成自己的动作。建筑教堂"生产线"上的学徒、非熟练帮工与大工匠师傅、艺术家之间，及他们与教堂本身之间也存在着类似的相互关系。

在大规模生产的社会秩序中，作业与作业之间、职位与职位之间的差距是如此巨大，专业化程度是如此之深，以至于人们对后面的工序根本没有直观的认识，甚至连一点肤浅的知识都没有——他们的工作与产品的关系更是模糊不清。只有处于顶层的少数人（拿交响乐队来做比喻，那就是指挥）能够总体把握，明白每个人的工作与整体的关系。他们心中有一个整体模式，理解它的秩序，掌握着整体运行的经验，有远大的全局眼光。但是，在下面具体工作的人，什么也看不到，看到的只有混乱、无序和莫名其妙。离顶层越远，你就越不能明白其中的道理、秩序和目的。

大规模生产秩序只有依赖于"一体化""整合"才能达到浑然一体、高效率的境地，而一体化则需要很高程度的甚至是前所未有的想象力和智慧。它还要求组织中的每个成员的理解和支持，其程度超过任何传统社会的要求。如果说公民素质（citizenship）是指社会的个体成员在智力层面上参与到全局之中，那么它在大规模生产秩序中就显得尤为重要。但是在大规模生产秩序中，公民素质也变得更难以获得。

这种困难不像通常所认为的那样，仅仅局限于体力劳动者。新生的工业社会的中产阶层，包括责任心强、被雇用的低级技工、工程师、监工、会计、统计师及部门经理等，同样会发现，自己和体力劳动者一样会觉得，如何将自己的工作整合到整体之中是一件困难的事。而这个阶层是所有现代工业社会里增长最快的阶层。正如我们将会看到的那样，这个阶层在现代工业社会中处于决定性的位置。正如一位苏联哲人在25年前所预言的那样，历史发展的必然趋势不是朝向一无所有者的胜利，而是朝向办公室阶层（secretariat）的胜利。然而这个阶层对自己从事的工作如此缺乏理解，就如同操作机器的人缺乏对机器的了解一样。

这种"沟通的缺乏"（用了一个完全技术性的词汇，但说的不是技术问题）是现代工业中固有的问题，也是现代工业社会秩序中存在的突出问题。可以确信，这个问题无法通过机械的方法加以解决，也不可能通过公众媒体、良好的意愿或演说解决，更不可能通过现代管理的魔法——所谓的"组织结构图"加以解决。它需要一种新的制度。如果不能建立起畅通的"沟通"，那么，大规模生产原理就永远也不可能成为一种能发挥作用的社会秩序原理。如果社会成员不能看到社会是理性的，也就是说，如果社会成员总是不明白自己的工作及目的与他所处社会的目的和模式之间的关系的话，那么，工业社会本身就不能正常运转，甚至会难以生存。

CHAPTER 2 | 第 2 章

# 现代社会中的企业

对亨利·福特来说,机器是新社会的新的重要要素。但是,事实上,新的要素不是机械主义,而是一种组织——现代大企业。

在每个工业国家中,企业已成为最具决定性、最具代表性、最具权力的组织。无论它采用何种形式,可能是美国式的私人所有、独立经营的公司,英国式国有工业中政府掌控的企业或者完全由政府控制、国家所有的经济中的苏联"托拉斯"形式,它们本质上都是同一种组织,都是其核心的组织,而且形式相似、行为相似、面临的决策问题及困难也相似。

工业企业(industrial enterprise)是一种相当自治性的组织。它有其自身的运行规律及原理。它不是国家的创造物,它的权力也不来自其股东或其他所有者的授权。事实上,在几乎所有国家里,企业的控制权和所有权几乎完全分离。企业的运转基本上不受国家的控制,甚至连政治体制或政治信仰上的激烈巨变也不会对它产生多大的影响。它是近 500 年来,在我们的社会中诞生的第一种具有如此自治性的基层组织。

尽管企业很重要，地位十分突出，但是它仍然是一种崭新的现象，它甚至连一个被人们普遍接受和理解的专门名称都没有。"大企业"（big business）尽管是一种字面上的描述，但也是一种让人觉得含有情绪因素的称谓，带着抵触情绪和挖苦意味。另外，这个词在实际使用时常指私人所有的企业，如果把这个词用到田纳西州山谷管理局或英国煤炭委员会上，人们总会觉得很别扭，尽管它们的确是"大企业"。"公司"（corporation）一词是我在我最近出版的书籍⊖中使用的称谓，但这个词只有在美国才能得到很好的理解。此外，即使在美国，这个词也只有十分狭窄的法律含义，比如它不包括原子能委员会这样的巨型垄断企业。

本书采用的"工业企业"一词显然也不能完全合乎要求。它不是一个常用的词。人们对它的理解通常也不包括工会组织，正如我们将会看到的那样，工会组织是企业组织结构中的重要组成部分。然而这个词仍是迄今为止最理想的称谓，尽管有这样那样的不是，但是我们也只好使用这个称谓了。

我们对这个新现象不仅缺少合适的称谓，更缺乏深入的理解。工业国家中的每个人，当然也包括美国人，将企业看作一种理所当然的现象，自以为对它已经很熟悉了。实际上，几乎没有任何人真正对它进行长期的观察，更不用说对它进行研究和分析了。在对我们这个时代的弊病进行批评的海量文献中，它甚至很少被提及。

不少人仍然这样看待、谈论工业社会的基本问题，认为这些问题可以通过"体制"的改变而得到解决。所谓的体制就是指政治体系的上层建筑。其实，真实的问题存在于企业中。不是体制问题的解决决定了企业的结构，而正好相反，是企业问题的解决造就了我们未来的体制。

但是，这并不意味着不同意识形态的差异无关紧要，这些不同意识形态

---

⊖ 《公司的概念》（纽约：约翰·戴公司，1946）。英文版的名字是《大企业》。

的争斗充斥着我们的世界。类似的观点由詹姆士·伯纳姆在10年前的《管理革命》(Managerial Revolution)中提出。事实上正好相反，正是由于意识形态上的差异，人们对这种新组织的秩序才有完全不同的基本观点。因此，意识形态的影响是不可忽视、具有决定性的。我们这个时代面临的大问题是：我们应基于什么样的价值观和信仰解决企业问题？我们解决企业问题的目的是什么？对于那些信奉西方价值观并想发扬光大的人们来说，他们的任务是根据自由社会的信仰和价值标准建设企业。我本人希望企业是一种基层的自治性组织，既不要被中央政府吞没，也不要依赖中央政府。

有的人马上就会争辩说，大型工业企业没有我说的那么具有决定性的重要作用，因为它们在数量上毕竟只是少数。当然，从数量来说，它们只占据经济总量的一小部分。在美国，它们占据着大约不会超过1/4的经济活动总量。即使在苏联，连农场都被组织成大型工业企业，但是绝大部分民众似乎仍生活在企业系统之外，企业系统似乎没有对他们产生什么影响。

但是，在社会组织中，数量因素从来都不是决定性因素。这正是人类社会的城市与社会性昆虫（如蚂蚁和蜜蜂）的群居社会的根本区别所在。美国社会及苏联社会的区别、两者与祖鲁族社会的区别，是不可能通过统计分析发现的[⊖]。决定一个社会的本质和形式的，不是静态的总量，而是动态的活跃因素；不是庞杂的事实，而是能够将这些事实以社会范式组织起来的象征之物；也不是超前的思想先驱和普罗大众，而是具有代表性的阶层。社会上大多数人的价值观、信仰、社会的满意程度、社会形象，甚至生活方式及谋生之道，实际上都是由这个社会的代表性的组织决定的，无论这些组织看上去离他们的日常生活有多远。因此，我们不必因为大型工业企业在我们的经济、社会生活中只占据着一小部分，就怀疑它们的重要性，只要我们能说明

---

⊖ 相关的更全面的讨论请参阅作者的著作《公司的概念》。

这些大企业已将它们的特性深深地烙刻在我们的社会之上。

大企业的**决定性**特征是由它们在经济生活中的作用体现的。尽管我们绝大多数人并不直接为大型工业企业工作，但是，这个社会上的绝大部分人的生计都直接依赖大型工业企业。对我们这个社会的经济的任何分析都会表明，正是大型工业企业占据着中心战略地位。小企业、自由职业者、有专长的人甚至农民，要么作为大企业的供应者，要么作为大企业的经销者，而得以生存。

大企业对经济政策及经济决策有着决定性的影响。正是少数几家大企业决定了当前经济的工资模式和工资水平。小企业也许会甚至经常性地偏离这个工资水平，但是，在所有人的眼里，这只是与大企业确定的标准相偏离的个别行为。

同样的情况也存在于价格政策领域中。资本支出和资本扩张计划也是如此，跟着大企业确定的标准走，正如在本书最后一部分分析中所指出的那样，这两个方面决定着经济活动的水平及就业水平。甚至连经济的景气、给人的印象、稳定性、对当前经济的信心及看法，无不是由大型工业企业所左右的。

第二次世界大战还表明，大型工业企业在技术方面也处于领导者地位。第二次世界大战时期，小企业的就业空前膨胀。但是，大企业承担起转向军工生产的重担，开展研究和工程试制，开发新产品、新方法及新工具。它们将工作分发给小企业，制定标准，组织生产。它们接受订单，并承担随之而来的风险。小企业只是作为分包商出现，完成由大企业已经完全安排好的工作。小企业主要充当制造商、供应商或装配商的角色。

是大企业确定了工会 – 管理层关系的范式；也是大企业，成为政府控制和产业规制的主要对象。最后，仍然是大企业，为整个社会确定了工厂社区的社会关系范式。

第二次世界大战之后经济繁荣时期，小企业及农民的利润急剧膨胀，这是众所周知的事情。但是，1948年秋天，美国国会成立了联合调查委员会，专门研究利润水平是否过高。在接受听证的21位工业企业家中却没有一位是来自小企业的——最小的企业也有雇员约6000人。而证人代表，无论是工会代表，还是经济学家或政府官员，在他们的证词中对小企业只字未提。每个人都自然而然地认为小企业的利润高低对经济的影响不是决定性的，尽管当时小企业的利润总和要远远地大于大企业的利润总和。

## 企业是社会的一面镜子

大型工业企业同时还是工业社会的**代表性**组织。它决定着人们对所处社会的看法。一个人，即使是受雇于街头拐角处的售烟亭（自然是远离大型企业的），但他对社会的判断仍会以大型企业实现社会的承诺与理想的程度为依据。他不会认为雇用自己的企业是具有典型代表性的，而会把美国钢铁公司看作典型。尽管他和他的老板的劳资关系很好，但是，如果大企业的劳资关系恶化或受到损害，那他也会认为这个社会的劳资关系恶劣，工人受到剥削。如果大型企业的员工享受着一种高标准的生活，他就会认为这个社会会给人们提供高标准的生活。如果大型企业给它的员工提供了足够的晋升机会，他就会相信这个社会实现了给每个人平等机会的承诺。换句话说，在工业社会中，大型企业之所以具有代表性，是因为这一点得到人们的普遍接受。

也许有人会说，这不过是人们视觉上的幻想而已，因为大型工业企业（例如通用汽车或美国钢铁等）自然比街角的售烟亭惹人注意。但是，大型企业以另外一种更为本质的方式代表着工业社会，是工业社会新的组织原则的最纯粹、最清晰的代言形象。正如矿物晶格中的晶体是矿体（无论真实的矿体是什么形状)成长规律的最完美的表征一样,正是企业揭示、显现并袒露了我们整个社会的"晶体结构",也就是我们社会的组织原则,尽管它隐藏在背后,尽管我们对它知之甚少。换一种比喻的说法,企业正是我们用以观察自己所处社会的一面明镜。

让我用我所居住的州——佛蒙特州的例子来说吧。佛蒙特州人口稀少、贫穷,几乎没有上规模的城市。佛蒙特州根本没有大企业。工厂中十之有五的规模小于50人,规模在1000人以上的公司屈指可数。大部分产业,尤其是木材加工业的雇员数最多,却处在亏损的边缘,生产的产品也没有多大的市场,不能吸引其他州的制造商。该州下定决心,通过由州政府设立,并由企业界支持的产业研究局,让即使是规模最小的企业,也要采用大企业的生产、营销方法和组织原则。

当然,小企业只能在一定程度上运用并大致地采用这些方法和原则,而不可能完全照搬。即便如此,产业研究局还是成功地将生产线引进到只有5名雇员的木材加工铺;将时间-动作研究⊖、科学的工厂布置方法及生产装配线技术,成功地移植到一家只有40名员工的木材加工厂。这些大规模

---

⊖ time-motion studies。动作研究是研究和确定完成一项特定任务的最佳动作的个数及其组合。弗兰克·加尔布雷思(Frank B. Gilbreth,1868—1924)被公认为动作研究之父。加尔布雷思对动作的研究始于早年对建筑工人砌砖的研究。他发现工人砌砖的动作各不相同,速度也有快有慢。由此,他对砌砖动作和速度的关系产生了兴趣。他仔细观察砌砖工人在工作中的各种动作模式,探索究竟哪一种动作模式是最好而且效率最高的。加尔布雷思在动作研究中主要采用观察、记录并分析的方法。为了分析和改进工人完成一项任务所进行的动作和顺序,他们率先将摄影技术用于记录与分析工人所用的各种动作。由于当时的摄影技术无法确定一个动作所花费的时间,他们还发明了一种瞬时计,可以记录1/2000分钟的时间。用这种瞬时计进行现场摄影,就可以根据影片分析每一个动作并确定完成每一个动作所需要的时间。为了在影片中更清楚地描述出一组动作的顺序,他们在工人的手上绑上一个小电灯泡,并显示出时间。这样,所拍摄的电影中的灯光轨迹就表示完成某一工作所用的动作模式。但是,这种没有变化的灯光轨迹不能确定动作的速度和方向。因此,他们又在电路中增加了一个间断开关,使得灯泡可以时亮时暗,这样,可以利用这种装置从影片拍摄灯泡痕迹的长度和方向确定动作的加速、减速和方向。——译者注

生产的概念和技术可以运用到这些小企业的小规模、非标准的生产过程中，这并不重要，其实，这种运用是十分有限的。重要的是它带来的结果是惊人的，在这些小企业里，大规模生产原理即使是最初级的运用，也取得了十分可观的效果。它使工人的产出提高了14倍，成本和浪费的降低也达到类似的程度。可见，小企业的工作效率、生产率以及生存的能力与它"复制"或模仿大企业的能力成正比。大企业的结构、组织及生产原理成为一种准则，即使是只有5个人的小作坊，也会以此为衡量自己的标准。借用先验主义哲学的说法，大企业是我们这个社会的形态与结构的内在本质的、潜在的原则的"圆满实现"⊖（entelechy），也就是这种原则的一种高级形态的显现。

佛蒙特州家庭农场的发展史可能更能说明问题。佛蒙特州的农民由于农场经营规模小，土地贫瘠而且多石砾，作物生长期短，所以在牛奶的生产经营方面铸就了一副非凡的本领。即使在现代冷藏运输业很发达、牛奶的长途运输成为可能的今天，他们仍能以此为生。在过去的25年里，佛蒙特州牛奶业的专业化发生了深刻的变化。以前，农民专注于一种产品（即牛奶）的生产，而现在，可以毫不夸张地说，只专注于某一道工序。他们不再自己种植奶牛的饲料，在很多情况下也不再自己培育牛犊。饲料来自中西部，而奶牛则从专业的种牛商那里购买。他们也不再加工牛奶，而是把原料奶交付乳品工厂，由后者进行加工，再把加工好的乳品交付给分销商。从生产到卖出牛奶这样一种看上去十分简单的过程，实际上是十分复杂的，它完全是按照大规模生产原则组织起来的。它同样需要将所有的工序分解成简单的基本作业，以保证物流和基本生产线上的工作进程在时间上的衔接，以及零部件的可互换性。农民不再自己生产黄油，而是去购买，这些黄油则是来自1500英里⊜

---

⊖ 圆满实现（entelechy），亚里士多德形而上哲学用语，表示使纯系潜在之物成为现实。——译者注
⊜ 1英里=1.6093千米。

之外的威斯康星或艾奥瓦。有时把自己生产的牛奶留一点儿下来自己消费甚至都不合算，还不如到商店里购买自己供应的牛奶便宜。

从外表来看，似乎什么也没有变。但是，佛蒙特州生产牛奶的农民、艾奥瓦州用玉米养猪的农民、明尼苏达州生产小麦的农民以及加利福尼亚州种植柑橘的农民，实际上都已成为农业生产线上的一个环节。我们很难说清楚他们的"管理者"是谁，在哪里，但他们确实被管理着。他们的工序、策略甚至具体的操作都是由一个组织安排好的，他们对这个组织几乎没有什么控制能力，即使它是互助性质的。他们唯一能自由决定的行动顶多就是进行"牛奶业大罢工"（这个词"milk strike"意味深远）。农民与经济和社会的关系变得既疏远又复杂。对他们来说，如何"一体化"，如何"整合"到社会这个整体中成了一个大问题，这同大规模生产工厂中的工人所面临的问题一样。就如同汽车装配线上的工人一样，他们也需要理解自己在做什么，为什么要这样做。他们发现自己和底特律的非熟练工人一样，要想获得一个整体概念是何其困难的事！

大企业是我们的社会秩序的真正象征。它的内部秩序和内部问题会被人们（包括那些表面似乎毫不相干的人）认为是工业社会的特定秩序和紧迫问题，也正因为如此，我们的社会秩序的真正原则才会变得清晰可见。总之，只要把大企业的问题处理好，我们的社会问题就能得到妥善解决。我们在工业企业中建立的结构、我们找到的和没有找到的问题解决方案，决定着整个工业社会的结构及问题的解决程度。

## 控制权与所有权的分离

在任何一个工业社会中，无论该工业社会是如何组织的，企业的存在形态都是一样的，它们构成了工业社会"建构性"（constitutive）的单元组织。

工业企业的出现是出于工业化生活的需要，而不是任何政治组织的信仰或原理。

企业"自治"性的一个明显证据就是为美国人所熟知的"控制权与所有权相分离"。几乎无一例外，美国的所有大型企业的控制权都不再掌握在其股东的手中。股东不仅对企业的控制不感兴趣，而且也没有能力做得到。即使是在那些股权依然十分集中的企业中，企业的实际控制权也越来越多地落入职业管理者手中。法律上所有者的代表进入董事会，但他们对企业实际经营的介入越来越少。管理层把他们视为"外部人"，对他们的任何"干涉"都表示强烈不满。

诠释这个过程的最佳故事莫过于美国最著名的化工企业——杜邦（Du Pont de Nemours）。该公司的股份一直以来都牢牢地控制在其创始人家族的手中，目前是通过一个家庭信托集团进行实际操作。20年前，该公司的管理权也牢牢地控制在该家族的手中。但是，自那时起，就不断地有职业管理者通过层层提拔渗入该公司的最高管理层，家族对企业实际经营的控制只是一种形式上的幻觉。每个控制实际经营的职业经理都会在他正式接管工作之后（而不是之前），通过与杜邦家族联姻的方式加入杜邦家族。这样，从形式上来说，这个外来的高层管理者也属于杜邦家族了。尽管这种策略可以防止管理权流入家族以外的人手中，但它同时也昭示了一个道理：大企业已经离不开从外部来的职业管理者了。即使这个大企业的所有者人数众多，关系异常密切，甚至是一个保持着辉煌的家族管理历史的、特别有才能的家族，也无法违背这个规律。

在第一次世界大战和第二次世界大战之间的20年期间，发生在德国钢铁工业的"家族王朝"身上的故事也十分相似。德国的每家大型钢铁企业原先都是由某个大亨创建的，都由某个家族牢牢地控制着。20世纪20年代中期，这些最大的家族企业被迫合并成为"德国钢铁托拉斯"（German Steel

Trust)，这些企业的创始人家族仍然控制着股份，并希望控制企业的实际经营。无论是在共和国时期，还是在希特勒时代，尽管泰森、克虏伯、克洛克纳等家族名望日隆，但它们对自己的企业的实际控制渐行渐远，实际控制越来越多地旁落他人手中，而这些人正是它们"雇来的帮手"——职业管理者。弗利兹·泰森㊀在描述他与希特勒关系的书中就描写了他自己对这种变化感到强烈震惊和迷茫。同样的故事在相同的时期也在英国上演：英国的大型工业企业，如帝国化学以及英国的大型钢铁公司，都没能逃脱相似的命运。

在美国，人们普遍认为"所有权与控制权的分离"是不合理的、不正常的。毫无疑问，两权分离提出了许多重要的问题。尽管人们讨论的最多的问题，即所谓管理者权力的"合法性"问题，实际上与这种分离毫不相干，但它实际上提出了一个十分重要的问题：人们仍然认为大企业的管理应基于财产所有权。然而，控制权与所有权的分离不仅是顺乎自然的，而且是有利于社会进步的。它清晰地表达了一种思想，那就是，企业的经营不是为了某个群体的利益——所有者、工人或消费者，而是为了社会的利益，也就是为了整个社会的经济发展。关于这一点，我们在后面会有详细的论述。如果没有这种分离，我们就无法面对和解决工业社会的基本政治与社会问题。

有学者会断言说，控制权与所有权的分离只会发生在资本主义国家中。的确，他们可以把这种分离视为资本主义内部瓦解的一种象征。但是，无论是谁掌握着所有权的合法权益，同样的进程都会发生。在英国，关于管理的

---

㊀ Fritz Thyssen，（1873—1951），德国著名工业企业家奥古斯特·蒂森（August Thyssen）（1842—1926）之子，于1926年继承父亲的"钢铁王国"，并于1928年将他父亲的"联合钢铁公司"（United Steelworks）扩展成为一家控制德国75%的铁矿石资源、雇员在20万以上的巨型钢铁公司。他因支持德国纳粹党和希特勒备受争议，他的自传《我为希特勒付款》（*I Paid Hitler*）记录了他与希特勒的交往。——译者注

独立性的最佳案例来自国有化企业，它们都是该国最大的企业。英国煤炭委员会、英国运输等大型企业，在它们成立后几年的时间里，它们的管理层就几乎完全不受其法律上的所有者——国家的控制了。这与大型的私人所有的美国企业毫无二致，管理者的实际经营不受所有者控制。他们的政策、决策及运作模式必然是"企业导向型"的，他们以职业管理者的方式行事。

## 工业社会是一个多极化①社会

企业是一种"独立自治"的组织。它的权力和职能不是来源于其所有者的动机、目标或权力——无论他是谁。它的结构、目的和宗旨也不是来源于某个政治或法律组织。它有它的"天性"及自己的规则。从历史上看，今天的企业（enterprise）是昨天的企业（firm）的继承者。从法律的角度来看，认为现代企业是国家的创造之物，只是法律上的一种虚构（legal fiction）。然而，无论是从它的本质，还是从职能来看，现代企业都是自成一体的**独特存在**（sui generis）②。

但这并不意味着国家不能对企业施加任何控制，也不是说工业社会将会蜕变成工业封建主义，实际权力将转移到工业企业手中，而国家则沦为徒有虚名的傀儡。恰恰相反，工业社会需要一个更为强大、更为有力的中

---

① 原文为 pluralist society，类似 plura sole society。在这里意指现代工业企业作为一种"自治"性的组织，在现代工业社会中形成了一个新的权力的"极"，与国家一起形成工业社会的权力多极。——译者注

② "sui generis"是一个拉丁语短语，意为"独特"。例如，一项 sui generis 制度是专为满足某特定事项需求而创设的制度。现在，它在知识产权的保护领域中被广泛使用。比如，对制定适用于传统知识保护的 sui generis 制度的呼吁时有耳闻。sui generis 知识产权已有数例，诸如作物培植者权（得自《植物新品种保护国际公约（1991）》）和集成电路的知识产权保护（得自《集成电路知识产权华盛顿条约（1989）》）。在传统文化表达领域中，WIPO-UNESCO《保护民间文艺表达免受违法利用和其他损害示范法（1982）》规定了对于民间文艺表达的 sui generis 保护。——译者注

央政府。企业不可能替代国家政权。管理层及工会的权力必须有所限制，对它们的行为有必要进行监管。必须要密切注意，确保国家的主权地位不受大企业或大工会的侵蚀；要确保它们完全服从于国家政策和全社会的利益。

但是，国家和企业的组织必须依据相同的理想与原则。如果企业的理想和价值观与国家的相左，那么这个工业社会将难以长存。这种不和谐可能会导致持续的摩擦与冲突。国民需要这样的一种代表性组织，它能充分实现社会理想，而这种理想的实现是一个社会存在的根基。如果企业拒绝接受这个社会理想或者是不能充分地实现这个理想，那么这个社会就会失去存在的合理性和凝聚力。此时，要么是这种社会理想变得毫无意义，要么是这个社会将被淘汰，失去公民的信任。

但是，社会也必须处于良好的组织与控制状态之中，只有这样，企业才能正常运营。经济政策和政治控制当然必须集中在公共利益方面。但是，如果为了公共利益，不能满足企业的基本需求，社会本身就会变得四分五裂。如果我们不能同时处理好这两方面的需求，我们就不能维持一个自由的、有效率的社会。要么是为了效率而牺牲自由，我们的社会就会沦为极权社会；要么是为了自由而牺牲效率，我们的社会就会陷入无政府状态。

工业企业的出现可能预示着，自中世纪以来，西方社会中的主导趋势将会出现根本性的扭转。我们这个时代出现的极权国家标志着一种历史倒退，它标志着自15世纪以来国家作为社会的单一中心、单一聚焦点、单一权力形态这一趋势开始走向荒谬，走向充满罪恶、邪恶和非理性的深渊。企业无疑是自15世纪以来出现的第一个具有独立的自治性质的组织。现代政党及现代军队都是现代世界中的组织，而且是十分重要的组织，但是它们附属于国家，而且受国家的控制，尽管有些政党开始时就像不受欢迎的私生子，国家作为"父母亲"极力想把它堕掉。然而，企业，无论是从起源来看，还是从它的职能来看，都独立于国家。与其说它是国家的一个"器官"，还不如说它是社会的一个"器官"。

因此，工业社会的问题实则是**多极化组织的问题**（pluralist organization）。在我们的现代社会中，不再只有一个主导者，而至少有两个：国家政权和现代企业。它们必须和谐相处，否则就会同归于尽。

第 3 章 | CHAPTER 3

# 对企业的剖析

工业企业，作为一种新生组织，它主要有以下三个特点。

1. 从规模上来说，它必须"大"。

2. 从它对社会结构的影响来说，工业企业催生了两类新的阶层：一类是以工业企业的高层管理者及工会领导为代表的新统治阶层；另一类是由技术骨干、专家、领班、会计师及中层管理者组成的新的中间阶层。这个阶层尽管也享有相当大的权力和巨大的社会声望，但他们受雇于人，具有依附性和从属性的特点。

3. 从它履行的社会职能来看，它首先是一个经济组织，但同时又是政府性的和社会性的组织。

近 50 年来，"大者的诅咒"（curse of bigness）一直是美国政治辩论中耳熟能详的主题之一。长期以来，人们一直持有这种观点，那就是，"大"不仅是不必要的，而且还缺乏效率，更不用说是受欢迎的了。

当然，从经济性、社会性及可管理性等方面看，企业的规模总会有一定的限制。但是，被"大企业"的反对者奉为楷模的今天所谓的"小企业"，如果以过去的标准来看，依然是大企业。现在的问题不再是我们需要大企业，还是小企业，而是大企业的理想规模是什么，如果超过这个规模就太大了。

"大企业"这个词的词义变迁是反映大规模生产革命性影响的完美注脚。五六十年前，所谓的"大企业"有时也被戏称为"大章鱼"（octopus），是指雇员在2000～5000人的经营单位，而小企业则指由一两个人所有并经营的作坊（workshop），雇员数一般不超过100人。如今，在美国的重要行业中，所谓的"小企业"是指雇员数在5000～10 000人，由一个大约有200人的管理团队负责经营的企业。现在，我们可讨论的只有大的程度。在工业社会里，我们不可能回归到"家庭作坊"式的小企业。工业企业从本质上来说，必然表现为权力、资本投资及人员的集中。

工会规模的变化也遵循同样的规律，75年或100年前，熟练的手工业者组织起小型的工会（chapel），与之形成鲜明对比的是，如今的工会组织都是全国性的。这种对比，犹如维多利亚时代的"机器作坊"与现在的巨型企业的对比。在很多情况下，即使是大型工会组织的某个地方分支也很庞大。全美汽车工人联合会的福特分会就有65 000名成员，它是独一无二的，就如同这些工人工作的地方——福特红河工厂一样，在美国汽车工业中独一无二。当然，这是体现这种发展规律的一个极端例子。

我们将"大"视作现代企业的形体特征，其实，这种变化带来的影响，不仅是"形体"上的，更重要的是，它对企业本身及社会的本质也产生了同样深刻的影响。就像是集沙成丘，尽管你可以说它是"一大堆沙粒"，但是它已经成为完全不同于沙粒的事物了。

企业及工会的"大"的特点带来了以前从未出现的社会控制问题。要理解它们的"新"和"复杂"的特点，只要看一个例子，以前垄断的概念主要是指为限制贸易而故意采取的行动，现在的情况则是，某些企业本身并没有垄断的行为和意图，仅仅是由于规模巨大，就被指控成市场控制者，指其造成垄断的种种恶果。在现代工业经济条件下，企业及其正常转行所需资本巨型化的特征，使人们对垄断问题的关注，由经济层面转向社会层面。现在的问题是个人或小而年轻的企业能否进入一个行业的问题，而不是高价格或限制产量的问题。

也正是因为现代企业的"大"，使得人们格外关注它的稳定性和存续能力。大企业是万万不能崩溃的。大企业一旦崩溃，就会带来失业、金融动荡、已建立的贸易关系突然中断等问题，严重危及社会的经济稳定。因大企业的资源散失而对社会造成的经济损失也将会是巨大的。机器、厂房设备及人员组织只有整合在一起时，才能发挥出最大的生产能力，如果分开，即使不会完全失去，也会失去大部分生产能力。尽管大萧条期间崩溃的庞大工业企业帝国，如英萨尔（Insull）、克鲁格（Kreuger）等公司，有偷工减料之嫌，但是政府还是不得不通过破产程序将它们原封不动地保存下来。所有工业国家破产法近20年的变化都表明，第一位是要保全当前的"问题公司"，也就是要完好地保留公司的机器和人员的整体组织，而不是首先满足任何团体的索赔要求，无论他是债权人、工人还是股东。

大型化的特点也对企业本身的结构产生了本质性的影响。现代企业需要一个管理团队，它的职责是对企业负责，而不是对任何团体——所有者、工人或消费者负责。"职业"管理层的出现也许是企业作为一种组织的最好证据。管理层的组织、它的有效运作、合格的高层管理者的选拔、培训与发展以及管理者的行为准则和道德标准等，不仅成为企业本身关注的问题，同样是社会关注的焦点。

大型工会的领导同样也要执行管理职能。他的主要职责同样也是向工会负责，而不是向它的成员负责。工会的负责人能否很好地履行其职能同样也是社会关注的问题,其关注程度丝毫不亚于对企业管理层能否履行职能的关注。

企业的大型化特点还导致企业和员工的关系发生了根本性变化,由以前的纯粹关系转变成带有政治色彩和社会性的关系。管理者为了切实履行自己的职责,还必须对企业的所有成员行使类似政府的权威。

## 新 生 阶 层

现代企业的出现还根本地改变了社会结构模式,它导致了两个新的阶层的出现:一个是由高层管理者组成的新的统治阶层;另一个是新生的中间阶层。六七十年前,它们都不存在。

新生的统治阶层的人数尽管比历史上的统治阶级的人数要多,但从数量上来说,其规模还是比较小。它与以往的任何统治阶级一样,拥有强大的权力,为公众所瞩目,是时代特征的典型代表。

然而,新生中间阶层的出现可能更具有决定性意义,它代表了大规模生产社会最重要的变迁。这个阶层发展的速度非常快,而且还会一直保持快速发展。例如,在美国,1880年的人口普查表明,当时受雇用的中间阶层只占到就业人口的不到10%,但是到了1940年,这个比例已经上升为25%。在1950年的普查中,这个比例可能会变成1/3。从绝对数量来说,这就意味着中间阶层及其家庭成员的人数由500万增加到4500万～5000万。

与此同时,所有旧的阶级都失去了它们赖以存在的基础。大规模生产革命彻底摧毁了200多年前开始的"旧体制",以土地拥有为特征的贵族阶层,他们昔日所拥有的权力和荣耀已成为历史烟云。大规模生产同样也动摇了资本主义社会统治阶层的权力,包括商人、银行家和资本家。最能说明这个问题的典型例子就是大商人寡头政治的逐渐没落,包括伦敦的"伦敦城"、纽约的"华尔街"、波士顿的"道富街"⊖。就在20年前，哈佛商学院毕业生的首选就业目标是纽约证券交易所。而现在，他们会到钢铁公司、石油公司或汽车公司去谋职。这不是说对生产而言，资金变得没有工业生产能力重要了，而是因为旧的资本巨头已经失去了对货币和信贷的控制。其证据就是，金融的控制中心已经由华尔街转移到华盛顿的相关政府机构，由伦敦城转移到英国财政部。

从经济角度看，英格兰银行的国有化并没有什么特别重要的意义，它只不过是对工党的一个流行的但已过时的政治口号的礼貌性遵从。很久以前，包括英格兰银行在内的所有银行都完全顺从于政府，以至于一段时间内，它们都成了政府债券的"仓库"。在工业经济中，伦敦、纽约、波士顿、阿姆斯特丹、巴黎、柏林、法兰克福以及维也纳，留给国际银行业务、国际资本流动及国际商品贸易的空间非常小，而这些正是"资本家"统治阶层的权力及地位赖以存在的基础。但是，作为政治意义的象征，英格兰银行的国有化有着十分重要的意义。类似地，摩根财团的储蓄银行业务和证券业务的彻底分离也是如此，政治意义大于经济意义。这两个事件标志着"金融资本主义"的消亡。

同样，传统意义上的中产阶级的重要性也下降了。70年前，正是这个前工业时代的中产阶级，实际上构成了社会进步的主力军。它由小工商业主、独立的手艺人及自耕者组成，它实际上是当时唯一的中间阶层。如今，从数量上来说，它与以前相比可能没有太大的变化，但它的重要性极大地下降了。1880年，他们占美国总人口的37%，1940年则下降到18%，而且这种减速的趋势还会加快。至此，它不再是社会进步的唯一通道，甚至不是最

---

⊖ 沿用道富环球投资管理（State Street Corporation）的翻译，以银行业而著名。道富公司成立于1792年，总部位于美国马萨诸塞州波士顿，是全球领先的金融服务提供商，为全球投资者托管资产达85 000亿美元，管理资产达9000亿美元。道富公司是美国第一大共同基金服务公司。——译者注

主要的通道。1949年，美国绝大多数大学毕业的年轻人都希望能谋得一个管理职位。名义上独立的工商业主在很多情况下变得有名无实，实际上成为现代企业的一部分。所谓独立的汽油经销商，只不过在为一家公司卖汽油，加油站是该公司建的，油价也是该公司制定的。所谓独立的汽车经销商，只不过是在某个汽车厂家许可的条件下，以该厂商确定的价格出售汽车，而且这种授权还可能被收回。这只是众多类似的例子中的两个，类似的情况极其普遍。

从长远的眼光看，最重要的现象是产业工人的绝对数量和相对比重都已经度过了巅峰期，而产业工人是工业革命带来的"第一个孩子"。在美国，1940年产业工人占总人数的比例与70年前相差无几，不到40%。种种迹象表明，这个比例在未来还是要下降的，尽管目前似乎还没有开始。新兴工业部门中体力劳动者的比例已远远小于传统产业部门，而工业中间阶层的比例则远远高于传统产业部门。随着传统产业现代化进程的推进，它们也将雇用相对较少的工人，而雇用更多的属于中间阶层的劳动者。

同样，在工人阶级内部，非熟练劳动向熟练劳动的新的转变已经开始，使得近50年来的发展趋势出现了逆转[⊖]。非熟练工人实际上可以被看作工程中的一种不完美，因为非熟练工人至少在理论上可以由机器替代——机器会做得更快、更好，而且价格也更便宜。但是，随着越来越多的机器代替非熟练工人，也需要越来越多的人员设计、制造、调试、保养和维修机器。这些所需要的新的技能不是体力上的劳动，尽管他们都被称为技工。新技能基本上属于脑力劳动，包括工程原理知识、制图、应用数学、冶金、生产工艺等。越来越多的工人正在变成新生的工业中间阶层中的一员，成为新的小资产阶级。

---

[⊖] 请参阅《国民就业中的工业化和职业化趋势》中有关1910~1948年的趋势分析，《研究报告》(*Research Report*)第11期，费城：宾夕法尼亚大学出版社，1949年。

譬如，在玻璃行业中，体力劳动者几乎完全没有了。仅有的第一线工人也是为数不多的、受过高水平培训的高薪专家。如果出现问题，他们知道怎么处理。设计、装配、保养和维修部门人员取代原先的非熟练或半熟练工人，其总人数很可能多于被机器所取代的体力劳动者。这种趋势的另一个例子是化学工业。在诸如石油化学和塑料化学工业等比较新的领域中，基本上已经看不到体力劳动者，而那些受过培训、教育、有技能的劳动者则随处可见，他们的数量还会持续增长，以保持工厂的正常运转。

一位杰出的经济学家⊖称我们的社会为"劳动者"社会（laboristic），这也许是对过去50年的高度概括，但不是对未来50年的恰当描述。我们可能会对欧洲最著名的大规模生产的社会问题专家乔治·弗里德曼⊜所预言的"工人阶级将被新生的中间阶层所替代"表示怀疑。但是，在已经实现工业化的国家中，工人阶级的比重肯定不会继续加大，至少在过去的70年中，没有产生任何增加。而新生的中间阶层无论是在总人数还是在人口比重方面都有进一步增加的趋势。

## 企业的三重性

对企业本质的探寻，我们可以从它的职能角度进行。企业是一种组织。那么，它是什么样的一种组织呢？

首先，企业是一种**经济组织**。它肩负着执行关键经济职能的责任。它是工业社会里主要的经济工具。

从经济的角度来看企业，它最重要的特点是其"集总性"。作为一种生产组织，企业实际上是将一群人按照确定的相互关系以及他们与机器工具的

---

⊖ 指的是哈佛大学的萨姆纳·斯利克特。
⊜ 参见乔治·弗里德曼《自由化与专业劳动》，《国际社会学手册》，第1期，巴黎，1946年。

确定关系组织在一起。在企业中，人自己，无论他是工人还是经理，都不可能完全依靠自身实现生产。

现代企业必然需要大额的长期投资。今天的投资也许在很长的时间里都不会带来产出。即使开始有产出之后，也需要相当长时间的持续产出，才能实现投资的收回。对机械设备、厂房和机器等而言，这一点是毫无疑问的。不仅如此，我们现在已经知道，这一点对于物流系统、销售系统，甚至产品本身而言也是正确的。它同样也适用于人力资源，我们同样需要对人力资本进行大量的前期投资，经过一段较长的时间才会看到产出。

因此，工业经济中的时间单位和前工业经济中的时间单位就完全不同了。工业生产中的"现在"不是指某一个时刻、某一天或某一年，而是指一个相对较长的时间段。它可能是指某个设备实物生命的某个周期。在工业经济中，"现在"的界定总是以"未来"为着眼点。由于时间单位的变化，使得传统的词汇，如"利润""收入""成本"等，在工业经济中有了全新的含义。

其次，企业又是一种"**政府性组织**"，会不可避免地、必然地履行政治职能。

企业拥有决定人们能否进入一个生产组织的权力，而工业社会中的个人一旦脱离了生产组织是无法自己生产的。因此，可以说企业控制着公民的生存。毫无疑问，无论哪个组织，只要它能控制公民的生存，它必然掌握着相当大的政治权力。

生产组织的加入如果不是决定着公民权的方方面面，也至少决定着公民的社会有效性。从事生产的目的是不同的，有的是为了生存，有的是为了获得更好的经济状况，有的则是完全听从天意的安排，有的则是为了战争。但是，群体生产的社会组织都需要有这样一个架构，它能使其中的每个成员愿意发挥其能动性，能通过这种群体生产获得社会地位与声誉，并获得社会的认同。在西方社会中，一个人的声望主要来自他所从事的交易活动和职业。

如果说社会有效性取决于个体进入的生产组织不是一条普适的原理，它至少适用于工业社会。如果说，我们能从大萧条中总结出什么的话，那就是失业会导致社会有效性的失去——失业者会失去社会地位、社会身份及自尊。实际上，除了名义的公民身份以外，所有的东西都失去了⊖。可以说，长期失业将掳夺公民权利。

即使在企业内部，也像是一个"政府"。工业生产组织需要基于"权威－服从"的内部秩序，也就是说在企业内部存在着明显的权力关系。

企业中的掌权者也行使着一些常规的类似政府的职能，也制定"法律"，规定每个人的行为准则、解决冲突的规则等，规定并实施违规行为的处罚。企业可以通过解雇而使个人面临失业威胁，也就是失去进入一个生产组织，实现社会有效性的可能性，这种处罚权力实际上很大。用传统的语言来说，企业的权力远远大于"最低权限"（low jurisdiction）。只有在极权国家里才会出现资本惩罚的"最高权限"（high jurisdiction）。但是企业拥有律师常说的"最高权限"的替代性权力，就是能实际上废除或终止公民权的权力。

企业对其成员还拥有相当大的执行权。企业所做的决策及其所设定的政策能直接影响个人的生存、未来及其社会与经济地位。它决定员工的工作内容、工作时间和工作地点。它将一群原本无组织的人员组织成一个有着特定职能的生产性团队。

管理层与工会之间的冲突也能体现出企业的政府性本质特征。这种冲突从根本上来说，是一种权力的冲突。工会也想分享企业决定个人能否进入某

---

⊖ 关于这个问题，有很多文献可以参阅，尤其是 E. W. 贝克关于美国和英国的研究。

个生产组织的权力。它要求将个人是不是工会成员作为聘用的条件之一，要求企业在实施解雇等惩罚措施时要以工会同意的劳资协议为依据，并且要求采取一个有工会参加的正式程序具体执行这些措施。工会还会使出最后的撒手锏——组织罢工，使企业不能正常生产。

说到底，管理层与工会之间的冲突，实际上是争夺企业成员的"效忠"的冲突。无论在哪里，当我们谈及"效忠"问题时，我们都是在讨论有关政府性组织的问题。效忠是政治权威的基础。从"效忠"这个词的词源来看，它是指封建领主和奴隶之间的关系，这清楚地表明了效忠与权威之间的关系。我们在使用大部分政治与社会术语时不是十分严谨，但唯独在使用"效忠"一词描述一个权威及其臣服者之间的关系时，十分准确和严谨。我们将权威及其臣服者之间的关系称为政治关系，而这种关系赋予权威治理的权力。

最后，任何一个政治组织的第一个要求就是保证自己能正常行使权力。马基雅维利告诫我们，在我们努力寻求一个"好"的政府之前，我们首先要保证有一个能正常行使治理权力的政府，也就是一个"正常运行"的政府。要实现"正常运行"，就需要解决很多问题，诸如企业管理层的职能如何规定，组织如何形成，什么样的管理人员是合格的，如何对管理人员进行培训，以及管理层内部有序、合理的接替等。这些看似属于管理层内部的问题，实际上也是影响公众利益的重大问题。

随之而来的还有管理层对其管理对象、企业成员的责任问题。就像其他任何政府性机构一样，要保证管理行为是合法的，也就是说，权力的执行是为了服务于其管理对象的利益的。但是，对企业的管理者而言，他的第一责任是保证经济效益。这就是企业的经济性职能与政府性权威之间的根本冲突。这种冲突导致了工会的出现，并决定了工会的职能。

不过，工会本身也处于一个矛盾的位置上。它的本质决定了它必定要作为管理层的对立面，或者是一个**反对者**的形象存在，唯其如此，它才能实现它的职能，维系它的凝聚力。同时，为了企业的生存与发展，工会必须承担起它对社会、对企业的责任，它必须是"永远的反对者"，即使它自己永远也不可能成为真正的"统治者"。管理层与工会在冲突中并存，这使得企业的个体成员永远处在应对谁忠诚的冲突之中，处在"效忠分裂症"之中。而这一点，无论是对企业、工会还是个人来说，都是无法忍受的。

现在，几乎人人都会承认企业是一种经济性组织。在过去的1/4世纪里，人们已经渐渐地接受企业是一种社会性组织的观点。但是若说它还具有类似政府的特点，是一种政府性组织，这种说法一定会遭到左派和右派的猛烈抨击。

但是，拒绝接受企业作为政府性组织而产生的结果，这不仅是短视的，而且是危险的。它对所谓的"自由企业"社会尤其有害。从企业的角度来说，如果企业拒绝履行其政府性职能，不愿花费力气解决企业内部的政治结构及治理等问题，这无疑会摧毁所谓的"自由企业"体系。企业内部的政府性问题必须要得到解决。如果企业自己不能有效地发展出一个能正常运行的、合法的治理机制，解决内部的政治问题，那么代表国家机器的政府就会迫于公众的压力而直接介入，极权主义就会乘虚而入。西方社会过去近50年的历史表明，这个进程已经走得很远了。

## 工 厂 社 区

最后，企业还肩负着社会性职责。它通常带有一个独特的工厂社区，这是工业社会中一个特殊的但又极具代表性的社会单元。

任何一项关于工人的研究都表明，工人总是将企业的社会性功能放在首位。他们将企业能否给他们带来社会地位、能否保证他们实现社会职能，置于能否满足他们的经济性要求之前。为数众多的调研都表明，现代产业工人的主要需求包括：与其他工人之间良好而紧密的关系、与他们的顶头上司之间良好的关系、晋升机会等。但对他们来说，最重要的需求首先是要获得作为一个人的尊严以及社会地位与声望。薪水尽管也十分重要，但远远排在其他需求的后面。

企业是一种社会性组织的观点，曾遭到19世纪后期主流思潮几乎公然的否定。也许在30年或25年前，这种观点还会被认为是激进的言辞，没有任何道理，或被谴责为是有破坏性的革命口号。那时，工业企业家、商人及工会领导可能都会这样认为。而如今，同样是这些工业企业家，他们不仅将这种观点奉为圭臬，而且还身体力行，试图将它转化为具体的实践，出现了所谓的"现代人事管理""现代人际关系政策"等。

事实上，将企业视为社会性组织是一种很古老的观点。它甚至出现在现代工业体系出现之前。它第一次是由法国的"浪漫社会主义者"提出的，尤其是傅立叶和圣西门。那是在19世纪刚开始的几年，而我们现在所称的现代企业的出现是在那以后很久的事。但是，直到上一代，人们才重新发掘出这个古老的真知灼见。

很多人对这个重新发现都有贡献，我们在这里只列举其中的几项代表性研究。在美国，这方面最著名的研究莫过于埃尔顿·梅奥在20世纪20年代末30年代初领导的霍桑实验，这项研究是在芝加哥的西屋电气公司进行的。梅奥在《工业文明的人类问题》以及《工业文明的社会问题》两本小册子中总结了该研究的成果。对这项研究更详尽的介绍存在于罗特利斯伯格和迪克森合著的《管理层与工人》以及 T. N. 怀特赫德的《产业工人》中。

E. W. 贝克则采用了完全不同的研究方法，他的研究重点也完全不同，但他的研究成果同样具有很高的价值。他主要研究了美国及英国的失业工人问题。A. W. 琼斯于 20 世纪 30 年代中期在俄亥俄州阿克伦市进行的调研则采用了另外的方法，他的研究成果以《生活、自由和财产权》为题出版。

最综合的研究之一是通用汽车于 1947 年举行的员工论文竞赛，共有 17.5 万名员工提交了题为"我的工作以及我喜欢它的原因"的自撰论文。当时没来得及出版如此庞大的第一手资料，到 1949 年以《员工个人心理学》（*Personnel Psychology*）为名正式结集出版。

关于美国之外的研究，我在这里仅举几例。保罗 F. 拉扎斯弗尔德和玛丽·雅霍达研究了 20 世纪 20 年代澳大利亚的失业影响问题，主要研究失业给个人、家庭及社区带来的影响。以梅耶斯教授为核心的许多英国工业心理学家，做了很多具有开创性的研究工作。还有法国的乔治·弗里德曼，他的研究成果尤为杰出，尤其具有原创性，特别是 1936 年出版的《进步中的危机》（*La Crise du Progrès*）。

以上的这些研究及其他相关研究，尽管它们的研究目的、研究方法及研究重点各不相同，但它们的最终结论都一致表明，工厂社区是一种切实的存在。实际上，企业的员工将工厂社区视为实现其社会理想与信念的真正具有代表意义和决定性意义的场所。

这些研究表明，对个人来说，没有什么需求比社会地位及社会职能的实现更重要。如果这种需求不能得到满足，就会带来严重的个人不满意及社会不满意，导致压力和挫折感，最终将危及企业的所有社会组织。

工业企业满足个人的社会地位及社会职能需求，不仅是为了抚慰员工，更主要的是为了保证自己能正常运转。现代工业企业要能够正常运行，首先要保证它的每一个员工，包括最微不足道的清洁工、推车的小工，都要以主人翁的态度对待他的工作，要持一种"管理者的态度"，将自己视为企业的一分子，是企业的"公民"，而不是被统治的"对象"。现代企业要求每一个员工都能发挥出他的潜能、创造性,要求员工之间精诚合作,这些要求要比以往任何一种生产组织都高得多。对现代工业企业来说,人力资源是它最大的资产,但常常又是使用效率最低的资产。在现代企业中,员工越是将自己视为企业的一分子,将自己视为企业的"公民",越是以管理者的态度进行工作,企业的产出和效率也就越高。生产率及工作效率的根本促进因素常常是社会性的、精神层面的,而不是物质层面的。

作为一个社会性组织,现代工业企业就成为特定社会组织原理的载体,也就是大规模生产原理的载体。这个社会组织还会有它自己的问题,要求建立起个体成员与企业之间有效的特定关系。

最后,工业企业的成员确实将它看作工业社会的具有代表性的社会组织。通过工厂社区,工业企业为企业员工提供了社会地位和社会职能,由此而实现它的社会信仰与承诺。如果不是这样,社会代表性组织的秩序就会违背时代精神,这只会带来社会精神层面的分崩离析,或者是企业职能的分崩离析。

企业是一个经济性、政府性和社会性组织,这三种性质集于一身,而且同时发挥作用。

单从经济层面、政治层面或社会性层面设计解决企业特定问题的方案是比较容易的。但是,只有当这种解决问题的方案既能解决某个方面的问题,又同时符合企业三种性质的要求,它才可能被企业所接受。如果一个方案只能解决经济层面的问题,却与企业的政府性或社会性特征相抵触,这样的方案就不可能被企业接受,而且断不可行。它只会加重待处理问题的严重性。

在本书中,我们努力采用一种整体观点,将企业视为同时发挥三种不同职能的一个有机整体。当然,在**剖析**工业社会时,我们需要将三种职能分开讨论,以便我们深刻地理解工业社会的种种问题。但是,在构建**工业秩序**

**的原理**时，我们必须同时考虑企业的三重职能，把它作为一个有机整体进行论述。

## 经济业绩优先

对企业成员来说，企业的政府性和社会性职能是最重要的。但是对企业本身来说，甚至对社会来说，它作为我们这个社会的核心经济组织，其经济职能是最重要的，相对于其他职能而言是首要的。对企业本身而言，经济性职能之所以是首要的，是因为企业的生存延续依赖它出色的经济业绩；对社会而言，经济性职能之所以是首要的，是因为从社会的角度来看，经济业绩是企业存在的目的和理由。

从人类有记载的历史来看，我们从没听说过一个政府性、社会性组织服从于经济业绩优先原则。庄园的封建领主要养活庄园的成员，但粮食生产不是它的主要目的，它的主要目的是政府性的和社会性的。从"市场"的已有发展史来看，它将经济性职能放在首位。但是它从本质来说并不承担政府性和社会性职能。实际上，主张自由放任主义的重农学派将经济性职能和政府性职能截然分开，意在确立这两种职能完全的相互独立性㊀。然而，在企业中，这种分离绝不可能，因为这些职能是由同一个组织承担和实施的。同时，我们也应该注意到，企业具有决定意义的职能、决策的标准及成功的度量尺度，都是经济业绩。

正是这一点带来了企业诸多最难以解决的问题。它意味着企业里存在着潜在的经济冲突，包括工资问题，工人对技术进步的抵触，对盈利性、利润

---

㊀ 卡尔·波拉尼在《大转变》（纽约：Farrar & Rinehart, Inc., 1944。1946 年在英国以《我们的时代起源》为名出版）一书中令人信服地阐述了这种分离观是站不住脚的，这种观点导致了市场的经济原则和社会生存之间的冲突，解释了市场体系崩溃的原因。——原注

的否定。它还意味着企业的政府性问题，也就是管理层作为"合法政府"的问题，及其导致的工会的出现，而且永远以管理层及企业的反对者的形象出现。

总之，工业企业的经济职能凌驾于其政府性和社会性职能之上，这是一件以前从未出现的新事物，有必要对它进行进一步的分析。因此，在正式进入工业秩序问题的讨论之前，我们首先要说明，为什么获利性是企业的第一法则。

第 4 章 | CHAPTER 4

# "避免亏损"法则

我们仍然囿于前工业时代的思维方式,"利润"这个概念先入为主地占据了我们的思想,正是这种现象的最好证据。其实,工业经济的核心问题不是"利润",而是"亏损"。工业经济的焦点不应是期末能得到多少盈余,怎么证实,怎样进行合法的索取,而应关注经营中不可避免的、真实的风险,着力采取措施应对这些风险,避免出现日益严重的亏损、赤字问题。

亏损的绝对重要性是现代工业经济区别于前工业经济的关键原因之一。它还体现了工业经济中的两大基本创新:第一,工业经济的经济单位不是个人,而是企业,也就是一个有很多人参与并需要大量固定投资资本的组织;第二,工业经济的经济活动不再是几乎可以在瞬间的交换中完成的"贸易",而是持续时间很长的生产。无论是组织(人力资源),还是资本投资(物质资源)都无法立即在"此时此地"转化为产出,而要经过若干年才能开始产出,若要享受到真正的回报则需要更长的时间。

因此,一个工业系统有两种成本:即期成本("现在的经营成本")以及远期成本("持续经营的成本")。我们通常所说的成本,一般只是指"即期成本",包括原材料采购费用、工人工资、管理人员薪水等。会计角度的成本则主要限定在可见的、有形的即期发生的成本,主要指生产过程中因使用人力和物质资源而发生的成本,但它并不包括为了保证企业在将来能持续经营所需要的全部人、财、物的资源成本。然而,在一个工业体系里,远期成本,即"持续经营的成本",是更具有决定性意义的成本。

这与李嘉图所描述的"交易经济"模式形成了最鲜明的对照。李嘉图的理论给19世纪的贸易经济提供了基本概念与术语以及关键工具,尤其重要的是他给19世纪的经济研究定下了基调。李嘉图是一个股票经纪人,他按照自己的想象构筑了他的经济活动模式。没有另外一种职业能像股票经纪人那样提出如此完美的交易经济模式,因为股票经纪人是"市场上的完全经济人"。但是,这样的经济模式完全不适用于工业经济。股票经纪人的工作既不需要雇员,也不需要组织。时间因素在他的工作中作用也不大。他可以立即转走自己的全部资金,因为他每天必须结清账目,并清理所有仓位。每天早上,股票经纪人得从零开始,每天晚上得彻底结清自己的账户。他生活在没有时间维度的世界,很像古典物理学家所认识的宇宙。当然,无论是古典经济学,还是马克思主义经济学,它们对时间概念的认识都像古典物理学家:万事万物的发生已包含了时间的因素,因此时间因素可以不予考虑。

李嘉图仍深刻地影响着我们的经济思想,无论是正统的,还是非正统的,自由学派的或保守学派的。当然,现在开始出现了一些变化的迹象,李嘉图之前的经济思想开始复兴。比如,战时经济思想和国民收入分析理论,它们源自18世纪的一些经济学家,前者强调"流量"及"瓶颈"的概念,而后者则越来越为我们所倚重,用以制定国家的财政、金融政策。创立这些学说的一些经济学家,曾一度被认为已被亚当·斯密和李嘉图全盘地、永远地驳倒了。饱受赞誉的重农学派的代表作,魁奈的《经济表》和国民收入表之间的相似是深层次的，而不是表面的，战时生产与配置图就是纯粹的"经济表"。先于重农学派的重商学派和17世纪的财政学派，则在凯恩斯和其他经济学家那里得以复活。尤其是他们从经济组织及国家的角度，而不是从"市场中孤立的个体"的角度考虑经济问题的方式，得到了发扬光大。

但是，迄今为止，我们仍未能创建一个适用于工业经济的有效的经济学说，尽管两项开创性的研究成果——弗兰克H.奈特的《风险、不确定性与利润》㊀和约瑟夫·熊彼特的《经济发展理论》㊁在30多年前就已经问世了。此外，仅仅依靠对17世纪或18世纪经济思想的发掘，我们是不可能完全获得适用于分析、理解和管理工业经济的概念、方法与工具的。

当然，我们对工业经济的一些重要特征已有所了解：

1. 贸易经济注重过去，而工业经济则着眼于未来。贸易经济由无数个个体和没有关联的交易组成，而工业经济则由长期、持续的生产过程构成，这些生产过程是由拥有庞大人力资源与机器的大型组织完成的。

---

㊀ 1921年奈特写的《风险、不确定性与利润》，是芝加哥学派经济学的经典文献，芝加哥学派现在是经济学的主流学派，而奈特是这个学派的奠基人。他区分了风险与不确定性。风险可以用原来发生过的案例拟合一个概率分布函数，然后说明未来这件事出现的概率是多少。"不确定性"则指完全崭新的情况，是根本不可重复的事情。所谓企业家创新能力是指他处理从来没出现过的事的能力。创新能带来利润（或者亏损），所以真正的利润仅仅和企业家能力得到发挥的程度大小相联系。在奈特看来，真正的企业家是能够处理"不确定性"，而不是"风险"的人，奈特称他们为"现代社会的中坚力量"——他们是社会进步的骨干、引擎。——译者注（根据汪丁丁的论述修改而成）

㊁ 《经济发展理论》是约瑟夫·阿洛伊斯·熊彼特（1883—1950）的早期成名之作。这本著作首先提出的"创新理论"（innovation theory），当时曾轰动西方经济学界，并且一直享有盛名。按照熊彼特的观点，所谓"创新"，就是"建立一种新的生产函数"，也就是说，把一种从来没有过的关于生产要素和生产条件的"新组合"引入生产体系。在熊彼特看来，作为资本主义"灵魂"的"企业家"的职能就是实现"创新"，引进"新组合"。所谓"经济发展"也就是指整个资本主义社会不断地实现这种"新组合"。熊彼特所说的"创新""新组合"或"经济发展"，包括以下五种情况：①引进新产品；②引用新技术，即新的生产方法；③开辟新市场；④控制原材料的新供应来源；⑤实现企业的新组织。按照熊彼特的看法，"创新"是一个"内在的因素"，"经济发展"也是"来自内部自身创造性的关于经济生活的一种变动"。——译者注（摘自张培刚对《经济发展理论》的评述）

2.在贸易经济中,所有成本都是过去发生的。当期收入减去过去成本的剩余就是"利润"。利润的计算是通过比较当期收入和过去发生费用而实现的,是一种将现在"投影"到过去的思路。所以,对利润的解释主要依靠对过去的分析。而企业的"正常运营"必定要求我们着眼于未来,要求将现在"投影"到未来。因此,传统经济中的利润概念,只能用于"证实"和"解释",但不能用来指导"正常运营"。

3.但是,在工业经济中,成本是一个与未来及现在有关,而与过去无关的概念。然而,未来永远是未知、不可预测和不确定的。未来的成本就是风险。即期产出与本期成本之间的差额,类似于贸易经济中的"盈余",在工业经济中实际上构成了承担未来风险的"报酬",或是承担持续经营成本而得到的回报。尽管在两种经济中,这部分的盈余都被称作"利润",但其性质根本不同。在贸易经济中,"利润"问题虽说不是一个意识形态问题,但首先是一个道德问题。它的核心问题是谁有资格获取利润?怎么验证?而在工业经济中,利润问题则是一个具体的运营问题:未来可能会有哪些风险?风险有多大?现在的利润能否足以弥补明天的风险?

4.最后,显而易见,如何充分抵御未来风险成为工业经济中的核心问题。这个问题解决得好或差,将决定一个工业企业的经济业绩。下面,我们给出"损失"的标准定义:所谓损失就是指能够经济地生产有用物品的能力的降低,它是指生产性潜力的降低。通常的说法(当然是正确的)是当生产性资源被耗尽时,就会处于持续的亏损之中。个人亏损经营,就会变得越来越贫穷,企业或经济体也同样如此。因此,未来亏损的风险会危及创造未来经济业绩的能力。防止未来亏损而带来的生产资源逐渐耗尽、经济状况恶化以及经济业绩倒退的唯一可能途径,就是在今天就拨付出足够的储备以应对明天的风险,这种储备显然只可能来自当前产出与当前成本之差。

## 工业生产的四种远期成本

保证持续经营的远期成本主要有以下四种：重置成本、技术淘汰成本、风险准备及不确定性。企业要生存、发展并服务于社会，就必须要满足当期成本要求，还要能满足以上四种成本的要求。

重置成本和技术淘汰成本与生产性设备有关，而风险准备及不确定性则与产品有关。前面两者会影响企业生产出社会需要产品的能力，而后面两者则会影响企业产出产品的受欢迎程度。

技术淘汰成本与不确定性是工业社会之前从未出现过的概念。它们是工业系统中特定的概念，体现了工业系统中特定的风险。对风险和不确定性这两个概念，尽管在前工业社会中，人们对它们并不是完全陌生，但毕竟不是那个时代的主要概念。而在工业经济中，它们不仅变得尤为显著，而且变得不易评价，甚至改变了经济的根本特征。

重置成本是四种远期成本中唯一可以用严格的方法加以计算的成本，因此，它也是唯一可以用处理当期成本方式进行处理的远期成本，可以通过机器设备的若干年折旧或以某个年固定比率摊销以往投资的方式进行计算。尽管重置成本的计算比较复杂，但毕竟都是技术性的困难。从概念上说，任何一家企业或一个经济体，如果对过时的老设备进行更换，它就不可能一直保持强盛的生产能力，这个道理显而易见。即便如此，我们今天所使用的重置成本的概念也只包含了设备部分，其实这还不够，因为人力资源的老化速度即使比机器的老化速度慢，但也需要"重置"，而且人力资源的重置成本是任何当期生产都不可避免的费用——无论对它的处理方式是怎样的。

而技术淘汰成本，到目前为止，企业既没有将它视为一种真正意义上的成本，也没有采取合适的措施满足这种成本要求。然而，它是比普通的重置成本更为重要的一种远期成本和风险。

在工业经济中,我们不能假定设备的经济寿命和物理寿命是一致的。一些机器设备从物理上来说,也许是崭新的且完全可以用来生产,但是由于技术的进步或工艺的改进,这些设备可能会被淘汰,变得毫无价值。技术的变化,本身就是一个巨大的风险,必须要从当前的产出中分拨出一部分储备以应对这种风险。

技术淘汰成本之所以如此危险,是因为它的完全不可预测性。技术或设备方面的巨大变革通常不是渐进的,而是突然出现的,而且这种突然出现的巨变通常没有固定的模式。一个产业可能很多年甚至数十年没有出现过技术上的重大变革。然而,可能在一夜之间,革命性的变化就出现了,然后又进入一个漫长的技术进步停滞期。钢铁工业就是这样的例子。在大萧条头几年,自动轧钢厂开始兴起之前,钢处理技术几乎有 50 多年都在原地踏步,处理原钢的设备有的甚至是 19 世纪下半叶的产物。但是,随着自动轧钢技术的突然到来,这些设备几乎在一夜之间就全部报废了。类似的过程似乎也要在钢坯生产领域中发生,自安德鲁·卡内基以来,这个领域的技术几乎没有出现什么重大变化,目前使用的设备有的甚至是第一次世界大战期间或在那之前制造的。在今后的 10 年里,这些设备大部分(如果不是全部)都会被淘汰。尽管类似的重大技术变革可能在经济萧条时期更容易实现,因为在萧条时期,需要采用更多的经济方法,而不会考虑它们对现有设备的影响,但这并不能降低技术淘汰风险所带来的后果的严重性。

如果说重置成本和技术淘汰成本是与生产能力有关的,那么风险准备及不确定性则与产品受市场的欢迎程度有关。

风险准备是因缺乏对产品或服务的未来经济状况的预见能力而形成的,它已成为工业生产中不可不考虑的因素。但是,在前工业经济时代,主要的风险是与自然条件有关的。牧民担心的是羊群发生瘟疫,农民担心的是冰雹等自然灾害。在那个时代，所产出的物品通常都是可以卖出去的，唯一的问题是你有没有东西可以拿到市场上去出售。重商主义时代的最大贡献也许是将诸多以上所提到的自然灾害风险转化成某种可以预测和防御的事物。可以毫不夸张地说，如果没有保险，工业经济根本无法正常运行。

自然灾害风险已被概率论所征服，但是在工业经济体系中，替代自然灾害风险的都是真正的经济风险，是产品能不能为市场所接受、所欢迎的风险。谁也不敢打包票说某种新产品或服务一定能在经济上成功，谁也不能判断某种老产品或服务还能在市场上持续多长时间。例如，城际有轨电车，一个看似极其稳定和保险的行业，但在汽车出现之后，它就极为迅速地消亡了。这个例子充分说明了这类风险的特征。

计划经济的鼓吹者宣称他们那里没有类似的风险，因为在他们那里没有自由的竞争市场。这种观点也许是有一定道理的，但它的正确程度不会比"垄断可以消除风险"的论调高到哪里去。首先，即使在完全严格的计划经济中，风险的完全控制也是有条件的，那就是该经济处在极端的短缺之中，任何产品只要一旦产生，就会有人愿意以任意价格购买。例如，在战后的极度通胀时期，生产几乎没有任何风险，因为无论你生产出来的产品有多糟糕，总会有人买。因此，苏联经济学家将永远的通胀作为成功的计划的一个必然条件，并不是一种偶然。但是，这就意味着，为了避免风险，经济的运行就必须永远处于危险的临界状态之中，就像一个时刻准备爆炸的大锅炉。

还有一种可能，计划经济能完全控制风险，但那是一种落后的计划经济，只模仿其他更高级的经济中已经成功开发并被证实为市场有效的产品与服务。只要计划经济要向更高的阶段迈进，它就会遇到同样的技术风险与生产风险，这些风险存在于新的产品与服务的开发以及老的产品与服务的延续过程中，无论是计划经济还是市场经济，它们都会存在。

最后，我们讨论不确定性。不确定性实际上是经济学对时间因素的另外一种称谓。这是一个全新的概念。农民知道如果在霜冻来临之前，他还没有收到一粒谷物，那他将会全年颗粒无收。牧民也知道，如果母羊在春季不下崽，那么他的羊群就不能扩大。但是，在工业经济中，谁也没有完全的把握说他知道某个产品或服务何时会获得成功。产品能否成功的风险在本书中被称为"风险准备"成本，而该产品能否在 1 年、5 年或 20 年内获得成功，这个问题在本书中被称为"不确定性"。

工业生产的特性决定了效率与生产率的每一次提高，都会带来工业生产中不确定性的提高（这实际上是庞巴维克著名的"迂回生产"⊖原理的另一种表述）。经济发展程度越高，不确定性也就越显著，企业就越需要采取措施应对这种风险以保护自己、保护社会。就像应对其他风险一样，应对这种风险的储备同样来自当前产出的分拨。

要认识不确定性的重要性，我们只要看看这样的事实就清楚了。现在的工程技术研究者一般都将 10 年作为新产品或新工艺开发的最短期限估计，这里没有考虑探索性的实验室工作期间，那大概又需要 10 年。像通用电气、美国电话公司及一些大型化工企业，甚至还专门进行"纯理论研究"，希望这种纯理论研究能产生出可投放市场的新产品、新工艺等"副产品"。它们认为时间因素是如此令人捉摸不透、无法计算，干脆不去预测和计算它，这样也许还会好一些。

合成橡胶的开发就是这样的一个例子。关于这个问题的化学原理方面

---

⊖ 庞巴维克 1888 年提出的迂回生产（round about production）概念，是奥地利学派生产理论的核心。庞巴维克在《资本实证论》中，把人类的生产活动分为两种：一种是把劳动作用于自然因素以后，可以直接生产出供人们消费的物品——这是一种直接的生产，庞巴维克把这种生产形象地比喻为"赤手空拳的生产"，或"不用资本的生产"；另一种是间接的生产，即人们的劳动不是直接生产消费品，而是先生产为制造消费品所必需的生产资料。这就是他所说的"资本主义的生产"，或叫作"迂回生产"。迂回生产的大意是指随着越来越多资本品被生产出来并用于制造其他最终产品，整个生产过程被逐渐延长，越来越迂回，而利息就是体现这种迂回程度的一个变量。——译者注

的工作，在第一次世界大战刚刚结束时就开始了。自20世纪20年代中期以来，人们已经知道如何进行橡胶的合成了。但是，在这之后的20多年里，人们一直怀疑能否制造出经济的合成橡胶。要不是第二次世界大战期间橡胶紧缺，大概还需要20年人们才能制造出经济可用的合成橡胶。合成橡胶的制造要求低温与碳化学取得突破，并要求新的冶炼技术。所有这些技术，在20年前都是完全不可预测的，而它们的最终实现都得益于与合成橡胶毫无关系的领域的进展。但是，在这期间，所有的大型橡胶公司及大型化工企业都在合成橡胶的研究方面投注巨资，否则，就只能等着风险突然消失。

然而，不确定性的问题在计划经济中表现得尤其突出。计划的本质是保证长期时间安排上的协调与匹配。计划工作不是对一项任务的准确预测和安排，而是同时对10项甚至20项不同的任务进行合理的时间安排，要求它们在同一时点到达同一目的地，只有这样才能保证整个计划得以实现，而不是一盘散沙。如果说在竞争性市场中，不确定性就如同赌博者希望下一次掷骰子时能掷出7点一样，那么计划经济中的不确定性就如同赌博者希望连续掷出20个7点一样。苏联工业非常高的边际利润率（种种迹象表明，要比美国企业高得多），在很大程度上反映了计划经济中的不确定性。

## "干井"企业

如果我们将经济看作由相互独立的企业组成的，那么企业从当期的产出中拨付出一定的储备以抵偿四种未来风险——重置成本、技术淘汰成本、风险准备及不确定性——就已经足够了。但是事实上，企业不是孤立的，它是由众多企业有机组成的经济体中的一分子。

这就意味着社会会要求成功的企业不仅要应付自身的远期成本，同时还要帮助那些不太成功的企业，也就是要承担这些企业的一部分远期成本，以保证它们在未来也能持续经营。

从单个石油公司的角度来说，只要有一口油井能生产出足够多的石油，就可以弥补挖掘一口新油井的风险和成本。但是从整个经济的角度来说，它还会要求这口产油井同时承担另外的经营不成功的油井的部分沉没成本，包括输油管道及人力成本。**社会一定会要求成功企业当前生产的盈余要高于抵偿其自身风险的要求。**这个"盈余"其实不是"利润"，而是因承担其他企业的风险而得到的报酬。当然，在企业的财务报表上，这个"盈余"体现为利润。然而，从经济意义上看，它其实是一种成本，如果没有这部分应对风险的储备，整个经济注定要萎缩。

如果我们假设所有的企业都是成功的，也就是说，所有的企业都能从当期的经营产出中拨付出应对未来风险的储备，那么我们确实不必对经营成功的企业设定额外的风险准备金。但这个假设在实际中是不可企及的。即使在1941年，那是美国经济自1929年到战争全面爆发期间最景气的一年，也有大约一半的美国企业在亏损中苦苦煎熬，或挣扎在盈亏平衡线上。在苏联，尽管实行的是计划经济，对价格进行完全的控制，但其经济计划的基本假设都是这样的：认为大约有一半的企业的经营成本会超过它们生产产品的价格，也就是说，在亏损中经营。

从社会与经济的角度来说，如果没有"干井"企业，那将是人们极不愿意看到的情况。如果是那样，就意味着没有企业承担任何风险，同时也意味着完全的"刚性"，因为所有的已在位企业都只顾着自己的生存，那么新企业、新产业、新的创业者就很难起步。就像我们的社会需要一定的流动性以保持活力一样，我们需要新的面孔不断地补充到领导阶层中，让一些前领导人的后代脱离出来。经济也需要类似的"流动性"，以保证"经济精英"群体永葆活力。只有当经营成功的企业能从当期经营产出中拨付出足够的储备，以覆盖"干井"企业带来的社会成本，这样的流动性才可能得以实现。

除此之外，企业还要从当期经营产出中拨付出一部分，以承担**社会性负担**。所谓社会性负担，是指与经济过程无直接关系的、由政府或个人提供的服务。这些服务的具体内容是什么不是我们要讨论的问题。例如，一个好的学校教育体系及像样的医疗卫生体系，能在多大程度上影响社会生产能力，这样的问题超出本书讨论的范围。我们也不关心特定的经济能够承担、应该承担哪些社会性负担。从历史上看，军费开支一直是所有社会性负担中的最大头，已经危及即使是最富裕国家的经济，因而成为经济与社会政策决策中的最重要的问题之一。在这里，我们只是想说明，存在着一些社会性负担必须得依赖企业，依靠企业从当期经营产出中拨付出一部分加以承担。这就意味着企业在拨付出应对重置成本及未来风险的储备之外，还要再拨付出一部分以承担一些社会性负担。

总结来说，企业的当期经营产出必须要能够覆盖以下要素：

1. 企业运营的当期成本，也就是"企业运营成本"。

2. 企业为了保证未来持续经营而应承担的成本，也就是"持续经营成本"，包括重置成本、技术淘汰成本、风险准备及不确定性。

3. 对社会的贡献。要承担那些经营失败企业的部分远期成本，包括它们的重置成本、技术淘汰成本、风险准备及不确定性。

4. 企业也要承担一部分与经济生产无关的社会性负担。

只有当企业有足够的经营产出覆盖以上成本及风险时，它才能确保它自身及社会的生产性资源保值、增值。

## 避免亏损与社会利益

当然，"避免亏损"是现代企业的第一法则。毕竟，企业的生存依赖它的经营业绩，而企业和其他组织一样，首先要保证自身的生存延续。

避免亏损也是企业首要的社会责任。企业本身不是终极目的，它只是服务社会的一个工具。正如我们在后面可以看到的那样，企业还要承担一些重要的政府职能性质的及社会性的职能，但是它首先或从根本上说是社会的经济性工具。我们之所以接受工业化，是因为经济目的，便宜的商品和高效的生产，在现代工业企业中得以实现。如果说企业的第一目的是建立一个地方政府或形成一个社区，那么我们根本就不会接纳这样的工业企业，因为它将会带来极其棘手的社会和政治问题。对现代工业企业来说，它的政治性及社会性职能无论多么重要，对社会来说无论多么举足轻重，也只能从属于经济性的首要职能。

当然，有些时候牺牲一点经济业绩以换取一些具有重要社会意义的事物也是明智的。只有在极端紧急的情况下，比如战争全面爆发及经济大萧条时期，我们才会接受"不惜一切代价保证经济业绩"的原则。但是，这些情形超出了我们的讨论范围。尽管如此，有一点我们是可以肯定的，如果我们对我们牺牲的是什么都不甚了解，那么何谈是否应该做出牺牲？如果我们对企业的目的及其经济业绩的基本原理不甚了解，我们又如何能讨论工业社会的政治与社会问题呢？而这正是本书的目的，我们在本书中并不是想构建一个关于工业社会的经济理论。

企业是社会有限的生产性资源的守护者。这些资源有些是有形的，如机器、设备；有些是无形的，如技能、经验及"技术窍门"（know-how）；有些是与人有关的，如劳动力；有些是物质的，如资本。而将人、物和机器组合在一起，成为一个具有生产能力的单元，这本身也是一种资源。企业对社会承担的最起码的责任就是，至少要保证这些生产性资源的生产能力不低于社会托付给企业时的水平。如果企业不能做到这一点，就会浪费宝贵的资源，使整个社会变得贫穷。如果企业在亏损中经营，那它就没有履行赋予它的首要的社会义务。

人们习惯上认为企业的自身目的与社会性责任是不相容的，相互之间存在着冲突。这种冲突观引发了很多辩论的话题，比如"利润动机与生产过剩品冲突""货币会计（pecuniary accounting）与社会会计的冲突""个人私欲与公众利益的冲突"以及"奢侈消费宣传与节俭美德之间的冲突"等，尽管后者的争论最近已不那么流行了。

如果工业社会及其构成组织之间真的存在着上述冲突，那么我们现在看到的工业社会，无论是自由企业式的，还是集体经济式的，都不可能存在。如果是那样，我们只有两种可能的结果，一是我们将处于一个"管理社会"（managerial society）之中，这是伯纳姆先生10年前预言的——在这个社会中，所有的社会性及个人目的都完全服从于企业的自身目的。二是我们将处于一个设法剪除"企业"这种组织的社会之中。事实并非如此。对社会"系统"的一些变革并不能彻底改变企业的本质特征。例如，货币会计在苏联经济中的渗入程度比任何国家都要深，因为国家完全控制着货币——卢布，这是经济决策最终的、绝对度量标准。

在每一个工业社会中确实存在着目的、宗旨、指导原理之间的严重冲突。但是大家习惯以为的企业自身利益与其社会职能之间的冲突都不是工业社会的主要冲突，因为这种冲突是不存在的，是人们的臆想。我们甚至没有必要对"利润动机""货币会计"和"社会会计"是否的确存在，或它们到底是怎样的展开讨论，因为它们无关宏旨。

无论在哪种社会中，企业首要的、高于一切的社会职能和责任是它的经济业绩。同样，在任何社会中企业的存续也依赖它的经济业绩。

社会对企业的经济业绩提出的要求，与它自己的要求实际上是一致的——避免亏损。也就是说，当期生产的剩余在抵偿当期运营成本之外，还应足以抵御未来的风险。事实上，并不存在企业的社会责任及其生存利益之间的冲突。这两者是和谐的，都遵循同样的道理，都以同样的标准同时被衡量。

CHAPTER 5 | 第 5 章

# 更高产出法则

　　每种经济系统都会面临着变革。但是,工业经济以前的经济所面临的变革来自外部。每种经济本身更愿意保持不变。不变是常态,而变化则会带来动荡和不安。然而,变化对于工业经济来说,却是内在的、与生俱来的。工业经济本身就会产生推动变革的力量。可以说,不断的变革是工业经济体系中经济活动和经济组织所追求的目标。

　　前工业经济中的主要变化源自 **"结构性问题"**（dislocation）,比如关闭或开辟新市场,停止或启动某种资源的供给等,其结果是导致资源的用途及其有用性发生变迁。结构性问题在工业经济中也可见到。自 1914 年以来,西欧所经受的危机正是结构性失调危机。但是,工业经济中的典型变化是由于 **"扩张"** 而形成的：在经济内部开发新资源、新产品和新市场。

　　前工业经济中的变化可能是突然性的、灾难性的,但是工业经济中的变化则是渐进演变的。前工业经济中的变化尽管有时也能被人们所引导,有时则可能产生很小的影响,但它总的来说是无法预测的,也无法事先准备以抵御这种风险。但是，工业经济中的扩张，不仅可以被引导、控制，而且可以事先准备如何应对。"扩张是可能的"成为工业革命中的一个伟大发现。

根据以上所述，我们可以得到现代工业企业所遵循的第二条法则——更高产出法则。由于扩张既是现代企业追求的目标，又是其生存的必要条件，社会就必然会要求企业避免收缩，力求扩张。因此，企业必须要设法提高其生产率。这是因为，生产率的提高是扩张的基础，同时也是企业生存的必然要求。即使在非竞争性经济中，生产率的提高也是保证企业的生存和稳定且免遭袭击的关键手段。

## 前工业经济中的变化

从历史上看，经济中的变化主要是经济的外部力量作用的结果，如战争、征服、地理发现、宗教运动等。前工业经济中历次重大的变化都是结构性变化的结果。十字军东征以及地中海对西方贸易的重新开放等导致经济活动及其前景的巨变；16世纪和17世纪由于大西洋贸易航道的开辟而导致的经济革命；苏联农业的集体主义运动，将数以百万计的农民从农场中剥离出来，投放到工业化生产的工厂中，所有的这一切都是对生产性资源的一种结构化的重新调整。经济结果只是这些重大的资源结构化调整活动的副产品，其产生纯熟偶然。这些重大的资源结构化调整带来的结果，既有经济的摧毁和赤贫化，也有扩张和财富聚敛。

由于灾难性的资源结构化调整是前工业经济时代唯一形式的变化，因此那时，经济学作为一门专业和研究领域其实是不存在的。关于经济生活的值得研究和思考的问题，全被亚里士多德所著的《政治学》（*Politics*）一书的开头几句精彩警句所概括了。他主要比较了基本可以满足自身需要的家庭生产，即他所称的"自给自足经济"（oeconomia）与贸易性"赚钱"活动的差异。

但是，即使是贸易经济中的经济学家，也没有发现"扩张"的可能。现代技术的第一个例子出现在经济学原理诞生之前好几个世纪。这里所说的现代技术是指人类有意识地通过老的生产资源的重新组合，而创造出新的生产性资源。现代技术的首次系统性的尝试出现在15世纪的采矿业和冶金业中，这个尝试标志着机械科学及化学科学的肇始。黎塞留[一]于17世纪上半叶在法国创立的国家工厂，就是基于扩张的理念，并专注于新的、更好的生产方法的开发。这种工厂很快为整个欧洲所效仿。然而，黎塞留之后150年，亚当·斯密在撰写他的经济学著述时，只提供了一种提高产出的方法：节约现有资源的使用。如何保证这一点的实现，则是整个古典经济学传统着重解决的核心问题，从亚当·斯密一直延续到约翰·斯图亚特·穆尔。但是，古典经济学假设生产能力本身是上帝赐予的，是不可改变的。只有基于这个假设，古典经济学的一些重要概念和学说（特别是自由贸易学说以及自动的、自我调整的金本位概念）才能被人们理解并接受。

## 工业经济中的扩张

如此说来，通过生产率提高而实现的扩张是新近的事。只是我们今天已经习以为常了，认为这是一件理所当然的事情。例如，人造纤维工业自从30年前诞生并正式进入商业运作以来，它的生产率已提高了15~20倍，这个提高并不是因为重大发明的运用，而是通过数以千计的小的、不显眼的技术、工艺和设备的改进而形成的。这在以前任何时代都是奇迹般的事，就像背后有魔力在起作用一样。这种提高完全难以预料，不易预测。尽管人造纤

---

[一] 黎塞留（1585—1653），法国国王路易十三的国务卿兼御前会议主席，枢机主教。——译者注

维工业的每一位工程师或化学家在一代人以前能够预测到这种提高会发生，但是他们根本不能预见这些改进应是从哪里实现的。

在扩张中，由于新技术的运用而导致资源的新的组合方式，这会使老的、已经被充分使用的资源真正转变成更重要、更具生产能力的资源。**资源因此而变得具有更大的生产能力**。这不是说以前一直被闲置的资源或人们一直不知道如何使用的新资源，被获得并加以正确地使用，也不是说以前使用过程中的老资源得到了更好的使用，更不是说释放新资源实现新用途的结构性调整活动，而是说，同样的资源运用于同样的生产活动，却生产出更多的同样的产品。或者是，在不减少目前已有产品的基础上，也就是说在没有结构性问题的前提下，能将资源转移出来，生产以前不能生产的新产品。

生产率的提高能更好地释放生产性资源的内在能量。它起初并不是为了实现"资本回报率"的目的。扩张的主导者不是"资本家"，而是"创新者"。⊖天性胆小怕事的"资本家"和"创新者"的"结合"也是新近才出现的事，而且似乎更像是一种"被迫无奈的婚姻"。事实的结果却是，生产率的提高给资本带来了更高的回报，这是一种真正意义上的剩余。

至少有四种可行的方式将扩张转变成经济效益：企业可以运用释放出的资本生产更多的同样的商品；企业可以在不提高产出的前提下降低价格；它还可以提高实际工资水平；最后一种方式，可将释放出的资源视为一种利润，对它进行分配。

这四种方式都是资本资源的重新分配。企业会计对这四种方式的处理是不一样的。第一种方式纯粹是内部的，它主要体现在企业的成本会计之中。但是，从利润表来看，生产率的提高只能表现为企业的未来盈利能力的

---

⊖ 这个观点首先由约瑟夫·熊彼特在他的《经济发展理论》中提出（剑桥：哈佛大学出版社，1934），该书最初于1911年以法文出版。——原注

提高。第二种方式则体现为单位产量的利润的下降。第三种方式则表现为当期成本的提高。第四种方式本质上是资本回报，但表现形式上是一种当期利润。在四种可行方式中，只有第四种方式是用利润数据体现生产率的提高和扩张。从历史上看，低价格、高的实际工资至少和各种提高生产率令经济受益的手段一样重要，至少和通过剩余利润索取而实现的资本回报同等重要。与此不符的一个特例也许是苏联，在那里，因生产率的提高而释放的资本资源全部以利润的形式上交给了国家。

# 第6章 CHAPTER 6
# 盈利性和业绩

尽管生产率的提高能够创造出生产剩余，但这不是说生产率的提高能创造出严格意义上的"利润"（尽管从财务报表中看，有时似乎是这样的）。抵御未来风险的准备金通常表现为利润，它们实际上是真正的成本。通常所说的"利润"，实际上是一种混合体，包含了保证企业在将来持续经营的风险准备金，也包含了因生产率的提高而可实现的资本回报。它通常还包含那些没有实际经济意义，仅反映货币购买力变化的项，这使得利润这个概念更加难以理解。

但是，"盈利性"（profitability）在工业经济中是一个有意义的概念。事实上，它是工业经济的"核心概念"。这是因为盈利性是测量工业经济活动经济业绩的唯一尺度。它既能测量应对未来风险的准备金的规模与充足程度，同样也能测量生产率提高的程度与幅度。工业企业的目标不是追求利润，而是生产产品和服务。对工业企业来说，在经营中获得利润不是它的社会责任，它的社会责任首先是避免亏损，其次才是提高生产率，以便更好地发挥社会托付给它的生产性资源的作用。但是，只有盈利性才能够测度企业履行这两项社会责任的业绩。根据以上分析，由于企业生产产品和服务的能力依赖它是否很好地履行了以上两个关联紧密的社会责任，因此，只有盈利性才能测度企业实现其目标的程度。

为了获得一个能充分解释工业经济的经济学，我们首先需要对以下7个领域进行深入的研究、探索和思考。

**1."盈利性"和体现在簿记员与会计师账册上的"利润"数字之间的关系**。目前，利润数据是管理层赖以决策的唯一依据，无论是在集体主义、计划经济还是在自由企业经济中，都是如此。利润数字当仁不让地成为业绩的第一衡量标准。因此，利润数字应尽可能地成为盈利性的近似。但是，我们现在使用的利润数字只是盈利性的一种粗略近似，这是因为我们现在使用的会计体系在总体上仍是前工业时代的，它的基本思想是记录过去，而不是面向未来。

**2. 工业生产的合适的时间单位**。日历年份显然不是工业生产的合适的时间单位。它不能表示"当期生产""当期成本"等词汇中"当期"的意义。这里的"当期"是指未来风险准备金的唯一可能的积蓄期。但是，现在几乎所有企业赖以决策的利润数据都是指年度利润。

工业生产的起始不是以生产特定数量的产品或完成某特定任务为界的。对农民来说，经济活动的时间单位是从播种到收割所经历的季节。对牧民来说，经济活动的时间单位要长一些，因为畜群的繁殖期可以是1~3年不等。那么，工业生产的时间单位是不是机械设备的使用寿命呢？这是一段很长的时间，可达12~15年，但仍是一个有限的期间。或者像凯恩斯那样，彻底放弃一个具体的时间长度的概念，而使用"商业周期"这类"循环性"的概念？

这个问题极其重要，因为要研究某个严重经济萧条中的失业规模，必须要以工业生产的长期时间单位为基础。

3. **产品、人力、服务的"真实"经济与货币的"形式"经济之间的关系**。形式经济已在相当程度上独立存在了，因为货币已具有社会性、声望与地位的功能，这与它原本的购买力功能已没有多大关系了。

4. **如何将远期成本这个理论性概念运用到具体的企业、具体的经济体系中去**。

5. **市场经济、垄断经济及集体经济中特殊的远期成本是什么**。我们在前面已经讨论了市场经济或计划经济中若干风险的重要性。这里提出的问题是一项更为艰巨的任务，但同时又是十分重要的。

6. **对一个具体的经济体系、具体的企业而言，边际利润应达到多大才能足以抵偿远期成本**。迄今为止，对这个极其重要的问题，我们只有一些"直觉"。我自己的"直觉"是，除苏联以外，几乎没有一个大的工业经济体系实现了足够的盈利性。根据我能获得的最可靠的数据和报告，苏联企业的边际利润水平是美国的3～5倍。这种差距非常难以解释，因为计划经济中具有更多的不确定性，而且像苏联这种快速扩张的经济，要实现这么高的边际利润，生产率提高的要求是非常高的。

7. 最后一个问题，是一个已经被讨论了一个多世纪的问题：**如何积累抵御未来风险的准备金？应由谁来完成？如何转移因生产率提高而释放的资源？应将它转移给谁？**

过去对这些问题的激烈争辩基本上都是道德上的，比如利润的合理性、资本的公平回报、劳动者的应得权利与合理要求等。如果我们不再去讨论投资（无论是资本性投资还是劳动力投资）的利润问题，而是讨论远期成本和生产率提高问题，我们就会获得一种全新的思路，这些问题就不再是道德辩论，而是经济职能问题。

例如，某个企业对整个经济的远期成本储备所做的贡献，也就是承担不成功企业的部分远期成本，这部分储备显然不能被保留在该企业中，而应该被转移出去。无论从哪个角度来说，这都是十分浅显的道理，否则，整个经济很快就会被为数不多的几家极为成功的企业所把持。同样地，因生产率提高而释放的资源也应重新分配，以免新的企业获取生产性资源的通道被切断。但是，向股东的转移是不是增加经济储备的可能性的最好方式呢？更高的工资水平、低物价或者是竞争性资本市场中的资本积累机制，哪种才是促使资源释放得以实现的最理想的方式呢？

我们并不指望这些问题能从纯粹的经济职能的角度得到彻底的解答，毕竟，它们涉及不同权力集团的经济立场，也触及这些集团对社会结构的基本认识。但是，如果从经济职能的角度讨论这些问题，至少可以让以前那种本质上是道德的、政治的争辩停息下来。以前的争辩尽管使用的是经济学词汇，但本质都是道德上的，大部分的论题是"利润"的本质、功能、合理性及其分配，如此等等。

以上每个问题都代表着极其重要的研究领域。要回答这些问题，需要整整一代经济学家的努力。这项工作要远远地超出凯恩斯主义的"经济学革命"，能够带来政治经济学真谛的真正复兴。但是，我们的目的不是构建一套工业经济学的理论，而是要将工业企业作为一种社会性和政治性组织加以研究。如果我们能确立企业行动与行为所遵循的原理，那么我们的目的就算是达到了。

基于以上分析，我们有把握地宣称：

**1. 企业所遵循的原则、它的行为、实行的政策及所做的决策，与所谓的"利润动机"无关。**

主宰工业企业的"大天使"会像最贪婪的"资本家"一样，会将盈利性作为企业的行为和政策选择的首要原则。最忠诚的人民代表，他们即使在梦中也不会偏离党的基本路线，但同样也会这样做。

盈利性作为工业生产的最终决策标准，与企业家追求利润是两回事儿，两者毫不相干。事实上，它与任何个人的动机都没有关系。我们甚至没有必要讨论"利润动机"是否存在，到哪里去找到它等这类问题。盈利性存在于工业生产与工业经济的客观要求与目标之中。

以上对"利润动机"的批判，同样适用于其他从个人的动机出发解释企业的盈利性目标的理论，如凡勃伦对"商业"和"工人本能"的并列对比分析，以及常见的"货币会计"与"社会会计"的对比分析。

总之，工业企业的行为、所采用的政策、关注的问题及其行动，其实根本与主观的动机、驱动力及个人目的毫不相干。无论个人是所谓的"经济人"，还是"道德人"，企业仍会以同样的方式行事。同样，通过心理调整、道德改造或宗教驯化，可以对人的本性及行为产生影响，但是个人的变化并不能改变企业的行为及其遵循的原理。主观行为、个人理性及目的，与企业的行为、理性及目标毫不相干，企业的行为、理性及目标是由它的制度架构及职能客观地决定的。

**2. 企业所遵循的原理、行为，所采取的政策与决策，同样与工业社会的法律或政治制度毫无关系。**

盈利性原则无论是在集体主义还是个人主义的条件下，无论在政府控制、国家所有的体制中，还是在自由企业的体制中，它都一律适用。此外，无论在何种体制下，它发挥作用的方式都是一样的。同样，无论在这个体制中产品的生产方式如何，价格制定的方式如何，是不是在一个竞争性的市场中销售等，都不会对盈利性原则产生什么影响。

从以上分析中我们可以推知，唯一能影响企业的基本政策与基本行为的结构性与制度性变革，是企业本身的结构性与制度性变革。而法律与政治体制的变革，无论它们会对个人的生活产生多么巨大的影响，都不能影响企业的结构与行为。

**3. 企业所遵循的原理、行为及其所采取的政策和决策与利润分配的方式完全没有关系。**

无论从社会意义上来说，还是从经济意义上来说，什么人有资格分配多少利润，都是一个极其重要的问题。但是，要是谈到企业的行动与行为，它与利润如何分配并没有什么关系。

即使将利润视为簿记员创造出来的虚构符号，用来记录传统的、前工业经济时代的会计方法无法记录的成本，这也不会对企业的行为产生什么影响，企业仍会以同样的方式行事。

事实上，企业应在利润为零的假设下，决定如何行动，也就是要假设除了成本之外没有收入盈余。企业应假设只有成本，包括当期和远期成本，以及因生产率提高而带来的资本回报，在这样的假设下决定如何行动。垄断利润、意外横财、囤货居奇所得暴利、资本侵吞、投机所得及其他特殊利润确实是存在的，但是，从整个经济的角度来看，它们很显然不是真正的"利润"，尽管对单个的企业来说，它们可能很重要。在企业的实际决策和行为中，它必须将那些抵偿成本以外的所有部分视作生产率提高所得。"收入盈余"，即使果真存在，在企业的政策选择与决策过程中也不应接受并以此为条件。换一种说法，企业在其运营过程中，首先要回答的问题是：当期的收入能否抵偿当期与远期成本？如果这个问题能得到肯定的回答，那么企业就应考虑第二个问题：生产率的提高能否足以维持企业的有效运行，能否抵御资源的结构性风险和竞争？

**4. 最后，盈利性必须成为企业占绝对统治地位的准则、必须服从的原则。它代表着企业自身的责任和企业对社会的责任。**

工业生产是面向未来的。防御未来的风险损失是它面临的首要问题，极力避免这种损失是工业企业应遵循的首要原则。**当期**生产必须建立在**远期**成本预测的基础上，为了防止未来损失，当期收入减去当期成本的盈余，也就是边际利润，至少要保证能抵消未来风险。企业应遵循的第二条原则就是**"生产率提高原则"**。远期成本与生产率提高只有通过盈利性尺度才能加以衡量。因此，工业企业必须将自己建立在盈利性的基础之上，将盈利性视为政策选择的指导原则、业绩的衡量标准。同样，一个社会也必须以同样的盈利性尺度衡量企业的业绩。

# 2

第二部分

## 工业秩序问题剖析之一：
# 经济冲突

THE NEW SOCIETY

第 7 章
**真正的问题在于工资的冲突**

第 8 章
**工人对产量提高的抵制**

第 9 章
**工人对盈利的敌视**

# 第 7 章 | CHAPTER 7
# 真正的问题在于工资的冲突

对企业的经济需求以及企业经济业绩背后应担负的社会责任的讨论，即使是用玄奥的术语表述，也还是让人觉得是老生常谈。读者甚至可能会认为本书对提高企业盈利性和生产率之必要性与意义的讨论，是对我们现有的经济体系充满优点和益处的大张旗鼓的赞扬。但是，到底应该支持自由式企业还是集权式企业，这一问题仍然悬而未决。

所有企业都需要提高自身的盈利性和生产率，但这对企业的员工而言不是必要的，也不是他们的目的。企业的利润率和生产率的高低即便不与员工的经济需求和经济目的存在明显冲突，也至少是不相关的。因此，将提高企业盈利性与生产率的任务强加到员工身上的做法，对员工来说，即使不是刻意与他们为敌，也是极其武断的行为，这会使得工人强烈反对企业追求盈利性和生产率提高的做法。

盈利性是企业追求的目标，这一法则导致了工业社会中一系列经济冲突的发生。它引发了工资冲突，也引发了工人对提高生产率的抵制。其中，

"额外雇工要求"㊀（featherbedding）、限制产量和新工具的使用，这些工会制度只是问题的冰山一角。它最终引发了工人对盈利性原则本身的反对，而这一点恰恰威胁到了整个"自由企业体系"的生存。

现在，报纸上几乎每天都能看到关于工资冲突的报道。工资率方面的冲突是绝大多数行业纠纷的核心问题，也是大部分罢工行为的基本原因。那么，对工人来说，真的存在工资问题吗？还是说工资冲突只是表面冲突，真正的冲突是更深层次的权力问题或公民权问题呢？对于产业工人的所有研究都表明，工资率在工人心目中并不是最重要的，但是，他们还是很关心不同工作之间工资率的差异，因为这能够反映他们声誉的好坏。然而，绝对工资率水平只在极少数情况下很重要，在一个仅能维持工人生计的经济内，即在工业化的初始阶段，绝对工资率甚至可能是最为重要的方面。当发生通货膨胀，收入无法跟上价格的上涨时，绝对工资率也可能会成为工人考虑的重要因素。但是，在其他情况下，工人并不会非常关注工资率水平。

对于这一现象可以这样进行解释：工资率是发生实际冲突的一种常见标志，但是它本身并不是问题的关键。根本的问题在于企业和员工对待工资的不同态度，企业将其视为"成本"，而工人将其视为"收入"。应该说，它实际上并不是企业的经济问题，而是有关工资性质和用途的问题，即应该以企业的需要还是员工的需要作为决定工资的基础？应该将工资主要看成生产过程中支付商品消耗的当期成本，还是看成用来保存和增加生产过程中所需人力资源的远期成本？

---

㊀ featherbedding：额外雇工要求。工会强迫雇主对雇主认为没有必要的工作或实际上没有进行的工作支付费用或雇用不必要的工人的习惯做法。有的劳动规则过去很有用，但由于技艺的改进，现已过时，然而如果在现在的劳动合同中仍延续使用这类规则，就成了额外雇工条款。工会为了保障会员的就业，可能仍坚持要求继续使用这种劳动规则。——译者注（参考大英简明百科的解释）

## 作为当期成本的工资

从企业的角度来看,"工资"是单位生产成本的必然组成部分。每生产一双鞋,企业需支付 1.60 美元的工资成本;每生产一辆新车,会产生 400 美元的直接工资成本。无论工资是按件支付,还是按小时或按星期支付,企业通常都要将工资的成本平摊到每一件产品中。因此,企业需要的是**可浮动的劳动力成本**。企业为了生存甚至有所盈利,就必须将单位工资成本与企业所生产产品的销售价格挂钩。在企业总成本中,工资成本所占的比重越大,企业经营的"劳动密集"程度就越高,当然企业也就越需要可浮动的工资率。

劳动力成本也应随产量的高低上下变动。企业在衰退阶段能否维持生存,一个核心的因素就是企业支付的总工资是否具有弹性。显然,此时企业在保证不亏损的前提下减产越多,它抵抗经济风险的能力就越强,生存的可能性也就越大。当然,劳动力成本不是企业的唯一成本,却是唯一一项不像原材料成本那样可以自我调节、自由变动,也不像资本成本那样完全固定不变的成本。它也是唯一一项企业能够通过政策控制决定可变还是固定的成本。因此,劳动力成本对企业而言至关重要。它可以通过降低工资率或减少雇用人数降低,至于哪种方式更经济且更能帮助企业走出困境,就取决于其所处的行业了。但是,对所有行业和所有企业来说,**浮动的劳动力成本**都是性命攸关的重要因素。

这并不意味着企业一定需要降低工资率或减少雇用工人的人数。相反,高工资率实际上可能会使得单位产量的工资成本更低,而且有可能在很大程度上提高生产效率,这正是亨利·福特 1914 年制定每天 5 美元的工资政策和所有奖金计划时所持的依据。企业所需要的仅仅是不提高工资成本的刚性,也不降低企业经营所必需的最小单位工资成本或者最小劳动力成本。但是，核心问题应该是，企业必须将"劳动力"视为一种商品，按照当期产量购买这一特殊商品，并按当期销售价格的高低定价。

## 作为收入的工资

工人是工资的获得者，他们当然不会将其视为企业单位成本的一部分。工资是工人的收入，是家庭预算的来源，也是工人用于维持整个家庭生计的基础。他们显然不能接受劳动力是一种商品的观点，甚至根本无法理解，因为这与他们的自身经历完全矛盾，也与他们的各种需求相冲突。从企业的角度来看，工人在生产中所做的贡献在生产过程中被消耗，因此工资应该是"当期成本"。但是，对整个经济来说，工人超出工资之外所必需的花费则是"远期成本"，即维持并且重置生产所需人力资源（包括工人自己和妻儿在内）的必要支出应记作远期成本。因此，工人有足够的理由要求稳定而且有保障的收入。他们首先需要收入是可预见的，这样才能够对其进行规划和预算。**因此，通常工人自己会坚持将工资的"安全性"作为首要需求，而不是工资率，同时他们也认为工资"安全性"的高低要比工资率的高低重要得多。**

作为收入的工资与作为成本的工资之间的冲突仅仅只是问题的一个方面。对企业来说，工资的确是纯经济问题，而对工人来说，"工资"（wage）与"工作"（work）和"职位"（job）之间是等价的。在工业社会里，有一份工作和一定的职位，对工人来说不仅仅意味着他有了收入的来源。一旦失业，工人将会崩溃，他们的社会地位和声望将不复存在，甚至还有失去自尊、失去家庭体面生活的危险。因此，如果工人的工资是可变的、不固定的，在他看来，就是对他全部公民权利及人格尊严的否定。

在经济萧条时期解雇工人并不是对工人本身的否定，而可能是由于企业无法控制的非人为因素、经济因素所迫。但是，正是工人的公民权及人格地位让位于这种非人为因素，导致了问题的出现。因处置不当或不能胜任某项工作而被解雇，或者老板因裙带关系要将原本属于某位工人的工作交给老板的亲戚来做，这些对工人的经济状况来说，可能都是灭顶之灾。这也许是应当的、武断的或是不公平的，但是，我们绝不能由此得到这样的**原则**，认为工人能否获取社会有效性和社会满意度是不重要的。因此，将劳动力视为商品既不符合工人的经济需求，也不符合他们的社会需求和政治需求。

关键是，企业和工人两方的观点都是正确的，都有理有据，而且的确都是必要的。因此，我们必须找到一种解决方法，使其既能满足企业对可变工资成本的需求（通过作为单位成本的工资函数计算），又能够满足工人们将工资视为收入和公民权利的基础的需要。我们必须找到一种能够同时满足"企业导向"和"工人导向"的工资原则。

准确地说，使得工资冲突变得日益激烈、严重的主要原因之一，正是由于将工资率视为核心问题。其实，将工资率作为问题的焦点对企业和工人双方都毫无意义。传统的工资政策确实是"企业导向"的，但这种工资政策是否令企业满意也是值得怀疑的。企业可能在原则上能够控制政策的核心内容，但在实际实施过程中，却几乎放弃了所有实质性的内容。

当前的工资结构尽管仍关注工资率的高低，但不会让企业对其所需要的或整个经济所需要的工资成本做任意改变。在高水平上，工资率实际上已经变得完全刚性。它将企业在保证不亏损的情况下仍能维持经营的业务水平（即所谓的"盈亏平衡点"）提到一个较高的水平，使得许多企业无法挺过商业周期的艰难期。这样做会威胁到企业的经济稳定性，因为业务和价格水平的微小后退都可能会导致企业（甚至是一个稳定经营的企业）亏损，也可能会带来大量的工人失业问题和企业破产问题，从而很容易引发经济恐慌。

此外，这对工人来说也毫无益处，相反，他们的不安全感将更大。但是，只要工资率是决定工资及工资政策的核心，他们就将继续要求获得最高的、刚性最大的工资。同时，他们也会要求企业或者政府保证充分就业，以抵消增加的不安全感。因此，强调对工资率的关注有可能使得企业既丧失工资率的浮动性又丧失劳动力的可变性，并将工资费用冻结在最高水平上，这会使得企业和整个经济都面临生存困境。

对工资率的关注也使得任何工会组织都难以制定出负责任的、理性的工资政策。从惯例来看，工资率越高（而不是就业水平和工会成员的最高收入越高）越能显示工会的实力及工会领导者的能力。正如任何政治家在战争期间都不会承认他的国家有可能会失败一样，工会领导也不可能承认他所领导的工会成员的工资率可能下降。一旦工会同意工资结构的可变性，就将意味着工会领导的失败，更不必说试图减少工资了，这些都会被工人视为是在"背后捅刀子"，是严重的背叛组织的行为⊖。这使得工会除了与企业展开持久战外，别无选择。它同时也导致了工会成员的利益与工会利益之间的内部冲突，因为工人追求的可能是最高的、最安全的收入，而工会领导通常追求的是当前最高工资率。

一个典型的例子就是美国建筑业工会在上一次大萧条时的表现。尽管当这些工会的成员从事不符合工会标准的工作时，他们十分反对，但他们同时也拒绝接受任何形式的官方工资率的降低。但是能够提供最多工作岗位的建筑项目，通常是一些大型项目，当然不会允许支付符合工会标准的工资。因此，很多项目根本无法上马。

---

⊖ 正如阿瑟 M. 罗斯在《贸易工会的工资政策》（伯克利：加州大学出版社，1948 年）一书中所指出的那样，工资率的政治意义和象征意义表明，任何试图通过经济学上的理性理论解释工会工资政策的做法都是毫无用处的。从总体上说，罗斯的这本书对工会及其领导人在传统的工资制定方式下的真实行为进行了最好的分析。

当然，针对工资的高低进行集体谈判并没有错。的确，由于工资冲突关乎双方的目标和需求，它只可能通过企业代表和工人代表谈判的方式得到妥善解决。事实上，工资问题也确实既是经济问题也是社会问题，因此，采取经济上的讨论和集体谈判，以施加压力双管齐下的方式可能较为合适一些。

但是，如果集体谈判以工资率为焦点，那么永远也不可能有任何结果。双方通常只是喋喋不休地争吵，而不是通过双方的争论和折中解决一个共同的问题。集体谈判最终将会演变为人身攻击或者为获得更强或更好的行业竞争力而进行的"军备竞赛"，任何一方都不可能成为这场竞赛的赢家。

最后，工资率的关注通常会使得人们更加关注企业不能解决的、无法调和的问题和冲突。这必然会加深企业管理层与工会之间、企业和工人之间的冲突。甚至连双方利益和目标基本一致的领域（比如有关工厂所在社区的社会组织结构的各个细节）也会变成兵戎相见的战场，而不是共同的领地。对工资率的关注只会破坏各个利益方之间的关系，并且影响工业社会生活的氛围。

关注焦点的转移问题应该引起企业的重视，无疑也应受到全社会的足够重视，当然首先应该引起工会的重视。当前的做法最终只会将工会推向社会的对立面，因为社会必然会主张工资成本的可变性，并且在最大就业率与最大工资率之间优先选择前者。而任何工会运动都无法承担与社会长期对立下去的后果。

另外，当前的做法最终会导致政府通过法律条文强制规定工资水平，但是这样做仍然无法解决实际问题。政府强行确定工资率会有垄断倾向，这将对中小企业十分不利。政府必然会对同一行业确定一个全国统一的工资模式，而这一模式通常根据规模最大、实力最强的企业的财力确定。由于政府的调控和公共政策的控制会立刻成为工资冲突中取胜的武器，因此，自由政府体制将受到威胁。但是对工会来说,由政府强行制定的工资水平将是致命的,它会使得工会失去工会成员真心实意的支持,从而陷入困境;它也使得包括工会成员在内的大众舆论对工会不利,认为它是一个自私自利的阴谋集团,贪婪而又目光短浅,完全不为工会成员的公共利益着想。

因此,从理论上来说,在整个关注焦点的转移过程中,工会所下的赌注最大。但从实际情况来看,工会极难接受这样的变化,更别说着手进行这样的改变了。"就工资率进行谈判"已成为劳工运动必然会开展的活动,也已成为工会的一句意气用事却毫无用处的口号。工会领导层从工资率的惯例中获得了既得利益。要进入工会领导层,一个很重要的条件就是要看他在工资率之争中获胜能力的高低。在工资冲突中关于工资率的冲突一直都是惯例,要打破常规、破解神话,需要企业管理层和工会领导双方拥有极高度的诚信和勇气。

# 第8章 | CHAPTER 8
# 工人对产量提高的抵制

对"安全"的渴望同样也会导致工人对提高生产率及改进生产技术的抵制。当然,还存在一些其他因素。通过生产工具和方法的改进而促成的生产率提高,与工人通过提高工作速度而促成的产量提高,这两者往往不易区分。工人可能经常发出这样的感慨:"我为什么要夜以继日地拼命工作,难道就为了老板娘能再添一件毛皮外套吗?"这样的疑问表明,工人反对生产率的提高与反对利润增加之间有着密切的关联。但是,我们这里所关注的是更普遍也是更重要的问题,即工人对新的作业方法、新的生产工具和流程的抵制,也就是对技术革新的抵制。

工人对技术革新的反对由来已久,几乎从机器的诞生之日就开始了。只是工资问题及对利润的抵制问题,掩盖了对技术革新的抵制问题。事实上,前面两个问题直到较晚的时候才为人们所重视,在这之前至少没有被系统地认真对待过。现在,有些人甚至认为工人对技术进步的抵制这一问题已经可以忽略了。工人对机器和技术的总体态度与一个世纪以前路德派"捣毁机器"的时代相比,已经发生了根本转变。现在,绝大多数工人都认为,技术进步对他们来说是有益的,能够提高他们的生活水准,并且能够创造就业机会而非减少就业机会。

但是,这些观点也仅仅只是一般性的看法而已。具体到某个工人的实际工作中,他往往仍视技术改进为敌,并且还会不惜一切手段抵制它。我们有非常充分的理由认为,工人的这种抵制情绪仍在增长。比如,像伦敦《经济学人》这样敏锐的杂志也将技术革新视为对英国工业体系的威胁。

工人的抵制情绪体现在"额外雇工要求"和其他严格的工会制度上,尤其是在一些传统领域的行业中,比如在铁路建设业和建筑业中,这一现象极为普遍。但是,对提高效率及生产率的公开抵制仅仅只是冰山一角,更多、更顽强的抵制则体现在各个工厂的习惯性行为准则中,这些抵制往往是无形的、不成文的。无论是对制造企业进行研究,还是对事业单位进行研究,我们都会发现一些不成文但十分顽固的限制生产率和产量提高的因素。有时候,它们可能就是企业不成文地设定的产量目标,本来是希望工人的产出能够超出这个目标,但这会误导工人,使他们不愿超过这一数额进行生产。通常,工人都会有一些自己的办法更快、更好地完成工作,比如对一种新的小器具的使用、对生产工具或者原料进行的特殊组合以及有时甚至是一种新作业流程的运用等。但是他们都不愿意将这些发明创造告知工程师和其他工人,而是小心谨慎地保守秘密。这些改进没有被用来提高工厂的生产率,而是被工人用来应付工厂规定的生产任务,以便少花力气和时间。

一些试图减少这些非正式抵制的努力可能只会使情况变得更糟糕,工人们甚至会在应对这些努力的过程中"创造出"新的生产方式。例如,在美国中西部一家大型的糖果厂里,对包装工人每天的超额产出的奖励是累计的,也就是超出越多,单位的奖励越高。在这种制度下,这家工厂的每个包装小组宁愿每周只保证有一天能够生产出数量惊人的糖果盒，以便拿到最高的奖金。而在其他工作日，就生产数额刚好达标的盒子，保证不被扣工资。这样做比每天都超额完成任务一点的报酬总额要多得多，而且这样做还能阻止企业提高每天的生产任务要求。实际上，工人采取的应对措施是，在某个小组超产的那天（这一天通常在一周内都是相对固定的），其他小组成员都会前来协助该小组实现这一天的"惊人产出"⊖。

显然，在实际生活中，存在着许多与上述例子类似的事例，工人采取复杂而又明确的部署，要完成这些部署，对工头和工厂主管的工作不熟悉显然是不行的。但是老板都知道，试图打破部门生产规律的举动只会给工厂带来严重问题。此外，他们一般来说也会同情和理解工人的态度，他们自己甚至也像工人一样担心，害怕生产率的提高会使自己失去工作。

生产工程师在之前的很长一段时间都认为，工人对产量的抵制是一种本能反应行为，或是出于不愿多干活的思想，但是最近连他们也似乎开始明白上面的这些道理和教训了。我想，这一点就可以解释为什么最新的激励薪酬计划大为流行。但是，这类薪酬计划的实施过程表明，它们弊大于利。只有当生产率的提高不会带来工作岗位数目的减少时，它才能够促进产出的提高。

真正的问题并不是工人反对使用更好的新方法完成工作。相反，我们所获得的信息表明，正如"员工建议系统"的使用结果所表明的那样，美国工人对于技术的改进十分感兴趣，并且他们自己也有能力找到更好地完成工作的方式。但他们不敢沉溺于这种兴趣之中，更不敢将它付之于实践，因为这样做他们会付出很大的代价。

工人反对技术进步，这一问题的出现也不是因为他们无法认识到技术进

---

⊖ 原文是 Stakhanovites，是苏联一个煤矿工人的名字，他是苏联著名的劳动模范，1935年创造了一个班组采煤超过定额14倍的生产纪录。——译者注

步和生产率提高所带来的好处。工人其实了解经济学家的观点并且觉得有道理，但是他们不会按照经济学家的逻辑考虑自己的实际工作。这是因为经济学家的观点描述的似乎总是一般情况或者是长远情况，而对工人个人不具有针对性或者不会立竿见影。因此，工厂承诺在20年后提供更多的工资或者就业机会，并不足以弥补当前的失业和工资的降低。此外，传统的观点还假设，劳动力具有技能的可转移性，可在区域之间自由流动。然而实际上，即使是对于完全没有技能的劳动力，或者是在像美国这样几乎可以说是"半游牧"的、流动性很强的国家中，上面两点性质都是很难完全满足的。

也不仅是因为工人对自己工作岗位的担忧才导致了他们对提高生产率的反对，这一现象的产生还源于工人对于他周围人的工作、对他所在社区的将来以及他所处的社会阶层的社会性、经济和声望体系的担忧。群体生活习惯和群体秩序的习惯与价值标准，以及任何社会赖以形成凝聚力的习惯和价值标准，都会动员工人反对生产率的提高。

此外，对技术进步的抵触情绪也不全是因担心经济不安全所致。大规模生产的工厂里的工人所怀有的心理不安全感、对新技术的恐惧、对新技术的无法正确理解以及对已经熟知的技术的变革的担忧，都是导致工人抵制技术进步的强有力因素。但是，导致工人对技术革新的反感的根源在于，劳动力作为一种商品和劳动力作为一种资源这两者之间的矛盾。就像技术变革给企业带来技术淘汰风险一样，生产率提高也会给工人强加类似的风险。企业只要在现有的产出基础上分拨出一部分风险准备，并且保持它在技术变革中的领导地位，就能有效地防范这种风险。但是，工人自己无法免受这种风险的威胁。一般而言，他们不可能自留储备甚至难以评估风险。效率或者生产率的提高对工人而言毫无益处。比如，某工人可能是全国最好的轧钢手，但是，一旦轧钢过程由人工变为自动化，或者这位轧钢能手所在社区的轧钢厂迁至500英里以外的地方，那么无论这位轧钢手的技术多么高超，想必他都将失去自己的工作。

因此，唯一的解决方法可能就是，将技术革新所导致的失业风险视为企业的真实风险，然后从新技术和新方法的使用而形成的节约中，或直接从现有产出中提取一部分抵御这一风险。

这看起来似乎是在支持许多行业所采取的给工人发放解雇补贴的做法。但是解雇补贴通常都太少了，根本无法完全补偿工人所需。同时，这一方式的推广也会给企业带来过于沉重的负担。首先，这一方法所强调的重点就不正确。它不但给企业增加的生产率带来了处罚，而且也并没有消除工人对提高生产率的恐惧心理。克服工人反对提高生产率情绪的一项可行计划应该是，通过创新、与工人的紧密合作、工人的再培训以及相关部署的精心规划，尽量减少因为技术革新而导致的工人解雇。发放解雇补贴应该是最后一根稻草，仅在极少数情况下使用。

CIO 公司现任总裁菲利普·默里（Philip Murray）⊖提出了实施上述计划的一种方法。他的方法是"通过公司正规的劳动力流动程序，重新接纳因技术变革而被解雇掉的工人"。为了达到这一效果，应该提前 6 个月告知工人是否将会被解雇，然后按照新职位的要求对他们进行再培训，而且这些工人应该享有公司空缺岗位的优先受聘权。即使他们无法马上受聘，也应该在工资簿上将他们的名字暂时保留，并且在这段时间内专门为他们安排临时性工作。应该尽可能减少解雇补贴的支付，更多地为工人的等待期提供待岗工资，而不是支付解雇补偿费用。这一计划的资金来源可以每年从技术改进而带来的节约中提取小部分作为"社会成本"资金。"实施这一计划的首要目的当然不是支付解雇补贴，解雇工人，而是要促进各个行业通过精心规划，既引进技术，又将工人留在企业中。这样，这些行业就无须支付解雇补贴，

---

⊖ 菲利普·默里，《技术性失业》(*Technological Unemployment*)，钢铁工人组织委员会出版物，第 3 号（匹兹堡，1940）。

工人也不存在被解雇的问题了。"

然而，上面这一方法并不是万金油。我并不完全同意默里先生的观点，我认为，当整个行业都发生大规模技术变革时，比如他提到的钢铁行业中的轧钢行业，由手工转变为自动化时，他的方法就无法防范技术性失业。在技术革新中，无论上述方法的实施程度有多好，"社会成本"基金也可能无法规避由于整个行业发生结构性变革而引发的失业风险。技术革新给一些企业的生存带来了威胁，甚至有些实力雄厚的企业，即使进行大量的规划和准备工作，也仍然会徒劳无功。我举个简单的例子，有声电影问世后，又有什么方法能够避免电影院乐师的失业呢？再举个例子，当各家电影院都必须为一种新的极其昂贵的设备准备资金，否则就将面临破产时，它们又怎么能够为工人提供足够的解雇津贴呢？

默里先生的计划也不可能消除工人对一些技术创新的抵制，比如那些会令他们的手艺毫无用武之地的技术。这种抵制导致了"额外雇工要求"现象的发生，也导致工会的一些极其严格规定的出现，比如对采用新工具或者新方法的严格规定，以及许多给建筑业带来灭顶之灾的法律限制。他的计划完全不适用于有可能导致整个工厂倒闭或者整个社会阶层赖以生存的基础彻底改变的技术变革的情况。然而，准确地说，这些情况才是最需要解决的、最困难的问题。默里却对这种情况只字不提，着实令人意外，因为从历史上看，整个社会阶层失去赖以生存的基础而导致的混乱，是钢铁工人面临的主要危险之一。

尽管默里计划的某些细节方面并不现实，但这一计划缩小了它的目标，也还是有可取之处的。当电话接线由人工转变为自动时，电话局里的接线员几乎全部失业，贝尔电话公司就成功地运用了一项与默里计划相似的计划。需注意的是，贝尔计划的成功是有条件的，那就是电话接线员的流动率通常就比较高。但是，它确实表明了，这是应对日常技术改进和变化的一种可行方法。与技术上根本性的但又是稀有的变化相比，工人对技术上日常的、频繁的小变化要更为恐惧一些。此外，由于默里的计划让工人有一定的时间做出调整以适应新技术，工人对变革存在的心理障碍在很大程度上得到克服。对公司来说，工人对这些小的技术变革的抵制也是最主要的问题。重大技术变革带来的影响是巨大的，工人除了砸毁机器没有其他的反抗办法，但是对日常的、技术上的小的改进，工人则能够采用各种各样的办法暗中抵制。

从根本上来说，工人对生产率提高的抵制与工资冲突很类似，其根源是工资作为当期成本与工资作为收入之间的矛盾，以及劳动力作为商品与劳动力作为资本资源之间的矛盾。对这两种情况的解决方法是，将工资既视为当期成本又视为未来成本，类似地，将劳动力视为企业对主要生产资源的一种投资。

CHAPTER 9 | 第 9 章

# 工人对盈利的敌视

　　工人对盈利性的抵制就是对所有工业经济赖以生存的基本原则的抵制。因此，在所有工业国家中，最严重的问题是，工人对盈利性的抵制要比他们在工资和技术革新方面对企业的反对更为普遍也更为严重一些。此外，这一问题绝不仅存在于工人中间，而涉及社会的方方面面。总体来说，它是工业社会为了生存必须解决的核心**经济**问题。

　　近几年来，美国流行将工人的这种抵制行为归咎于对企业真实情况的无知，而且几乎是令人难以置信的无知。观察家经过反复的观察发现，绝大多数美国工人都坚信，他们企业的利润至少占到销售额的25%，而事实上在业绩良好的年份这一比例也仅为5%。更令人惊讶的是，绝大多数工人（当然也就是绝大多数人）都深信，企业的利润是工资总量的好几倍，而实际上利润占到工资总量的1/10的情况都很少出现。

　　原子能委员会下属的一家工厂最近发生的工资纠纷，反映了工人对企业巨额利润的深信不疑。工人拒绝相信，原子能委员会授权经营这家工厂的公司只是收取固定佣金而已，所以工厂的利润和工人的工资都与这家公司毫无关系。普遍的看法是，企业显然会从大萧条中获利，因为萧条时期确实是企业获利最大的时期。这种看法自然是由工资和利润之间必然冲突这一"公理"所致，因此，工资趋于最低时企业的利润最大。于是，萧条时期工人的工资最低，企业的利润也就最大。然而，实际情况却与之相反，企业经常在大萧条中破产或关门倒闭。工人不可能看不到这些现象，而他们却对此视而不见，可见工资与利润必然冲突这一公理多么深入人心。

工人对企业实际状况知之甚少，这毫无疑问会引发他们对企业盈利的抵制。企业经常会被指责对经营活动过分保密，而且也不会轻易给工人和公众提供可靠信息，这一点在过去尤甚。另一个导致工人不了解企业情况的同等重要的原因恐怕就是，对大多数外行来说，要看明白复杂的会计程序、资产负债表或财务报告中的数字和术语是极其困难的。

此外，这些数字太大了，它们并不能给工人传达任何信息。200万美元、2000万美元、2亿美元、2000亿美元，这些金额对每周预算只有50美元的工人来说是完全一样的，因为这些大额资金他们从未经过手，也完全无法想象，在他们的眼中，这些钱的意思仅仅都是"无穷大"的一笔钱罢了。到底2000万美元的利润仅仅只是意味着每一美元销售额所得的几美分利润，还是每一美元工资所得的几美分利润，对他们来说毫无意义，因为他们认为，无论除以多少，无穷大照样还是无穷大。

在最近的一次调查中，人们被问及这样一个问题：对一家投资4000万美元的电力公司来说，他们认为该公司获得多大的利润才是"合理的"？绝大多数人的答案都是"8%~10%"是合适的。后来，当同样的一批人在访谈中被问到，上述公司获得的200万美元实际利润，在他们看来，是偏低、偏高、还是正好合适时，更多的人（包括所有那些之前认为8%~10%的利润率是"合理回报"的人）都认为200万美元的利润过高了。

但是，对企业实情缺乏了解仅仅只是一个很小的原因，而且有时候工人并不是不知道真实的情况，他们只是不愿意听取也不愿意相信事实的真相。因为这些事实基本上都与他们的经验相违背，因此他们根本不愿相信。

工人和美国公众之所以认为10%的回报率是公平合理的，是因为他们觉得这个数字简直低得令人可笑，而不是因为他们将利润视为一个经济体从自身利益及成员利益出发所必须获得的。这最能反映美国工人的心态，他们能够容忍而且也只能容忍最低的利润水平。他们深信，美国经济目前所依赖的利润率水平必须大幅下降，这样才能达到甚至只是接近他们所能接受的最低利润率。他们的这些想法表明，他们显然从来都没有考虑过利润的作用到底是什么。

实际上，美国工人与欧洲工人相比，对利润的抵制不算强烈，后者已经将利润视为诅咒和邪恶的象征。但从根本上来说，两者的区别只是程度而不是本质的差异。美国工人与欧洲工人不同，他们还没有将他们对利润的态度加以总结和升华，但是两者所采取的方法几乎完全一样。

美国企业的管理层目前正试图告诉工人和社会公众，企业的实际利润有多低，并且这一数额在整个经济规划中所占的份额有多小，但他们这样做的结果很可能只会适得其反。因为，如果企业过分强调利润很低，只会让人们觉得，既然如此，利润就应该完全可以降为零。长远地看，这对企业的利益来说可能还不如工人对过高利润的误解来得好，因为至少工人认为利润是重要的、必要的。他们唯一的错误只是认为因为利润重要，所以肯定很大，而这也确实是我们绝大多数人易犯的错误。

## 作为剥削手段的利润

即使给工人提供足够的信息，他们对利润的抵制也不会终止，这一点从一句响彻了整个20世纪的口号就能很明显地看出，这句口号就是关于"剥削"的口号。

我们这里并不关心是否存在"剥削"现象，现在大家都已经承认，"利润"并不是"剥削"的同义词。但是，利润到底是不是"剥削"这一问题，并不涉及问题的核心。"剥削"之争并不是一个理性的讨论，而是一句感性的口号。它并未反映在统计研究和分析的结果之中，而是工人自身经验的直接、即时的体现。

工人的经验都表明，利润与他们的自身利益、需求和目标是冲突的。而经验的东西一旦形成，就很难被逻辑理论所动摇，也不会受到信息的干扰，因为这些信息与工人的日常生活是矛盾的，因此显然不会被接受。动摇工人经验的唯一方法是通过他们所增加的新的经验，而不是理论上的争论。

工人对利润的抵制，就是对经济体系本身基本原理的否定。企业的原则——盈利和提高生产率原则，与工人的需求和目标基本没有什么关系。企业的经济责任通过它的盈利性衡量，这与企业成员相互的社会需求之间，并无直接明显且容易理解的关联。工人的需求仅仅只是可预见的工资收入和工作，以及对企业管理层务实的、合理的要求。当然，工人的工资最终来自企业的利润，而在工业社会中，大量的人是被雇用然后支付工资的，因此工人实际上是企业盈利最主要的受益者⊖。但是，这是绘制了25年曲线的统计学家才能够观察到的长期效应，而不是工人，甚至也不是企业管理层所能理解的。它过于抽象了，看不见也摸不着，因此几乎不能为工人和企业所

---

⊖ 然而，工人并不是唯一的受益者，因为即使是在工业化程度最高的国家中，非工人群体也至少占到总人数的一半。因此，工会领导经常提出来这样的谬论，认为通过增加工资的方式提高购买力，与通过降低价格的方式提高购买力无异。当然，提高工资水平通常是分配生产率的最佳方式，但也并非所有情况都是如此。

理解。

即使工人认为他们自己能够从企业利润中获益，他们同样也会认为，他们不得不为所获得的每一份收益而斗争。企业盈利与工人自身福利之间的关系不是自然而然的，而是互相冲突的。工人的需求与下面两个方面相冲突：一是同时提高工资、缩短工作时间或改善社会福利，从经济的角度看是不可能的；二是这些都会削弱企业的利润。曾出现过一个重要的例外：亨利·福特1914年在他的工厂里将最低日工资定为前所未闻的5美元/日。但是，几乎没有什么人仿效福特的做法，他自己也没有继续实施他早期所采取的这种模式。因此，无论工人的经验与事实相距多远，都是他自己的需求与企业对利润的追求之间的冲突方面的经验。与工人的直接经验相比（在企业无盈利的情况下，工人连工作都有可能失去，更别说是一份好的薪水），这一观点显然变得毫无说服力。

然而，无论是在哪种社会体制或经济体系下，企业都不可避免地将自己的政策、决策及行动建立在盈利性的基础上。而企业的政策、决策及行动关系到工人及其家庭的生计、工人自身的前途以及在自己及其他人心目中的地位。因此，工人以及与他有关的一切方面，都要受到一个外部条件（即使不是一个敌对的原则）的限制。

即使企业的行动不是取决于利润大小，工人仍然会抵制企业盈利。因为，他们很有可能会将利润视为企业掠取的毫无根据的"回扣"。但是，企业盈利又必然会成为工人生活的原则和目的，在各个方面都超过他自身的需求和目的，这解释了工人为什么强烈抵制企业利润。工人会觉得利润至上这一原则不仅仅只是"剥削"了他们，甚至亵渎了他们的人权和人格尊严。

## 管理者的工资与利润问题

工人对大企业高层管理者的高收入存在普遍的怨恨情绪,这加剧了他们对企业利润的抵制。

1949年春,在经济衰退的环境下,汽车工人联合会试图要求福特汽车公司增加工资,它着重强调了汽车行业管理者的高薪水。我听了福特汽车公司加拿大分公司位于安大略湖温泽市的工会的广播。当时的播音员显然来自工厂车间,对无线电广播极不熟悉并且还有点怯场。他慢吞吞地、笨拙地照本宣科。但是当念到"通用汽车公司的CEO威尔逊年薪50万美元"时,他的嗓音明显提高,并且一下子变得自然、真诚,让人很容易产生共鸣,尽管威尔逊先生的实际工资只有25万美元,并且与福特公司的工资问题毫无关系。

同样,1949年夏天和秋天,菲利普·默里和钢铁工人在谈判中陷入僵局,强调的也是钢铁业管理者的高薪而不是工资问题的核心方面。美国钢铁公司总裁菲尔莱斯先生的退休金,而非工人的需求,成为公众和工人心目中的重大问题。

对管理者高薪水的抱怨似乎与盈利问题毫无关系,也可能只是各种各样的怨恨中最微不足道的一种。但是,正是高层管理者的高薪和其他问题加在一起,使得工人坚信,利润就是"剥削"他们的手段,企业必然将其定在很高的水平上。各项研究结果显示,工人的这种怨恨情绪非但不是微不足道的,而且是导致行业冲突的主要因素。

其实,工人对这一因素重要性的认识是正确的。当然,从经济的角度看,高层管理者的薪水并不重要,它们连销售额的1%都远远没有达到,占总工资的比例也同样是微不足道的。但是,工人的怨恨并非出于经济动机,而且在美国主要也不是基于嫉妒的原因(这一点是美国与欧洲的主要区别之一）。他们怨恨管理者的高薪，只是因为他们认为这是社会不公平的标志，是对承诺建设平等社会的否定。很重要的一点是，对工人来说，"利润体系"的现状可能更多的是由管理者的工资而非发放给股东的红利进行反映，因为毕竟股东离得很远，太抽象了。

工人对高层管理者高工资的怨恨情绪殃及工厂的政治和社会关系，增加了企业管理层与工人沟通的难度，并且降低了管理层的威信。即使是在工会成员工资水平很高的最保守的"企业工会"，只要在工会会议上提及老板的高薪水，就会立即激起人们的愤恨之情。

然而，坦率地说，企业通常对高层的高薪所做出的解释只是糊弄人罢了。一种说法是，杰出的高层管理者对企业做出的经济贡献是巨大的，付给他多少钱的工资都不为过。但是，依此类推，医院的一名好护士或其他关键工作岗位上的人，都应该得到一样高的工资，而事实显然并非如此。

另一种说法是，支付给高层管理者的报酬必须足以补偿他们自己开公司所能获得的收益。但是，一名优秀的企业高层管理者所应具备的条件，与一名成功的独立经营的商人所应具备的条件是完全不同的。此外，企业管理者具有安全感，这是独立经营者不具备的。企业为高层管理者提供了资本，而独立经营的商人必须自筹资金。

于是又出现了第三种说法：从经济上看，企业高层管理者的高薪水并不算什么，如果平分给所有工人，每人也只能增加几美元收入而已。但是，工人对管理者高薪的怨恨情绪并非经济问题，而是一个社会问题，因为他们认为这是对公平和公正的否定。最后的一种荒唐的说法是，高层高薪完全不是事实，因为其中的大部分都被所得税征去了。这种说法当然没错，但是，那一开始又何必要支付他们这么高的工资呢？

然而，对于高层高薪的现象可以找到一个完美的解释，即它是由大企业的结构所决定的。我们发现，英国国家垄断行业的高层管理者的工资也很高。他们的高薪不仅包括高出美国的管理者最高薪水好几倍的货币收入，而且还有大量的实物和服务性收入，比如宽敞的住房、汽车、特别休假、特殊的食品配给、服装、家具、家用设备以及孩子接受更高教育的绝对优先权（这在苏联是再多钱也买不到的）。有证据显示，苏联工人与美国工人一样对企业高层管理者的高薪充满了怨恨，那苏联为什么仍然觉得有必要给管理者定这么高的薪水呢？

答案在于，大企业所经营的是一个等级森严的结构，权责主要都是由货币收入体现的。领班必然比在他手下工作的人要挣得多；主管肯定比领班挣得多；工厂经理又要比主管挣得多；部门总经理肯定比工厂经理挣得多；执行副总裁又要比向他直接报告的副总裁工资高；总裁又要比执行副总裁挣得多。这好比一架梯子，因为最底层必然被收入为中等水平的人占据，而层与层之间的差距又相当大，所以梯子的顶层必然直插云端，即企业高层的工资必然异常高。这就解释了为什么大公司的高层管理者，比如苏联一家大型工厂的总经理或者轻金属托拉斯的副代表的收入是个天文数字。这同样也解释了另一个现象：尽管政府对超过 25 000 美元的年所得所征收的所得税逐渐变得具有没收充公的性质，然而大公司的管理者仍然挤破脑袋想要再多挣一点钱。㊀

尽管上面的这种说法完全正确，但很明显，除了对大企业的高层之外，它对工人和其他所有人来说都毫无意义。当然，它也无法对高薪有悖于整个社会所提倡的平等精神这一问题做出解释。不过，这表明管理者的高薪

---

㊀ 与此形成鲜明对比的是，所得税率对自由职业者具有负效应，因为这些人的社会地位并不直接由他们的收入决定，所以，一旦具有了一定的知名度，现行税制会使得他们从对钱的追求变为更加努力地工作。而这正是高税率制适得其反之处，因为它原本是为了打击大企业，而鼓励独立经营的企业。然而，这仅仅只是现行税制完全不合理的又一例证，而绝不是最不合理的例证。——原注

不仅仅只是一个"贪婪"与否的问题，而是植根于大企业需要的问题。实际上，管理者的高额收入尽管看似微不足道，但确实是企业最棘手的问题之一。

## 我们需要的是更高而不是更低的利润

一个行业只有当其利润水平足以应付未来需求时才能生存和运转。但是，由于工人对利润的抵制，这一利润的充足性受到了严重的威胁。

在未来 10 年里，所有的西方国家都会大幅提高它们的利润率水平，而且还会加速生产率的提高速度，以防止生活标准的下降。这并不是由第二次世界大战的破坏所致，甚至也不是社会服务及军备日益增加的需求所造成的额外负担所致。

我们再也负担不起作为"当期生产"的自然资本储备了，比如肥沃的土地、尚未开发的美洲大陆的原始森林和数十亿年前形成的煤矿、金属、石油及矿藏资源。这些不可再生资源的迅速耗尽给我们的收入带来了一部分"增加值"，我们现在显然不能再指望这部分"增加值"了，因为它需要承担一定的风险和负担，而这些增加值原本应该是由真正的利润产生的。我们不能再继续消耗这些自然遗产，至少不能以过去那种毁灭性的速度使用它们了。

导致技术革新需求的另一个原因就是，我们逐渐不能够只将生产率提高所带来的好处用于传统的北大西洋工业区的少数人身上了。经历了工业化的西方国家的人们，尤其是欧洲的工人阶级，过去都习惯于得到大得多的份额。即使殖民地所展开的政治运动不会结束西方对高生活标准的垄断，原材料生产国的工业化进程也必定会结束这种局面。实际上，这方面发展可能是英国正面临的经济问题的主要根源之一。

工人对企业盈利的抵制，就是对经济运行的基本原理的反对。而工业体系不可能依据其他的原理运转，因此，无论是在哪种制度下，工人对利润的抵制程度都一样强。

经济冲突尽管很严重，但应该是最容易解决的冲突了。我们甚至会发现，用于解决这些冲突的原则已经在我们的经济体系中发挥了很重要的作用，只是目前还没有突显出来而已。这些原则应该满足工人的合理要求和欲望，同时也应该在提高生产率和降低成本方面给企业带来充足的利益。换言之，这些原则应该在企业对利润的追求和工人对安全性的追求之间建立一种真正的协调。迄今为止，我们只可能缓和而不可能解决的一种例外情况是：管理者的高薪问题。

总而言之，工业经济的一个显著特点之一就是，它所拥有的财富能够解决经济冲突，并且使得冲突的双方都满意。前工业经济因为生存困难，只能通过排斥所有其他方的方式保全一方的需求和利益，而工业经济拥有可以分配的资源，因此至少能够部分地满足冲突各方的利益，而不需要耗尽某一方的人力和物力维持当前的生存状况。工业经济下的经济冲突大部分都是当前需求与未来需求之间的矛盾：在工资冲突中，是企业的眼前利益与工人未来利益之间的问题；在对生产率和利润的抵制中，是工人的当前需求与企业和整个经济的未来需求之间的问题。然而，在工业经济中，不仅要分别顾及眼前利益和未来利益，而且通常必须同时兼顾两者。

# 3

第三部分

# 工业秩序问题剖析之二：
# 管理层与工会

THE NEW SOCIETY

第 10 章
管理层是否能够成为合法的治理机构

第 11 章
工会组织能否长久存在

第 12 章
工会需求与共同福利

第 13 章
工会领导者的困境

第 14 章
企业员工分化的忠心

第 10 章 | CHAPTER 10

# 管理层是否能够成为合法的治理机构

企业必定是对其员工行使重要职权的管理机构。然而，企业的主要目的和作用是生产产品，而不是治理员工，因此企业对员工的治理职能应该始终从属于企业自身的经济业绩和责任，它本身绝不是目的。**所以，企业绝不会主要为它所管理的员工的利益而行使这一职能。**

人们早在 2500 年前就形成了这样的政治思想，认为任何治理机构，无论其组建形式如何，都必须正当合法，否则必将无法生存下去。而合法的治理机构应该是按照治理主体的利益进行治理的机构。但是，企业不可能这样做。企业所考虑的首要问题就是盈利性和生产率，而不是员工的福利。企业成员的利益并不是企业生存的目的。他们是一个有利益获得权的重要的团体，但是对企业来说并不像其他团体那么重要，比如客户团体。他们显然也应该服从于企业经济业绩的要求，即生产率和盈利水平。

如果一家企业不是一个正当的治理机构，并不意味着它是不正当的治理机构。政治思想家通常都假定，不为治理主体谋利益的政府就会为自己牟利，这就是"不正当"政府的一个经典定义。但是，企业的治理机构既可以不为员工的利益着想，也可以不为管理层的利益着想，而可以为企业和社会的经济利益着想。

然而，从被治理的企业员工的角度来看，上面所说的区别是不合理的。因为，员工看到的只是他们的生活和工作都要受到企业的管制，但是这一治理机构行使职权并不是为了他们的利益。即使企业完全出于社会的利益而行使职权，它也是一个很难融合的治理机构。问题的关键就在于，作为企业成员和治理机构的约束对象，工人的利益并不与企业经济业绩所带来的社会利益完全一致。

企业的治理职能并不由法律、政治和经济等企业的外部因素所赋予，而是由企业自身的性质和目的所决定。无论企业在政治形式上如何安排控制权和所有权，无论企业如何进行利润和损失分配，也无论管理层的选举和任命方式如何，管理层是必然要存在而且必须要行使管理职能的。管理层自己有一个以企业需要为基础的目标函数，这使得无论"利益"如何定义，都不可能基于员工的利益治理企业。它不可能成为"员工的治理机构"。即使企业管理层是"从员工中产生并由员工管理的组织"，即使将全部的法律权力赋予工厂社区中的成员，比如所有权和控制权，管理层仍然不可能成为"员工的治理机构"。

没有任何途径可以解决上述问题，在一百多年的时间里，各种试图找到解决方法的努力都以失败而告终了。

法国"空想社会主义家"傅立叶在1820年之前就提出了一种解决方法，他建议将企业所有权下放给工人。这种方法确实能够使得企业的管理层对工人负责，并且成为合法的治理机构。大约一个半世纪之后，这一方法仍然受到了最广泛的支持，产生了最深远的影响。因为它将19世纪自由主义制度下产生的政治秩序的原则及具有代表性的现代民主原则运用于工业。

但是，无论在何处试行，工人所有制都惨遭失败。许多私人所有的公司实施工人所有制都失败了，而且这样的例子还不少，比如德国蔡司光学工厂（Zeiss Optical Works），工人所有制实行了半个世纪之后失败了；甚至法国一些更早开始实施工人所有制的公司，也以失败而告终，而它们是完全按照傅立叶的方法进行的。用工人所有制取代"外来"所有者的做法并没有消除管理层，也没有使得管理层的行为、特征和属性发生任何变化。尽管利润最终将由工人获得，但企业的治理机构仍像以前那样，不是为工人谋福利的。正如几年前亚拉巴马州伯明翰市美国铁管公司（美国最成功的一家实行工人所有制的公司）的工人试图组织工会反对他们的公司及他们自己的管理层时[1]一名老员工所说的那样："是的，这的确是我的工厂，但在我具有越来越膨胀的资本主义股东权利的同时，我作为一个普通的工人的权利每况愈下，现在也该是有人出面，保护我作为一名工人的权利的时候了。"

工人所有制在国有企业中也经历了同样的失败。第一次世界大战结束后，国有化在中欧兴起的原因就是，当工人自己无法改变企业及其治理机构的根本属性时，他们对工人所有制失去了信心。当英国工会联盟中的普通成员要求获得更多真正的工人治理权以彻底取消管理层时，连劳工机构自己都反对这一要求，并且坚持采用"专业的"管理层。在捷克斯洛伐克，新政府正告诉工会领导，"现在我们已经战胜了资本主义"，所以不会再有工人治理的可能，工会必须为盈利性和生产率履行管理责任。在法国新建的国有化企业中，治理机构和工人已经为经济业绩和安全争得头破血流。治理机构大幅缩减劳动力的要求很有可能成为第四共和国的主要问题。在德国，鲁尔工业区（几乎完全由工会任命，并且由工会成员组成）的新任管理者几乎都是刚刚上任，但是工人已经开始抱怨，他们和以前的老板没

---

[1] 这个事例绝非孤例。之前也有许多实例显示了同样的模式，见珀尔曼，《美国工会的历史》（纽约：麦克米兰公司，1922年）。——原注

什么两样。

工人所有制的思想给企业引入了自主政治实体的概念，但这一概念本身已是穷途末路。然而，只有当企业能够提供足够的满足员工全部需求的利益时，被员工治理的机构才能成为为员工谋福利的机构。正如傅立叶所认为的，工人所有制提前架设了一种乌托邦式社会，比如他所说的"法朗斯泰尔"社会（Phalanstery）——它在1820~1850年成为美国诸多乌托邦主义者所追求的范式。

但是，如果工业企业不是为了给消费者生产更多更廉价的货物，那么它的作用是什么呢？如果人们不是发现企业是迄今为止最好的为社会和社会成员生产商品的组织形式，为什么各种社会形态都会为这一复杂、棘手而问题重重的组织机构作茧自缚呢？

## 所有权和治理权的分离

企业的"治理"产生了另一个令人困惑的问题：管理层拥有了"资本家"的合法的所有权。如果"治理"确实是以所有权为基础的，那么合法的所有权如果从"资本家"转向"工人"，就会使得治理权从"管理层"转向"工人"。但是所有权和治理权是两码事儿，而且正在迅速地走向分离：一个属于法律范畴，另一个属于职能范畴；一个是可变的、可市场化的，另一个则与企业紧密相连。所有权主要是一项权利，而治理权主要是一种能力和职责。这两个概念迥乎不同，只有在前工业社会和重商主义社会才有可能将它们混用。

我们的确不难想象出一种完全不同的社会发展形态，在这个社会中，工人而非"资本家"是企业的合法所有者和剩余利润的获得者。在这一制度下，"管理权"和"所有权"也应该是完全分离的。这个制度不会存在马克思主义经济学的"剩余价值"问题,也不会存在"人权与财产所有权之间的冲突"。这种社会制度显然会成为傅立叶的忠实信徒,即英国基尔德社会主义者,所梦寐以求的事情。但是这种制度也需要管理,而且与任何现有的政治制度下需要的管理完全相同,具有同样的表现形式、同样的问题、同样的目标。这种社会所出现的政治和社会问题,会与我们现在所面临的各种问题完全相同。

实际情况是,非社会主义国家企业的所有者,即股东,已经在很大程度上放弃了对企业的治理权。越来越多的大企业正按照 20 年前通用电气公司的总裁欧文 D. 杨提出的模式经营,即股东的最大收益不超过一定的风险溢价,剩余的利润应该留存在企业中,通过提高工资或者降低价格的形式分配出去。然而,这些公司中没有一家公司的管理层职能发生了变化,也没有一家公司的管理层变成"为工人治理的机构",或者被工人视为正当的治理机构。

换言之,无论利润流向哪里,无论谁拥有这种法人资格,无论管理层是如何选举产生的,也无论管理者对谁负责,管理层与工人之间的关系必然是一样的。

## 回归开明的专制

美国当前盛行的新的家长制模式,也无法解决上述问题。家长制所提出的口号是"管理层最能够将工人的利益放在心上",这就表明只要管理层尝试去做,就能成为正当的治理机构。它还将一个君主制国家的传统概念(18 世纪开明的专制制度)应用于企业的行政问题之中。

我在这里并不想讨论开明的专制制度作为一种治理形式是否很合适。笔者关注的只是,在家长制下,企业管理层是否能成为正当的治理机构这个问题。管理层绝不可能靠空洞的口号生存下来。要他们像关心自身利益和目标一样关注工人的福利，他们是能够做到的。但是，管理层仍然必须将企业对社会所负的经济责任以及企业作为生产者的生存问题置于其他任何问题之上，当然其中也包括工人的利益。企业管理层最多只是在形势很好时才会将工人的利益放在第一位。只要企业遇到困难，管理层必然就会改变策略。无论管理层如何信奉家长制口号，他们也都必然会给工人留下伪善、狡诈的印象，工人仍然会认为他们代表的始终是"老板"，是管制他们的统治者。

这并不仅仅只是理论上的推测，因为它已经被一种与现代工业家长制统治完全可比的试验形式，即现代殖民主义家长制所证实。19世纪以前，殖民地与殖民国之间仅仅只是纯粹的经济关系，基本上只是作为本国原材料和贸易的来源，一切都要以殖民国的利益为优先。直到麦考利的《印第安教育法》、1836年的《英国北美法案》的颁布，新加坡的拉弗尔斯执政以及印第安1859年的政变之后，殖民地的角色才得以转变。以前的殖民体系从属于殖民国的经济利益，殖民地政府就是对人们实行统治的政治机构。正是这一观念，而不是任何特定的苛捐杂税，导致了美国殖民地的居民群起反抗，也正是这一观念受到了沃伦·黑斯廷斯的强烈指责，并在辉格党全盘否定殖民主义时受到了猛烈抨击。受到抨击的主要原因正是，殖民地政府以前是统治人民的治理机构，但是现在它必须成为"为人民谋利益的政府"，即正当的治理机构。

19世纪下半叶，殖民主义大肆扩张，与此同时，新的殖民主义制度接受了18世纪的前任拒绝担当的政治责任。但是在试图建立"为人民谋利益的政府"时，他们丢弃了应该为殖民国谋取经济、政治和战略利益的义务。在这种进退维谷的局面下，他们最终转向了开明的专制制度，这样才能够最大限度地考虑殖民地人民的利益。

由迪斯雷利提出，基普林所倡导的"白人的负担"的殖民主义制度，并不是虚假的制度。它确实是有实实在在的内容的，并且它所承担的责任要比今天我们所能想见的责任要多得多。但是，它与旧的殖民主义制度一样很快地完蛋了。这种矛盾显然不是仅凭良好的意愿、对殖民国及家长制的关注就能解决的。无论新殖民主义的领导者所取得的成绩有多大，他们也无法得到一样很关键的东西，那就是被殖民地的人民接受并视为正当的政府。他们为改善当地的经济、社会和文化状况所做的努力越多，他们所受的抵制就越大。事实上，正是他们所取得的成绩造成了这种对立，这使得殖民地的人们更加清楚地意识到，殖民政府的理想与它们在殖民国的经济利益上所担负的责任之间的冲突。除此之外，这种冲突也使得殖民地人民对名为对殖民地负责、实则听命于本国政府的殖民地政府丧失信任和信心。

与此类似，开明的家长制度在工业企业中也会经历同样的失败，并且很有可能丢弃它原本要遵循的原则，即现代"人际关系"的原则。

这样的发展可能会带来很大的灾难，人际关系准则是必须要遵循的基本原则。虽然它并不是绝对能够弥补企业政治特性中出现的裂缝，但是它在工业社会生活中以及作为一种社会机构的企业方面，都是一种诊断工具。灵活地运用这一工具并使其被管理层和工人所接受，能够帮助我们解决工业社区社会生活中的许多问题。

CHAPTER 11 | 第 11 章

# 工会组织能否长久存在

唯一一个满足工业企业政治双重性要求的组织，就是工会组织。无论采取何种政治、经济和法律安排，管理层对企业实施管制职能的事实都是不可避免的、难以转变的。同时，这种治理职能绝不会将其治理对象的利益放在第一位，也就是说不可能是"正当"的。因此，企业的管理层结构是造成管理层与工人之间的必然分歧的基本原因。能够使得企业的治理机构变得合理的唯一方法，就是形成一股能够代表工人反对管理层的对抗力量，同时这股力量又是企业治理机构中的一部分。而工会正是能够给企业施加这种最基本的政治压力的机构。它主要就是一个政治机构，即使表面上是关于经济利益的，但真正的争斗也是有关权力控制的。

这否定了一种传统观念，即将工会视为实施经济压力的团体。这种观点对欧洲人来说并不陌生，比如在希特勒时期德国的非社会主义者组成的白领工人工会就很赞同这种观点。然而，即使在十几年前，这种观点仍是美国的主流观点。马克·汉纳基于这一观点让工人组成了共和党，随后萨缪尔·戈姆博斯继承了他的观点建立了美国劳工联盟。

一贯支持这一立场的当属约翰·L.刘易斯㊀。事实上，作为美国矿工联合会的领导人，在过去的25年里，他的所作所为仅仅说明了，他认为工会是实施经济压力的团体，以强调工人在国民经济中的重要地位。他认为，工会应对工会成员的经济利益负责，并不具有政治职能和社会职责。美国总统当时取缔了煤矿工人的罢工运动，因其威胁到战争时期的煤矿产量——当约翰L.刘易斯被问及此事时，说道（可能他从来没有说过这样的话）："美国总统拿国家俸禄是为国民谋福利的，而我的责任就是关心煤矿工人的经济利益"。但是，即便这句话是记者的杜撰，也至少反映了约翰的基本立场。

这一立场的内涵要比当今许多批评家所持的观点丰富多了。但是，它是站不住脚的，不仅因为它所产生的社会影响，还因为它完全曲解了实际情况。工会活动的每个领域毫无疑问都是管理领域，无论它涉及的是工作时间、工作条件、任务规定、任务分配、雇用和解雇政策、监管权还是资历规定。即使工会不涉足上述领域，而将所有的活动范围限制在现金收入问题上，它也必须为了工人对稳定工资及稳定就业的需要而关注企业的盈利性和生产率。因此，这就不再是一个瓜分经济利益的斗争，而是一个关于如何治理企业的基本原则的斗争了。所有的工会都必须经历这样一个痛苦的过程，一方面需要参与管理层的决策，另一方面又需要反对它。工会组织必须首先拥有罢工权。但是即使罢工最初的争端是关于经济的，实际争端却一般都不是关于经济的。罢工本身是一种极端的政治武器，经典的政治理论将其视为"造反的权利"。

因此，工会通常都是企业治理机构中的一部分。不管工会是否承认这

---

㊀ 约翰·L.刘易斯（1880—1969），美国劳工领袖，曾出任美国矿工联合会主席和产业工会联合会主席。——译者注

一点，它实际上就是一个行使、控制或者否决重要治理职能的治理机构。工会可能会认为有必要否认这一点，戈姆博斯和约翰 L. 刘易斯都是这样认为的。但是，对于任何企业管理层而言，否认工会就是反对"管理层的特权"的观点是鼠目寸光的。工会关注的任何一个问题都是与管理层的某些特权相关的，事实上，正是因为管理层的这种"特权"，才使工会组织得以存在。

还有一种观点，认为是因为企业管理层不可能成为合理的治理机构，才使工会获得了一定的职权，这种观点把工会当作企业结构中的必要组成部分。它与今天美国管理层普遍流行的观点不同，美国管理层普遍流行的观点认为，过去"不开明的"管理层所犯的各种过失才导致了工会的产生。甚至连教皇似乎也受这种观点的影响，他最近（1949 年 9 月）谈到，只有当"资本主义"发生根本变革时，才不需要工会组织。这一观点否认了在企业和员工之间存在任何政治问题，它的直接结论就是接受开明的工业专制。它的支持者从这一观点中得出这样的结论：在管理得当的工业体系中，工会组织可能毫无作为，而且它会悄然而退，并将所有的控制权转交给明智而仁慈的企业管理层。

毫无疑问，以往企业管理层的理念、政策、行为和过失，可能是形成特定国家工会组织、特定行业工会组织的某些特性的重要原因。工会是针对企业管理层的一种**对抗力量**和**反对势力**。过去企业管理层的特征造就了今天工会领导人的个性，而且几乎各大行业和每个国家都形成了特定的管理风格。过去的美国矿工行业领导人鼓吹"劳动者的利益和权利不受工人中的鼓吹家，而受基督教徒的保护和关注，因为他们相信的上帝拥有无穷无尽的智慧，而且掌握了美国的财产权"⊖。今天美国煤矿工人的领导人约翰 L. 刘

---

⊖ 当时是 1902 年，政府和公众舆论一致要求结束这场为期四个月的煤矿工人罢工。——原注

易斯的个性、哲学、谋略和口才，与他的前辈的个性、哲学、谋略乃至口才都有着很多共同之处。而沃尔特·鲁瑟要不是带有早期美国汽车行业管理层的传统，也不可能那么轻易地被工人视为铁路行业工会的领导人；欧内斯特·贝文要不是参加过英国劳工运动，也不可能是今天的欧内斯特·贝文。这样的例子还有很多。

在一个重要的领域中，管理层的失误确实会导致工会的产生。这个领域就是行业中层阶级与中低层管理者之间"界限模糊的区域"。一方面，上述团体与普通员工一样，都是企业的雇员；另一方面，他们在很大程度上又具有管理的职能。他们既可以将自己归为反对企业治理的普通员工，又可以将自己视为企业的治理人员。到底选择哪一边，很大程度上取决于高层管理人员的意愿，他们是否愿意将其划入管理层，并让他们真正行使管理职能，而不仅仅只是名义上的。它还取决于管理层是否有能力与代表着普通工人的工会建立一种建设性的伙伴关系。如果工会与管理层之间的关系总停留在一种明枪暗斗的战争状态，那么基层管理人员为了自保，甚至会被迫加入工会组织，中层管理人员的情况可能也是如此。没有工会的保护，他们不可能在双方交锋的前线生存下来。

但是，总体来说，"工会是因管理层的过失而产生的"这个观点是错误的。然而，尽管诸如经济条件、劳动力供给和政府政策等其他因素对工会的形成可能更为重要，但不可否认的是，管理层的政策和行为在很大程度上为工会的发展提供了契机。管理层的政策和特征对任何工会组织及其领导人的风格都有很实际的影响。但是工会产生的根源、驱动力、目标和作用，并不受管理层政策的影响，而是基于一种管理层完全不具有控制权的因素——管理层本身的存在及其职能。

## 工会的局限性

在有文字记载的历史中，我只知道有一个组织与工会组织相类似。古罗马帝国时代，就像现在的企业一样，古老部落元老院议员的宗教职责与他们所管制的对象——"平民"的利益之间也存在这种分歧。后者是一批新移民，尽管来自传统的宗教和文化圈之外，但也必须受到元老的管制。这种冲突最终引发了历史上有记载的第一次大规模罢工活动。后来，罗马政府通过建立一个特殊机构——"护民官"，代表"平民"反对统治者，这场罢工才得以平息。

但是，尽管"护民官制"解决了以前的许多问题，但是它的出现同样也引发了一系列新问题。后来它被"国有化"了，皇帝成了唯一的护民官，所以最终这一制度还是被废除了。元老院也失去了所有的自主权。

工会制度的出现确实也产生了许多新问题，而且并不比它所解决的问题少。虽然工会制度确实是我们能够获得的唯一一种解决企业政治困境的方式，但是它的确是一个不稳定的、麻烦的、有问题的解决方式。工会问题极难解决，包括它在工业社会的地位和作用、与企业的关系以及它的内部组织和凝聚力等，所以我们不得不问一下，工会制度所带来的好处比起我们所付出的代价真的值得吗？这个问题几乎在每个工业国家中都存在，而且不只"打击工会专家"（union busters）⊖会问起这个问题。

通过压制工会组织解决企业的政治问题，这种解决方法在每个工业国家都极具诱惑力。这种压制不会宣布工会为非法组织，而是将工会国有化，这种潜移默化的手段要比公然压制工会所造成的威胁大得多，而且也容易做到

---

⊖ union busters：打击工会专家，以"顾问"名义，专门协助企业对付工会，并从中取得巨额的佣金。根据1959年的《劳工管理报告及信息披露法案》（Labor-Management Reporting and Disclosure Act of 1959, Section 203（b）），要求打击工会专家陈述服务的理由。——译者注

一些。对企业来说，工会并不像企业管理层那样必不可少。没有工会存在的工业体系是完全可以存在的，但是没有管理层存在的工业体系是完全不可想象的，也是不可能存在的。工会并不是工业体系的本原和驱动力量。就像月光仅仅只是反射的日光一样，工会的职能仅仅是因管理层职能的存在而存在的。因此，如果工会组织被压制了，工业体系仍然可以运转，但是如果政府试图取消管理层，工业体系将面临崩溃。

然而，工会能够满足一种基本要求，即工会所施加的压力满足了工业体系内在的要求。无论社会的组织形态如何，都会存在使得工业企业的治理机构合法化的要求。即使压制工会或者破坏工会的生存，也不可能消除这些压力、职能和要求。压制工会在某个特定时刻，可能会减轻当时看似难以忍受的痛苦，但是，这种痛苦减轻的代价是这种疾病可能会变得不可根治。到那时，压力仍然存在，要求仍然未得到满足，职能仍然没有履行。

更为重要的是，在工业社会中，对工会的压制预示了一个极权的政府，因为只有这样的政府才有足够的能力破坏工会组织。剩下的唯一能够减轻工会企业"分裂特征"所造成的压力的方法，就是通过让群众时刻保持歇斯底里的状态，即保持持续兴奋和感性状态，简而言之，就是不断地进行思想动员，而这一点也只有在极权主义下才可能做到并且一直持续。

然而，这种做法并不能成为工会组织获得生存的理由。工会组织的问题只能够通过工会政策和组织机构的大变革解决。但是，这些新的政策一定不能是"反工会的"，相反，它们的目标应该是使得工会职能富有成效地发挥，既为了工会自身的利益，也为了企业和社会的利益。使工会良好地发挥职能作用，这是我们社会面临的最艰巨的任务之一。我们的成功可以为留住自由式机构带来希望。

但是，工会组织是否能以社会的运转和生存为目标行使职能？或者社会为了保护自己是否一定要给工会施加限制（这些限制实际上会毁掉工会组织）？

工会是否能按要求在企业**内部**发挥职能？或者企业和工会赖以生存或发挥职能的要求是不是互斥的？

最后一个重要的问题就是：工会是否能够依靠自己生存，是否能够解决自身结构中的压力和矛盾？

## 工会组织结构的问题

按照定义和职能来看，工会是一种反对势力。它的目的是为了表达工人**反对**企业的目标。要消除工会的反对性质，就必须同时剥夺它的一切职能。如果不是因为这种反对性质，工会将难以维持工会会员对它的忠诚。对一名工会领导人地位的最大威胁就是指责他"被老板收买了"，成了"管理层的人"。

同时，工会这股反对势力又永远不可能成为企业的治理机构。一旦工会或工会领导接管企业管理层，他们就必然和管理层沆瀣一气，并且像"老板"那样行事。工会会员将不再忠于他们，并且马上会有反对他们的工会运动揭竿而起。这就是今天英国工会所面临的巨大威胁，因为他们同时还参与了国有企业的管理。

工会是一种政治机构，它的目标在于权力而不是经济产出、收入或者利润。由于工会是一个政治机构，它的生存与否取决于其政治表现而非经济表现，而且必须能够维持员工对它的忠诚。正因为这个原因，工会的领导是一种政治权力的象征，取决于领导者维持会员忠诚的能力，而不是经济业绩。

工会的作用对企业管理层来说是负面的、带有政治色彩的。它的凝聚力建立在最后一招"罢工权"上。罢工阻碍了企业对生产资料的使用，但是，工会通过罢工实际上也不可能获得对这些资源的控制权。此外，只有企业才具有生产的能力，工会组织并没有。但是罢工可能会搞垮企业，这就是"护民官"的否决权。工会即使无法组织生产，至少也能够阻止任何其他人进行生产。其中，罢工是反对企业治理权力最有效的政治武器，也是工会所能获得的唯一一种威力巨大的武器。工会组织如果丧失了"罢工权"，就无法表示它对企业的反抗。

罢工不仅是一种重要的政治武器，还是工会团结的象征，它表明工人为了共同目标而精诚合作。正如古老的工会谚语所说："没有一次罢工是失败的。"

20世纪初，法国人乔治斯·索莱尔在布道中，对矿工大罢工的"神奇性"，对其神圣性甚至是魔性极为推崇，但是事实已经证实这一切仅仅只是错觉而已。只要不存在有效的政府，大罢工就能获胜。大罢工的威胁就在于它能够煽动巨大的公众舆论，在这种舆论下，即使是胆小无序的政府也不得不采取有力有效的行动。但是在索莱尔的观点中有一点是正确的，他强调罢工既是理性的又是感性的，是工会本质的力量和象征。总而言之，任何工会组织的力量和凝聚力都建立在这种本质上，而不是建立在选票或者利益之上。

因为工会是一种"反对"的力量，是一种绝对不可能成为管理层的反对力量，因此工会不可能具有安全感。无论它看似多么强大、安全并且受欢迎，只有管理层才是永远安全的主导者，才是积极的、起领导作用的因素。工会即使没有处于失败的险境，也始终处于一种防御状态。对工会领导人来说，承认这一点无疑意味着对工会的背叛。但是，事实就是如此，因此，工会必须不断壮大，或者至少一直宣称自己在壮大。而这一点恰恰表明，工会内部是不安全的、不稳定的，这种不安全感既表现在外在的有形方面，又表现在内在的心理方面。

但是，这种不安全感并不仅仅只是心理上的。职能范围限制在一家工厂或企业中的工会，不可能有足够的安全感，它永远处于成为"公司的工会"的危险之中。在任何单个的企业中，管理层都永远处于主导地位。范围局限在某一家企业内的工会组织，必须时刻关注所在企业的利益和发展，因此，他们在代表工人反对企业时必然会犹豫不决。

最后，工会组织必须要求企业的员工对其效忠，并且要求他们将自己视为权力机构和领导者。它甚至要求一种绝对的忠诚，即不允许工人将任何其他人视为权力机构和领导人。工会一般会要求只有它的会员才能成为企业的雇员，这种要求一方面反映了工会的不安全感，另一方面也是为了确保工人能够服从罢工的命令。

但是，工会制定的这些"内部法则"中的每一条，都会使得工会与社会的要求、企业的要求以及工人的要求相冲突，实际上，就是与工会自身相冲突。这里的每条法则最后只会导致这样的结果：只有通过压制，或者至少通过束缚和限制，才能够使工会变得富有"建设性"。

第 12 章 | CHAPTER 12

# 工会需求与共同福利

只要工会组织是软弱的或者举步维艰的，它就会作为一种单纯而简单的机构生存下来。但是一旦工会制度被人们接受并且变得强势起来，它就必须为企业的成败、盈利能力和生产率水平，以及整个经济的稳定、盈利和效率承担责任。这样，它就不能一味地坚持"反对者的精神"，而应该成为拥有忠诚的拥护者的"反对力量"。但是，除非工会有希望在未来的某一天接管管理权，否则它能够成为拥有忠诚的拥护者的"反对力量"吗？

## 合理的工资政策

上述矛盾来自工人对合理工资政策的要求。只要经济体中的多数部门没有实行工会制度，工会运动就会使得工资只上升不下降，并且还会要求工资结构的刚性化。但是，一旦工会已经成为一种普遍的组织而不是个别情况，社会就会对工会提出承担工资政策的一切后果的要求。这就意味着工会必然会接受这样一种准则，即企业的工资负担必须是浮动的，必须允许上下两个方向的变动。这甚至意味着工会必须把对损失的预防，即维持充足的盈利率，置于所有工会成员对工资的要求之上。社会首先应该要求，在考虑工资负担水平时，经济上是否合理要比工会的政治要求更加重要。

但是，上面提到的最后一个要求是最难完成的。

实际上，劳动经济学在讨论问题时都假设，企业与工会之间的工资冲突完全是一种经济冲突，企业希望为每一单位产出支付最低的成本，而工会必须使得工人的"劳动收入最大化"。从表面上看，双方使用的都是经济术语和语言，他们谈论的是利润与成本、价格与实际工资等，它们的争论也都是由经济理论的语言进行描述的，比如生产过剩与消费过剩、资本存量不足与消费者购买力不足等。

如果双方的冲突确实是出于经济目的，争论也是关于经济理论之争，那么，我们就完全没有必要关注工资政策的合理性问题了，因为它主要是一个技术问题，应由经济方面的研究解决。

然而，经济学上的理论和争论大多是一些表面文章，至少对于工会问题是这样的。就像掩盖工会成员的真正需求和需要一样，他们也掩盖了工会的真实目的，尽管是出于完全不同的理由。如果真的像教科书中所描述的那样，工会的真正目的是使"工人的工资收入最大化"，那么工会的行为就完全是不合情理、不可理解的[⊖]。工会的立场主要取决于工会的政治职能而非经济职能。工会的生存基础并不是建立在它的经济表现而是建立在成员的忠诚度上，这样它才能够一方面与企业相抗衡，另一方面与其他工会组织竞争。工会的立场必然是"以工会为中心"，而不是以企业为中心，更不是以

---

⊖ 阿瑟 M. 罗斯在前面提到过的《贸易工会的工资政策》一书中详细地阐述了这一点。我们觉得这本书值得每位企业经理一读。但是罗斯在最后一章中所主张的观点，认为仅仅因为目前的工会组织无法在经济上实现合理性，所以就不需要经济上合理的工资政策，这一点似乎并不现实。——原注

工人为中心。

要求工会采取对企业和经济都有利的"合理的"工资政策，并不一定与工会的自身利益相冲突。工会成员会逐渐通过工会在萧条时期降低成员失业的表现评判工会组织的业绩。如果没有经济上合理的工资政策做保证，任何国家都不可避免会发生严重的经济萧条。要防止经济萧条的发生就需要对之前的经济繁荣进行调控，在充分就业时要防止工资上涨，因为当人人都有工作并且生产能力充分发挥时，增加的工资就带有通货膨胀的性质。充分就业是一种模式化的状态，在这种状态下，增加的商品产量不会为工人带来任何货币收入的增加，在经济维持均衡时，这一点毫无疑问。此外，该均衡被打破时，充分就业下的经济只会朝一个方向——衰退演变。在通货膨胀的情况下，充分就业确实难以维持，这一点是绝对毋庸置疑的。

如果工会组织想要在经济繁荣结束时仍然维持其势力，它在繁荣时期就必须承担实施工资政策的一切责任。如果工会并没有接受工资是以国家利益为基础的原则，具体地说，就是工资与价格、成本、生产率和利润率等方面都存在一定联系的原则，那么它必然会在经济周期的衰退阶段遭受巨大伤害，工会将无力保护它的成员不受损失。而唯一可能的保护，即保证就业和工资计划的可预见性，必须以工资负担的可变性为前提假设。工会同时也无法阻止企业削减工资，而这就会成为工会的劣迹，进而严重影响工会成员的忠诚度。在第一次世界大战后掀起的美国劳工运动中就发生了这种局面，当时，工会没有能够在1921~1922年的大萧条中维持原有的工资率，所以失去了一半甚至更多的成员。

当前，美国的工会组织很有可能面临更加严重的挫败。今天工会的主要成员都是在1933年以后加入的，大的工会组织大多也是在1933年之后形成的。因为美国只是在1938年出现了一次经济衰退并且持续的时间不到一年，所以，美国工会的成员和领导者基本上只知道经济周期的上升阶段。因此，绝大多数美国工会领导者以及人数更多的工会成员，对经济繁荣过后他们将面临的问题从来没做过任何考虑。

然而，如果工会拒绝接受一项合理的工资政策，这将不可避免地导致由政府决定工资政策。但是，这对工人可能不会带来什么损害，毕竟他们还享有投票权。当然，这对企业的优势也不会产生什么影响，但是它必然会影响工人对工会的忠诚和信赖程度，因此必然会对工会造成负面影响。

在经济繁荣时期，来自工会内部反对合理工资政策的政治压力是最大的，而恰恰是在这一时期，企业又最需要实施合理的工资政策。经济繁荣时，即使是在充分就业下企业仍然缺少劳动力，市场很明显是不饱和的，利润率也极高，这都至少使得管理层在理论上不应该反对工人提出的工资要求。因为经济的繁荣通常伴随着价格的高增长，或者生活和消费标准的急升，或者两者同时出现。工会成员会不断地给工会施加压力，要求工会发挥优势，至少使得他们工资的增长与价格的增长或者"正常"生活标准的上升相一致。在这个节骨眼儿上要求工会组织承担合理的工资政策，实际上相当于，在工人对企业承诺过的利益唾手可得时，要求工会倒戈相向。

然而，更为重要的是工资率条款对工会行为造成的影响。这种影响与狂热的民族主义者高喊着"报仇雪恨"和"揭竿而起"所引发的国际危机一样。这使得工会在考虑工资问题时几乎不可能以一种经济上合理的方式进行思考和采取行动。它使得工会首先考虑自己的"面子"和威信，然后才会考虑它所采取的工资政策。它使得工会不惜一切代价求得胜利，甚至不惜牺牲政治上的凝聚力以及生存的需要。此外，就像侵略性的政府必须不时侵略他国一样，为了维护成员利益，工会也必须不停地宣称，工人的工资率不够充足，而无论工资率是否真的如此。

最后，企业管理层与工会之间对于工人忠诚的竞争，使得工会无法在经济上保持理性。接受这种经济上的理性实际上等同于承认了管理层的治理。只要工会与管理层之间的关系受制于双方对工人绝对的、唯一的忠诚的要求，工会就不可能承认，哪怕是私下承认企业管理层的治理权。

然而，社会必然要求工会组织首先考虑共同福利，然后才是工资要求，而不管这是否会使得当时的工资上升或者下降。

## 罢工权

罢工这一"武器"本身（并不只是特指某一次罢工所带来的影响）会引发严重的政治问题。罢工是传统的"革命权"的现代版。人们可能会认为，罢工可以是"非暴力的""和平的"，至少在工人还没有试图跨过警卫线，或在企业管理层没有全部任命非罢工人员管理工厂之前是如此。但是，文明罢工的存在并不会改变其罢工的本质。罢工之所以有效，正是因为它对现行的规则具有激烈的破坏作用。社会难道真的会允许其中的某一部分人拥有这种特殊的"革命权"吗？社会难道会冒着经济瘫痪的危险，而允许任何人或者组织强行实现他们的要求吗（无论这种要求是否合理）？我们完全可以断言，没有任何社会可能允许这种威胁到公共福利且使得整个工业瘫痪的罢工存在，也没有任何政府会允许这种旨在颠覆其政权的罢工存在。

但是，即使"罢工权"的存在对工会生存不是必需的，对增加工会的凝聚力也是绝对有利的，所以没有罢工权，工会就难以行使职权。

与人们的一般想法相反，随着工会组织被社会承认和接受，罢工的重要性并不会由此减弱。

工会问题的所有研究人员都已经注意到，经济争端极少会真正导致罢工的发生。我们不会因为谈判破裂而引起罢工，谈判之所以会破裂是由罢工的情势所致。在这个方面，工业社会的战争与其他任何形式的战争无异。在工会形式最初出现时，罢工在本质上是为了争取工会被社会所承认，罢工的目的只是确定工会在某个工厂或者某个区域内的地位。因此，当时的罢工实际上针对的是某个雇主或者某些雇主。即使罢工的同时存在着暴力冲突，也仅仅只是私人之间的斗争，通常仅限于一家企业内部，而不会危及整个经济社会。

但是，在工会组织已经被社会所承认和接受之后，罢工的主要意图就是确立工会的凝聚力。罢工成为一种象征性的、近乎宗教仪式的表演。它上演的是一种工会成员必须经历的情感经历，这种情感经历是在已经确定的、成功的、"规模庞大的"工会的常规活动中难以找到的。实际上，这种无须再为工会被社会的认可而组织的罢工运动，很像那些被极权主义精心安排的、"自发的"示威活动，这些示威活动曾经同时作为对外施加影响的宣传工具和增加成员团结、加强忠诚度的方式。工会的要求逐渐成为罢工的借口，而非罢工的真正原因。比如，1946年钢铁业和汽车业的工人罢工运动、过去10年每年春天美国都会遭遇的煤矿工人罢工、1946年的铁路工人罢工、1946年肉产品加工业的工人罢工和1947年印刷业工人的罢工，这些罢工运动中试图解决的每个主要问题其实都可以不以罢工的方式解决。工会组织罢工的真正**目的**其实**是**向其成员及社会公众展示工会的能力，解决工会内部的争端和冲突，或者打败某个与之竞争的工会组织。罢工作为一种"象征性的"暴力冲突自己走向了终结。

然而，带有"宗教仪式"性质的罢工却变得越来越难以控制。早期的工会传统认为，罢工是最后一招，是不得已而为之的，不应轻易被采用。它还规定，绝不能因为小问题就举行罢工。但在过去的10年间，可能是因为经济的繁荣使得工会和工人似乎不必为罢工承担什么风险，美国工会已逐渐背离了这些原则。当经济状况变差时，传统的工会规则毫无疑问又将盛行起来。但是，经济繁荣的心理并不能完全解释罢工倾向的增加，特别是因微小分歧就采取的罢工手段。

此外，罢工也逐渐变得难以调停了。甚至可以这样说，工会领导层越来越倾向于为微小分歧就采取罢工行动（比如，工会所要求的小时工资仅仅只比公司支付的小时工资多1美分，却导致了1946年通用汽车公司为期4个月的罢工），这反映了他们越来越不愿意就大分歧进行罢工。因为他们知道，他们无法承担"调停"罢工的损失，所以他们必须赢得完全的胜利。如果罢工是因为很明显的经济问题而进行的，那就没什么好说的。但是，如果罢工的目的是增强工会的内部团结，工会与企业之间的妥协就会变得十分困难。从工人的情感上来看，通过让步、终止罢工而产生的效果似乎不及"轰轰烈烈的失败"，因为后者能够在工会成员中展现一种英雄主义气概，并且永垂不朽。在这种情势下，任何聪明的工会领导都不会挑起"世界大战"，而只会在一些细小的问题上做文章。一名十分保守的美国工会领导人，就曾经将自己的情形与第一次世界大战中德国军队的处境相比。他说："德国将军所犯的错误就是，在1914年前他们并没有意识到他们不能够妥协让步，否则他们将无法再下大的赌注。谈判换来的和平意味着德军社会和政治力量及立场的终结。但是，大概是在1917年，德军开始明白这一点时，他们已经无法挽回败局。最终，他们不得不为军国主义的复兴和英雄主义的牺牲而苦战到底。"

此外，罢工的真正目标逐渐对准的是社会而不是雇主。我的意思并不是，罢工越来越具革命性，也不意味着罢工渐渐成为一种阶级斗争的工具。因为显然，工会组织的地位越牢固、越受外界认可，罢工的革命性就越弱，取而代之的是更多的保守性质。我所指的仅仅只是，工会越来越期望通过给社会而非给某个雇主或某个行业施加压力以赢得胜利。工会的行为逐渐变为针对以下几个方面：迫使政府站到工会这边，改变公共政策或者抓住消费者。在1949年美国煤矿工人为期两周的罢工运动中，真正的目标是为了阻止煤炭价格的下降。而在之前的1946年，威胁整个钢铁行业的大罢工的真正目的，正是迫使政府提高战争期间钢铁的最高价格，进而使得钢铁行业能够将高工资的成本转嫁给消费者。

最后，罢工逐渐变为一种全行业范围的行为，而不仅仅只是针对某家工厂或者某家公司。地位已确立的、被社会认可的工会，不可避免地会将罢工演变为整个行业或者产业范围内的活动。它甚至都无须进行正式的罢工呼吁，号召工人反对行业内的所有公司，就能够将罢工扩散到整个行业中。每个行业都有几家关键性的企业，一旦它们倒闭，整个行业就会在几小时或者几天内瘫痪。工会是否需要号召全行业的工人罢工，是否需要关闭那些核心企业，取决于当时工会内部的政治需要，是可以灵活变动的。但是，它们所造成的经济影响都是一样的。

整个行业范围的罢工与针对某家工厂或者公司的罢工对经济的冲击是完全不同的。后者给企业带来的威胁是，可能会被竞争者占领市场份额，而前者通常并不会给个别企业带来任何压力，全部的压力都留给了社会和政府。这种压力与全行业罢工给社会和经济所造成的危害以及对瘫痪一国经济的威胁成正比。

早期为了得到社会的认可而进行的罢工是出于一种理性的、明确的目的，而带有宗教仪式性质的罢工则出于非理性的、模糊的而且从根本上来说是毫无制约的目的。它并不是两个经济利益集团的"私人斗争"，而是"造反权利"的体现，因此是对企业治理权的直接挑战。此外，它也会危及整个经济。实际上，给经济施压即便不是罢工的真正目的，也是罢工所使用的主要武器。

但是社会是否真的能够容忍这种罢工？社会是否能够允许任何组织，无论它的重要程度如何，威胁整个经济？甚至，社会是否能够允许任何组织都拥有上述武器，而不管它的忠诚度如何？我们通常认为，私人军队，无论其服务对象是谁，都无法与当权的政府相融合。罢工所使用的武器是经济武器，是否因为这一点，罢工问题就与私人军队问题完全不同呢？我们当然不容许企业使用"封闭工厂"这种经济武器，因为它会严重危害整个经济。整个行业范围内的"封闭工厂"很有可能是一个罪恶的阴谋。企业的凝聚力和职权并不是取决于封闭工人的权力，但是工会的凝聚力和职权必然建立在"罢工权"的基础上。

最近出现了一种提案，划分"基础"行业和"非基础"行业，前者不允许发生罢工，后者允许，这是目前唯一试图保护社会、限制工会"罢工权"的尝试。这项提案受到了一些人士的支持，他们支持工会运动、理解工会的结构和职能，而这一点恰恰反映了工会问题的严重性。

然而，这一提案却意味着完全禁止罢工运动。禁令使得基础行业的罢工变为非法行为，也使得那些表面上针对某家企业，实则使整个行业瘫痪的罢工行为变得非法。它还使得那些区域性的罢工变为非法活动，因为它们会威胁整个社区的生活，如公共事业、交通运输以及物流。

"基础"行业雇用了行业中的绝大多数工人，并且拥有最强大的、最重要的工会组织。"基础"行业罢工禁令会使得工会成为一种边缘机构，并将工会限制在那些大企业很少、不重要的行业。

在发生大的全国性突发事件（比如发生战争）时，明令禁止罢工的事情是可能发生而且是必要的。明令禁止罢工的事情对于警务、消防、医疗等服务行业，即那些非经济性质的基础社区服务，也是可能而且必要的。但是，要在上述两种情况之外的其他情况下推行罢工禁令，就意味着对工会自身原则的攻击。1947年，在杜鲁门总统给美国的煤矿业和交通运输业等基础行业强加了罢工禁令之后，工会组织所表现出来的怨恨就是完全可以理解的了。从工会的角度看，总统完全是在滥用其在战争时期的权力破坏工会组织。因此，工会的下列举动绝非偶然：因为《塔夫特－哈特利法案》[一]并未通过国会投票，所以工会通过法律手段否定《塔夫特－哈特利法案》，进而削减杜鲁门总统禁止罢工的权力。

但是，目前仍然没有找到一种既能维持工会的"罢工权"，又能够确保它不会危及社会的解决方法——这一方法是区分"基础"行业和"非基础"行业的目的所在，但是没有真正成功。在解决工会问题的所有方法中，这一方法将是最难找寻到的。

## 工会的不安全感

只要工会为其生存问题担忧，它必然无法尽职尽责，无法为它的工资政策履行责任，也无法接受尽可能少地组织罢工的建议。总之，它无法为企业的生存和盈利负责，不可能承认企业管理层治理权的必要性和合理性，也不能够将一些规定强加到工会成员的身上。一旦工会失去安全感，就会给社会和企业造成很大的负面影响。

在我们的社会中，还没有哪个机构像工会这样受到不安全感的困扰。这种不安全感是企业中的工会组织与生俱来的，而且是由工会根深蒂固的自卑感所致的。没有工会，企业依然可以正常运行，但是没有管理层，企业将无法运转。即使工会再强大，也无法取代管理层的职能，工会的立场仅仅只是

---

[一] Taft-Hartley Act：正式名称为《劳工管理关系法》(Labor-Management Relations Act)，旨在限制工会的立法。它是由参议员塔夫特（R. A. Taft）和众议员哈特利（F. A. Hartley, Jr.）提出的。该法极大地修改了支持工会的《瓦格纳法》，尽管杜鲁门总统投了反对票，但仍在由共和党控制的国会中获得通过。该法规定：工人有不参加工会的权利（宣布"限制性企业"为不合法）；要求工会举行罢工必须提前通知资方；当罢工危及国民健康或国家安全时，联邦法院有权下令禁止罢工 80 天；缩小了不公正劳工行为的定义防卫；详细说明了不公正工会行为；限制工会参与政治；要求工会的工作人员必须宣誓声明他们不是共产主义者。——译者注

建立在合同、法律条文和工人的政治支持上，而这些都不是必然存在的。工会的自卑感是确实存在而非虚构的，原因就是工会职能在很大程度上都依赖企业的管理层。实际上，工会合同的所有条款都由企业的管理层进行管理。如果工会想要反对这一点，就只能够通过抱怨、怠工或者罢工的形式发泄不满。

这种自卑感必然会产生一种强烈的不安全感，反映为工会和工会领导的"过度反应"。任何对工会的批评言论都会被认为是在试图破坏工会组织。比如，当发生罢工时，管理层在报纸广告中公然攻击工会，工会领导会对此大为不满。但是，同样是这些工会领导人，当他们通过工会出版物或者在工会会议上提出一些惯常条件而遭管理层强烈反对时，他们会茫然无措。即使是那些实力强大的工会的领导人，也认为企业管理层要比工会强势。最近进行的一次美国工会领导人民意测验显示，61%的美国劳工联合会的领导人和79%的美国产业工会联合会的领导人都坚信，管理层要强于工会；分别只有11%和5%的领导人认为工会要更强大一些。同时，29%的美国劳工联合会领导人和41%的美国产业工会联合会领导人确信，企业管理层一心只想搞垮工会；两个联合会50%～60%的领导人都认为，管理层仅仅只是能够容忍工会的存在；分别只有14%和6%的领导人认为，管理层已经完全接受了工会制度⊖。在美国劳工联合会主要存在的行业中，工会制度都已经被认可多年了，但它的领导人与美国产业工会联合会的领导人在看法上并没有实质性区别。根据工会和工会领导的经历及认可程度的影响理论，他们应该会觉得更安全一些才对。事实上，年轻一些的美国劳工联合会的领导人，都是在工会已经被认可且逐渐强大起来之后才开始工作的，所以他们不知道工会在争取社会认可时所经历的艰辛，但是他们显然要比美国产业联合会中的

---

⊖ C.赖特·米尔斯，《新权贵》(*The New Men of Power*)（纽约：哈考特－布雷斯出版公司，1948），第133、140、192页。——原注

年轻领导人更加坚信，企业的管理层比工会强大得多，并且致力于破坏工会组织。

这种不安全感导致工会要求将工人入会作为雇用该工人的前提条件。他们要么要求企业解雇非会员（closed shop，限制性企业）㊀，要么要求新入职的员工在很短的时间内就加入工会组织，并一直留在工会中（union shop，工会化企业）㊁，或者至少要求只有继续留在工会中的成员才能够继续被企业雇用（maintenance of membership，保留会籍制）。

工会的不安全感也会使得各个工会提出额外的要求，比如要求将其职权扩大到某家工厂或者某一家企业之外，或者要求具备某种特殊技能或者某行业的全体工人入会。前者给社会秩序带来了严重隐患，后者同样也给经济组织和经济政策带来了严重问题。

在上述举措中，工会强迫公民必须服从某个工会组织后才能参加工作，因此管理层一直在强烈谴责工会的这些要求，认为它们是"非民主的"。工会经常从下面几个方面对其要求进行辩解，它们认为：少数人服从多数人的意愿就是"民主"；不允许任何没有为工会活动做出贡献的人从中受益，这恰恰是公正合理的；工会的安全问题与企业自身利益是息息相关的，因为只有当工会的安全性得以保障时，工会才可能遵守它与厂方所签订的合同。

上面的说法在某种程度上都是有理的，但是都没有抓住要点。工会迫

---

㊀ closed shop：限制性企业。在工会与企业管理部门的关系中，商定企业管理部门只能雇用和留用声誉良好的行业工会会员。这是一系列保护工会组织中最为错综复杂的计划。比限制性企业较不严厉的是"工会化企业"。根据美国1947年的《塔夫特－哈特利法》，限制性企业被宣布为非法，但实际上这类企业依然存在，如建筑业。——译者注

㊁ union shop：工会化企业。在这种工厂企业中，工人受雇后，就得在一定期限内加入一定的工会。雇主选雇工人时并不限于工会会员，这是它不同于限制性企业之处。在多数国家中，工会化企业协议并不常见，但在美国、日本是合法和常有的。在美国，有些州实行《工作权利法》，禁止以工会会员资格作为雇用条件，所以工会化企业和限制性企业都是不合法的。——译者注

切需要安全，与限制性企业相反的开放性企业（open shop）会使得工会组织极难运作下去，除了作为一种消极或者破坏性的力量存在。然而，标准的工会安全性条款赋予了工会对成员的控制权，而这是任何社会制度都不可能允许某个私人组织具有的。在自由社会下，如果不对其实施情况进行严格监控，这将是连政府都不可能具有的权力。在限制性企业中对工会会员资格的剥夺，意味着他将无法维持生计。在技术壁垒很高的手工业中，剥夺工会成员的会员资格，很可能意味着在经济上宣判他们死刑。如果允许工会控制进入某一手工行业的人数或者进入条件，就等于赋予他们控制经济和技术进步的权力，也等于赋予他们任何集团都不可能享有的垄断权。

工会的安全问题与律师事务所或者医疗机构这类技术含量很高的行业的权力问题没有多大区别。我们的社会中一直都不缺乏那些对成员拥有政治权力的集团，他们要么出于社会利益的考虑，要么出于组织内部的考虑。军职人员和文职人员所处的机构通常也需要对成员的进入、退出以及评级条件具有完全的控制权，但是行使这些权力必须基于一些客观理性的标准，比如进入某专业行业必须具备某一学历，或者只有严重渎职才能作为免职理由等。这些标准必须由完全中立并且有执法资格的机构，通过明确的流程执行，而且还应该允许申诉。这些权力不应该被用作私人用途而应该为大众谋福利。如果上述条件不被满足，任何私人集团的政治权力都不能够被社会接受，而不管这些权力对这些团体有多么重要，也不管社会有多么希望该团体能够强大起来。

有人认为，工会是一种"民主"机构，不会滥用职权，因此也就不需要对这种半私人、半公共性质的机构的政治权力加以限制。这种说法显然是毫无意义的。这里所说的"民主"具有莫斯科色彩。任何有组织的社会都不可能允许某个组织对社会成员享有不受限制或者不受管制的控制权。即使该组织没有滥用这种权力,这也是对政府机构的否定和对社会凝聚力的分裂。实际上,这种权力的性质决定了它必然会被工会组织滥用。

我们举一个并不像贿赂或诈骗那样严重的滥用权力的例子。不久以前,费城(那里的行业工会势力很大)的一名出租车司机,决定换一份体力消耗小些的工作,因为他感到随着年龄的增长他逐渐有点力不从心了。这个人是一名很好的工会成员,实际上他曾是当地工会组织的领导之一。他开车的技能也非常高,找份新工作对他来说并不难。但是,每份工作都要求他先得到新工会的认可。他自己很清楚,他不可能将过去的工作资历转入新的工会,所以他只有在现在所在的工会下的企业找工作。而他至今仍然开着出租车,就是因为他原来工会的各地分会都不愿意或者按照各自的规定不能够接纳他,除非他以学徒的身份或者放弃以前的资历,否则他不可能被任何企业聘用。而这并不是一个罕见的例子。

限制工会成员在各工会间或者工会的各地分会之间自由转移资历和技能的规定并不是"见不得人的"。因为每个工会组织会说它们是因为考虑到公平和公正,才这样做的。但是,这一切都会阻碍社会进步,阻止社会成员享受"生活、自由以及追求幸福的权利",而这正是自由社会必须保护的公民的基本权利。工会的其他规则也是如此,无论他们限制的是经济自由、政治权利和人权,还是对少数人的歧视。

## 大型工会与集权

工会不希望局限于某家工厂或者某家企业的需求,必然会将工会推向垄断。同时,它也会将整个社会推向垄断。在过去的15年里,美国大型工业工会毫无疑问已经发展成为一股最有效的垄断力量(仅次于我们的财政体系)。

工会会尽量使其势力范围内所有企业的工资率完全统一。它不能让自己会员的工资率低于相邻行业，因为每个工会都在与其他的工会竞争，以争取更多的会员并维持自己的地位和权力。工会必须扩大其活动范围的压力，会使得可比工种的工资率趋于一致，首先是某个行业的工资率，最终扩散到全国范围。

这看起来似乎极为公平、公正，但它给了大企业越来越明显的优势，特别是相对于成立不久的发展中企业来说。

企业支付工资的能力很大程度上取决于其现金状况或者低成本的信贷能力。工资争端中的真正问题通常都是，工资率应该在工人预期生产效率增加之前还是之后提高。小企业，特别是刚成立的增长型企业，很有可能将绝大部分资产投资在原材料、设备等方面，而不是以现金的形式存在。它们更加需要密切关注现金状况。如果必须借款或者能够贷款，但需支付更高的成本，那么它们将面临更为严重的问题。大公司也许能够为几年内生产率的增加提前进行融资，也可能有能力为预期的生产率水平的增加而支付更高的工资，但是小公司不行，如果它们被迫预付尚未获得的现金，最终将面临破产。

然而，那些在全行业范围或在全国范围内的最大的公司，可能会决定工资率的高低。这对美国现在所流行的体制特别适用，即几家大公司（"工资领导者"）通过协商制定工资模式，而其他的公司必须遵守这一模式。美国现在实行的工资联盟具有非常恶劣的影响，统一工资会产生与统一售价和统一市场一样的效果。唯一的区别就是，公开的联盟可以保护低效的生产商，无论它的规模如何，而我们目前的体制仅仅只对大的生产商有利，而不管它是否有效。

无论是从经济还是社会的角度来看，工会规模的扩大和权力的集中，对大型企业自身的结构都是同样不利的。在过去的20年中，我们已经开始意识到，无论对社会、经济还是企业来说，分散大企业管理层的权力都是极为重要的。只有当管理层的组织机构采取"联邦制"时，它才能够发挥企业的规模优势，克服劣势。而企业工会权力的集中会导致管理权和治理权在更大程度上集中。地方分公司的经理的一项最为重要的职权已经被剥夺。中层管理人员和主管的独立性及责任感也已荡然无存。人事关系处理权的集中和统一的合同，使得最高管理层的每项决策都成为能在整个企业中通行的"法律"，变成只有中央最高管理层才能决定的事情。

最后，工会试图成立全行业或者全国范围内的工会联盟会导致"大政府"，也会使得职权过于集中。这会削弱当地政府的权力，因为它们显然无法处理全行业或者全国范围内的劳工问题。这会形成一种恶性循环，首先它会导致工会权力更为集中，工会权力的集中又会导致经济和治理权的进一步集中，最终又会反过来使得政府职权更加集中。

但是，通过使得全行业范围内的讨价还价行为变得不合法律规定，比如《塔夫特－哈特利法案》的修正案（幸而其并未通过），并不能够真正解决问题。这样的约束毫无用处，只会使得工会的不安全感变得无法根治。不仅工会在不受企业控制的情况下行使职权的需求和社会利益之间存在冲突，两种不同的社会利益之间也存在冲突，一方需要在全行业范围内开展工会运动，而另一方则反对给经济和社会施加这种垄断与集权影响。

第13章 | CHAPTER 13

# 工会领导者的困境

工会领导权已经成为一种新的社会和政治权力的核心。同时，工会组织的内部压力为其领导人设置了难以逾越的障碍，使得他们无法尽职尽责地行使领导权。在所有工业国家中，人们都会抱怨缺乏负责任的工会领导人。其实，是出现负责任的工会领导人的概率较小，而优秀的、负责任、有能力的工会领导并不是少数。

尽管工会领导人的公众知名度很高，但是无论对企业领导层还是社会公众来说，工会领导人做了些什么工作，他们的动机、目的及原则是什么，为什么会"摇摆不定"，大家都一无所知。

在工会作为行业内工人的代表被认可和接受之前，工会领导的职能、权力和责任几乎不会存在。因此，工会领导人是一种很新的权力阶层，甚至比企业管理层还要新。当前，无论是在美国还是欧洲，所有的工会领导人都是在工会被接受之前就上任了的人物。从当年领导过美国铁路兄弟联盟的那些年迈的保守人士的行为来看，似乎感觉他们一直都在很安全地控制着这一行业。但是，他们将一生中的绝大多数时间都奉献给了工会最初寻求社会认可的那场艰苦战役。英国最有势力的工会领导人也是如此，例如，欧内斯特·贝文在他的职业生涯初期，就在积极组织罢工，使得工会受到社会认可。工会领导的产生速度快得惊人，其中以美国为最。整个发展过程用了不到一代人的时间，欧洲从第一次世界大战开始，美国所经历的时间更短。因此，在大型工会组织的核心领导人中，没有一个人是从新的体制中出现的。现在所有的高层领导都是"第一代移民"，而且他们仍然带着明显的、象征着工会寻求社会认可的"旧时期元老身份"的标志。已经被社会认可的、地位确立的工会组织是否能够涌现出工会领导人，是工会制度中悬而未决的一个问题。

## 作为某种象征的工会领导者

从工人的观点来看，工会领导者的立场以及他们领导工会运动的权力，首先是一个提升社会地位和声望的机会。工会领导者面前是一条新的、极为诱人的康庄大道，它能使他们脱离工人阶层。

从工会角度看，作为一个机构组织，工会领导者与企业管理层一样，是组织中的绝对核心。即使是在没有完全工会化的企业中，工会领导者对工会所行使的控制权也比企业管理层对工会的控制大。

从社会的角度来看，工会领导者代表的是集中了巨大权力的一股新生力量，正如最近的一本书中所称道的，他们是"新权贵"[⊖]。

这三个方面中的第一个很少被提及，但是它很有可能是最为重要的一个方面。工会领导层的等级制度为工人提供了一系列新机会，下至基层干

---

⊖ C.赖特·米尔斯，《新权贵》（纽约：哈考特-布雷斯出版公司）。——原注

事，上至全国主席或秘书长。此外，这些机会往往是保留给工人的，只属于他个人的，而并不需要他与其他更有优势的组织中的工人相竞争。即使是在等级中最低的位置，工人也能够获得一些奖励，虽然大多是以非物质的形式存在，但对工人来说并不比物质奖励差。基层干事、地方委员、地方官员或工会大会的代表通常并不比一线工人的工资高，但是他们确实感受到了实权和声望的提高。他们从行动者变为指挥者，由被动的工具变为主动者，由群众成为领导者，确实能够感到强烈的满足感。此外，一旦等级稍有提升，工人就会获得相应的保障以及往往高于工人收入的实际回报。工会中的中层领导，比如当地的业务代理、某个城市或某个区域的书记、国际代表等，能在经济上实现一个拥有更多实权、声望且"更接近上层阶级"的中产阶级地位。而从工会中层领导中脱颖而出的工会高层领导者，会成为社会领域和政治领域中的新权贵（尽管经济上并不一定）。

据说，中世纪神职人员的地位相当重要，就是因为它是人人都可以获得的一种提升社会地位的方式，因此，这就解释了教堂能够在当时控制群众的原因。而当贵族从1250年开始逐渐控制了这一等级中的高层职位之后，导致一般民众难以进入，最终引发了人们对教权主义的反对，并爆发了一场实际上是背叛教会的宗教改革。同样，我们也可以认为，工会领导者地位之所以重要，是因为它是工人都能够获得的提高社会地位的捷径，这是工会化得以盛行的主要驱动力之一。作为工会领导者能够获得的机会，可能就是对少数活跃而雄心勃勃的工人的最大吸引力，这种吸引力使得他们将自己的兴趣和主要精力都放在组织工会和拉拢工会成员上。这些人在欧洲有很多，因为欧洲工人唯一能够脱离工人阶层的机会就是成为工会的领导者，就像中世纪的农民摆脱农民阶级的唯一机会就是加入教会组织一样。但是，即使是在美国，一直以来主要将机会提供给普通工人，工会领导者的机会也比任何统计数字（比如，在工会工作的少数人与在企业任主管的多数人之间的统计数字相比较）所显示的其他机会更为重要。对工人来说，在工会任职是唯一提升他们社会地位的途径。在这里，他们的工人出身对他们的发展只有好处没有坏处。

工会完全依赖自己的领导层，而不管那些号召实行"民主工会制"的人如何试图降低它的作用。工会的事务需要有人全天候持续地关注，但是因为工会仅仅服务于普通工人的部分需求，因此，除非是在有组织的运动或者罢工的紧要关头，否则绝大多数工人都不会过多地关注工会，而仅仅只是偶尔匆忙地关心一下。对工会事务的有效指挥需要一定的知识背景和经验，而这些是那些长期与机器打交道的工人不可能具备的。

工会会员甚至完全无法履行工会的义务。他们能做到的仅仅只是罢免某些领导者，而换上的新的领导者同样也无法控制。顺便说一下，这在很大程度上解释了为什么工会内部会出现令成员大为困扰、苦不堪言的派系斗争的趋势。分裂的团体是不可能有效运作的，只有通过工会运动推翻当前的政权。工会领导者很像那些通过选举产生但对于选举机构和司法机构没有控制权的政府官员。因此，工会成员的唯一出路要么是完全跟随某位领导，要么就是完全反对他。

对社会而言，工会领导也具有至关重要的作用。政府机构中很少有职位能像大型工会的高层领导者那样，拥有如此大的权力和责任。重要工会组织的全国领导者所拥有的权力，甚至比工业巨头、金融大亨或垄断资本家的所有权力都要大。工会领导这一新生的权力核心，甚至比企业管理层的发展速度还要快。

与欧洲同僚相比，今天的美国工会领导者所拥有的社会和政治方面的权力与影响可能更大。主要原因可以归结为美国工会独立于任何政治党派的传统，这使得美国工会的领导者成为独立的阶层。而欧洲的工会领导者一直以来都隶属于共和党或者工党，并且完全服从于它们的意识形态。欧洲的工会绝对不可能强过那些依靠联盟或需要独立非工会会员投票才能取胜的政党。工会领导永远只是政治家及智囊团的合作者（通常是次要的合作者），工会及会员只能无条件支持某个政党，除此之外别无出路，这使得政党首脑没有必要一定要支持工会。而在美国，工会领导者是自由之身，相反，各个政党的政治家需要他们的支持以赢得大选。因此，美国工会领导者享有更高的社会知名度、声望以及更大的实权。在美国，人们并不了解这一点，很多情况下甚至连工会领导者自己也不了解，这导致了美国人对欧洲工会产生了极大的误解。大部分美国工会领导者都认为，欧洲的工会化比美国更彻底，他们甚至有这样荒谬的想法，认为欧洲工会的领导者在一些商业周期中表现得"更为成熟"或者"更为老练"，这些例子都反映了美国人对前面所说的观点缺乏了解。

## 工会领导者的任务

工会领导者的工作任务是一项政治任务，是为了反对、控制并限制企业的治理职能。此外，他们还充当工人代表和发言人的角色。他们的权力来自工人的委托，因此必须为工人说话。工会领导必须能够宣称他们具有为工人决策的权力和能力——只有当他们由选举产生时才能够这样做。即使是在苏联，选举通常只是对政府任命的确认，但在地方工会领导者的选举中，选民还是有真正话语权的，至少具有从任命的候选人中进行选择的权力。

因此，工会领导者如果希望再次当选，就必须时刻约束自己的行为。为了能够有所建树，他们必须保持一定的权力。他们不需要被迫"玩弄政治权术"，也不需要仅仅根据政治机构的需要和再次当选的目的制定决策。任何聪明的工会领导者都知道，"玩弄政治权术"通常并不是一种好的政治手段，但是他们也绝对不可能完全不考虑在工会内部的政治前途就做出任何决策。工会越"民主"，工会选举越真实、严肃，工会领导考虑的政治压力就越大。

工会领导是工会组织的统治机构。这句看似毫无疑义的废话，实则对工会领导者的行为有着深刻的影响。如果他们所考虑的首先是："这样做对我再次当选会造成什么影响？"那么他们所考虑的下一个问题将是："这样做对工会是否有益，是否会使工会变得更强大？"

换言之，工会领导者的行为、表现和思想，不可避免地应像一个政治家。他们的原则、目的及观点都无一例外地带有政治色彩，他们必须从性格上和心理上适应这种政治生活。他们必须具有政治头脑、热爱权力并且对自己有十足的信心。工会中出现的问题主要就是群众组织的权力问题，不可能由其他类型的人解决。作为一名工会的领导者，他必须在权术与政治之间、选民的利益和愿望与自身的信念和原则之间，以及会员的利益与维持工会的强大和统一之间做出一定的权衡。

这一点对工会领导者来说是显而易见的，所以他们简直无法想象，为什么工会成员、大众和大多数企业管理人员都对此难以理解。特别是企业管理层认为工会领导者应该像他们一样行事，他们假设工会领导也应该是在管理团队方面的成功人士。管理层对工会领导最常见的批评是，"工会领导人在我们公司从来没有干过什么好事，他们根本就不是那样的人"，"他们简直没有能力经营我们的业务"。我认识一些在大公司负责劳工关系的行政人员，他们并不能够理解，也很少能够预见到工会领导者的行为，并且觉得这样感觉挺好的；他们认为，并不是他们自身的工作出现了失职，而是"工会的这些家伙无法理喻，简直无法打交道"。

这里还应该再补充一点，反过来，也极少有工会领导对他们打交道的企业管理层的责任、兴趣、观点、政治地位或个人追求以及担忧之事有所了解。工会领导和企业管理层都认为对方是非理性、反复无常、不值得信赖、不可揣摸的，并且从根本上来说是不诚实的。这一点本身就是导致工会与管理层之间产生摩擦和怨恨的一个根本原因。互相理解对方的生活方式和行为模式，本身并不能够使工会与管理层关心出现的问题，但是任何解决方式都建立在这种相互理解的基础之上。

但是，工会领导者的工作任务并不完全是一项政治任务。工会组织越成功，地位越确立，工会领导者工作中的非政治因素就越多。因此，他们需要两种天赋、两套目标和准则。一旦工会赢得了社会的认可，工会领导者就必须成为工会运动所称的"负责任的"工会领导。

在工会获得社会认同之前，它与企业之间展开了一场全面的战争。但是，一旦工会与企业之间签订了合同，局面就发生了逆转：它们必须遵守合同规定而约束自己的会员，必须处置那些违反合同的自己人，还必须阻止反对该合同的鼓动性工作以及未经授权的罢工活动等。不管工会领导者有没有意识到这一点，他们逐渐成为管理层的代言人，成为管理层向工人实施职权的渠道。如果工会不能够履行它所签订的合同，或者说不能够将合同条款强加到工会成员的身上，工会组织必将走向灭亡。但是，这样做又要求工会领导者在代表工人反对管理层与代表管理层管制工人之间寻求一个折中的位置。

在工会被社会认可的初期，工会领导者的弦绷得最紧。但是，每当签署一份新的合同之后，工会领导者就不得不换张面孔了。考虑到工会与管理层之间的谈判受制于"三个火枪手"决斗时虚张声势的惯例，工会的困难就更大了。通常的惯例是，工会必须提出比实际想要获得的东西更多的要求；相应地，管理层的惯例是，它只会给出所能提供的全部中的一小部分。最终的结果是，由于工会成员比他们实际获得的利益期望得更多，因此，即使是对他们再优惠的合同条款也会让他们感到不公和失望。此外，还有一项惯例就是企业管理层与工会之间的互相中伤——在美国，只有目空一切的"吸血鬼"和"勒索者"之间才会如此,在欧洲则成为阶级斗争的口号。

然而,企业管理层与工会之间在签署合同后,必须得和平相处。工会领导者在签署合同之前都被迫谴责管理层是缺乏诚信、诚实、做尽坏事的剥削阶层,现在却要反过头来对管理层这些"坏透了的骗子、剥削者和吸血鬼"做出让步,并且让工会成员顺从他们的意志。

只要工会领导者当权,他就会被迫改变最初的想法。如果他只是普通的工会成员或是工会领导的竞选者,他的思想和言行就必须服从工会成员的需求与意愿。但是,从他当权的那一刻起,他思考的重心就会转到企业雇主的问题上。他的行为和政策不可能再以工会成员的**意愿**为基础,而是从**实际**考虑。这就意味着,工会领导者此时必须先考虑**企业**的实际支付能力,再进行决策。当工会成员考虑自身的需求和意愿时,工会领导在思考和决策时却必须考虑企业的实际问题。他将变为以企业为中心,而不再以工会成员为中心。

这很有可能将工会领导者推向工会成员的对立面,至少会使他们与成员之间变得疏远起来,而这是相当危险的。也可能会使得工会领导的内心进行痛苦地挣扎,与自己、与自身的信仰都发生对抗。甚至是那些将自己视为"纯粹的商人"的工会领导者,就像那些美国"商业工会制度"的早期追随者一样,他们也坚信工会制度是一项"神圣的制度"。没有这种信仰,他们也不可能待在工会里工作,或者成为欺骗工会的人。

除此之外,工会领导者还面临人们期待他们为企业的成功以及社会的经济稳定承担责任的问题。工会越成功,组织的地位越巩固,对工会领导者这一方面要求的压力就越大。这一要求最终将演变为公众对"成熟的"工会领导者的一般要求,大家认为他首先应该是"工会的政治家","将劳工问题引入国民经济中",而不是为工人的要求四处争斗。

个别工会领导者也许能够抵制住这种社会压力,并且只考虑选民的利益，约翰 L. 刘易斯一直以来就是这样认为的。他们也可能试图回避这一问题，而在社会的利益与工人的利益之间事先确定一种平衡。这种态度今天虽然得到了以沃尔特·鲁瑟为代表的广泛支持，但只是一种逃避手段而不是解决之道。比如希德尼·希尔曼，他可能会接受挑战，并且试图满足社会的需要，努力使自己成为"成熟的"工会领导或"工会政治家"。但是这样的做法并不能迎合工会成员的口味，这一点通过一位老服装工人的言论就能看出，"希尔曼和我们绝不是一个战壕的，他当过三个月的熨衣工人，然后就摇身一变成为工会的政治家了"。但是，即使工会领导拒绝承担社会所要求的责任，比如按照社会公众的利益而非工会成员的利益制定"理性的工资政策"，那么，根据"工会政治家"的标准（这一标准既不是工会制定的，也不是工会成员制定的），他就会发现自己将成为众矢之的，要么是在演讲台上，要么是在国会里。他们将为自己这种既不考虑工会普通成员的需求也不考虑工会福利的行为负责。这样，在规划自己的行为时，他们就会有意无意地考虑作为一名工会领导者应该具有的公众形象了。即使他们对公众意见很不屑一顾，也积极否认这种社会压力，他们也不可能摆脱这种压力的影响。即使是在工会组织内部，那些在考虑工会成员利益之前，至少先对企业利益以及经济利益的要求给予口头承诺的"工会政治家"，也更容易获得社会的认可。工会领导者的社会声望和知名度也只有这样才更容易获得一些，比如美国工会管理委员会的任命、英国皇家委员会的任命以及来自媒体和大学的支持等，简单地说，可以给他们带来一切个人虚名上的满意度以及象征成功的标志。工会领导者可能会认为这是罪恶的诱惑而加以抵制，甚至可能因为他们的抵制而赢得美名，比如约翰 L. 刘易斯就很擅长这样做。但是社会对他们的压力仍然存在，而且，由于工会领导者已经面临一些基本问题，因此来自社会的压力会让他们觉得更加紧张。

罗伯特·霍克西在他的著作《美国的工会组织》（*Trade Unionism in the*

United States）中，首次（也是很久以来唯一的一次）对社会压力给工会领导及成员造成的影响做了最好的阐述：

> 工会领导与普通工人之间存在着一种真正的冲突。但是，只要工会规模很小，工会领导不是脱产官员，他们之间就不会存在什么摩擦。但一旦工会规模变大，工会领导成为脱产官员，并将他们的全部精力花在"官职"上时，工会领导与普通会员之间的矛盾就不可避免地产生了。我们越推进官本位制，就越缺乏同情心和相互理解。此时的工会领导已经完全改变了他做普通工人时的想法。他们对工会普通成员的态度多半变成了蔑视，尽管夹杂着恐惧。一名工会领导者说，普通工会会员是无知的，只能对他们连哄带骗，必要时也可以进行体罚。即使是那些与一线工人保持密切联系并以此为荣的官员，也对工会的普通工人流露出轻蔑的表情……
>
> 工会领导与普通员工之间冲突的原因，部分是由情势所迫。普通的工会成员是不明就里的，而且很冲动，他们对企业、市场状况和贸易一无所知。他们眼中的所有企业都是拥有巨额利润的，因此，只要他们够强大，要求多少都是不过分的。有时候他们一直忍耐直到忍无可忍，有时受到工会领导的煽动而爆发，无理地提出各种不可能实现的要求。他们所处的环境会使他们变得极为激进，因为他们即使失败也不会有什么损失，无须承担任何责任。但是，另外，所有的情况都会使得工会领导变得保守，因为他们所要承担的责任太大了。只要进入谈判阶段，就会意识到雇主有多大权力，而自己在满足工人需要时能力有多么有限。此外，当工会领导不再需要到一线工厂工作后，他们的环境就会变得更带

有企业雇主性质而不是工人性质了。他们不再需要干体力活，而是从事脑力工作，用于谈判和管理工会成员。他们几乎不可避免地按照雇主的观点和感受进行思考，因此逐渐变得不能从工人的角度看待问题，也不能和以前当工人时一样感同身受了。工人对他们来说变成了操控的对象。但是，工人与工会领导之间冲突的另外一个原因也是由于那些在工会掌权的人的本性所决定的。这些人通常并不是好的工人，而是天生的政治家，天生具有管理的天赋，并且醉心于权力，具有成为老板和雇主的潜力㊀。

霍克西预测了美国工会的实际发展情况。他解释了希特勒统治前给极为成功和强大的德国劳动组织以沉重打击的根源，以及破坏了在过去工会繁荣的 10 年和在争取社会认可的 50 年中所建立起来的忠诚的腐败根源。霍克西的预言对今天的英国工会也同样适用，因为工会作为企业对立面的职能与作为企业治理体系中的一部分的特殊职能，这两方面的压力是由工会的本质所决定的。无论工会领导人对此反应如何，也无论他们试图怎样解决问题，这种冲突都会使得他们与工会成员之间的距离变得疏远。工会领导对工会成员来说逐渐变成"他们"而不是"我们。"

一旦工会的活动范围超出某一家工厂或某一家企业，工会领导就不会再只为这一家工厂和企业的员工谋取福利。即使是在纯地方事务中，工会领导也可能得对该工会在全行业及劳工组织中的地位给予更多考虑，即对他们在工厂之外的地位而不是直接对本组织成员的影响给予更多考虑。工会规模越大，越有权力，越能代表某一专业或行业的所有工人，工会决策在全国范

---

㊀ 见罗伯特·霍克西，《美国的工会组织》（纽约：阿普尔顿出版公司），第 177 页，1920 年出版。同时也可参见，本杰明 M. 西莱克门，《工会关系与人际关系》（纽约：麦格劳－希尔出版公司），1947 年出版，特别是其中的"工会需要成熟的领导者"一章。

围内造成的影响以及行业范围内的政策就变得越重要。一个很典型的例子就是，大型工会的领导者通常会花很多精力处理工会内部各种专业群体之间的平衡问题，对工会领导者来说，维持工会的内部和谐，毫无疑问要比任何一个群体的要求更为重要。工会越能实现工人的需求和意愿，它对任何一个特定工人群体的具体问题予以的关注就会越少，对一般群体更为抽象的问题的关注就会越多。

然而，工会领导者若想再次当选，仍然需要依靠工会成员。他们的地位特别容易受到竞争者的攻击。工会领导者的工作性质决定了作为领导者，他们必须服从成员的利益，这是他们的"责任"。他们通常没有足够的防御能力，而始终是充满负罪感的，对自己任期内工会范围内发生最严重的事件感到内疚。

工会领导者的位置从来都不缺少候选人，可能也没有任何其他组织的位置的角逐像工会组织那样势不两立，总是存在各种各样的竞争，要么来自工会外部，要么来自邻近的其他工会，要么来自竞争对手。工会组织中各个级别的领导都要受到来自工作和政治形势的双重压力。

## 工会领导者的出路——独裁原则

工会领导能够从两个方面免受这种压力的困扰：一是演好工会的"反面"角色，压制住那些反对之声；二是在工会内部建立绝对的统治，控制住所有的批评言论和潜在的竞争对手。当然，也可以像约翰 L. 刘易斯那样双管齐下。

如果工会领导者选择了第一条出路，他们就得将工会始终保持在"战斗状态"，而且他们不得不依赖具有"宗教仪式色彩"的罢工。比如，沃尔特·鲁瑟通过1945年的罢工，与通用汽车的工人重新签署了合约，而在此之前，由于他在战时过于严厉地推行无罢工政策而失去了他们的支持。今天，汽车工人联合工会的领导者自己都承认，这次罢工除了重建鲁瑟的领导地位之外，一点其他的作用都没起到。罢工本来应该在1945年12月就全部结束，之所以拖了三个月的时间，到次年三月才尘埃落定，也是由于这个原因，而此时离工会的下一届选举大会已经不远了。

但是，出于政治目的举行罢工只是工会领导者的备选方案，他们更想通过集中所有的工会权力建立统治地位。沃尔特·鲁瑟在1945年即将失去所有权力的关头，转而投向了政治罢工。但是，一旦他当选为工会的领导，就立刻开始着手排除异己、集中权力，并将自己的亲信安插到工会的各个重要位置上。其他国内国外的工会领导者也都是这样做的。约翰 L. 刘易斯就已经排挤掉了矿工联合会中所有有能力且不依附于他的人，取而代之的是他忠诚的追随者。在美国劳工联合会的一些工会组织中，对工会领导者的批评已经被官方认为是"反工会活动"，批评者要受到被逐出工会的处罚。很少有美国工会的领导者能够像欧内斯特·贝文那样残酷无情，而贝文正是凭借这种强硬手段，成为美国运输工人联合会毫无争议的绝对统治者的。

在其他一些工会组织中，权力的集中已经形成了三个或者四个区域领导者统治的半独立领地。戴维·贝克对西北地区汽船驾驶员联合会的统治，以及沃尔特·鲁瑟最近一次"复辟"之前汽车工人联合工会的情况都是如此。一些建筑业工会中流行的模式却完全不同，在它们的模式下，负责全国事务的领导实际上只是有名无实的傀儡，实际上，这类组织根本就称不上是全国性的工会组织，充其量只不过是几个地方集团形成的松散的联邦机构，真正的实权则掌握在几个地方大型工会的手中。最后，工会也可能不是由一名领导者或者一个寡头集团所控制，而是由几个官僚机构组成。这些官僚机构中的成员极为平庸，并且各自毫无实权，只是在自己的任期内享有绝对的安全感而已。这就是昔日德国工会的主导模式，也是今天许多英国工会的特点，而且迅速成为美国一些小型工会联合会所采取的模式。

但是，各工会内部的压力迫使工会走向极权主义。在这种制度下，各地方工会丧失了自主权和独立性，而仅仅成为中央工会的依附者。尽管那些强大的工会高喊着"工会民主"的口号，但是它们的领导者更易于集中所有的决策权，并将所有的反对者视为叛徒。

唯一能够承担起责任的工会领导，就是那些对工会实施绝对统治（即使这样做会成为"工会政治家"）的工会领导，在工会内部并不会存在任何人反对他的危险。比如，综合服装业工人联合会的希德尼·希尔曼，如果没有对工会实行完全的、毫无争议的统治，就绝不可能完成他对男装行业著名的改造计划。为了巩固该行业的基础，希尔曼只得将这一行业中原来需要高薪技术工才能完成的大量工作，分配给那些薪水较低的非技术工人来做。他的这一做法确实挽救了整个行业，没有这样的牺牲，所有工会成员的生计都将处于险境。但是，这一观点对当时 1/4 或 1/3 失去工作的工会成员来说，是难以接受的。他们当时至少会这样怀疑，这位工会领导到底是将企业老板的利益还是工人的利益放在第一位。如果当时反对希尔曼的运动能够启动，他肯定要被绝大多数人所唾弃。但是，希尔曼早在几年之前就无情地将工会中那些拒绝服从希尔曼"命令"的异己，一道逐出了工会组织。他将自己的亲信安插到了各个部门。希尔曼如果没有这种对工会的绝对统治，他自己绝不可能提出对男装行业的改造规划，相反，无论计划多么合理、多么必要，他都很可能反对类似的计划。

## 独裁原则与工会凝聚力

由权力强大的工会领导者及权力机构对工会实行的集权统治，在处理公共利益时也许很有效，而不管这种做法与工会民主的信条如何相悖。但是如果一旦工会的独裁产生了"负责任的领导者",所需付出的代价就会很大。工会领导者对工会的集权统治,有可能使得他们成为"工会政治家",这会破坏工会组织的健康和活力,甚至会威胁到它的生存。

中央集权的工会统治会使工人感到,工会不再是他们自己的组织、自己的团体和自己的伙伴。而对工会成员来说,这种归属感甚至可能比从工会会员身份所获得的实际利益更为重要。

然而,即使工会不再是工人的团体了,工会成员也仍然需要继续听命于它。他们仍将继续听从罢工的号召,并且仍然指望工会为他们提供保障,保护他们免受老板欺负。但是,即使工人不将工会看成是"又一个骗子",工会对会员来说也仅仅只是一个组织实体罢了。尽管工会是为了工人的利益工作,他们也会像看待自己的保险单那样看待工会,认为它非常必要而且有价值,即使有所牺牲也应该努力获得,但是,对他们来说也仅仅只是一张纸而已。他们将不再信任工会组织。

美国的工会仍然比貌似强大的德国工会要强大很多,后者对工会的普通员工极为蔑视。但是从总体上看,它们还是要强过今天那些沾沾自喜的官僚的英国工会组织。但是,它们远远不及10年前美国产业工会联合会那样具有强大的实力。今天,美国工会已经赢得了社会的认可和尊重,领导人的地位也很巩固。但是,总体来说它们获得了多少,它们的实力可能就削弱了多少。值得警觉的是,年轻的美国产业联合会领导层,尤其是汽车工人联合会和钢铁工人联合会领导层的发展速度惊人,但在成为"高层领导"的同时也失去了与普通工人的联系。与企业管理层一样,这些工会的领导者也缺乏与工人的沟通。

但是,削弱工会力量、危及工会生存的最具破坏性的力量,可能就是集权统治对未来领导人选的影响。很少有机构能够像工会那样完全依赖自己组织的领导者,也很少有机构能够像尚未极权化的工会那样自己选择领导候选人，培养他们成为领导者，并且在早期检查他们是否称职。在集权统治下的工会中，这种优势荡然无存。在这种制度下，具有领导者潜质的人将不可能获得任何实权和职能，因为他的领导者潜质会给现任领导带来极大的威胁。集权制度下的工会组织不可能培养年轻人成为领导者，相反，只会让他们干一些日常的管理工作，以免他们形成政治集团，从而成为现任领导政治上的接班人。集权制下的工会最不能容忍的就是，地方工会擅自对年轻人进行培养和考验。

只要对任何一个强大的工会组织稍做考察，就会发现上述观点绝非杜撰。我们会发现，无论哪个工会，只要有一名强势、有能力而且掌权多年的领导者，他的接班人一定极为缺乏。虽然有一些有能力的同龄人与这些高层的工会领导者一道得到了晋升，但是如果他们中的某一位成功接任，他们的高龄必然会要求他们马上寻找继任者。也许会有一些人被工会领导带到自己的内部圈子里，比如经济学家、律师、学术顾问和工会出版物的编辑等。这些人通常都是有能力甚至是有声望的人，但是他们仅仅只是工会的"智囊团"，并不是工人出身，因此不可能成为工会独立的领导者。当然，这也是他们之所以被提到工会第一集团的主要原因之一。最后，存在着一大批工会信徒，他们是领导团体的忠实附庸，勤劳、诚实而且甘于奉献，但是他们毫无政治兴趣和野心，也没有能力和意愿接管艰难的工会领导工作。

工业社会无一例外地感受到这种发展所带来的影响。今天，各地工会组织的高层领导仍然是组建工会时期的元老级人物。但是，这一代领导者正在迅速逝去。在美国所有的大型工会组织中，产业工会联合会是唯一在管理层拥有相当数量的年轻领导者的工会组织，而且即使是在产业工会联合会中，今天在任的绝大多数领导者，在未来的15年内也会面临死亡或者退休。在美国的其他工会团体中，比如美国劳工联合会、铁路兄弟联合会或者其他独立的工会以及英国和西欧的工会中，绝大多数领导人都已经60多岁了。工会领导层将第一次发生巨变。新一代高层管理者将在目前处在次一级位置的人中产生，这些人都来自那些已经被社会认可的、有保障的工会组织，但他们中的绝大多数还从未独当一面过，也没有接受过任何领导者的上岗培训。这些人看似受过良好的训练并且尽职尽责，实则是狭隘而又官僚的人，将不得不处理那些在现代工业社会中，工会在职责和作用方面所出现的重大问题。

## 工会领导者是否会变得成熟

关于工会领导者绝大多数问题的讨论，都是工会内部谈论最多的话题之一。这些讨论往往得出这样的结论：问题的解决在于选拔更合适的人进入工会领导层。而评判标准通常就是这个人的人品素质。

最天真的一种想法就是，选拔那些"诚实的领导者"，这些人会与工会成员紧密地站在一起，并且会与以前的老同志和同事分享权力。这种观点在工会的普通工人中最为普遍。它对于那些提倡"良好的管理机构"的改革派候选人有极大的吸引力，并且给那些遭到重创的权力集团带来不少重整旗鼓的机会，或者作为一种承诺带来不少实际的好处。

而在工会组织外部，人们的答案也不失天真。他们通常满怀希望地认为，工会领导者随着年龄和阅历的增长会趋于"成熟"，例证就是英国工会中年龄较大的管理者也更为"成熟"。

然而，美国工会领导者与英国工会领导者之间的这种比较，是由于美国人对英国工会组织和工会领导者的误解所造成的。英国的工会领导者看起来似乎更加"成熟"，导致这种观点的原因部分在于，他们对经济所拥有的实际权力要远远小于他们的美国同行，其实更重要的原因是他们一直依附于工党，充当着制约工人的角色。他们经常为自己辩解，他们能否做出正确的决策，取决于工党在议会中是否能够拥有明显多数的席位。而在美国，工会领导者根本找不到这种轻松的借口，而一直以来都只能自己面对自己所担负的职责问题。

因此，那些认为年龄越大工会领导者将越成熟的观点是荒谬无稽的。总体来说，实践已经证明，那些年纪最大、资历最久的工会领导者最不愿意承担责任。比如，约翰 L. 刘易斯无论是从年龄还是影响上来看，都是美国工会领导中的头号人物。年龄越大，领导者越不能够改善工会。随着时间的流逝，我们等到的只会是领导者的日益官僚化、无趣和毫无棱角。然而，这是那些知道如何躲避麻烦的良好公民的特征，而绝不应该是工会领导者的特征。

问题的解决途径并不在于提高工会领导层的质量，而应该是，一方面要使那些有能力、严谨的人成为工会的领导者，并且尽职尽责地完成工作；另一方面又能够保持工会成员的忠诚，使他们心甘情愿地跟随他。我们没有理由相信，今天当权的这些工会领导者不像社会生活中的任何其他团体那样有能力、成熟、称职而且愿意承担责任。他们所欠缺的仅仅只是机会而不是性格或者学识。他们必须处理好工会组织内在的冲突，并且尽可能地完成这项艰巨的任务。问题的解决不在于领导者的人品素质或性格特征，也不在于立法。我们最急切需要的是，能够真正产生"成熟的"工会领导者的机制——对工会领导者这项工作的本质和结构进行改造。

第 14 章 | CHAPTER 14

# 企业员工分化的忠心

工会未来的走向是由企业内部决定的。这是因为企业是工会发挥基本职能的场所，是解决工会各种问题的场所。但是同样也是在企业内部，工会遇到了最棘手的问题，即员工"分化的忠心"。

企业管理层与工会组织必然都需要员工为其效忠，因此他们都同样希望吸引员工，依靠这些追随者反对对方。工人不能只投票赞成一方，而需要同时向处于对立面的两边表达忠心。这正如俗语所说，我们拥有两个指挥同一支部队自相残杀的总参谋部，或两位都使用白棋对弈的棋手。更形象地说，企业管理层和工会就像神话中双头毒蛇的两个头，都用自己的毒牙啮咬对方，最终的结果当然是自取灭亡。

当然，历史上也有类似于工会和企业管理层之间的关系的先例，但这些先例并不鼓舞人心。在中世纪，教会和政府都是基督教徒的统治机构，它们都离不开同一批民众的支持，也要求每个人忠于自己而反对对方。教会和政府尽管互相对立，但仍然不得不生活在一起；尽管要求各自的效忠者反对对方，但拥有同一批民众。它们谁离开了谁都无法独自存在，但是由于它们之间难以共处，所以互相残杀，最终毁灭了自己，也毁灭了所处的社会。

除非企业管理层和工会能解决这个问题，否则结局也将和它们一样。要解决这个问题，双方都必须放弃员工只为自己效忠的想法。然而，社会无法容忍这种"分化的忠心"，企业和工会也无法容忍它，更重要的是，企业员工自己对这种"分化的忠心"更加无法容忍，在企业管理层与工会中选择谁作为效忠对象，他们对此根本无所适从。因此，现在迫在眉睫的任务是需要将企业员工这种"分化的忠心"转变为可以容忍的、能够起到实际作用的"双重忠心"。

"分化的忠心"加剧了所有的紧张情绪，也激化了所有的矛盾。每次由某一方发起的加强员工忠诚度的活动，都会被对方视为对自己这方的员工忠诚度的正面打击，而这正是他们所赖以生存的基础。这在两句最广为流传的描述企业管理层和工会关系的宣传语中可见一斑："不公正的利用工人的行为"和"工会对管理层特权的攻击"。

"不公正的利用工人的行为"与公正毫无关系，其实这只是企业管理层针对员工忠于工会的一种说辞。如果工会没有预先提出要求就要为工人加薪，并且由管理层而不是工会领导者宣布结果，这一行为就是一次不公正的利用工人的行为。企业管理层利用这种说法驳斥工会的这种要求，它可以说工会之所以这样做是为了袒护员工反对管理层并为自己牟利，而这些利益脱离了工会组织是不可能获得的。

如果没有经过什么阻力或者一些讨价还价的过程，就很快实现了工人增加工资的要求，甚至也可能成为一种不公正的利用工人的行为，因为这也一样会有损工会和工会领导者的地位与声誉。出于同样的原因，在管理层抚平了工人对工会的牢骚和不满后，工会的政治凝聚力一定会受到影响而有所降低。换言之，从工会的角度看，任何以牺牲员工对工会的忠诚度为代价，而提升对管理层忠诚度的行为也属于"不公正的利用工人的行为"。

同样地，工会组织所有旨在促使员工将其对管理层的忠诚转换为对自己效忠的政策与要求，都被管理层当成"工会对管理层特权的攻击"。企业管理层首先必须反对来自工会的一切有可能削弱其较低层人员——执行管理高层的政策和决定的一线管理人员的权力的要求。离开了这种职能群体，企业将无法正常运营，无法履行其经济职责，也无法维持其凝聚力。但是只要存在"分化的忠心"，那么在实际中，工会出于维护自己权力以及凝聚力而提出的每一个要求，都将有损企业管理层和监督层的权力。

这种"分化的忠心"使得工人陷入难以承受的道德矛盾中，长此以往只能破坏工人对企业和工会双方面的忠诚度，因为始终要求工人忠于一方，始终要求他选择一方或另一方，可是他不得不向双方都表示忠心。这是因为，一旦工人抛弃对管理层的忠诚，他的工作将无所适从、毫无意义，而且是不得已而为之。员工的自尊建立在所从事工作带来的自豪感，完成任务带来的成就感，以及对自己效力企业的骄傲感的基础上，这就意味着应该对企业管理层忠诚，抛弃了这种忠诚，他将不再是一个"自尊的工人"。另外，如果抛弃了对工会的忠诚，那么他就放弃了为维护自身利益、需要和目标而反对企业利益、需要和目标的主张。这就意味着他要接受一个不合法的统治机构的统治，而这也等同于放弃了自己的自尊。

按照企业管理层和工会领导对员工的一贯要求，这两种忠心往往无法很好地共存。而对工人而言，这种逻辑与自己的想法往往是互相矛盾的，在他眼中这两种忠心是互相补充的。他不明白，为什么仅仅因为觉得自己工作的公司是个"工作的好地方"，就必须反对工会或无法成为工会的一员，当前美国非常流行的员工态度调查，正是建立在这一令人瞠目结舌的假设基础上的。对工人来说，不能因为他效忠于工会就不得不与企业管理层对着干，而这正是工会领导者开展工作的出发点。事实上，工人一方面要依赖企业管理层,另一方面又离不开工会。例如,在最近的一次员工态度调查中,工人列出了对企业和工作表示赞同的事项,其中既有企业管理层制定的各项政策和实践方案,又有工会争取到的员工利益,比如带薪假期。很明显,在他们眼中,根本没有这种想法:如果他们要"忠于"管理层,就不应该再享受工会争取到的利益,反之亦然。

事实上,工会与企业管理层要求工人绝对效忠自己的做法对双方都不会有好处,因为这只会使得工人对于双方都背叛。因此,企业和工会双方都应该真正致力于将"分化的忠心"转化为"双重忠心"。然而,这将是一件极其困难的事情。在中世纪的历史演化中,这一事实已经得到了体现,当时的"双刃剑理论"正是旨在建立一种民众对教会和政府的双重忠心,但由于双方无法在合作和同一目标的基础上以对话解决矛盾,因此最终以失败而告终。它们既可以使已有的矛盾仍然继续并且蔓延到其他方面,这也正是我们一直以来在处理工会和企业管理层关系时出现的结果;它们也可以完全摒弃先前对对方的成见,而企业领导层和工会以及教会和政府在这方面所做的工作都非常少。但是,任何一种解决方案都无法从根本上消除双方的矛盾,企业管理层和工会必须在不冲突的领域中展开合作达到共同目标,然后以此为基础将原来具有的破坏性的矛盾转化为建设性的矛盾。

随着这种"分化的忠心"的继续,工会组织一方的损失注定会更大一些,至少从长远来看的确是这样。也许眼前的事实并非如此,但是如果工人必须做出最终抉择,相信他还是会站在企业那边,他的情况与中世纪处在教会和政府之间进行选择的民众的情况一模一样。任何人只要对 13 世纪或 14 世纪的政治形势加以分析,就能看出教会和政府间的相互斗争正在向越来越不利于政府的方向发展,于是中世纪民众最有可能不惜一切代价投靠的似乎将是教会。然而,在最后摊牌时,民众往往还是会选择政府,这正是因为他的日常生活需要常规的行政职能发挥作用,而这一职能只能由政府履行。

在企业和工会之间必须做出抉择时，社会和政府往往最终会选择企业。因为社会离开工会仍然能够运转，尽管在工会力量被削弱后造成的政治影响是很严重的。然而，如果没有了企业及其管理层的支持，社会将无法正常运转。在这种情况下，工会如果仍然坚持工人完全对其忠心，就显得有些愚蠢了。工会如果想继续生存，似乎只能通过一种有效的"双重忠心"解决与企业管理层之间的矛盾。

工会与企业关系中的基本问题不能看成是一种平衡权力的问题加以解决，而这却是我们一直试图解决上述问题的方法。事实上，一种仅为了平衡两种权力的制度是难以实施的，因为这种制度根本无弹性可言，一丁点儿变化就将导致它的毁灭。事实上，我们需要的是一种权力，两种权力的存在很可能会导致企业管理职权的内在分裂，平衡权力的做法不可避免地会引起双方不断地产生冲突。

上述问题也不可能通过制定相应的法律彻底解决，当然，大部分问题都能够也应该通过立法解决。合法的罢工和抵制都需要立法处理，而且法律能让它们妥协。工会对其成员的管理必须按照法定程序的要求进行，而这只能通过法律完成。可是，上述主要问题都在立法机构的管辖范围之外，甚至也在政府的管辖范围之外。

我们不可能指望工会自己解决这些问题。最重要的是，不可能要求工会领导去学会表现得"有责任感"，表现得"有政治家风度"，也不能期望随着工会组织的逐渐"成熟"，这种责任感会自动产生。我们必须确保工会领导能够在不左右其成员的效忠对象、不破坏工会的凝聚力、不降低自己对职位的控制力的情况下担起责任，只有这样，我们才能指望他表现得"有责任感"，表现得"有政治家风度"。

能使工会和工会领导担起对企业、经济与社会的责任的方法，也是解决工会组织中各种基本问题的方法。

首先，这种方法意味着结构上的调整，这种调整就算无法根除也可以缓解工会成员对利润率以及生产率的抵制，降低工会潜在的不安全感，处理罢工造成的两难局面等。

其次，这种方法意味着这些解决方案的启动很大程度上都依赖于企业管理层。这是因为无论工会有多么强大，企业管理层都是企业中活跃而决定性的因素，同时也是最终的政治决策者，但是这也意味着企业管理层必须承认工会的合法性和必要性，并且学着去了解一个工会是如何发挥作用的，以及它为什么会发挥作用。然而，以上两条正是当前企业管理层所缺乏的。

当然，要解决工会组织的上述问题，首先一定要将企业员工"分化的忠心"转化为"双重忠心"，每一个工会难题分析到最后都取决于这一点。如果工会能够在企业**内部**发挥作用，而且仍然履行好反对者的职责，所有其他的问题都能够迎刃而解，工会潜在的不安全感也将消失，或者使工会采取某些行动的动机至少会变成次要的，而不像现在这样是主要的。

# 4

第四部分

# 工业秩序问题剖析之三:
# 工 厂 社 区

THE NEW SOCIETY

第 15 章
个人对于地位和职责的要求

第 16 章
需要"管理者态度"

第 17 章
工作中的人

第 18 章
真的缺乏机会吗

第 19 章
沟通缺口

第 20 章
"投币机论"与"萧条休克症"

# 第15章 CHAPTER 15
# 个人对于地位和职责的要求

经济关系并不是个人与企业之间的全部关系所在，也不是其中最为重要的关系。经济学家所说的"金钱关系"并不是真正意义上的"关系"，而只是一种约束。它并不能使个体成为企业的一员，也不能满足个体对于社会地位和社会职责的要求。

社会地位和社会职责是描述个人与社会间的关系、归属感、认同度以及和谐性的术语。"地位"的定义说明人的存在与有组织的群体之间是互为必要条件的。"职责"则将人的工作、期望和抱负与有组织的群体的权力和目的联系在一起，这种联系以约束的形式体现出来，使个人和社会的需求都得到了满足。最早用来描述地位的词是"人格"，而最早用来描述职责的词是"成员"。地位和职责合在一起，解决了群体的绝对主张（在群体面前，任何个人都无自我可言，而仅是当中的一员）和个体的绝对主张（此时对个体来讲，群体仅是实现其私人目的的一种手段和工具）之间看似无法解决的冲突。地位和职责通过赋予个体以公民身份而克服了这种冲突。

人要成为社会人，必须在其所处的社会中具有地位和职责。如果不具备这些，人仅仅是东方哲学中所说的"笼中幽灵"，被无意识、无意义地禁闭在无意识和无意义的生活之中；或者就是一个"智人（homo sapiens）⊖"、一个尚未开化的猿人。反过来，群体自身的凝聚和生存也取决于个体的地位和职责；如果不具备这些，群体仅仅是一个"兽群"而不是一个社会。此外，只有在社会赋予其成员地位和职责以后，才能期望成员对社会效忠。个体成员的地位和职责是个体生活和社会生活的共同要求，这已经被所有的历史经验所证明。同时，它们也是价值观的体现，是对社会的需求——这种需求发端于基督教对人类本质和命运的信仰。这两种需求的实现对西方社会具有双重的必要性：如果它们未能获得实现，社会将失去生命，而对西方社会来说将失去灵魂。

　　在过去的200年间，"地位"一词一直没有被广为使用，它的出现原来只是代表"先前状态"一词，代表的是一种古老、陈腐且令人厌恶的政治制度下的状态。"地位"所代表的是静态社会中的特权，而不是动态社会中的机会。滥用使一个好词失去了社会的认可，然而如果仅出于这个原因就将其弃之不用，将是一种懦弱的行为。此外，确实没有其他的词语能取代它的

---

⊖　homo sapiens：（原意为"有智能的人"）智人是现代人在生物学分类上的属种（homo sapiens sapien，智人科/现代人种）。根据已知的化石证据，并含括年代古老所包含的变异量，智人的起源约为12万年前，但最久远也可能到40万年前。"智人"与较早的人种"原人"（hominid）已有许多不同的体质特征及生活习性，例如两足直立行走，脑容量可达1350cc，前额较高，牙齿及颚骨较小，下巴内缩，能够发明及使用工具和符号等。很多学者主张现代人种的发展始自15万年前的非洲，并且在10万年前向近东地区扩散，然后在四五万年前到达欧亚大陆（这种说法称为"单一起源模型"），而有些学者则认为扩散发生的时间较上述说法为晚（50 000～65 000年前）。另一派则主张现代人是25万年前由散布在欧亚大陆不同地区的古老智人发展而成的（这种说法称"区域连续性模型"）。在单一起源模型的理论中，世界上不同人种之间的差异发生的年代不会太久远，而在区域连续模型的理论中，不同人种的差异明显可推溯到更久远的年代。但不论何者，都认为11 000年前现代人已遍布全地球。——译者注

位置。因此，从一开始我就应强调一下，"地位"一词并没有将社会流动性排除在外。在我们的社会中，社会流动性确实是实现特定地位的先决条件。"人人机会均等"这句口号表达了今天人们要充分实现其地位的重要需求，正如美国人所承诺的"人人都有机会当总统"一样。这是因为地位既是对个人的客观描述，又是社会对其的认可。

地位最简单的表现形式可以是来自某个邻居的一句赞赏，而其最精致的表现形式，可以是社会用以包装其掌权者的荣耀和权威，实际上这些都代表了它自己。无论采用哪种形式，其本质在于个体的社会地位以微观的形式反映了其所处社会的结构，而社会秩序则以宏观的形式体现出这一特定社会对人类本质的基本信念。印度的种姓制度就是一个名副其实的社会地位体系，中世纪的封建制度也属于此。然而，19世纪经济学家所谓的完全流动的、非静止的和看似混乱的"自由市场"实际上也属于此类。在这个市场中，社会地位完全取决于经济上的努力和成功。

与之类似，"社会职责"也呈一种双向关系。最古老的类比来自人类身体及其组成部分之间的关系——根据罗马传说，这一案例被用来解决历史上第一起静坐罢工事件，是由庶民反对元老院统治者而引起的。如果整个身体要想发挥功能，则其各个组成部分也必须执行其功能；同时，身体发挥其功能对于各个部分来说也是不可或缺的。然而，这一类比实际上并不正确。身体的各个组成部分并没有其自身的目的，它们只是作为整个身体的一部分而存在。但是政治体的各个成员本身是独立的实体，无论从生物角度还是精神角度都是如此。只不过在其作为社会而存在这一方面，仅凭他们自己还是不够的。为了在社会中担负充分的职责，社会成员必须在为社会目标服务的同时为实现自身的最终目标、目的和愿望而努力。此外，在为其个人的最终目标、目的和愿望努力的过程中，社会成员也必须为实现社会的目标而服务。

这两者之间并非同一性关系。事实上，社会终极目标和个人终极目标的归一将会把社会和个人都毁掉——正如2000多年前，亚里士多德驳斥柏拉图的观点一样。两者之间所需的是一种和谐的关系，在这种关系下，两种自主的目的和需求以同一种方式得到实现。

　　地位和职责之间有着紧密的联系，然而它们并非不可分割的。经典经济学家所谓的理想的"自由市场"就是一个只讲地位的社会。而现代文化人类学家所谓的"理想部落"则是一个只讲职责而不讲地位的社会。我认为在这两种社会中人类都无法生存。实际上，市场化社会中"职责"的缺失已经被一个敏锐的观察家认为是这一社会最终崩溃的首要原因[一]。而在我看来，人类学家所假设的没有地位差别的部落仅仅反映了对于"高贵的原始人"的浪漫幻想，而不是基于实际的观察结论。

　　无法落实地位的社会对其成员来说必定是一个苛刻的社会，因为它无法保证"公正"——这是国民社会的基础。而一个无法落实职责的社会必定缺乏规范，没有意义和目的，从而表现得没有理性，充满癫狂和变数。

　　无法落实地位的社会必将使其成员成为一个潜在的叛逆者（仅仅因为其生为人类），需要用威胁、巫术和贿赂才能镇压下去。他们不断进行阴谋策划，对社会将是永远的威胁。而如果没有社会职责，那么社会成员的生活和工作，以及他的目标、希望和愿景对社会来说，即使不是昭然的邪恶和犯罪，至少也是无足轻重和毫无意义的。按照市场化社会的理论，他只能通过个人的恶行提高公共美德和福利。

　　因此，没有地位概念的社会必将沦为这样一个社会：在这里，一群被威胁、被鄙视的乌合之众生活在苛政之下。对地位的否定将滋生左倾或右倾的集权主义。而在没有职责概念的社会中，集体和个人都将走向癫狂。社会若

---

[一] 卡尔·波拉尼，《大转变》。——原注

仅受其中之一的困扰，则可以通过警察恐怖政治或宗教巫术以及面包或马戏的手段进行较好的解决，然而一旦两者同时缺失，社会的号召力和凝聚力就将完全崩溃。

西方社会一方面要求工业企业实现对地位的承诺，我们称之为"公正"，"机会均等"这句口号就表达了这种要求；另一方面还要求企业依照对人类尊严的信仰分配职责，"公民参与，履行责任"这一口号就表达了这种要求。

上述要求并非"理论"，它并不仅仅是一个从抽象前提得出的抽象结论，而是由工人自己提出的。这一要求能否得到实现，决定了工人对工厂社区是成功还是失败的看法。

工业企业通过落实地位和职责，表现出了自身的基本承诺与信念。由于它是工业社会众多分支机构中的一种，因此我们不必过分关注这些承诺和信念究竟是什么。除了最原始的社会之外，所有社会中都存在一些重要组织，它们并未反映社会的信仰、承诺和价值观。甚至还有一些组织的信仰、承诺和价值观，与其所处的社会相比，即使算不上背道而驰，也往往是大相径庭。例如现代一些国家中的基督教会、美国传统商业社会中的职业军队及自由主义艺术学院等，均属于该范畴。类似的"不同声音"的存在，是原始社会和文明社会的独特区别。这些异类组织的潜在能量使社会有能力不断变革，与时俱进，建设复兴。摒弃这样的组织，实行纳粹式死气沉沉的"一体化"，将不仅仅是朝着野蛮社会的倒退，而且也是对社会的严重破坏。希特勒时代以后的德国，在发展社会生活职能上所表现出的可怕的无能，就很好地说明了这一点。

然而，企业既从属于社会，又在社会中处于支配地位，它是社会中具有代表性的决定性组织。这就意味着社会的信仰、价值观和承诺是与企业联系在一起的，同时还意味着企业在实现这些信仰、价值观和承诺上的成功与否将决定社会的成败。

实际上，社会的代表性组织所实现的信仰、价值观和承诺才是社会真正的信仰与承诺，它们体现了社会的性质和秩序。如果这些信仰和价值观没能在组织中得到不折不扣地贯彻，整个社会就是一个不合格的社会。另外，如果代表性组织中所体现出的秩序与社会宣称的信仰和承诺大相径庭，整个社会将会表现得缺乏理性。在任何一种情况下，社会的凝聚力乃至生存都将受到威胁，整个社会将陷入危机。除了自然灾害和异族入侵，社会代表性机构在执行职能上的不力和不作为，是导致社会崩溃与社会革命的唯一原因。这是因为，在一个不遂人愿的社会中，人民愈发容易受到新信仰和新偶像的诱惑。而在一个非理性的社会中，人民将会被迫寻求新信仰和新偶像的庇护。

## 何谓"满足"

无论怎样，需求只能得到"有效满足"，而非"绝对满足"；只能达到"充分"，而非"完美"。甚至连最成功的社会，充其量也只能在一个非常低的满足水平下运转。如果这一水平可以得到量化（与测定发动机的热功率一样），我们将会发现：即使在最稳定、最成功的社会秩序下，社会成员表现出的完全理性，其满足水平也将低于5%或10%。毕竟我们所面对的是人类的社会秩序，而不是天使的社会秩序。但是确实存在这样一个点：在这个点以下，社会满足的效率将不会下降，除非社会本身是一个专制、独裁、非理性和无意义的社会。然而我们并不知道这个点在哪里。我们甚至不知道是否所有的社会都具有同样的点，是否存在一个社会效率的普适法则，是否不同的社会或是同一个社会的不同时期存在着不同的"社会熔点"。但是，对于特定社会的某个时期，我们通常可以大致判断出它是否充分实现了基本的社会秩序，或者该时期相对于临界点的位置，它的发展方向以及应在何处采取措施以避免社会的分崩离析，并重建其凝聚力。问题不在于我们的工业社会是否完美，我们假定其在最佳情况下也存在一定的缺陷。重要的是，该社会是否实现了对于机会均等的承诺，以及对于公民权力的信仰。在当今的西方国家中，这两者已经作为一种重要的社会秩序而得到了人们的充分认同。

CHAPTER 16 | 第 16 章

# 需要"管理者态度"

工厂社区显然不是主要服务于社会或个人的,而是企业的一部分。"工厂社区"这个词表示用于生产的人力资源及其组织结构的一个方面。只有在工厂社区的要求与企业对人力资源的需求相一致的情况下,它所体现的社会秩序才能发挥作用并长期存在。事实上,工厂社区所体现的社会秩序必须有助于企业的人力资源发挥其最大效用,反之亦然。

知识分子的传统观点(如奥尔德斯·赫胥黎在《美丽新世界》一书中所表达的观点,或是"打破流水线工作的单调性"等口号)假定个人和社会的需求与企业的需求是完全冲突的。然而,这种观点并非基于对工业化生产的第一手了解,它往往比感情用事的结果好不到哪儿去:感情用事者认为,因为企业所感兴趣的是经济成果,所以它必然是"肮脏"的和"反社会"的。

所幸我们在这一论题上有大量的证据,这些证据明确无误地显示:企业对工厂社区的要求与社会及个人的要求是相辅相成的。企业要求员工必须对自己的职位、工作和产品采取"管理者态度",这一点与社会要求个人承担公民责任,参与社会活动是完全一致的。企业要求员工充分发挥能力,充分施展他们的抱负,而它对委派员工担任监督和领导职责的要求则更无限制,这意味着企业的利益和"机会均等"的要求并不一定相互矛盾。

上述证据并不意味着工厂社区在发挥功效方面毫无问题,也不意味着工业化大生产下的工厂就是人间天堂。毫无疑问,今天的工厂社区还处于非常糟糕的状态下,既无法满足个人需求,也无法满足企业需求。但是,无论是什么原因导致了工业企业缺乏对社会责任的履行,都并不构成企业利益与社会和个人利益之间的冲突。

## 管理者态度

再没有别的工业生产资源比人力资源的运营效率更为低下了。少数企业找到了挖掘员工能力、矫正工作态度的窍门,从而在生产率和产出方面实现了大幅增长。在绝大多数企业中,对人力资源的更好利用是提高生产率的不二法门。因此,对人的管理应当是经营管理层所关注的首要问题,而不是迄今为止备受关注的对物料和技术的管理。

我们也已了解到影响生产中人力资源的效率和生产率的主要因素是什么。主要因素并非技术和薪水,首要的是态度——我们称之为"管理者态度"。这种态度使个人在对待其本职工作和所生产的产品时能够采取管理者的视角,也就是从整体及产品的角度看待自己的工作。

哪怕是最低级的员工,也要求他具有"管理者态度",这是一大创新。在前工业化的生产秩序中,这种创新既没有必要也没有实施空间。现在出现这一创新,是因为大规模生产下的技术依赖社会的整体协作。专业化使得大规模生产成为可能(我们讨论的专业化与传统的劳动分工有很大的区别),

由于这种专业化的出现，大规模生产下的技术实施必须将个人作业整合成为统一的整体。正是这一整体，包括团队、制度和组织，在现代工业体系下脱颖而出。这一"整体"并不是单个操作的简单相加，而是一个高度抽象的概念。但同时，这一概念对大规模生产方式的功效发挥和凝聚力来说又是至关重要的，此时单个作业者将生产看作一个整体，并能理解自身在其中的作用。

工人的工作以大规模生产方式进行组织的程度越高，就越需要"管理者态度"，同时这种态度对其生产率的影响就越显著。对于工具制造者、机器修理工和电工这样的传统技工来说，即使他们在大规模生产的工厂中工作，并且在每个方面（保住自己的工作方面）都与大规模生产的工人受制于同样的社会力量，他们也几乎不需要具备整体的生产观。但是对于非熟练工和半熟练工来说，对整体观的要求则显得相当紧迫。

在迄今为止对大规模生产工人所进行的最全面的研究——1947年的通用汽车公司论文竞赛中，这一点表现得非常明显。从事大规模生产的工人在测验中通过自己的工作制成了产品整体效果图。而有熟练技术的工人则不以为然，他们只是专注于自己的岗位。当谈起整个工厂和产品时，他们认为这些与自己的工作处于完全不同的水平，几乎就像是来自不同的星球一样。与流行的印象相反的是，高级熟练工人与非熟练工相比，反而对整体具有较少的认识和理解。而许多非熟练工则表现出惊人的想象力和整合能力。流水线工人围绕他安装在挡泥板上的螺钉能展开一幅广阔的产品图景，而制作车模的能工巧匠则只会如数家珍地大谈所用木材的特点。

对手工操作的技术工人来说，其生产效率完全不受是否具有整合能力或是否具备"管理者态度"的影响。当然，他也希望获知和了解一些信息，但这只不过是出于好奇、兴趣或获取信息的目的。但是对于大规模生产下的工人来说，无论是体力劳动者还是脑力劳动者，获知和了解信息的需求是其行动的首要动机。能工巧匠的最大贡献在于其技能本身，这也承载了他的骄傲感和满足感。而对于那些不具备传统工艺技能的人们（其中也包括许多通常被划为熟练工或半熟练工的人）来说，他们的骄傲感、满足感和个人贡献则是建立在他们所谓的"技能"之上，即整合的能力、领会个人工作和整体工作的相互关系的能力以及达到"管理者态度"要求的能力。

上述观点与大规模生产具有"隔绝效应"的论断是完全相悖的。但同时它也否定了大规模生产的主要支持者的基本假设，即科学管理理论。根据科学管理理论，生产操作的便利性和速度是控制生产效率与生产率的唯一因素。就大规模生产减少和淘汰了手工操作技能而言，这一假设确实得到了验证。然而，科学管理学派还试图将工人的态度排除在生产要素之外。对于那些浸淫在科学管理思维中的工业设计者来说，他们绝少想到态度也是一种生产要素和生产率。但是我们的研究表明：态度所积蓄的生产能力，绝不比大规模生产原则所挖掘的生产能力要小。生产工人所具有的"管理者态度"，几乎引发了生产率和生产效率的爆炸式增长——甚至可能是产量的翻番。若是按照科学管理方法对时间和动作的研究，将生产运作分解为无技术含量的组成部分、物料流与人力操作的同步化等元素，并按照该方法对工厂的生产活动进行合理的设计，也可以预见到产能上的提高。但是采用"管理者态度"所带来的提高必然远远优于采取上述措施的效果。事实上，我们将会看到，要想提高生产效率以及消除影响员工满意度的真正障碍，首要的机会就是在科学管理方法妨碍"管理者态度"的培养之处进行改造。

"管理者态度"对某些群体来说是最为重要的。这些群体与大规模生产工人相比，更能代表现代企业，他们就是新兴的工业中产阶级，包括监督人员、技术人员和中层经理等。如果说企业的效率取决于生产工人的态度，那么企业的实力和职能的发挥就完全取决于中层群体所具备的"管理者态度"。因为这一群体代表了组织本身，是企业的神经和循环系统。

与他们的前辈——那些能工巧匠不同，监督人员、中层经理和技术人员无须掌握操作工具与材料的技术，他们的"技术"在于整合能力。他们必须将手下的员工组成生产团队，必须将科技知识运用于产品和生产过程之中。他们还必须协调本部门的工作以适应整体工作，同时将整体工作体现到自己的本职工作中。最高管理层决定生产模式，而中层管理者和监督者必须将其付诸实施。

只有通过监督和中层管理，单个工人才能获得整体的观念。对于机器操作工来说，他的监督者就是"领导"，代表了企业。尽管最终必须给予单个工人以直接的经验理解和观察整体，但是监督者和中层领导将永远是企业与工人之间进行交流和了解的主要渠道。

另外，对于管理高层来说，监督人员和中层管理人员代表了"组织"。尽管总经理也会考察整个企业，但是他所考察的仅是一堆复杂的数据，是一个高度程式化的抽象概念。只有通过中层管理人员和监督人员，他才能真切"感受"到他的企业。此外，除非公司未来的高管（今天的中层管理者、监督者和技术人员）具备"管理者态度"，否则企业在未来必将面临缺乏领导力的困扰。

在过去数年中，美国的管理界已经开始意识到中层领导及其态度对企业的重要性。然而迄今为止，很少有管理层了解到，在企业的所有群体中，行业的中层群体在理解整体和自身职能时是最为困难的。生产工人至少是在与一些有形的、直接的东西打交道，如一个作业过程、一个动作或是一个产品。他加工一块金属，推动某个操作杆，操作一台机器。而中层领导则是和生产计划打交道，制作报表，操纵一堆概念和数字，所有这些都是高度抽象的。工人在一个平等的集体中工作，而监督人员和中层领导则独自工作，技术人员也常常如此。工人可以指着产品成品的一部分说："那块是我做的。"而中层群体则只能说"我们"，却无法讲清这一复数名词中究竟包含了哪些人，以及他们在这一集体中的作用。这样，最应该具备"管理者态度"的群体，在实现这一目标的过程中，反而面临着最严重的困难。

但是我们为什么要把这种与整体之间的关系称为"管理者态度"呢？难道用"理解"这个词还不够吗？我之所以使用"管理者"这个词，是因为大规模生产的社会化秩序不仅仅要求概念上的认知。工厂社区的每个成员必须确信，他的工作即使微不足道，对集体的成功来说也是至关重要的。他必须甘愿为集体承担责任。一首古老的童谣开头唱道："因为一个钉子，马掌丢了⊖，最后竟变成"因为一个钉子丢了一个王国"，这正好描述了现代化大生产技术的结构特征。在进行了现代化整合之后，已经不存在不必要的或可以替代的操作步骤，因此每一步操作都是不可或缺的。这首童谣也为社会成员指明了对待本职工作应当采取的态度。这种将集体作为个人工作中心的态度是一种"统治者"的态度，而不是"受治者"的态度，因此应称为"管理者态度"。

## 企业对领导者的需要

大规模生产对接受过智力与技术培训的人员产生了依赖，这是一次史无前例的逆转。在前工业社会中，社会可以负担的接受过训练的人员数量是非常有限的（尤其是接受智力与技术培训的人员），那时的教育体系也无法负担如许的培训工作。在这种社会中，危险始终在于这种人太多，而不是太少，因为这类人往往不能从事体力工作。在所有的前工业社会中，只有体力

---

⊖ "少了一个铁钉，丢了一只马掌；少了一只马掌，丢了一匹战马；少了一匹战马，败了一场战役；败了一场战役，失了一个国家。"莎士比亚也有名句："马，马，一马失社稷。"这个著名的传奇故事出自英国国王理查三世逊位的史实，1485年他在波斯战役中被击败。——译者注

劳动才能直接创造产值，因此不能从事体力劳动的人对整个社会来说便是一种负担。前工业社会的经济基本上处于勉强糊口的状态，以至于只能允许人口的很少一部分从事那些不能即刻创造产值的工作。

这一原因可以用来解释欧洲大陆的"等级"教育体制，正是这一体制使美国的观察家受到了强烈的震撼。欧洲的上流学校在传统上一直是面向中上层社会的孩子的，这一点毋庸置疑。但是，之所以没有底层劳动阶层孩子的位置，其原因并不是蓄意的排斥，也不是高额的费用。实际上，在法国和德国的高中，若按照当地收入水平和购买力水平进行衡量，其费用甚至比美国"免费"高中的支出还要低廉。不仅如此，由于是国立学校，按照惯例，这些学校还给予贫困家庭的孩子免费的待遇，并且在申请时不带有任何社会偏见。尽管这使得底层家庭有能力负担孩子的上学费用，但是，如果家里没有足够大的能干活的孩子，上学还是负担不起的。由于家庭生活处于勉强糊口的边缘，如果没有一定的牺牲，贫困家庭一般无法允许家里有一个孩子脱离生产，哪怕是很少几年的时间。

这也解释了为什么造就了大批受教育人群的"最高"文明阶层，无一例外地都要通过征服、掠夺奴隶或贬谪本国底层人民的手段，蓄意扩张奴隶制度。为了养活一大批不用双手劳动的人，必须增加体力工人的数量，同时还要严格监控他们的生产以保持高效率，并且在他们的生产成果中，更大的份额分配给了无生产能力的受教育阶层。这同样也解释了为什么从赫西奥德到爱默生，所有道德改革家的理想中都主张"文化农民"和"文化技工"的概念。"既能扶犁又能断字的农民"确实是一个完美的象征，但它也仅仅只是一个象征。前工业社会如果不打破自身的道德和社会基础，将社会的大多数人贬为牛马，它就无法指望能达到一个较高的文化和教育水平。但是爱默生笔下的新英格兰农民则绝对不是一个高效的生产者；在爱默生自己的生活中，他也放弃了希腊作家的理想和新英格兰理想下高尚的贫困生活，转而追求中西部的肥沃土地、农场机械化以及宣传高产农业的小册子。

在大规模生产技术下的工业社会中，这种情况被彻底颠覆。

非体力劳动者，即接受过智力和技术培训的人，成了社会中最具生产率的成员。全美最激进的工会之一——美国汽车工人联合会的一个分部，最近在一家工厂发表了反对提高生产指标的宣言："事实充分证明，生产率的提高不再来自工人的努力工作，而是来自技术改造、工具升级、设计改进和生产流程的更新。因此，提高生产率的责任应当完全归于管理层，而不能强加在工人身上。"工会自己的劳动价值理论都已如此，再没有比这个能更直接地反对前工业时代的生产率概念了。

因此，在工业社会中，不再是受教育者的数量应受到限制；与之相反，问题在于整个社会能负担多少未受培训的人。工业社会的生产率是与接受过智力和技术培训的人员的数量成比例的。在大多数情况下，未受过培训的人员（包括熟练的体力工人）都可以被机器所取代。然而，接受过训练的劳动力的规模是一项绝对的控制因素，其重要性也许仅次于水和能源的供应。这一点在俄国的工业化计划中得到了体现：接受过训练的技术人员、监督人员和中层领导的缺乏，成为整个计划的主要制约因素。在我们的战时生产计划中也反映出这一问题，计划的主要瓶颈不是物料或人工的缺乏，甚至也不是运输能力的短缺，而是中层领导、技术人员和监督人员的缺乏。

因此，工业企业必须对所有员工的能力进行最大限度的挖掘和利用。它不可能仅仅依赖"受教育阶层"，他们是一小部分拥有社会认可的头衔的人，让他们来承担责任，担当领导。工业社会中的晋升并不仅仅是对个人的褒奖。对个人能力的系统化发掘、晋升制度的系统化选拔以及对中层群体的系统化招募，是社会秩序本身的必要条件。"机会均等"并不仅仅是为了满足个人对社会地位的要求，对企业的效率、功能和凝聚力来说也是必需的。

企业作为一个社会机构所面临的问题，与其作为一个经济或政治组织所面临的问题是完全不同的。**在社会范畴上不存在冲突**，并且恰恰相反的是，企业、个体成员和社会的目的与客观需求是协调一致的。工业社会要求其成员必须具备"管理者态度"，这一点与西方社会所信奉的个人必须获得"人的尊严"的要求一脉相承。对个人能力进行最大限度的利用，这一要求也是与个人对社会地位的要求，以及社会对机会均等的承诺并行不悖的。

乍看起来，这似乎与人们对工业社会的传统观点完全相悖，也就是威廉·布拉克在150年前用"魔鬼工厂"的形象表达的观点。但是，如果读完我们的结论，就断言个人的职责与尊严，以及机会均等的公平性已经在工业社会中得到了**实现**，这也是一种荒唐的误解。可以肯定的是，在工厂社区中，对地位和职责的落实情况绝对比我们通常所认为的要好得多，对工人及其工作的各项研究都表明了这一点。但是这些研究同时也显示：我们落实得还不够。工厂社区充其量也就是满足了构建社会凝聚力所需的最低要求。对于任何社会成员来说，这个社会都不是一个完全理性的社会，在许多成员眼中，它甚至是完全非理性的。虽然对于工业界无政府状态的传统描述过于夸张，有时甚至到了荒诞不经的程度，但是即使它是一幅讽刺漫画，它也讽刺了某些确实存在的现象。

从我们的发现中得出的正确结论着实与流行的观点大相径庭。

研究与分析（并且我们的每一点结论都完全基于对具体情况的实地研究）表明**个人在工业企业中能够获得地位和职责**。这一点驳斥了传统的观点，认为工业体系在本质上破坏了人类社会和个人尊严。事实上，我们的结论证明，上述观点仅仅是出于对"旧日好时光"的怀旧情怀，而这种"好时光"纯属子虚乌有。更为引人注目的观点也许是以下结论——它同样与流行的观点大相径庭：发现"单调性"完全不是真正的问题所在。大生产工厂中的工人确实不容易在其工作中获得满足感和自我实现，但是原因并不在于"单调性"，它不像旧时田园社会的鼓吹者津津乐道的那样，"人的创造天性被扼杀了"。

正确的结论并不是说工业企业必须落实其成员的地位和职责，而是说工业企业在这方面具有得天独厚的能力。我们的所有研究都揭示出这方面的巨大潜力——也许最具说服力的例子是通用汽车公司论文竞赛。在竞赛中，通过引导工人采取"管理者态度"，即使持续很少一段时间，也能展示出我们的工业社会具有怎样的潜力。17.5万人参加了此次竞赛，这无疑表明，在工业社会中，对地位和职责的要求都能得到实现。

企业对于社会地位和职责的要求实现得越多，它在生产能力与盈利能力上的直接受益就越多，其经济效益也就会越好。现代人力资源管理有一句口号："知足常乐的职工是高效的工作者"，这是一句危险的口号，只道出了真相的一半。不过在以下方面，它所表达的观点还是正确的，即社会及其成员对企业的要求，与企业对其成员的社会化要求之间是一脉相承的。

**企业所采取的任何措施，只要是朝着工厂社区的社会化整合方向努力，就会得到企业内部自发力量的支持。**这些措施积少成多，同时还将受到社会自身推动力的支持和促进，从而反过来巩固了社会实体。在促进社会地位和职责的实现方面，它将带来超乎寻常的巨大效果。20年前，在西部电气公司的芝加哥工厂进行了著名的霍桑实验。该实验表明：仅仅是一个不代表任何实际行动的姿态变化，都会产生上述效果——当然，这种效果不是永久性的。举例来说，对于工作条件的任何变化，甚至是明显的负面变化，流水线上的工人也会报之以李，从而提高生产效率。重要的并不在于实际条件有怎样的变化，而在于这种姿态的改变体现了对工人的关心和关注。同时，尽管我们的错误在所难免，尽管我们的理念和政策如果按照否定地位和职责的方向制定，将不会产生像现在这么多的效果，但是在所有研究的每一种情况中，我们还是发现许多地方都存在着地位和职责。

欧洲的情况相对来说并不乐观。然而，有关欧洲工人的研究也不大可能得出任何结果，能够将上述有关工业社会性质的结论彻底颠覆。与美国相比，在欧洲，反对整合的力量当道的时间相对更长，因此建设性力量遭到了更为严重的阻碍。然而，由美国的经验和证据所得出的结论，大体上在欧洲也同样有效。

然而，在工厂社区实现地位和职责，所遇到的障碍必然非常巨大，否则我们就无法解释为什么在布拉克抨击工厂100年之后，工厂的生产条件已经得到了改善，但仍有普遍的观点认为"魔鬼工厂"还存在。我们甚至无法解释现时的情况：尽管工厂的状况比普遍观点所认为的要好一些，但是与满意水平仍相去甚远，充其量也只能算是勉强过关。对于工厂社区的现实情形与其自发力量的期望情形之间的巨大差异，只有重大的障碍才能予以解释。

我们可以进一步得出结论：**这些障碍和困难必定存在于企业内部**。它们与"制度"没有任何关系。有些学者对于制度的批判也许是正确的，但是它与工业企业的社会状态则毫无干系。无论是何种社会制度，其企业的社会状态并没有本质区别。而生产资料的私有化或公有化，以及市场定价体系或中央计划体系，确实是非常重要的问题，但是它们对工业企业社会职能的发挥则没有任何意义，正如两个星球的会合对肺炎的病因和治疗不具备任何意义一样。在分析工业企业的社会缺陷时，仅仅对"制度"加以诟病，而不考虑企业的内部政策，是一种社会占星术，是纯粹的迷信。

最后，我们得出结论：克服上述困难的唯一途径就是**在政策和实践中进行切实的改革**。这些困难不可能通过宣传和美好愿望加以解决，也无法通过对工人进行心理分析的方法，使他们适应工厂的环境（正如某个聒噪的学派所主张的那样）。这些困难既不是通过提供信息和教化能加以消除的幻象，也不是工人的性格问题，以及来自工作以外的因素的影响，诸如照顾一家老小的问题。真正的困难是客观实在的，是一种困境而不是冲突。它们存在于企业内部，而不是存在于被称为"制度"的抽象概念中。因此，这些困难可以加以对付并最终克服。然而，由于它们是实实在在且非主观的问题，而不是臆想的和心理上的幻象，因此要克服它们，就需要在政策、组织、实践甚至企业的经营理念上，采取切实、根本和重大的改革。

CHAPTER 17 | 第 17 章

# 工作中的人

　　大规模生产技术创造了新的社会条件，赋予工人的**工作安排**（place-ment）以全新的含义，同时也创造了工人与其工作之间的全新关系。**个人**工作与有组织的**整体**工作之间产生了新的关系，**单个**工人本身与其**团队**的其他工人之间也产生了新的关系。在这些新条件和新关系中，每一个元素都对工人的社会满意度及自我实现构成了障碍，同样也对生产效率和生产率造成了影响。

　　然而，问题的关键并不是有人经常认为的"单调性"。时下盛行的观点认为，工作的单调性扼杀了人的创造天性，这真是天方夜谭。尽管霍桑实验的研究对象是工业历史上最为单调重复的作业，但是令人吃惊的是，"单调性"作为一个负面因素，竟没有出现在霍桑实验的材料中。通用汽车公司论文竞赛也提供了同样强有力的证据。在汽车生产厂的某些最为单调的操作岗位上，工人却被证明具有最高的工作满意度，同时也表现出最为丰富的想象力。

"单调"的口号不仅仅是对我们必须应对的问题的错误解释，它更是一种误导。它导致企业在尝试激发员工的想象力和创造激情时，采用了工作以外的"文化"或"休闲"形式，而忽视了工作本身的问题。然而，问题的答案却蕴涵在工作和作业中，必须让这两者具有意义，令人满意。为了弥补工作的乏味，而采用工作以外的补偿方式，根本无济于事。

## 让人适应工作

在大规模生产技术下，工作安排成为一个社会问题。在传统的手工业和工业中，无论工人所制造的产品本身多么专业化，工人还是要在工作过程中完成各种工序。他会不停地变换工具，改变工作节奏、工作速度和姿势。在这一过程中，他几乎总是可以找到至少一项适合自己的工作。考察那些在手工业生产和贸易中采用世袭制的文化，总是存在大量不适应工作的例子，有许多人痛恨自己所继承的贸易行当，并总是试图摆脱命运。然而，在世袭的手工业制度中，大多数人即使不热爱自己的行业，至少还能够最终适应自己的工作。因此，在前工业体系下，工作安排问题并非一个社会问题，而是一个个人问题；是一个特殊问题，而不具有普遍性。

然而，在现代工业化条件下，每个岗位仅仅包含很小一部分作业，这就意味着工业体系能够给予弱势群体中的老弱病残以有意义的工作和生活。但是，这同时也意味着有很多工人可能被安排到不合适的岗位上。因为每个岗位只有一道工序，工人必须从这项工作中寻求满足感，而不像在前工业技术条件下可以有其他的工序进行调节。在现在大规模生产的工业中，工作安排有正确与错误之分，有成功与失败之分。

正确的工作安排本身就是工作满意度的源泉，同时也是获得任何满足感或履行其他职责的前提。**工人的工作若没有得到妥善安置，他们就像是工业**

**社会中的难民一样。**

正确的工作安排也是提高生产率和生产效率的有效方式之一。目前，在实行大规模生产方式的工厂中，生产率所参照的工人产出，基本上来自工作安排不当的工人的产出。操作工人的绩效指标是按照"正常人"能够完成的工作标准制定的。所谓"正常人"，就是那些没有明显的生理或心理缺陷的人，但同时，这些人也没有从事该工作的特别能力或者对该岗位的特别热爱。

究竟这一"正常"效率有多低，可以通过一名经理的经历加以说明。在某家大企业的10~15位流水车间经理中，这名经理是唯一一个对工作安排做了一些思考和关注的人。比照总部工程师所制定的生产标准，当其他流水车间的产能总是在90%和更少的水平徘徊时，他的车间却能以标准的125%或130%的水平运作。当其他车间一而再，再而三地提高生产速度时，他的车间却保持着相当低的工作压力。当其他车间总是被劳资摩擦和自发罢工所困扰的时候，他的车间几乎没有劳资方面的麻烦。他的经验是绝无仅有的特例。

工作安排不当，工人会对工作产生疏离感，从而效率低下，有些工人本身得到了正确的工作安排，但是处在总体安排不佳的环境中，他们的问题甚至更为严重。他将处于无法彻底发挥能力的巨大压力之下；因为顾及面子问题以及工厂不成文的规矩，他不能表现得比那些工作安排不当的同事更出色。他也希望在他所热爱的岗位上好好工作，展示自己的能力并得到大家的认同。但是他同时也意识到必须忠于他的伙伴，并希望成为他们"圈子中的一员"。因此，他极有可能灰心丧气，陷入与自我的斗争之中。

工业界终于意识到工作安排问题是现代企业的一个实际问题，这从雨后春笋般出现的各种测试中就可以看出来，有针对各种岗位的主观测试、智力测试、性格测试等。几乎每个月都会出现一种折磨人的新方法，发明者总是声称他的方法彻底解决了工作安排的难题。这些雕虫小技尽管具有一定的科学性，但是能否有助于问题的解决还是非常值得怀疑的。事实上，守旧的老工人对"科学解决方法"的怀疑往往是有道理的，尽管在大多数情况下，他们的怀疑仅仅建立在对新思想的敌视之上。

这些测试基本上都是为了在雇用新员工时为其安排岗位而设计的。就像所有的入学考试一样，这些测试都是在对未来的情况和环境进行高度抽象化以后，对可能的结果进行衡量。尽管这种"科学"的测试也能提供一些有关工作安排的可靠数据，但是它们也只能在员工进厂工作一段时间以后才有可能成功，并且此时的测试主要是对员工及其监督者的经验进行考查。

任何一种测试都只能考查人的性格中的某些方面。但是工作安排是针对整个人的问题的，包括他的能力、兴趣、感情以及价值观等，同时也要考虑到其他同事的特点。最后，所有的测试都假设该岗位不需要任何技能，或者仅需要一种或两种特定的专业技能。然而，工作安排是个复杂的难题，这一点就驳斥了上述假设。如果某个岗位无须任何技能，那么也就不存在安排工作的问题。此外，此处所需的技能（也就是从某个特定岗位上获得持续满足感的能力）已不再是传统意义上的技术，而是由偏好、能力和气质所构成的整体，而这些因素在本质上几乎不可能加以定义和衡量。

因此，所谓的科学方法实际上是摆脱困境、逃避问题的偷懒手段。真正解决问题的方法也许既不需要科学工具，也不需要太多的经费支出。它只要求人们理解这样的事实：工作安排只有在员工进厂工作一段时间后才能进行，并且应该让员工在与领导的合作下自己解决这一问题。

## 让工作适应人

即使我们通过成功的工作安排让员工适应了工作，仍然存在着如何让工作适应员工的问题。

所有现代工业的运作都是基于对工作的分解,将其划分为最基本的重复性动作。这一原则最初是由泰勒和甘特在五六十年前提出来的,被称为"科学管理"原则。它是构建现代化的大规模生产工业的基础,同时也是提高现代工业生产效率和生产率的根基。迄今为止,这一原则不仅被应用到所有适于操作的工业运作中,还超出了制造业的范畴,被拓展到机关和分销行业等。

该原则本身是富有创见和效率的。但是事实上,我们是否能够将其运用于机械工业以外的领域中,还是个未知数。首先,问题在于:今天所理解和实施的"专业化",在利用人的能量和生产率方面,是不是一种社会和个人都**满意**的方式——这是有关工业社会秩序的首要问题;其次,这种"专业化"在利用人的能量和生产率方面,是不是一种**高效**的方式——这是有关工业社会技术的首要问题。将复杂的作业分解为最简单的基本要素,这被证明是获得产出和生产率最大化的最佳方法。然而,这种方法是否就像我们今天在流水线和办公室里所做的那样,根据人的心理和生理将每个操作单元分配给单独一个工人?这样做对实现产出最大化是否有效?

科学管理理论对这一问题的回答是肯定的。然而这一答案却不是真正"科学"的结论。它是以人是一种机械工具为前提的。毋庸置疑,要想使机器运作的效率最高,就应该设计具有特定用途,进行特定操作的机器。对于人来说,完成五个一组的重复性动作,显然要比完成五个不同动作的复杂组合快得多。然而,人并不是机器,也就肯定不是用途单一的机器。此外,根据人在完成一组五个重复性动作时的效率,并不能类推出他在完成5000个同样动作时具有怎样的效率。换句话说,将机器法则不假思索地生搬硬套到人的身上,这种做法有可能造成以下问题:①无法激发人的真正效率;②导致疲劳、压力和过度紧张等看得见的效率低下。

我们在这一点上的证据尚不充分。除了零星几个领域之外，还没有人研究过人类的生产率。工人很少愿意公开自己对工作的态度和反映。然而，尽管收集到的证据零星分散，但是具有高度的启示意义。证据表明，将流水线原理运用于人，即默认人是一部设计糟糕、用途单一的机器，这种假设从心理和生理上都是站不住脚的。我们具有确凿的证据显示，将人作为一种生产工具使唤是一种浪费、低产和无效的方法，是一种糟糕的工程设计方式，并将导致紧张、沮丧和不满，从而在工人及其工作之间制造障碍。

我们有一部分证据与生理有关：被当作用途单一的机器使唤的人，容易产生肌肉和神经的过度紧张，从而导致独特的"工业性疲劳"现象。众所周知，"工业性疲劳"往往随着生理和心理对工作的激励因素的减弱而加剧。在生产线上，工人以最慢的速度和波动最剧烈的节奏工作。我们从疲劳性研究中得知，人为的低速操作要比短时间内的突然加速更容易疲劳，波动剧烈的节奏最容易消除肌肉和神经的应激力。我们知道，在工作时变换速度和节奏，是克服疲劳与过度紧张的最有效的途径。

我们还有一部分证据与心理有关：即使将人纯粹看成机器，人也不是一个用途单一的工具。人的生产能力并不在于使任何一项作业的效率最大化，而在于将几乎无穷多的作业进行组织和整合。将他作为一台设计糟糕、用途单一的机器使唤，就是对人力资源的低效滥用。即便是机器，不当操作也会导致故障。

我们最强有力的证据来自第二次世界大战⊖。在某些情况下，无法建立传统的"空间上的流水线"，所有的工作只能在被称为是"概念上的流水线"上完成。工作确实被分解成基本的操作部门，但是每个人不是仅从事其中的一项，而是要从事一系列操作。出乎设计者的意料，这种方法并未导致效率

---

⊖ 相关例子参见作者的著作《公司的概念》和论文《大规模生产中的人力因素》，见《生产手册》No.175，美国管理协会，1947。

和产能的下降，反而带来了增长，并且连工作氛围都发生了明显变化。无论是在工厂还是机关，一般大规模生产中紧张、匆忙、急着向前赶的气氛荡然无存，取而代之的，是从容不迫又毫不懈怠的氛围，节奏紧张而平稳，员工关系友好而随和。

对于管理科学，50年前的泰勒和甘特完成了工作的前半部分；今天，我们必须了解如何完成后半部分。他们将作业分解为最基本的动作元素，而我们则要把这些动作整合在一起，创造一项新的作业——这项作业的基础既包括毫无技术含量的动作元素，也包括人类特定的能力，两者之间还要协调一致。

## 工人和工作团队

让人适应工作并不仅仅是一个工程上的难题，也是一项集体工作。正如我们不能将人与其自身能力拆开一样，我们也不能将人与他所在的团队拆开，更不能将其对立。

大规模生产技术下的个人需要成为其同事集体中的一员。半个世纪以前，这一点已经由"科学管理"的先驱提出并得到了证明。他们发现：对工人来说，工人间的工资差异以及不同工人群体间的工资差异，往往要比绝对工资率更为重要。这是因为，工人的社会声望及其在集体中的地位对他造成的影响，往往要比工作所获得的经济报酬更为显著。

埃尔顿·梅奥和他的同事在20世纪二三十年代所做的研究表明：在每家工业企业中，除了监督部门和管理部门，工人内部都存在着一个"非正式"的社会组织。他们发现，正是这个非正式组织决定了产出率、产出标准、工作满意度以及工作满足感，而不是公司的管理部门。该组织无须采取正式的制裁手段，只需以集体反对的形式，就能引导其成员的行为。所有的后续研究都得出了同样的观点。例如，在通用汽车公司论文竞赛中，"好搭档"和"同事之间的良好关系"被证明是决定工作满意度的首要原因。

然而，我们的研究同样也显示：对于企业成员加入集体的要求，以及与同事群体进行交往的要求，至今尚未得到充分的满足。实际上，研究结果表明：大规模生产技术正趋向于将人们孤立开来。

传统的汽车装配线为这种社会化的孤立提供了一个生动的例子。如果在某个岗位上工人落后了，在下一个岗位上的工人无法向其伸出援手，恢复生产节奏。他们被限制在自己的工作岗位上，甚至没有工具或设备去分担一些同事无法完成的工作任务。如果某个岗位的工人由于能力出众或熟练程度更高，而走在了前面，剩下的工人也不能从中受益。事实上，对其他工人来说，如果团队中存在某些成员，他能完成更多的工作并承担领导责任，能让整个集体受益，从而使其他人能逃脱提高生产定额和生产速度的惩罚，就已经是非常幸运的事了。

其实，在反映这种社会组织的孤立性上，汽车生产线的例子完全不是一个极端的例子。总体来说，极端的情况实际存在于办公室工作，而不是工业企业之中。业务流程的彻底整合与操作人员的彻底隔离是一对矛盾，而银行、保险公司和邮政局内部商业体制的运作，则进一步加深了两者之间的鸿沟。

流水线原理所产生的社会效应，成了现代工业受攻击的目标。它授人以柄，使大规模生产遭到了"非人道和反社会"的指控。举例来说，查理·卓别林的《摩登时代》，所针对的就是大规模生产技术的这一缺陷。这部电影是一幅讽刺漫画，而它所讽刺的东西却是确实存在的。

"空间上的流水线"无疑具有隔绝效应。然而，尽管这种分裂集体的做法是当今大部分操作过程的特征，但它肯定不是流水线原理所固有的东西。

它只是将人与用途单一的机器进行错误类比的又一产物，而这种类比思想已经渗透到了我们的工业思想和实践中。在第二次世界大战期间，我们用"概念上的流水线"代替了传统的流水线，社会隔绝效应立刻就被更紧密的社会整合效应所取代。同时，生产率和产出也得到了提高。

举一个例子来说明上述问题。在一家大型飞机发动机工厂中，由于没有足够的时间研究并分解每一个动作和作业，安装汽缸盖的工人基本上完全要靠自己解决细节问题。他们大约有12个小组，每个小组有6个成员，在相邻的生产线上进行相同的工作。在正常情况下，每个小组的工作方式应完全相同，步调一致，并且动作划一。但是，由于工作细节是由工人自己制定的，每个小组实际工作起来都会有些微差别。然而，他们都拥有一个共同的理念：他们是一个整体，而不是6个独立个体。在一个小组中，6个工人同时轮岗，在一段时间中他们只从事一项作业，但是在整个循环中，他们要从事每一项作业。在另一个小组中，有两个工人从事固定的作业不变，其他4个工人进行轮岗，而这两个固定岗之间则相互轮换。而在第三个小组中，6个工人分成两组工作，每个工人总是从事一项固定的作业，而在完成整个作业循环之后，两组之间调换位置。

在安装汽缸盖的车间，实际的劳动生产率要远远高于工厂的其他部门，以至于有些时候这些工作组必须停工一段时间以等待其他部门的进度跟上。在这家忙得热火朝天的工厂中，唯有这个车间显得从容不迫。偶然观察一下他们的工作，会发现这里的工人都很放松，就像网球高手越是在比赛的紧张时刻，越表现得闲适而从容一样。工作的调剂甚至可以是工人互相之间的小玩笑，这种家庭式氛围对所有人都显得难能可贵。工作小组之间的对话（这在工厂车间中是绝无仅有的）反映了一种友好的竞争精神，而在其他小组出现故障时，大家也愿意伸出援手。

还有一个例子则反映出将个体隔绝的无效率和社会分裂效应。它来自战后中西部一家电气设备工厂的经验。在小开关装配部门，8名女工作为一组在一起工作，共有大概20个这样的小组。以前，这些女工围坐在一张圆桌旁，依次传递手中的活计，表面上毫无组织性可言。在提高生产效率的运动中，她们的工作按照流水线原理进行了重组。每个女工分配一项作业。以前被杂乱无章地置于桌子中间的零件和组件，现在被传送带以假定的工作速度传送到每个女工的工作区。照明得到了改善，座椅的高度和形状也得到了调整，等等。诸如此类，旨在提高工人工作的舒适度。为了使工人轻松适应这种过渡，在试验期内，产量指标仍保持原状不变。然而，工人马上开始抱怨指标订得过高，实际上，他们无法保持新的工作"速度"，致使进度落后。残次品数量骤然上升，旷工和病假现象也不断增多，随之出现的还有一些小事故以及反映头疼和眼睛不适的症状。工人之间的摩擦和争斗成了家常便饭，而这些在以前是闻所未闻的。最能揭示问题的现象是工人普遍抱怨座位靠得太近，而实际上，工作位置之间的距离没有任何变化。只不过以前是一个紧密结合的团队，而现在则是8个孤立的个人，每个人都要求有自己的"生存空间"。

工厂的经理相当聪明，他意识到了症结所在，同时提出了让工人自己解决问题的设想。结果，工人保留了所有对工作舒适度和方便程度有利的创新，诸如照明、新式座椅、传送带等。她们同时也摒弃了将一个工人限制在一项作业上的做法。她们恢复了团队的形式，自此生产效率不仅较旧标准有了提高，而且高出了一大截。至今已经大约两年了，仍保持着这种高速增长的势头。让工业设计师最感困惑的是：每当他们试图找到问题的症结所在时，他们总是发现所定的指标（其实就是工人一直以来的实际工作速度）按照工业设计标准衡量实际上相当高。

基本的问题不仅在于将人看作没有生命的机器，还在于没有理解大规模生产的本质。举例来说，目前普遍采用的个人产量定额制以及个人激励工资制，两者合起来加剧了对人的孤立，并将其与他人对立起来。

制定生产指标的思想无可厚非，事实上离开它大规模生产便无法运作。同样地，将产量与金钱奖励挂钩的做法也无可指摘。然而，在很多情况下，由于与大规模生产的基本原则背道而驰，**个人生产定额**与**个人激励**反而具有社会分裂效应。造成这一结果，是由于将分析和应用相互混淆：将作业分为一系列基本动作进行分析，这本来是正确的，但是在应用中，将其演变为把工人限制在一项作业上，这就导致了错误。以个人生产定额和个人激励对工作进行**评价**，这一做法确实是必要的，然而在实际应用时，我们也不必像在说"cat"这个词时，一定要逐个拼出 c、a、t 这几个字母一样（实际上，字母表确实是对"科学管理"方法最古老而最富有想象力的应用）。

个人生产定额和个人激励的反社会效应，在大多数情况下都纯粹是无意所为，除非有某些情况与这里所指的完全相反——甚至只有少数管理层意识到这些政策还具有社会影响。管理者之所以采取上述措施，一方面是因为它们是传统的方法，另一方面是因为它们便于实施，效果明显。但是这些理由并不能抵消它们对集体所产生的负面效应。工厂中的非正式组织可能会煽动工人破坏这些措施，这样做虽然保住了工厂社区却毁掉了生产效率。或者在另一种情况下，激励之可观让人难以抗拒，此时虽然可以实现生产效率，但是以摧毁整个社会集体，引发工人之间以及工人与企业之间的敌对情绪为代价的。然而，好的激励机制本来可以成为，也有能力成为集体凝聚力的源泉，成为工人一心为企业和生产效率服务的动力。

我们主要从以下三个方面着手解决运作问题：工作安排、作业与人的关系以及同一岗位的同事间关系。解决问题的办法主要来自运作实践。但是这些问题本身是社会性的：不当的处理技巧造成了不满情绪、摩擦和社会紧张感，同时也降低了企业人力资源的生产效率。

这些问题仍可以被称为是技术问题，因为解决它们不需要标新立异，而只需要将以下必须完成的工作扎扎实实地做好：招聘、合适的工作安排和培训；规划好各项作业和工作；建立一套绩效标准和薪酬体系。

## 整合的需求

我们在前面已经提及个人具有加入社区的需求。这种需求有很多种叫法，像"认同"的需求、"自尊"的需求、"理性"的需求，等等。在今天的工业社会中，它永远是人们的共同需求，并有可能是最为强烈的需求。如果这种需求得不到实现，集体的工作和个人的工作都将失去意义。在我们的所有研究中，这种需求及其重要性得到了最为全面的验证。

其中一种表现是在工作和作业发生变化时，个人对其强烈的抵制。我们已经讨论过对技术变革的抵制，但是对所有的变革而言，整个工厂都存在着深度抵制。这反映出工人对其岗位和工作缺乏有力的理解，从而把任何变革都看作对自己内在安全感的威胁。

个人在孤立无助的情况下，很少能满足自己对于理解和整合的需求。他需要一个新的工具认识整体以及其中的自己。只有在高层才能轻而易举地观察到大规模生产的整体，及其与人的关系。

在这一点上，第二次世界大战再次给我们提供了生动的证据，证明了整合的重要性。整合使得管理层和工人都意识到工作意义和目的，并意识到实现工作意义和目的的困难所在。同时它也给我们展示了如何应对这些困难。

在许多情况下，至少在美国，战时生产不会给工人的实际操作带来什么变化，但是它意味着工作的意义和目的发生了彻底的改变。同样单调乏味的工作摇身一变，成为民族奋斗中至关重要的部分。工人突然发现工作是一种骄傲，岗位可以产生意义。这种情况同样使工人意识到，他们对于自己的工作、工厂以及产品的了解少得可怜，由此产生的获取信息的需求一下子难住了管理层。事实表明，工人不仅仅是为了工资单而生产，还为了满足他们对工作、工厂、生产流程和产品的深入兴趣而生产。这就是 10 年前霍桑实验给予我们的谆谆告诫。这还说明，满足工人对职责、信息和知情权的需求，将会直接带来更高的生产效率和产出水平。

同样令人吃惊的事发生在第二次世界大战后的美国。工人不再给战斗机的座舱门安装合页，转而给小客车门安装合页。完全一样的合页，完全一样的工作，但是工作的意义不复存在。结果导致了懈怠情绪、强烈的挫败感与不满情绪（在英国，这种情绪也许比美国更明显）。通常被称之为"疲劳"的现象（第二次世界大战后生产效率的骤降）很有可能就是这种不满的产物，工人在战时生产时所获得的满足感和工作意义现在被剥夺，从而造成了这种结果。美国在第二次世界大战后的罢工潮也有可能源于同样的问题。

为了理解为什么大规模生产企业很难将工人的工作与集体的工作联系起来，我们还要把现代化工厂的社会组织与剧团或交响乐团做一个类比。这种比较足以演示我们所说的"整合"，但是其作用也仅此而已。也就是说，无论跑龙套的演员多么微不足道，他也是在"表演"，他的工作与明星的工作属于同一范畴。但是，如果一个初出茅庐的年轻演员试图按照明星的工作方式想象自己的工作，他就很可能犯了一个严重的错误。不过，他至少认为自己了解明星的工作含义。而在成形钢板和成品涡轮之间，就不存在这种想象的关系；用商业机器给卡片打孔与银行业务也完全扯不上关系。从钢板成形或打孔工作所想象出来的，只能是更大型的钢板和更多的孔。

因此，制造麻烦的并不是作业的规模甚至作业的类型，而是在现代化工业流程中以怎样的整合方式制造产品。现代化流程本身是人类思想上最伟大、最有创造性的成就之一，是一个大胆的构想、一个集成与有序的创举。

但是整体的概念、产品和秩序只有通过最终的产品才能得到整合，这一点只有处于最高层的人才能轻松实现。这就好比在一个交响乐团中，只有指挥才能听见所有的乐器，而每个演奏家只能坐在自己的隔音演奏席上，完全看不到也听不见其他的乐器。通过遵守极其严格的时间准则，乐团能创造出一曲交响乐。但是没有一个乐手知道自己在干什么，他们中的任何人也无法说清自己为最终结果做出了什么贡献，也许他们面前甚至连完整的乐谱都没有。

工人需要做的是以管理者的眼光看待企业。只有这样他才能理解自己的工作，而从自身的工作出发，他是无法了解整体的。这种了解并不是提供信息、培训课程、组织工厂参观及其他类似措施所能解决的问题，它真正需要的是在个人工作中贯穿有关整体的切实经验。在我们的研究中总是发现，一个工人若能在自己的本职工作与整体工作之间，成功建立起一种富有意义的关系，那么他肯定是一个具有"管理者态度"的人，并且能将自己的业务操作融入整个生产流程中去。

举例来说，在通用汽车公司，有一个工人负责操作废物处理机。这项工作本身是一个毫无技术含量，又脏又乏味的清洁岗位，但是这个工人成功地把自己的工作与整体流程联系在一起。他通过分析丢弃废物的种类，再现了整个生产过程，而这一过程他也许从未亲眼见过。这其中的关键不在于他的再现是否精确，而在于这个从事最单调工作的工人，却能够将自己看作整体的一部分。更为关键的是，他实现这一点的唯一途径就是通过整体，通过"管理者的角度"看待自己的工作。这个工人有罕见的想象力，虽然并非绝无仅有，他也肯定是惯例外的特例。同时，尽管他也许从未成功过，但是在激发"管理者态度"的竞赛中，他是一个成功者。

同样的问题还存在另一个方面：工人应当有能力赋予其产品以使用价值。

前工业社会往往处于勉强糊口的状态，只能生产很少的产品。因此，几乎每一项工作对社会的重要性都立时显现无疑——当时的见证者柏拉图就将所有的工作者分为军人、劳工和哲学家,而德国法律中对所有人类劳动的分类与上述分类几乎完全一样:Wehrstand、Naehrstand 和 Lehrstand(即防御阶层、赡养阶层和教师阶层)。

然而我们的工业化社会则非常复杂,并且早已远离了糊口的边缘。这个社会中很少有工作是必不可少的,没有它们社会就无法发展;很少有工作与社会有效性具有直接联系;也很少有产品和工作具有显著的社会意义。

另外,对于前工业社会中的手工工人来说,与其技术本身所带来的骄傲感相比,其工作的社会价值是次要的。即使在今天,大规模生产工厂中仍存在着一个群体,完全不关心其产品的社会功能,他们就是高级技术工人。如果工作本身就引人注目,比如钢厂的工作,那么情况也是如此。在战时,这类产品的社会意义根本不是问题。但是如何赋予一个罐头刀或灯罩以社会意义和目的呢?可是工人确实需要自己的工作具有意义(尤其是在经历了第二次世界大战之后)。

这一需求明显造成了工人所强调方面的不同。在通用汽车公司论文竞赛中,有的工人生产的部件具有明显的用途,例如汽车发动机,而有的工人生产的部件则"并不引人注目",例如为卡车布线的工作。这两种工人之间就表现出强调方式的差异。在第一类工人中,对产品的自豪感不仅很高,而且还是强烈的工作满意度的主要源泉。而另一类工人即使是在一家工作条件较好,雇用关系稳定,人事管理也不错的工厂中,他们对产品的自豪感要么缺失,要么就是一谈起来就有一种阿Q精神:"尽管没人看见我们的产品,但是我知道它很重要就行了。"在美国,所有与汽车有关的东西都会令人刮目相看,备受尊重——在汽车行业中的情形尚且如此,在那些默默无闻的行业中,对产品社会意义的要求又该是多么强烈呢?

就纳粹德国的经验来看,解决这个问题的方法只有一种:制造源源不断的对"民族奋斗精神"的膜拜。但是除了真正发动战争之外,这种方法只能让整个国家陷入癫狂。更糟糕的是,只有通过玩弄战争之火才能维持这种奋斗状态。这种刺激将会导致全民族的上瘾,并需要不断加大剂量,最终使整个国家中毒。总之,要想发动战争,最好的办法就是诉诸"民族奋斗精神",以获取社会凝聚力和社会意义。然而,如果我们无法为工业社会的个体解决赋予其产品意义和功能的问题,我们会发现自己将被迫利用"生产战役"伪造感情上的满足感。

理解并解决这一问题的关键是要明白以下道理:尽管这个问题仍在困扰着监督人员、中低层管理者和普通员工,但是在管理者看来它并不成问题。从管理者的角度来看,每个产品都具有明显的社会意义。其中的原因当然在于:管理者所关注的并不是罐头刀或灯罩,而是业务中的制造和设计问题、采购和销售问题、财务和会计问题,等等。此时所需要的还是"管理者态度"。

工人迫切要求尽可能多地了解整个企业,其心情可以理解。但是我们所有的证据显示:工人若从其自身的优势地位出发,则无法以"管理者的态度"看待企业,也无法领会其工作与整体工作间的关系。

CHAPTER 18 | 第 18 章

# 真的缺乏机会吗

工业社会企业里获得升迁的机会要比以前的任何一个社会都要多。统计资料表示，升迁的机会快速增长，这是因为工业企业的发展必须依赖中层职位及具体管理者的持续稳定的增长。现在，由于经理人的供给不能满足企业日益增长的需求，美国的大企业几乎都已着手建立经理人及监督人员的招聘和培训系统。

然而，在工业社会里，地位升迁的实际实现变得越发的困难，机会均等的承诺的实现越来越少。在美国之外，这也许并不重要。从普通工人变成管理者是罕见的事情。但是，在美国，承诺每个人在工业发展中享有平等的机会是极为重要的，它被视为"民主"的基础。

解开这个谜团的关键在于工业社会中中层及上层阶级、经理层群体所需的"技能"的性质。它不仅是传统意义上根据长期实践经验积累的技能，还需要理论知识和管理的技能。在一般的工作岗位上，无论这个岗位对技术性技能要求有多高，工人都不可能从这个岗位的工作中积累所需的管理知识，这个岗位也不可能提供展示管理工作能力的机会。同样地，普通的管理工作岗位也不可能提供展示高层管理能力的机会，更不可能提供高层管理的经验。这样的结果是，尽管企业能提供的现场管理、中层管理职位的数量和比例在不断地上升，但是工人升为现场管理人员、现场管理人员升为中层管理者的概率，却变得越来越小。对于企业关于管理职位需求的满足，通常是通过外部聘用加以解决，而较少通过内部的阶梯式升迁实现。由于测度工人绩效的指标不适用于现场管理人员，而现场管理人员的绩效指标也不适用于中层管理人员，因此，内部的升迁常导致这样的情况：升迁者对新的职位的绩效指标无法理解。从这个角度来看，这样的内部升迁是不理性的。

## 领班职位的重要性

领班作为第一线的管理人员，在企业内职业发展机会这个问题中占据着核心位置。他的重要性在于他的双重特性：一方面，他是普通工人群体中的资深人士，称为未被正式任命的工业企业中的"准尉"；另一方面，他又是管理层的一员，就像军队里正式任命的"少尉"，而不是长期服役却未被正式任命的"准尉"，这在美国企业中尤为明显，是美国传统。领班这个职位是工人与管理层两大群体之间的桥梁，工人晋升管理层的机会就在于此职位。管理层声称"领班是第一线的管理层"，也正因为如此，领班参加工会，会对管理层的凝聚力和职能产生直接的冲击。

领班首先是作为一个长期服务于某个行业的"军士"，他不是一个技能很好、手艺精熟的工人。他所需要的技能不是关于如何使用某种工具、某种技术的，而是如何安排本部门的各种日常事务和本部门每个人的工作，这如同技术性技能的积累一样，尽管也需要一些天赋，但主要依靠长时间实际工作经验的积累。

作为管理层的一员，尽管职位很低，但领班的职位仍需要一系列管理知识与能力，如组织的知识、技术规程知识及关于政策的理解。这个职位要求的能力是智力方面的，不是技术性的。这个职位所需要的培训是原理知识的培训，而不是长期的培训。这个职位要求胜任者能同时具备两种素质：一是作为一小群工人的领导者的素质；二是作为管理团队初级成员参与管理团队的素质，能将这两种素质结合在一起是很困难的事情。这两种素质即使没到相互冲突的程度，至少也是相差悬殊的。有的人甚至会说，长期从事实际工作的经验能使一个人成为第一种意义上的优秀的领班，但又使他成为第二种意义上不合格的领班。

领班这个职位夹在差异悬殊的要求之间，变得越来越难以胜任。他不仅需要掌握很多的知识，还必须能亲自动手完成本部门的各项工作。另外，他还要做一些书面的文案工作。一家大公司最近推出的一本领班手册，列出了750个方面的知识与技能要求，从公司的资产负债表到公司产品的用途、劳动政策等，无所不包。要求领班对这些知识要充分掌握，以便向工人提供咨询。然而，这个手册却把领班的真正的工作及关于他所处部门的工作遗漏了。这表明，公司认为关于技术、工具、工艺及部门的人员管理等，领班必须要了解的部分，他应该早就掌握了。

即使全面掌握这本手册上所有内容的领班，也难以成为一个合格的中层管理者。一方面，领班的工作已经变得与工人的工作如此不同，使得工人越来越难以升迁到领班的职位；另一方面，领班的职位又失去了许多以前有的管理特性，这也使得领班越来越难成为合格的中层管理者。

50年前，领班不仅是"第一线的管理者"，他同时也几乎是公司管理层的最后一个等级。他们自己运营着自己的部门。在不久之前，也就是在美国内战之后，领班实际上就是部门经理——这在美国极为普遍，他们运营着自己的部门并承担着相应的风险。所有的"管理高层"主要关注的是销售和财务，几乎不插手具体的生产。此时的领班位置就是一个实质上的管理的位置。

而今天，领班的工作任务尽管变得极为繁重、极为复杂，但几乎完全丧失了管理的成分。领班没有决策的权力，本该属于他的那些权力，不是被他的上级管理者剥夺了，就是被工会拿走了。他现在不用做什么决策。通常，他不再能决定可以雇用哪位工人做他的下属。他也不参与政策的制定，甚至不会有人告诉他，公司的政策是什么。这倒不一定是一种短视或不妥当的策略，因为领班所管理的部门实在是太小了，充其量只能给他一个管理者的名分。同时，他所肩负的责任也过于繁重，令他无暇他顾。

## 晋升阶梯中的裂隙

一个严重的后果是，人们会普遍抱怨，职位的升迁不是看你的业绩，而是根据偏爱、一时兴起或先入为主的看法。这样的指责有它的合理的成分，唯有全能的记录之神，能依据对某个人的全面认识进行人事决策。但是，人们同样相信，公司的管理层对制定一个理性的、客观的、不带个人感情色彩的职位升迁政策的努力，可谓不遗余力。即如他们认为，实际的升迁取决于领导的直觉。一个优秀的工人所具备的素质并不能令他成为一个好的领班。同样，一个优秀的领班所具备的素质也不能令他成为一个好的管理者。因此，即使最理想的职位升迁决策，对升迁者原先的阶层的人来说也是无法理喻的，他们也会觉得它是非理性的、武断的。这是因为决定某人是否升迁的标准与他们自己熟悉的标准是不一样的，因此，他们会觉得无法理解。正因为如此，以资历作为升迁的依据有它存在的空间，它毕竟是一个简单、明了、不具争议的标准，尽管它与人的优点、工作要求毫不相关。

在实际生活中，职位升迁之梯正在破损。一种趋势是通过管理培训输送领班人才，在这种情况下，工人通常没有升迁的机会。而领班则直接从大学、技术学校、商学院招聘，或者招聘"管理者专门培训课程"的毕业生。另一种趋势则是，将领班视为工人的职位升迁的封顶。而管理层的职位则从一些管理性职能部门挑选人员，或直接从商学院的研究生中招聘，尤其是哈佛商学院，它是专门输送管理高级人才的教育机构。这些招聘来的高级人才直接进入管理层中较初级的位置，通常作为高级管理层的副手。他们根本不会进入生产的第一线。

美国电报公司几乎一直以来遵循第一种模式，它直接从大学招聘人才进入领班的职位。化工行业则为普通工人保留了一些领班的职位。在有机化学和合成化工行业中，即使是要做好普通岗位的工作，也需要较好的科学与工程背景。

而通用电气公司则从普通员工中挑选领班，但更高的管理职位则是直接从研究生院招聘在管理方面训练有素的人才。在这方面，铁路企业可能走得更远，它几乎消除了领班上升为管理者的可能性。铁路企业的领班几乎无一例外地是由普通工人升迁上来的，但是，等他们熬到领班这个份儿上，他们的年龄已经很大了，根本没有机会继续升迁为管理者。此时，领班作为工作小组的领导的素质要求得以保留。与聪明的年轻人相比，年龄大一些的领班可能会更胜任工作一些，能保证手下的工人服从他。而一所从技术学校刚毕业的年轻人可能对世事并不谙熟，下面的工人也不服他。但是，一家典型的铁路企业的领班至多是一个未被正式任命的"准尉"，除此之外，他什么也不是。他只掌握技术，对管理工作不理解，也没有接受过相关的专门培训，所以不太可能成为一个真正的管理岗位的候选者。

工人获得发展的另外一种模式是非美国式或者说非资本主义式的，它是苏联曾有的工人升迁为管理者的模式。

20年前，苏联的工业化浪潮刚刚开始的时候，工人面临的机会确实是空前巨大的。因为在大革命之前，没有这些管理位置，而工业化的浪潮一旦兴起，这些位置就全部空缺在那里。另外还有一些新的行业的出现，需要填补它们的管理岗位。某个工人只要能展示他能迅速地学会新工作的能力，马上就会得到提升。1926~1936年，苏联的职位发展机会的确是空前的，一个刚刚走出农场的年轻人，只要能展示出他的能力和勤勉，他几乎一定能获得一个重要的职位。但是，国家马上就认识到，尽管能很快提升一批优秀的领班和管理者，但是缺乏优秀的技术人才及出色的执行者，而同时，工具的发展离不开这些。因此，在1936年，几乎在一夜之间，苏联的政策出现了180度的大转弯。从那以后，有能力的工人可以获得很高的工资，几乎是平均工资水平的三四倍。但是，他们永远不可能成为管理者，甚至连成为领班的可能性都没有。而领班以上的管理职位则是直接从技术学校或大学的毕业生中招聘的，他们是未来的高层管理者。而这些学生又可能是技术人员、公司管理者或政府官员的子孙。虽然这种转变本身不是由意识形态驱使的，但是，它体现了对工业发展情况变化的反应。

在美国，大学教育的需求非常旺盛。这体现了这样的情况，年轻的一代不再相信从基层开始的升迁之梯的存在，他们认为到达顶层的唯一机会来自更高的起点。

在工业社会中，尽管中层阶层及管理职位的数量在不断增加，但是人们的实际经验告诉他们，现在的机会在缩减。更重要的是，由于企业已成为工业社会的中心组织，它使得整个社会中的发展机会变少了。因为在企业里只有一个威望体系，那就是与经济性有关的威望体系，它只承认一种贡献，那就是经济贡献。它没有给其他的威望体系留下空间，包括个人在社区中的地位、某群体的领袖、社会与公民责任等带来的声望与满足感。它唯一能提供的就是职位提升，除此以外没有其他途径实现人们对声望的需求。

然而，人们却能在工厂社区找到实现社会承认、满足其成功欲望的途径。因此，工厂社区之外的机会和升迁并不能带来多大的满足感。

只有很少的一部分人才能得到升迁。每10个工人中只有一个人有可能被提升为领班，而20个领班中只有一个有机会能成为大领班；一个工人成为一个普通的管理者的概率则是1/3000。可见，尽管在工业社会中，升迁的机会比以前任何一个社会都要大，但机会仍然很小。

另外，企业只能满足这样一类人对机会的需求，他们将经济方面的提升看成最有意义的成功。这类人毕竟只是一小部分。因此，企业中的升迁给人们带来的满足感大打折扣。因为升迁似乎永无止境，前面似乎总还有一个台阶，这使得所谓的升迁更像是"薪水的上涨"。如果你去访问一名刚刚升迁的某大型公司的某个主要部门的经理，他若马上就开始谈论自己以前的上司的工作业绩及声望，那是很少见的，他一定是一个特别坦诚的人。

企业要充分利用它所能获得的所有的潜能、天赋与才能。它不可能只依靠上层阶层的管理者，而放弃其余90%的成员的天赋与才能。美国的企业，也只有美国的企业，没有将管理职位完全地局限在接受过良好教育或出身良好的人群中，而是保证工人也有一定的机会进入管理职位。这是美国能成为领先的工业国家的主要原因之一。而丰富的自然资源、领先的技术及好运气，这三个因素尽管也很重要，但它们不是美国成为领先者的根本原因。真正的原因是我们对人力资源的充分利用，充分发挥他们的领导力，充分施展他们的抱负，充分利用他们的能力，尽管这种愿望有时是单方面的，但正是它赋予了美国经济发展的强劲动力。如果企业里的升迁机会被取消了，企业的情况和整个经济的发展都会受到影响，这种影响就如同对其他任何一种生产性资源的破坏一样。

替代从普通员工逐步升迁这种模式的是大学教育。所有有能力的年轻人都通过大学教育而直接进入管理层，这种替代实际上是不合适的。能在学术上取得成功，并不表明他能胜任管理工作，他的学术能力并不是企业需要的能力。企业让一个在学校表现突出的毕业生进入管理岗位，就有可能将它真正需要的人才——有创业精神的人、创新者、能够承担风险的人拒之门外。这个过程本身也是要注定失败的。在这样的制度下，除了最贫穷的家庭以外，所有的家庭都会让自己的孩子上大学，希望在毕业之后能获得一个好的职位。但是人人都如此，不可能每人都能获得理想的职位，而那些毕业生又不屑于从事职位较低的工作，可是他们除了能找到这些工作之外又找不到合适的工作。将学位视为获得提升的通行证，这也把教育引向了歧途。我们的教育将会沦为时髦的、最易销售的技能的速成班。但是，一个自由社会体制需要的是致力于性格培养、造就领导人才的教育制度。

总而言之，一个社会不能仅仅通过经济上的满足来满足所有人的需求。它必须要保证能实现一个真正的社区意义上的声望的满足。如果一个社会不能做到这一点，就会让它的成员错误地认为发展机会在缩减，甚至消失了。他们也会在企业之外寻找满足这些需要的途径，并因此而对企业心怀不满。工会最具有吸引力的方面就在于，它通过工会活动、工会的领导岗位，使人们能够获得他在企业里不能获得的社会满足感和声望。如果这种满足只能在工会里获得，它就会成为人们反对企业的理由。

此外，如果我们对社会提供平等机会失去信心，将会危及整个社会的凝聚力，这是不言而喻的。

CHAPTER 19 | 第 19 章

# 沟 通 缺 口

企业社区中不同群体之间的相互关系问题,与到现在为止我们讨论的所有问题都有本质的区别。这个问题常被称为是"沟通"问题,也就是不同职能的群体之间彼此理解、了解彼此的职能和需要的问题。

我们基本上可以说,现在的企业几乎没有什么沟通。企业的不同群体之间彼此互不了解,他们不能想象也不可能理解另一个群体所做的工作,或他们为什么要做这些工作。人们常将这个问题称为"管理层与工人之间的沟通问题"。这种提法是有误导性的。我们讨论的不只是两个群体——"管理层"和"工人",而至少是三个,即"管理高层""中层管理者与领班"及"普通工人"。从社会学意义和政治学意义上来说,这三个群体之间都存在着明显的差异。管理高层与中层管理者之间的沟通同样十分缺乏,一如这两个群体与工人之间的沟通一样。

在工业中,"沟通"这个词的词义是纯技术性的,它指传递信息的工具,而不是指传递的内容,比如,它指的是传递信息的电话,而不是指你在电话里交谈的内容。结果，人们常将"沟通问题"视为一个技术性的问题，也就是如何保证管理层或工人能方便地获得信息。其实，企业里并不是缺乏传播信息的技术性手段，许多企业采取的改进沟通问题的措施，比如工厂的内部报纸、培训会议、给员工的信、员工意见调查等，这些措施实际上是重复性的，它们相对于现有的信息传播工具及传播的信息来说，并没有什么改进，对所有的群体来说，并没有因这些工具而获得更多的信息，他们获得的信息和以前的一样多。企业里真正缺乏的是每个团体都愿意而且能够聆听其他群体，换言之，真正缺乏的是理解与想象，而不是信息。

这种相互理解的缺乏，其根本原因在于三个群体在职能上的不同。尽管这三个群体看到的都是同一个事物，即企业，但是他们是从不同的视角和不同的视野看待企业的。对某个群体来说，某件事也许是显而易见的，但另一个群体也许根本看不出来。

管理高层从整体的角度看待企业，看到的是经济绩效、生产效率和产出率，并将企业视为一个复杂的、竞争性经济中的一个分子。

中层管理者及一线管理人员则将企业视为一台复杂的机器，视为"部门"和不同职能岗位的集合，他们更愿意将企业视为一个自我运行的组织，而不是整个经济中的一个分子。在很多时候，他们甚至还看不到这么远，而是只局限在自己从事的职能中。但中层管理者相对于管理高层，对企业的政治性及社会性更为了解，而对企业的经济性则不甚了解。管理高层的每个成员都知道公司当前的财务状况是否良好。但是在中层管理人员中，只有极少数人能说清楚企业当前的运营状况，更不用说了解与自己工作相关的财务数据了，那更是凤毛麟角。另外，高层管理者通常对一个酝酿中的罢工毫不知情，而中层管理者对公司面临的问题有深刻的认识，并知道真正的问题在哪里。

每个管理群体都只看到了整体的一个方面：管理高层将企业视作一台经

济性的机器，而中层管理者则将它视作一个管理实体，或者说，最好将它视为一种政治性和社会性的组织。

而工人呢，这两个方面都看不到。从他的岗位来看，管理者职能对他来说毫不相干，无论是管理高层看重的经济责任，还是中层管理者看重的技术职能，并把企业视为一种社会化组织，这些对工人来说都没有什么意义。他的看法取决于他的具体工作及他旁边的同事的工作、他与工作之间的关系以及他与其他工人之间的关系。即使他知道其他部门所从事的工作，他也无法将这些组合到一起，获得一幅关于企业的整体图景，更何况还要把一些无形的职能加进来，比如销售、采购、工程与研发、财务及计划，而这些工作正是管理高层的主要责任。然而，尽管工人只能看到一方面，但他们认为他们看到了整体。

## 山的另一边

问题的根源在于企业的多元性，而每个群体通常只看到它的一个方面。此外，就它们各自关心的问题，它们又都能从自己的角度做出充分的解释，这又令人觉得其看法是可信的。通常，只有站在企业之外回头看，才知道每个群体的看法是多么不全面，而在企业内部时，每个群体都会觉得自己的看法是全面的。

一个人从普通的工人升为管理者之后，他常常会不记得他在几年前做工人时对企业的看法。他就像儿歌中唱的那只熊一样，它越过高山，"看到的全是山的另一边"。由于只有极少数人会意识到他会记不起以往的观点，因此，很多人都以为自己是基于以前的观点制定政策、完成实际工作的，其实这只是一种幻觉。

一个人从一个群体升迁到另外一个群体，他必须要接受新的观点，抛弃旧的观点，唯其如此才能有效地完成新的工作。这正是许多工人在接受领班工作时会犹豫的原因。一方面，人自然会想获得更重要的工作，这会带来更多的收入和声望。但是，他们即使对这个新的、极富挑战的责任无所畏惧（这项工作在大型企业里尤具挑战性），也会畏惧这项工作带来的新的氛围和新的社会环境。这个升迁会扰乱他和他的家庭在工厂以外建立的友谊，也会扰乱他和工厂里的其他工人建立的社会关系。这会逼迫着他们改变行为模式、做人的原则及基本观点。但是，一个人除非能做出这些改变，甚至可以说除非变得耳目一新（换了"眼睛"和"耳朵"），否则就不可能成为一个有效的领班。

从中层管理者升迁为管理高层也要经历类似的洗心革面，甚至，这种革新更为困难，因为两者的分界线并不那么明显。成为领班的工人不再为他以前的工人群体所接纳。这会使他的转变过程极为痛苦。我们认识的许多领班都说，他们一开始觉得很孤独、很孤立，就像赤身裸体的一个人。正是这个原因，使得领班的转变更为迅速，也更为彻底。但是，从中层管理位置升迁到高层管理位置却不需要经历类似的"初次仪式"。从社会意义上看，这两个管理群体之间的差异至少从表面上看，不像工人与管理层群体之间的差距那么大。然而，从职能上看，两个管理群体之间的差距可能更大、更显著。由于一些自中层管理位置升迁而来的高层管理者的角色转变不那么彻底，他们对问题的看法从没有超越他们做领班时的眼光，从来就没有真正获得高层管理者看待事物的视角，因而他们也就从来没有真正完成好高层管理的工作。

这三个群体之间沟通的缺乏，使得每个群体都难以理解另外一个群体的看法，也使得每个群体都难以理解其他群体所从事的工作。

这无疑会加剧我们已经讨论过的所有问题、差异与冲突。例如，管理者很难理解工人为什么把工作称作收入，而工人也很难理解管理层为什么非要把工资称作单位成本。管理层不能理解工人为什么不能把自己的工作与整个产品联系起来，工人也不理解管理层为什么只看到整体，而看不到它的组成部分。它同样也会使中层管理者的问题更为严重，尤其是中层管理者在处理如何更好地将自己的工作整合到公司的整体中时，变得更加困难。这就部分地解释了，为什么管理高层常常会发现中层管理者不理解他们关注的问题、政策和决策，同样，中层管理者也会发现高层管理者不理解他们。对工人来说，如果他们不理解管理层的工作及为什么要做这些，他们会认为管理层的决策是武断的、不理性的。而对高层管理者来说，由于他们不了解工人，所以他们也会觉得工人的行为是不理性的、无法理喻的。而中层管理者被夹在中间，既不理解工人的行动，也不理解管理高层的动机、理由和行动。

理解和想象的缺乏，会影响所有的决策和行动、态度与行为，也会影响管理政策及管理职能，无论是经济的、工程的，还是厂房布置、生产方法或人事政策，无不受到它的影响。相对而言，工人对管理者的工作的理解要多一些，因为他们对管理层表现出的尊敬要多于管理层对他们的尊敬，而管理层对工人的理解则要少一些。

在过去的几年里，整个企业界，特别是管理层，已经开始意识到沟通问题。没有这个意识，这个问题就不可能得到解决，即使到现在，也没有找到一个解决这个问题的普遍的、有效的方法。但是，意识本身不是问题的解决方法，目前管理层所采用的建立沟通体系的方法也不是特别有效。目前所采用的方法主要是将尽可能多的信息投放到工厂社区，但是，工人既不愿意，也难以接受和理解管理者硬塞给他们的这么多信息。真正需要的不是信息，而是新的"感知器官"，需要这三个群体都换上新的"眼睛"、新的"耳朵"。

因此，解决问题的方案是制度性的，而不单是信息。管理高层需要装备一个"聆听"的器官,这样,他才知道中层管理者及工人需要知道哪些信息,也才能知道中层管理者及工人为什么不能理解对他来说十分简单、十分清楚的道理。而中层管理者和工人也要长出类似的"耳朵"。目前管理层所做的努力,就像试图让一个中国人和一个西班牙人在电话中沟通一样,除非其中一个人能听得懂对方的语言,否则,再完美的电话系统也无法让他们两人通过通话而明白对方的意思。而在今天的企业界,连沟通的工具(就如同上面例子中的电话)都非常缺乏,更不用说不同群体之间的共同语言了。

CHAPTER 20 | 第20章

# "投币机论"与"萧条休克症"

如果从我们以上的讨论中得出结论，认为工厂社区和企业完全不能带来地位和职责，那就大错特错了。

事实上，地位和职责能在相当大的程度上得到实现。只要稍稍留意一下，我们就可以看到铸造工人、铁路工人、重型机器设备操作工人等群体所表现出的自豪感、身份感和满意感。从数量上来说，至少在美国，对实际工作关系持正面认识的人要远远大于持负面认识的人。

这一点又不能过分强调。它表明企业能够成为一个具有良好社会功能的机构。它同时也意味着依靠企业内部的自然力量，完全可以建立起良好的社会秩序，达到克服障碍的程度。

但是，当从现有的情况转向趋势的分析时，我们发现，趋势正向相反的方向发展，能实现的社会要求的满足程度越来越低。

无论何时，工业环境下的个人只要接受了"管理者态度"，只要他能以整体的眼光看待自己的工作和工作岗位，正面的因素就会占主导地位。通用汽车公司论文竞赛很好地说明了这一点。但是，如果没有特别的努力，对个人产生影响的就会是负面的因素。要看到正面的情形，需要特别的努力，尤其是需要想象力。而负面的因素则是常态，是现实的情况，它们决定了人们的态度和行为。除非"管理者态度"成为一种常态，每天的实际工作有助于这种态度的形成，否则，负面和分裂的趋势、未得到解决的问题、缺乏满意感等，就将会成为决定性的、驱动性的因素。

负面的因素之所以如此明显，并产生着决定性的影响，根本原因是我们对于人的相互关系的认识是偏颇的，认为只有"工人"一方是有问题的，而办公室职员、现场管理人员及管理层并不存在社会问题。比如，迄今为止，我们的研究大部分都集中于普通工人。其实，处在白领阶层的人群可能是满意度更差的人群，而他们实际上决定着工业企业的社会秩序和社会氛围。他们的态度和行为决定了整个工厂的态度和行为。

有一个领域，我们可以几乎肯定地说，它的所有方面都是负面的，那就是沟通。这个问题使得积极因素不能发挥作用。在这里，听到的只有失望、不满意、幻想破灭、反对意见及抱怨，人们看到的、感觉到的都是这些负面的因素。人们想当然地以为积极的因素会自己发挥作用。其实，要使它们发挥作用，必须要保证不同群体之间能进行有效的沟通。

最后，也是最具决定性的一点是，几乎所有的负面动向都是**想象力的障碍**。正面的满意感通常体现在具体的、实实在在的事情及成就之中。然而分裂性的、负面性的力量，常常会介入无形的事物之中，正是它们常常影响人们的体验，例如地位的实现、职责履行的体验，如何摆正自己在整体中的位置，如何看待自己的工作在整体中的位置等。

大规模生产的模式和原理是如此抽象，对它们的理解需要个人有很丰富的想象力。我们应积极地引导、帮助甚至强制要求工业社会的每个成员，包括普通工人、中层管理者及管理高层，都认真地认识他们所处的社会。要做到这一点，必须首先给他们"装上"新的感知器官，因为在工业社会中，没有什么比克服想象的障碍更为困难的了。只有使每个人有真切的感受，无论是来自外部的实际体验，还是来自内部的象征性的、仪式性的体验，才有可能克服想象的障碍。

在这项工作中，我们面临的最大困难是左右着管理层和员工的态度的力量。管理层所持有的对人的本质的看法，使他无法正确地认识和理解工厂社区，他们持有的观点是所谓的"投币机论"，认为人就像投币机一样，只对金钱的刺激做出反应。而生活在恐惧、担忧中的工人则变得极为多疑，这就导致了"萧条休克症"的出现。如果说工厂中影响社会满意感实现的具体的障碍阻止了人们的想象力，那么投币机论和萧条休克症则从根本上摧毁了想象力。

## "投币机论"

"投币机似的人类"[1]这个概念不是工业社会创造的，而是18世纪理性主义者的一个低智商的产物，它的经典形象如今已固化成漫画式的形象。

根据这个概念，人只不过是一台机器。因此，从工程的观点来看，以不断发展着的工程原理运用于人类，将每个人视为服务于单一目的、高速运转的机器工具，是再自然不过的事情了。根据这个概念，人类还是一种只对金钱刺激做出反应的自动机器，就像路边卖口香糖的自动售货机一样。因此，基于这种认识，运用针对每个人的工资激励作为社会组织的基础、作为单个的人整合成企业的基础，就是再自然不过的事情了。

如果没有"投币机论"这种貌似科学，实际上荒唐透顶的概念，大规模

---

[1] 埃尔顿·梅奥用的词是"rabble hypothesis"（"乌合之众假设"）。——原注

生产革命也许就难以取得如此大的成功。要推翻并取代前工业社会，需要这样一种对人类及社会的极度简化、非常机械化的概念。革命越是彻底，它的口号就越简单，同时也越歪曲。而大规模生产是人类历史上最彻底的革命之一，它的口号也就难免简单、歪曲。因此，我们取得的大规模生产的成功，"投币机论"这个概念发挥的作用着实不少。

但是，这个概念的代价也是昂贵的。管理者看工人，看到的不是一个真正意义上的工人，只看到一幅投币机似的人类的漫画：一个贪婪的、懒散的、得过且过的、只对工资支票感兴趣的自动机器。而工人看管理者也如同管理者看他们一样，他看到的也是一幅投币机似的人类的漫画：一个肥胖的、穿着燕尾服、条纹裤子、整天收取债息的寄生虫。就是这些陈腐的漫画形象，影响着双方政策的制定。

这个概念无论在何种制度下的国家都没有什么区别。事实上，投币机似的这种概念能成为官方信条的国家，恰恰就是苏联，重要的原因就是它从李嘉图那里把这个概念继承过来，使之得以广泛传播。当然，西方世界对这个概念同样也是深信不疑，尽管很多人只是下意识地坚持这种观点。无论是在西方，还是在东方，要赋予个人适当的社会地位和社会责任，就必须彻底改变这种观点。

## "萧条休克症"

与"投币机论"具有同样破坏潜力的是"萧条休克症"，这是所有西方世界的工人都得忍受的煎熬，它是西方工人20世纪30年代那段痛苦经验的结果。

大萧条时期的长期失业使人们明白了一个道理，一个在工业社会中生存的核心定律：一个人要得到社会的认可、他的公民权甚至自尊，都依赖他是否拥有一份工作。一个人在工业社会里,如果没有工作,就不可能有真正意义上的社会存在。他的公民权会被剥夺,他的社会地位、他的同伴对他的尊重都会丧失,甚至连他的家人对他的尊重也会丧失,最后,连自己的自尊也一同丧失。工业社会里长期失业带来的社会性损害,是无论用多少金钱都弥补不了的㊀。

有多少人失业实际上并不那么重要,重要的是他们是否认为自己失业了。确实可能出现这样的情况,从数字上看,确实有大量的人失业,但是大家在心理上并不认为存在着失业问题,实际处于失业状态的人相信,他们遇到的只是暂时的困难,只是两次就业之间的一个间歇。例如,1945~1946年发生的情况就是这样的。那个时期是从战争结束向和平时期过渡的期间,有好几个月,美国很多地方的失业比例都非常高,但人们都认为那只是暂时的困难。另外,也可能出现相反的情况。如果失业的人觉得难以在短时间内找到工作,甚至觉得再找一份工作希望渺茫,此时,即使实际失业的全部人口很少,大家仍会有萧条恐惧心理。如果个人基本上能预测失业会持续多长时间,即使有较严重的失业问题,也不要紧,可以忍受过去。正是因为失业的根本影响在于它的社会性及心理性方面,因此,不确定性和不可预测性才是使它变得无法忍受的真正原因。

大萧条还摧毁了人们关于工作的获得是由理性的力量控制的信念。它甚至从根本上摧毁(至少动摇了)了人们对整个经济体系是理性的信念。工人认为决定他们的生命与生活的力量如同妖魔一般:不受工人的控制,甚至不受任何人的理性控制,无法预测,永远地潜藏在黑暗中,又随时有可能跳出来肆虐破坏。工人对经济力量的恐惧,正如同人类远祖对自然之无形力量

---

㊀ 意即,无论政府给长期失业的人多少金钱补助,都无法弥补长期失业带来的社会性损害。——译者注

的恐惧一样，我将这种恐惧称为"萧条休克症"。

萧条休克症并不只是局限于大萧条中失过业的工人，无论他失业的时间是长还是短，它其实适用于所有的工人。那些从1929～1939年一直有工作，一天都没有失过业，实际上根本不用担心会失业的工人，他们与失业的工人一样，忍受着同样的社会性与心理性煎熬，甚至有过之而无不及。对明天是否会失去工作的担忧，对人的心理造成的压力与危害一点儿不亚于真正的失业。而在这10年里，一直没有生活在这种担忧之中的工人寥若晨星。此外，这种恐惧影响的不仅是当时正处于工作年龄的人，还影响那时仍是孩子、还没有达到工作年龄的人群，对他们的打击甚至更大。因为他们那时还是孩子，可是却要在一个被失业的担心和恐惧笼罩着的家庭中长大，这对他们幼小的心灵会留下怎样的痕迹？这也就是说，整整下一代的工人群体都会受到这种经验的影响。

这种心理上的不安全感，而不是经济上的不安全感，弥漫在这个工业社会环境中。它产生出恐惧，而且由于这是一种对未知之物、不可预测之物的恐惧，就会促使人们寻找替罪羊、罪魁祸首。正是萧条休克症，使工人极端怀疑任何形态的创新。萧条休克症还使他们变得胆小敏感，使他们常常感到，无论采取什么行动都无济于事。既然无论怎样，他都会失去工作，那么他凭什么会去充分实现该工作的意义呢？

因此，如何克服萧条休克症是工业社会面临的一项重大任务。只有让工人仍能相信，控制着他们的工作的力量是有理性的、可预测的，我们才能保证工业企业的任何政策有可能发挥作用。

我们所获得的证据表明，今天美国的大部分企业，至少能满足工人最起码的社会地位与社会职能要求。不过，我们获取的证据同样也表明，今天，在美国的企业里，起决定作用的驱动因素并非那些导致满意感、成就感的因素，而是障碍。换言之，美国工业企业界的发展趋势是逐步走向"社会性熔点",现在着力扭转这个趋势尚为时未晚。这也给我们提供了一个绝好的机会,在其他任何地方,我们都不可能取得更为迅速的、更大的成绩。所有的基本力量都朝着使工业企业成为一个发挥着重要功能的社会组织的方向起作用,这些基本力量包括:社会的客观要求、企业的客观要求及个人的客观需求与要求。但是,我们能用来完成这项工作的时间不多了,也许是 15 年,但是绝不会超过 25 年。

# 5

第五部分

# 工业秩序问题剖析之四:
# 管理职能问题

THE NEW SOCIETY

第 21 章
管理工作的三重性

第 22 章
管理者为什么不履行自己的职责

第 23 章
未来的管理者从哪里来

第 24 章
规模大是良好管理的障碍吗

第 21 章 | CHAPTER 21

# 管理工作的三重性

从上一代开始出现的管理层，已经成为我们这个社会的新的统治阶层了。工业企业的特点是要求规模大，即使是一家中型的企业，它的管理层所控制的资源也要比前工业经济时代中的"财富王子"（merchant prince）大。管理层决策会影响一大群公民的生存与生活，进而影响全体公民。管理层所采取的政策、所遵循的原则，在很大程度上决定了我们这个社会的性质。

管理层的合理组织是企业的一件大事，或者可以说是首要的大事。但是，管理的职能、妨碍管理者尽其职责的障碍、保证企业形成有效管理的组织等问题，就不仅是与企业的正常运行有关的技术性问题了。管理者的能力在很大程度上决定了企业能在多大程度上履行它的经济性职责，也就是作为社会的部分生产性资源的托管人的职责。管理者的能力同时还决定了企业能在多大程度上履行好它的政府性及社会性职责。管理层的结构与组织的确是所有公民关切的、具体的而又与自身利益密切相关的现实问题。

管理层，作为企业的一个"器官"，只能也只有向企业负责，并为企负责，而不是向其他任何组织或为其他任何组织负责。企业向谁负责，这是一个重要的问题。随着所有权与控制权的分离，它将企业的权力和权威与个人的法定私有财产权彻底分开，也使得这个问题变得更为突出。但是，管理者向谁负责，这倒是一个简单易答的问题。管理层是企业的一个器官，而器官的功能就是服务于它所属的机体。那么，管理层作为企业中占统治地位的器官，当然要为企业的生存与繁荣负责。

具体地说，这要求高层管理者要履行好以下三种关键职能：

1. 确保企业在经济中的生存，也就是说，要确保企业的盈利性、它的市场和产品的持续。

2. 确保企业的人力资源得到很好的组织，使之能得到有效的运用。

3. 确保管理高层充分的、有秩序的连续性。

这三种职责更多地涉及的是决策，而不是决策的执行。管理职能可以说是一种政策制定职能。管理者并不具体地做事。他只是决定哪些事应该做。甚至，"保证事情做好"的工作其实也不属于高层管理者的职责范围，尽管通常对管理职能定义就是"如何保证事情做好"。第一种职责和第三种职责处理的完全是企业5～10年的长远问题，第二种职责也差不多如此。因此，可以这样说，管理工作主要是一种"将未来投影到现在"的工作。它处理的问题是将要发生的，而不是正在发生的，更不是已经发生的。所以，管理不仅是一种政策制定工作，还是一种计划性工作。

## 我们的企业是做什么的

管理者的第一项职责是确定哪些经济因素与趋势，会对公司的未来财富产生影响。管理者必须要保证，企业的资源在今后5～10年中，至少仍像现在一样能产生经济效益，且具有生产能力。他必须在现在对企业面临的**未来**

**问题**做出决策。这种职能可以这样表述：正确确定企业经营什么业务，这是管理者的职责。

这个职能似乎没有什么意义。确实，要说清楚一家企业是经营什么业务的，这并不需要太多的分析，也不是什么复杂的事情。在很多情况下，公司的名字不就能体现它的主要业务吗？事实上，关于企业到底从事何种业务的决策，具体说，就是关于企业生产何种产品、进入何种市场、它的前景如何等的决策，绝不是显而易见的。它需要很高层次的详细而严谨的分析。它同样还包含着一个难度很大的决策，也就是，公司在未来应瞄准何种业务？到目前为止，只有极少数管理者能够回答这些问题。

例如，铁路公司经营的业务是运输，这是显而易见的。但是，就某个具体的铁路公司而言，我们以一个实际例子来说，它发现自己真正的业务并不是运送货物或旅客，而是促进它所服务地区的经济发展。基于这一点，管理者决定，公司的正确的经营业务是促进该地区资源与设备的开发利用。因此，只要是对该地区经济发展有利的事，甚至包括其他的与铁路运输形成竞争的交通业务，如航空运输、水路运输及公路运输，都能直接促进铁路运输业的盈利性与经济业绩。

另外的一个例子是关于两家大型汽车公司，这个例子也说明了这种决策的难度。自1929年以来，美国的汽车市场逐渐变成纯粹的不断升级换代的市场，面对这种形势，两家大型汽车公司的管理者都要问自己：我们到底是做什么的？一家公司认为它是提供耐用消费品及其服务的公司，占据公司绝大部分资本投资的生产设备，仅仅是为了使公司无形的经销体系发挥作用的必要条件。另外一家公司则认为，它的主要业务是为人们提供动力，因此将工程与生产人员视为公司的主要资产。相应地，前者的决策是扩大销售的范围，不仅包括汽车，还包括其他公司的产品。后者的决策是增加产品的类型，将产品线扩展到卡车、拖拉机、火车头、柴油发动机、飞机发动机等。

这个决策还会带来管理层的变动。前者自然会将销售总经理视作最高管理者的理想候选人,而且该公司还大量招聘了具有邮购销售与零售经验的工作人员。后者则建立了以工程师、冶金技师和物理学专家为主的高层管理团队。

再举一个例子,一家具有一定规模的公司,已经在专利药品市场上经营了很长时间,已经拥有自己的市场了。但是,在分析自己到底适合做什么时,它发现自己的真正业务不是专利药品,而是善于利用规模小、经营不太成功的企业生产贴牌产品并实现规模销售。它的真正产品既不是专利药品,也不是普通药品,而是提升小企业的能力。因此,它的真正的市场是资本市场,而不是消费者市场。这就决定了公司业务扩展方向的改变,它的主要业务变成收购小的、不太成功的企业,这些企业可以分布在多个领域中,如药品、香水、家用清洁剂甚至再版图书。它把这些企业购买过来,经过一段时间的培植,再将它卖出去。

只有认清企业合适哪种业务,才能在此基础上决定管理者的职能和目标是什么。如果连企业真正从事的业务是什么都搞不清,那么管理者就连自己真正管理什么都不知道。

对企业所从事业务的实质性分析,还能分离出影响企业未来的经济因素。这个过程本身就能促使管理者为企业的未来做好充足的准备,并做出正确的决策。它能显示哪些事情可以不必考虑,无论它看上去如何重要;哪些趋势必须密切关注,尽管它们还没有显露出来。它使得如何对一种新的发展做出反应的决策变得可能。例如,这种新发展是威胁,还是机会呢?我们能利用这种新的发展使公司变得更强大吗?如何利用这种新发展?这种新发展会迫使公司改变它的性质和主要业务吗?

"企业是做什么的",这个决策还包括企业应如何应对经济社会政策的一些新发展，这些发展可能会影响企业的未来经济业绩和繁荣程度。管理者的职责不仅在于预见这些发展趋势，还要决定如何利用那些能促进企业繁荣的趋势，采取什么样的预防措施抵消那些对企业不利的趋势的影响。目前，绝大多数管理者完全逃避这两项责任。然而，仅对公共政策表示抗议，将监管和严格控制的鼓吹者贬为"蓄意破坏者"，这是远远不够的。其实，每一项监管措施，对某种业务的限制措施等公共政策的出台，都是因为管理者自己不能提出可行的政策和方案。根本错误在于，管理者未能认识到，公众对他们的业务决策的反应，对公司来说，与新市场、新产品开发同等重要。

对当今美国的管理者而言，如何利用好迅猛发展的资本市场，也是他们的管理工作的核心组成部分。资本市场的作用在于将中产阶级的积蓄输送到生产性投资中。大规模生产与消费体系显然不能依靠"有钱人资助"式的资本市场，尽管目前我们还没有完全脱离这个市场。

每家大型企业的管理者还须承担制定支持小企业，尤其是新生的、成长性企业发展的政策的职责。应确定一套可行的、关于大企业和小企业关系的行为准则，这些小企业包括大企业的供应商、经销商等，否则，大企业将不可避免地遭受日益严厉的惩罚性控制。

确定工厂的位置、分配工作、确定同一公司的不同工厂之间的秩序与关系，这些也是管理工作的一部分。这些工作的完成要求管理者与当地政府及工会密切合作。确定资源保护政策，尤其是水资源的保护政策，以及保证水和空气清洁的政策，也是管理工作的一部分。当然，本书中讨论的每一个问题，比如工人安全问题、工会关系问题、工厂社区的"小政府"问题、管理层的组织问题、管理的连续性问题等，也是管理者不能掉以轻心的，任何一个问题处理不好，就会招致严厉的、惩罚性的公共监管处置。

如果一个管理者拒绝承担预警未来可能的公众压力的责任，不能采取**积极有效**的措施应对这些压力，他这样做无异于拒绝履行管理的职责，背叛了为企业的经济业绩负责的承诺。

最后，关于企业真正从事什么业务的决策，还包括建立企业业绩测度的标准以及适当的业绩监控措施。

构建适当的监控体系对企业的福利而言十分重要，我们可以将它单独视为一种管理责任。工业企业规模大，而且非常复杂，可能会出现在很多地方同时有很多事情发生的情况，因此，管理者不可能像四引擎轰炸机的飞行员那样眼观六路，耳听八方。如果飞行员在飞行中控制不当，可能会使飞机的某些零部件产生损坏，但是，如果企业的运营过程中缺乏适当的监控，就会直接损害千万人的利益，间接地损害整个经济的发展。

迄今为止，我们的企业实际上没有真正的业绩测量与控制体系。在这种条件下，管理变成了类似飞行员那样的"凭自己的耳朵"或"凭自己的直觉"进行。我们目前所拥有的测度标准至多是财务意义上的。关于效率与生产率、企业在市场上的地位与成功程度、人力资源的利用程度等，我们只有极为初级的测度工具。我们甚至缺乏一个测度盈利性的有效工具，会计意义上的盈利，常常不能区分当期成本与远期成本，通常假设钱的价值是稳定的，因此，它从概念上来说，本身就是"盯住过去"的，而不是"盯住未来"的。因此，建立可靠的业绩测度与控制手段，已成为管理者最重要的工作之一。

在很大程度上，这是一项技术性的工作。测度标准首先必须是可靠的，至少它的出错的程度应该是可知的。此外，它必须能对变化做出迅速的反应，而不能像我们现在所使用的测度工具一样，变化已经发生好几个月了，才会反映出来。另外，它的使用必须不那么费事。"只要用少许的努力和能量就能调动多数，获得巨大的力量"，这是"控制"的基本定义。一个要用3个人去检查1个人的工作的系统，不能称之为"控制"，而是一种系统性的钳制。但是目前，许多企业将各种各样的检查，就像上面说的检查人数3

倍于工作人员的情形，错误地认为是"控制"。

当然，最关键的是，测量与控制要针对要紧的、有用的部分，舍弃不重要的部分。测量标准与控制职能设计得越好，它们的数量就越少。一个试图控制一切的系统将会变得十分臃肿，而且最终会变得什么也控制不了。如果仪表盘的按钮成百上千，此时飞行员还不如靠自己的感觉驾驶飞机，因为他不可能同时照看这么多按钮，他不知道哪些按钮需要注意，哪些按钮可以忽略不看，而对他们的训练又告诉他们要依赖按钮，而不是自己的直觉。类似地，如果一位管理者面前堆满了"重要事实"，他可能对其中任何一个都不予注意。与此同时，他也不敢使用自己的直觉与常识进行判断。此时最需要的是，依靠感觉，选择出一个重要事实作为决策的唯一基础。因此，合适的控制措施的设计首先需要确定企业到底是做什么的。如果这件事没有确定，那么所有的控制都将无法实现，就像一只不走的钟表不能正确报时一样。

## 企业的人力资源

管理的第二种职能是组织并充分运用企业的人力资源。在工业组织中，不是个人，而是一个人力资源组织才能真正实现生产。

要实现并保持一个人力资源组织的生产能力，就意味着管理者必须肩负起以下责任：最有效地设计个人的工作，将单个人组织成一个工作团队，将小的团队有序地组织成一个富有生产能力的整体。这其中包括监工及中层管理者的组织，而这两者，正如我们在前面讨论过的那样，构成了我们称之为"企业"的集体的核心。最后，它还包括最高管理层的高效的、富有成果的组织。实际上，这应该是第一位的，因为任何组织离开一个高效的高层管理团队，就不可能是富有效率的。高层管理团队组织不好，则意味着企业由上到下的摩擦、不满意、无效率及生产率低下，这种不良影响能传递到企业的最低层次。因此，企业的最高管理层常常是最有改进余地的部分。

在很多情况下，组织是两维的，即个人的维度和集体的维度。例如，在军队、教会或国家中，这两个维度会以一定的秩序整合在一起。但是，在企业中，组织是三维的，即个人维度、集体维度及实物设备，企业必须要将这三个维度整合在一起。

人力资源组织必然是高层管理者的一个职能。管理政策、具体措施及工作态度等，只有当企业的高层定下基调，它们才可能在企业中得到实现。有很多高层管理者，他们对人力资源组织的职责一无所知，有的甚至连人力资源这种事物的意义都没有认识清楚，却认为他们的组织有着简洁而清晰的政策。就像农民总是在保护或毁坏耕地一样，无论他知道，还是不知道。每家企业的管理层也都在开发利用或浪费人力资源。

人力资源组织的职责跨越企业的所有部门与所有管理职能，它是一家企业整体层次上的一种职责。它只可能由决定企业的正确业务的"器官"履行。就像经济决策部分地取决于企业所采用的人力资源组织的类型一样，企业所需要的人力资源组织的类型，在很大程度上取决于企业所从事的业务的性质。为了保证企业的"个性"与它的经济目标要求相符合，为了保证企业的经济决策适应于企业的个性及它的组织个性，企业的管理高层必然要承担起人力资源组织的职责。

## 管理的连续性

管理层的第三种职能就是要提供有效的管理。这意味着管理要保持它自身的连续性。如同所有的行政团体一样，管理层也需要不断地更新，即明天的管理者决定企业在未来10年能否继续繁荣，能否继续生存。即使是能力最强的管理者也不可能正确预见未来。关于未来的当前决策，即使是最佳的，也必然只是对未来的一种猜测。但是，现在的管理者至少要保证造就一批胜任未来决策工作的接班人，他们必须受过全方位的训练，并在实践中经受过考验。

每个组织的存续都不能违背保持有序连贯性的简明原则。任何时候，一个组织都必须有一个拥有法定权力，并能行使该权力的首脑机构——组织的"政府"。如果不能保证有序的连贯性，那么组织的"政府"部门的人事变动就可能带来动荡和混乱，进而威胁组织的生存。而新的"政府"部门，即使有序地继承了法定的名义，但缺乏足够的实际权力，其结果也不会好到哪里。

独裁体制的致命缺点在于，独裁者没有法定的继承人。从历史上看，每一个独裁政权都在独裁者死后土崩瓦解，要么陷入国内战争，要么陷入夺权者之间的争斗、不同政治团体之间的关系恶化的局面。由于独裁者的权力完全依赖他自己的个人力量及其追随者对他的忠诚，而这两者都是无法转移给其他人的。另外，也没有哪个独裁者可能允许某个人被认可为继承人。如果他允许其他势力的存在，那么至少会安排半打儿以上潜在的接班人，这样才能防止其中的任何一个潜在继承人推翻他的独裁统治。

继承的问题也许是政府面临的最古老的问题，任何已知形式的政治组织都希望能从根本上解决继承的问题。最古老的解决方法出现在原始部落，神将领袖的魔力传递给谁，谁就是继承人；或是通过神物的传递确定继承人，而这种神物能赋予领袖权威与智慧。雅各和以扫㊀的故事就是这样的一个例子。后来，又有许多类似的尝试，但很少能取得更大的成功。

世袭君主体制在历史上具有很大的稳定性，这主要归功于它很好地解决了继承问题。但是，即使是世袭体制也面临着很多风险，比如继承人年幼，

---

㊀ 《圣经》故事。雅各和以扫是孪生兄弟，以扫把长子名分卖给雅各。《旧约·创世纪》第二十五章。——译者注

有时甚至尚未出生、头脑简单或有残疾等。如果这些情况发生了，新政府尽管是合法的，却没有足够的权力履行它的职能。

事实上，迄今为止，最成功地解决继承问题的是美国的宪法体制。在这个体制下，总是能产生一个合法的总统继承人，而且他总是能胜任总统的工作，无论是在生理上，还是在心智上。更重要的是，他能立即获得总统的全部权力。然而，即使是美国的解决方式也并非完美无缺。它要求政府中的二号人物——副总统在一旁耐心地等待，这使得这一职位变得毫不重要，其拥有者也毫无实权。

任何组织都不能依靠天才的不断出现维持它的生存。任何机构必须有良好的组织，保证稍有能力的人可以维持它的正常运行，至少在正常的条件下能达到这一点。但是，任何组织也不能仅凭运气选择领导。它必须要从所有人中选择最能干的人作为继承者，并对他进行训练和考验。

继承人是否合格、如何选择、如何训练和考验等问题，与保持合法继承的问题一样古老、一样困难。尽管这个问题吸引了许多世界上最聪明的头脑，但仍未得到解决。如果说美国政治体制的最大优势在于它能保证一个合法政府拥有全部权力，那么，它的最大缺点就是缺乏选择、训练和考验适合最高层工作的人的理性的系统。即使是英国的内阁制度（这是迄今为止最好的训练大本营，也是被历史所证明了的训练领袖的最佳场所）也并非完美无缺。即使是严格的三重考验：在全国范围内获取选票的能力、下院议会中的领导能力、内阁主要职位上的行政能力，也难以真正测试某人是否满足作为首相的超常要求，特别是在危急时刻。

企业面临着选择、训练和考验高层管理工作候选人的特殊困难。在其他的组织中，领导的筛选、训练和考验，要么是一种内生的机制，不需要特别的章程和特定的机构负责这件事；要么是由一个统治机构以外的专门机构负责，例如元老会、考试院或主教团。然而，在企业里，领导人的发展不是一个自动的过程，与此相反，企业的体制结构往往会阻碍那些经过适当训练和适当考验的领导者的发展。企业也没有测度领导候选人是否合格及其业绩的客观标准，更没有专门的机构负责继承人的选拔。因此，绝大多数企业的继承机制仍处于十分原始的部落阶段，要么依靠年龄，要么依靠某种"魔力"选择领导。

当然，以上三大职能并不能概括企业高层管理者职责的方方面面。即使是组织得很好的管理层，也会面临很多其他或大或小的问题。但是，这三大职责是**管理职能**的关键组成。也就是说，它们是任何企业的管理者必须要履行的职责，对企业的正常运行、生存和发展有着决定性的影响。只有高层管理者才能有效地实现这三大职能，而且这三大职能是不能分派给别人的。

CHAPTER 22 | 第 22 章

# 管理者为什么不履行自己的职责

今天,只有极少数管理者能充分履行其职责,尽管他们并不缺乏进行管理的工具、手段和技术。如果说高层管理者确实认识到自己应负有责任、应履行职责,但是他们对自己的责任和职能到底是什么不甚了然。只有极少的人有足够的能力履行这些职责。此外,只有极少的企业的组织能允许管理者将他的全部精力集中在他的工作上,更不用说能保证管理决策付诸实施了。

在这里,我们对单个的管理者的能力不感兴趣。我们对管理是如此之新的一种新生事物也不感兴趣。事实上,除了英语语言能恰如其分地表达这个概念,在其他语言中,几乎难以找到合适的词汇。由于管理是如此的一种新生事物,我们还没有能够建立起管理的良好传统和标准。在本章中,我们关注的是企业的组织结构中影响有效管理的客观障碍。对管理者而言,正确理解自己的职能并充分地实现,确实存在着客观的困难。企业的组织结构同样也使得高层管理者在充分履行其职能时困难重重。最后,企业的组织结构也使管理的连续性难以得到充分的保证。

第一个障碍在于管理本身的特征。高层管理者的工作完全不同于具体的管理工作。但是，高层管理者必然是来源于具体管理者的。在具体管理人员成长为高层管理者的过程中，他所处的工作氛围、他在那个阶段被认为是重要的工作中得到的训练以及他所注意的问题等，与他后来真正成为高层管理者所处的工作氛围、工作重点和思考问题的角度完全不同。在这样的成长过程中，未来的高层管理者对高层管理的职责一无所知，对高层管理者应从事哪些工作也不能正确理解。

在具体管理人员成长为高层管理者的早期阶段，企业对他的着重培养所形成的品质与能力，实际上与高层管理者所要求的品质与能力完全不匹配。在这个阶段中，注意的是专业化。大规模生产要求每个人越向高级阶段发展，越精专于更小的领域。另外，企业在精神上也要求部门化，无论企业是大是小。在企业里，对其他部门的事务和其他管理者的职能表现出浓厚的兴趣，是一种"不礼貌的"行为。这种情况出现的部分原因在于部门之间的正常竞争，也就是所谓的公司政治，不同的部门在争夺预算和提高声誉方面其实是相互竞争的。尽管如此，这种情况的出现同时也是大规模生产原则在"无意之中"形成的一个副产品，它使得每个具体管理者都有一个清晰界定的职能，而且该职能由他一人负责。这样的结果是，一个人如果对企业整体感兴趣，试图获得一个全局的观点，他将难以得到升迁。

除此之外，任何一项具体的管理工作，即使不是完全从属性的，也是有一定的限定范围的，总之一定不是全局的。对具体管理者来说，他的价值就在于将分配给他的任务执行好。他不应该也不允许是独立的，尽管在制定与他的工作相关的政策时，有时的确会征询他的意见。

在具体的管理工作中，基调是"完成任务"。外在的表征是忙碌和勤奋工作：堆满文件的工作台、随时响起的电话铃、长时间的工作、晚上下班回家还带着的厚厚的公文包。具体的管理者学会了快速行动。他所接受的训练要求他马上给出结果,他同样也要求他的下属能马上给出结果。对他自己的工作及职能,人们希望他无所不知,能回答与之相关的所有问题。最糟糕的是,他所接受的训练使他完全依赖具体、准确的"数据",而不考虑其他定性的"事实"。

然而,高层管理者的工作要求全局的观点,要求管理者对企业有一个全面的认识,需要他独立做出决定并承担决策责任的能力。它要求管理者超然而冷静地思考、有耐心并能从长远的角度看问题。高层管理者要做的事情是"思考",而不是"完成任务",他应该有质问的态度,而不是对已有秩序全盘接受的态度。对具体管理者来说,他的工作业绩可以用一些具体的指标测量,比如昨天生产了多少吨钢材等。但对高层管理者来说,他要考虑的问题是,在未来10年中,影响钢材消费的因素是什么。高层管理者不可能像具体管理者那样,接触到的全是具体而精确的"数据",他们面对的永远是不确定的事实,他们至多能获得近似的数据,更多的时候使用的是诸如发展趋势和假设条件等难以捉摸之物。

从前的具体管理者升任高层管理者之后,仍会习惯于他熟悉的部门化工作方式,而难以在短时间内承担起全局性工作。从一个部门的角度界定他自己的工作,这一点他很擅长,只要"他自己的"部门能正常运行,他就心满意足了。他对企业作为一个整体存在的问题不感兴趣,甚至不甚了然。然而,对一个高层管理者而言,并不存在"他自己的"部门,因为他的责任是面对企业整体。有些企业的总裁甚至也是这样的。高层管理者以前从事具体管理工作的经历令他不敢决策,不敢处理公司的基本问题。关于公司未来,他的反应也是迟缓的,即使他不是真的害怕未来的不确定和难以捉摸。

其他的组织同样也存在着如何造就高层领导的问题,同样地面临着选拔、训练、磨炼、考验潜在接班人的问题。但是,它们都不存在低层领导者与高层领导者工作性质完全脱节的问题,主教的决策与行动范围要远远大于教区牧师,但是主教的责任和职能在很大程度上与教区牧师并无根本的不同。类似地,总司令的决策范围相对于团长而言要大很多,但是他的职能相对于团长并没有本质的不同。最重要的是,无论是团长或教区牧师,所接受的训练及其品质绝不会使他们反而不适合更高层的工作,他们所处的工作氛围和环境与主教或总司令并无二致。在教会或军队这样的组织中,从基层领导者到高层领导者的训练和发展遵循着传递的逻辑。然而在企业中,这个过程却需要突破性的跳跃式发展。在具体管理岗位上的一个"专家",需要在突然之间转变成统揽全局者,才能胜任高层管理者的工作。在成长过程中,他是某个具体职能部门的一员,突然之间需要他承担在企业整体局面上做出全局决策的责任,何其之难!此外,只有当他在高层管理的岗位上,承担起统揽全局的责任后,才能考验他独立决策的能力。在此之前,其实没有任何机会考验他能否进行独立的决策,因为那时能看到的都是他在纯粹部门性的、专业性的活动中的表现。

即使是一个有能力的、经过层层选拔的高层管理者,也会面临众多现实的障碍,使他难以充分履行其职能。高层管理者发现,他们必须要花费很多时间和精力,完成一些只能由他们去做,但又只是高层管理职能的附属性工作。例如,在大型企业中,他们承担着很多礼仪性的工作。他们时不时地要参加开幕仪式,在内部、外部进行演说,在商业性或非商业性的机构的某个委员会或董事会挂职等。他们还应该维持好良好的个人社交关系,保持企业与主要供应商、大客户、银行以及重要政府机构之间的良好关系。总的来说,高层管理者既是企业名义上的"国王",又是从事实际工作的"首相"。

另外一种障碍(它的性质完全不同)就是"总裁思维",它使得大型企业中的高层管理者脱离企业的实际和他所处社会的实际。这种"总裁思维"

与职业军官的"军事思维"十分相似，起源也很相似。任何一个大型组织的领导者，无论他是官僚机构、军队、教会、大学还是商业企业的领导者，都在相当抽象的层次上进行工作。需要他进行决策的是"政策"问题，换句话说，是一些抽象的原则，否则，就需要他自己弄清楚问题的方方面面。然而，这是不可能的，要么没有足够的时间，要么没有足够的信息。因此，所有呈现到高层管理者面前的问题都是高度简化了的问题，它必须要便于高层管理者快速地做出"同意"或"不同意"的决策。但是，现实问题从来都不可能那么简单、清晰。

除此之外，大型组织的高层管理者往往离群索居，生活在一种社会性的孤独之中。他们会发现自己交往的圈子越来越小，不是自己公司的其他高层管理者，就是同行业的其他企业的高层管理者，交往的人都有着类似的社会地位和背景，这会使他的想象力与理解力不断下降。这方面的最好例证就是，在过去的20年里，美国的管理者已经不能真正理解美国人的脾气了。这样的结果是，管理者的决策常常是凭空制定的。

必须强调的是，"总裁思维"与"军事思维"一样，有时是必要的。克列孟梭在第一次世界大战之后曾说过："战争实在是太重要了，我不能将它完全托付给将军。"此话诚然不错，但是，到目前为止，还没有人能找到其他的途径，将它托付给其他类型的人。最明显的例子是希特勒，他是业余的军事领导者，他所谓的"直觉"是不应被效仿的。而管理者则是唯一可以托付公司管理的人。工作的性质决定了"军事思维"和"总裁思维"的出现。一个人从普通公民变成将军，就必须要学会"军事思维"。在第二次世界大战中，普通公民穿上军装而成为军人的经验证明了这一点。类似地，一个人登上高层管理者的位置之后，他也必须要学会"总裁思维"。

## 管理的失效

高层管理者的工作与具体管理者的工作之间的差距，还会带来另外一种困难，也会使高层管理者难以充分实现他的职能。那就是，高层以下的具体管理者不能真正理解高层管理的工作。具体管理者更习惯于解决当前的问题、某个具体的部门或具体管理职能的有关问题。他们不仅对高层管理者的工作缺乏理解，甚至对高层管理者追求的是什么都搞不明白，更不用说高层管理的决策基础以及为什么要这样做了。在很多情况下，具体管理者甚至会觉得（有时这种感觉可能还很深刻）高层管理者对企业的实际问题并不关心，而是关注那些凭他们自己想象的子虚乌有的问题。在这种情况下，高层管理者所做的决策就难以得到理解和支持，至多是不被反对。

然而，企业要依靠具体的管理者将高层管理者的决策付诸实施。公司的组织像一个半军事的组织，所有的决策由高层向下传递，理想的情形是下面的具体管理者无条件地加以贯彻执行。但是，具体的管理者所处的位置能对这些决策实施"暗中破坏"。如果他们对这些决策既不能真正理解，又不能热情支持，那么在实际执行过程中必然会懒洋洋的、不积极。

如果具体管理者参与政策与决策的形成过程，上述问题就能得到部分的克服。事实上，军队的模式对工业企业来说，只是一个很糟糕的范例。但是，即使对具体管理者进行充分的意见征询，他们仍不可能完全理解高层管理者的工作。他们根本不可能从高层管理的视角看待问题，从他们自己工作的视角看待问题，完全是另外一回事儿。他们能努力做到的仅仅是接受高层管理者的决策，尽管对它们并不理解。但是，要让他们从高层管理的视角看待问题将是十分困难的。

举个例子来说，比如有一家大型冶金企业，很多年来，由于它的高层管理者中有两位特别杰出的领导者，因此公司一直非常成功。这两位管理者一直做着一项开拓性的工作，那就是分析决定公司经营业绩的经济因素，并预测它们的未来发展趋势。同时，他们在建设公司坚强的管理团队方面也做了许多卓越的工作。公司的每位员工对他们俩都怀有很高的敬意和深厚的爱戴之情。但是，当他们俩退休后，他们制订的行动计划和政策在一年内就被忘得精光。这是因为具体管理者从未真正理解它们。以前，他们愿意服从领导并认真执行，那是因为他们尊敬那两位高层管理者。但是，公司的政策从未真正深入具体管理者的内心中，变成他们自己的一部分，他们从来都没有真正理解那两位卓越的领导者追求的是什么，为什么要这样做。

这些阻碍有效管理的形成与实施的重重障碍的存在，部分解释了管理组织形态中"一人统治"以及权力过分集中的现象为什么如此普遍，尽管这些形式受到普遍的谴责。

"一人统治"有时的确能解决管理职能问题，如果这个人的能力特别强的话。但是，这样做的代价是企业的未来。例如，有一家最大的贸易公司，它的统治者现在已经75岁了，独占权力已经有20年了，并且解雇了所有有自己想法的下属，你说这家公司的前景令人乐观吗？

过度的集中不是管理者强大的结果，而是管理者软弱的结果。过度集中会给高层管理者提供不直面企业真正问题的完美借口。它会给高层管理者这样的幻觉：工作太忙了，工作负荷太大了，实在是没有时间再去做其他事情了。这意味着高层管理者不能真正做好高层管理工作。它还会给高层管理者这样的幻觉：命令和决策已经得到了很好的实施。事实上，过分集中的同时，暗中破坏的体系也变得十分发达。

"一人统治"和过分集中都是懒人回避问题的方法，一人统治是懒惰的强人回避问题的方法，而过分集中则是懒惰的弱者回避问题的方法。然而，由于它们能营造公司拥有称职的管理团队的幻觉，因此，在我们学会克服有效实现管理职能的障碍之前，它们仍会大行其道。

# 第23章 | CHAPTER 23
# 未来的管理者从哪里来

由于具体管理工作的经验及经历，对一个人成为高层管理者是没有帮助的，那么一个自然的逻辑就是，要在公司的具体管理者之外寻找高层管理者的候选者。基于这个逻辑，出现了美国的管理者最常用的两种解决继承问题的方法。

第一种方法，在总裁办公室的工作人员中寻找未来高层管理者。这些人员几乎没有什么具体的管理经验，他们实际上也没有真正从事过企业的具体工作，他们的大部分工作时间是在总裁办公室中度过的，他们通常的身份是政策决策的协助者。这些人目前正成为一些企业高层管理者的炙手可热的候选者，这些人很显然是具有全局眼光的，这也是他们被看中的原因。但是，即使与具体管理者相比，他们独立决策的能力所受到的考验程度也更低。事实上，他们从没有真正主管过哪个部门，平时至多管理几个秘书。另外，他们这些人尽管有全局观点，但缺乏公司实际经营工作的知识，也缺乏实际工作的"感觉"。他们对公司的人员不了解，公司的员工对他们也不了解，而且，他们通常还看不起具体管理者。办公室人员的工作对具体管理工作的业绩至关重要。多年来，他们的主要工作就是将新思想兜售给具体管理者，并努力克服企业中存在的阻抗。因此，他们常常被认为是组织的"外来客""眼睛扑闪扑闪的幻想者"、彻底的不务实者。具体管理者十分痛恨他们的提升，并把这种提升归结为"靠关系"和偏袒。如果他们真的坐上了高层管理者的位置，他们的决策肯定会遭遇到抵制和破坏。

第二种方法的境况也好不到哪里去。这种方法就是给精心挑选的"王储"提供特殊的培训和特殊的升迁通道。年轻人被提升为高层管理者的现象越来越多。这些年轻人并不是企业老板或高层管理者的儿子，这与50年前的情况完全不同，如今，任何事情只要沾上裙带关系，就会被人们嗤之以鼻。替代过去老板儿子位置的年轻人，通常是被精心挑选出来的优秀毕业生，从他们进入公司那一天起，就进入了快速提升的职业生涯。从表面上看，他们所要努力攀登的职业阶梯与其他人的并没有什么两样。他们也会从低级职员或实习工程师做起，也要经历通常的职业阶梯。实际上，正常的职业升迁只是一个表面现象，只是对惯例的一种遵守。这些优秀的年轻人在接受培训的过程中，通常不会在任何一项工作上花费太多的时间，只要熟悉每个部门的惯用语、行话就可以了。

与办公室人员不同，"王储"人选的独立决策能力是经过充分考验的。在早期，他就会被授予重要的任务和责任，从一开始起，他的工作就是按照未来高层管理者而不是一个杰出的具体管理者的要求设计的。但是，分派给他的任务可能是"特殊"的任务。即使经过这个过程，他仍然是一个外来者，他既不可能完全接受具体管理者这个群体，也不可能完全为具体管理者所接受。

这种解决管理继承问题的方法，并不见得比50年前由家族成员继承的方法更高明，尽管后者已为现代管理所不齿。至少，老板的儿子接受特殊的训练、得到快速的提升是公开的、众所周知的事。每个人都知道，这个年轻人迟早要继承家业的。因此，天生的"王储"具有天然的继承权。将一个注定要继承事业、登上高层管理位置的年轻人训练好，让他对组织的事务充分熟悉，让他有充分历练的机会，是一件对整个组织有利的事。然而，挑选出来的"王储"却会遭到所有人的反对。老板的儿子有着天生的权利，但是要说一个哈佛商学院的毕业生一定有着超常的智慧和才能，那就未必了，尤其是在公司服务多年的老员工，更不会这么认为。他们将这种现象称为"喜新厌旧"，由这个词我们可以看到，他们是怎样看待这种方法的。

我们需要一种政策，能将具体管理者培养成符合高层管理要求的人，这是我们无法逃避的事实。对美国的管理者来说，这项工作在未来的几年内变得尤为紧迫。我们的大企业现在仍然掌控在1929年"表现杰出的年轻人"手中，他们在大萧条时代早期就开始接手这些企业。但是这些当年英姿勃发的年轻人，如今已经步入60岁的门槛，或已经60出头了，他们的平均年龄是60岁，是美国的大企业管理者中有史以来最高的平均年龄。再过5年，最多10年，他们之中的每个人都必须要确定自己的接班人。

第一个障碍是缺乏测量业绩的尺度，特别是测度潜在的高层管理能力的尺度。

传统上已有的考查执行与具体管理潜力的任何一种方法，对企业都不适用。在所有的客观考查方法中，最古老、历史最悠久的就是中国的科举考试体系，中国在历史上，正是依赖这个体系建立起它的政府体系，现在，这种方法越来越多地被西方国家运用于政府部门服务人员的选拔上。但是，考试只能测试出一个人掌握的知识水平，而企业要测试的是一个人的能力与品质，更进一步，要测量的是一个人的绩效。

在教会及军队中使用的标准，同样不适用于企业，它们的标准是服务年序以及对清规戒律遵守程度的某种综合。在这两类组织中，考查的重点不是一个人适应变革的能力，而是坚守某种很长时间形成的、一直不变的行为与人格标准的能力。但是在企业中，管理者的工作中很大的一部分是如何应对变革，甚至要求引领变革。此时，年序标准或严格遵守传统的标准都不适用。

当我们无法预见一个人的未来业绩时，我们只好根据他们的以往经历进行判断。但是，企业通常不能提供这样的履历，企业通常难以为具体管理提供独立做出决策的机会。因此，可以用来判断一个人的高层管理潜力的过往经历通常无稽可查。一流副手所具有的一些品质，不仅不是一个人适应高层独立决策工作的条件，有时反而会成为障碍。企业通常不能测试一个人进行独立决策的能力，除非已经将他推上这个位置，而此时，他的无能与错误决策常常会危及企业的生存，到这个时候才能测试出他的能力，但是，这又有什么用呢？其他的一些方法（比如心理测试），只是在实战中测试一个人潜在能力的一种很不理想的替代。

如果管理人员的评价与选择必须依赖主观判断，那么企业中必须要有这样的权威者进行判断：他们必须对企业及其人员存在的问题有彻底的了解，同时，他们的判断又要完全超脱个人的野心以及不同管理者集团之间的政治斗争。

这样的权威在公司里是不存在的。根据法律和习惯，董事会应该是由这样的权威组成的。但是，很少有董事会成员真正承担起这样的职责，或者说很少有董事会成员能够承担起这样的职责。大部分董事会成员甚至对这件事毫不关心。

董事会功能的萎缩并不是公司这种组织形式的固有缺陷，而是企业机构的固有缺陷。苏联的经验证实了这一点。在苏联，高层管理的位置掌握在分管该行业的部委手中。工厂的经理，即使是大型工厂的经理，只是负责具体的工作和日常事务。选择公司领导人的任务是部委领导要考虑的事，部委的领导既不是技术专家，以前也不是具体管理者。尽管部长手中掌握着很大的政治权力，而且他也独立于企业组织，但是很明显，他也难以完全控制人事决策，甚至不能保证企业的领导受到良好的培训和发展。自苏联实行工业化以来，一直被抱怨的最大的问题就是部委对于输送经过充分训练和考验的企业领导接班人这个问题未予以足够的重视。原因与董事会失败的原因十分相似：部委领导与企业的实际工作之间距离太远，部委领导工作太忙，无暇顾及等。和我们的董事会一样，苏联的部长（轻工业部的或矿业部的），都会尽量将高层管理者的人事决策向后推移，直到最后一刻，选择资格最老者填充领导位置的空缺。高层管理者的人事决策可以长时间地向后推迟，在很大程度上解释了为什么选择接班人的决策问题常常被完全回避。

CHAPTER 24 | 第 24 章

# 规模大是良好管理的障碍吗

企业的规模大是造成这些管理困难的原因吗？是不是企业太大了而难以管理呢？

当然，企业的规模存在着一定的界限，超过这个界限，企业就太大了而不易管理。在巨型企业里，高层管理者几乎对当前的进展情况都难以准确把握。他们的决策要经过层层过滤才能贯彻下去，整个组织变得如此复杂、如此难以控制、如此官僚主义，以至于一旦出现紧急情况，整个组织就可能会轰然坍塌。那么，企业大到什么程度就变得太大了，这个临界点在哪里呢？这个问题从理论上来说是无法回答的。另外，新的技术与工具的出现，也使得企业的可管理规模不断扩大。当然，一家工业企业，如果需要6个层次的副总经理，每个层次有6~12个人，这6个层次的副总经理又归5个执行副总裁和一个总裁管理，这样的企业肯定超过了最佳规模点——如果没有变成完全不可管理的话。类似地，在美国，有些著名的公司在开半年工作会议时，副总经理都要戴上有名字的胸卡，因为副总经理太多了，彼此之间难以全部认识。在这样的情况下，高层管理者很显然难以有效地工作。

超规模企业的最糟糕的情况不是出现在自由企业经济中，而是出现在国有经济中。事实上，企业的规模过于巨大而变得无法管理的最糟糕的例子，在英国最近的国有化企业中比比皆是，尤其是在煤炭、交通运输和电力行业中。

反对企业大规模化的人攻击的并不是上述少数超大型企业或国有化工业企业，而将矛头直指一般性的大企业。然而，说工业企业由于大而变得难以管理，不仅是错误的，而且正好说反了！企业必须要有一定的规模的一个重要原因就是，只有大规模的企业才会拥有有效的管理。

管理职能的出现不是企业大规模化的结果，它是工业化生产技术和工业经济的必然产物，与企业的规模无关。因为工业化生产需要固定资本，也就是说，这是一种多年之后才能见到产出结果的投资。因此，必须有人进行决策，企业到底从事什么业务。由于企业组织必须有产出能力，因此，必须系统地将企业的人力资源组织起来。总的来说，是工业化生产的本质创造了企业对管理的需求并确定了管理的职能，就像是国家的本质创造了对政府的需求一样。这同时也意味着管理者有责任保证管理的连续性。在工业化社会中，管理职能是必不可少的。

人们会经常奇怪，为什么哥特式的小教堂是如此之少。通常的小教堂都是早期罗马风格、文艺复兴晚期风格或巴洛克风格的，但是没有哥特式的。主要的原因是，建筑哥特式的教堂需要对高度复杂的组织和技术进行管理。只有一个大型项目才适合于这样的组织，也才能足以维持必要的管理费用。

类似地，只有规模较大的企业才能保证工业社会的管理职能得以正常地实现。管理本身是昂贵的，要求将最有能力、最有经验、最昂贵的人置身于直接的生产性工作之外。另外，高层管理团队的规模并不会随着企业规模的扩大而扩大，它总有一个限度。如果企业变得太大，副总经理的人数太多使他们不能彼此完全认识时，就已经超过了可管理的极限了。一家年收入为500万美元、有1000名员工的企业，它的高层管理者人数与10倍于它的企业其实相差不多。此外，小企业对高层管理者能力的要求不会比大企业低多少，付给的工资水平也不会比大企业的少多少。高层管理者的昂贵成本可能会搞垮一家小企业，但对大企业来说，是可以承受的。

同样的原理也适用于那些能帮助高层管理者更好地完成工作的工具，例如研究和人事工作。我们的技术进步越来越多地是有组织的研究活动的结果。但是，只有大型企业才能支付得起长期维持一个研究团队从事研究工作的费用，也只有大型企业才能支付得起系统地组织其人力资源的费用。

与有效管理更为密切相关的事实是，小企业难以系统地完成提供合格接班人的任务。只有规模较大的企业才能有组织地合为一个整体，从而才有可能系统地解决有效管理中的问题。

我说这些，并不是对"大规模化"攻击的回应。对大规模化还有一些其他的重要批评，如认为大规模化导致了垄断。我们所要阐明的是，企业的大规模化并不是管理问题出现的原因。即使我们没有大型企业，这些管理问题照样会出现，甚至更加难以解决。它的替代形式——由政府实现管理职能，只会带来更大的规模，要比最大的独立企业还要大，而且大企业的问题一个都不可能减少，只会变得更为严重。

# 6

第六部分

## 工业秩序原理之一:
# 消灭贫困

THE NEW SOCIETY

第 25 章
劳动力作为资本性资源

第 26 章
可预见收入与就业

第 27 章
利润中的工人利益

第 28 章
失业的威胁

第25章 | CHAPTER 25

# 劳动力作为资本性资源

工业社会秩序有效运转的首要条件就是无产者的消除。工业社会无法承受他们的存在而导致的诸多问题。当然，工业社会也有一些措施应对无产者消灭后的情形。

与奴隶或农奴不同，无产者不出卖自己的身体，只出卖自己的劳动。劳动是他唯一拥有的财富，他的劳动可以像商品一样买和卖，从社会学与经济学意义上来说，无产者是一种商品。一直以来，我们都知道，无产者不能像一位真正的公民那样行使自己的权利，尽管他享有一个自由人的政治地位。

但是，现代工业社会要求工人真正拥有并积极行使其公民权，即使这个社会不是由一个受欢迎的政府组织的，也是如此。工业社会要求工人接受盈利性原则。与此同时，它还要求企业将劳动力成本看成生产的单位成本，以保证工资负担和就业的灵活性。工业社会必须找到消除无产者的途径，也就是，要消除将劳动作为商品的现象，同时持有适当的劳动力，使之成为灵活可控的成本。

对美国来说，主要的工作是防止无产者的出现，而不是努力消除无产者。主要的一点就是，在美国从未出现欧洲意义上的无产者，除了生活在南方腹地这个非工业化社会的贫穷白人和黑人比较接近无产者之外，并没有真正的无产者。无产者的缺失可能是美国和欧洲最显著的差异之一。这其中有很多原因：美国的传统是从低层开始发展，基本上没有世袭制度、特权阶层；美国人具有拓荒精神；美国人崇尚体力劳动，没有欧洲人人文主义传统中对脑力劳动的妄自尊大。最重要的是，美国没有经受欧洲工业化初期的苦难历程，比如1830年的兰开夏郡事件、1850年的萨克逊州（也就是西西里岛）事件、拿破仑三世统治时期的巴黎工业郊区问题、1870年比利时博里纳日煤矿问题、1890年维也纳贫民区发生的惨剧等。席卷欧洲的工业化"东征"，不仅摧毁了整整一代人的肉体，也折磨了他们的精神。创伤至今犹在，表现为对工业化的恐惧和怨恨，对"阶级自豪感"与"阶级觉悟"的公然藐视。相反，在美国，早期的工业化造就的是1830年的模范工厂，如洛维尔、斯普林菲尔德和纽伯里波特，它们的经营规规矩矩、气氛沉闷、管理严厉、家长作风盛行，尽管如此，它们仍被看成工人的"乌托邦"。在这里，工人无论是在经济上还是在精神上，都得到了很大的提升。当然，美国也曾有过"魔鬼工厂"，模范工厂总是特殊现象。不过，尽管内战之后条件十分恶劣，但是在美国，雇用童工和一天工作14个小时的事件从没有大规模地出现过。美国工业化过程中的种种污点，比如对土地的巧取豪夺、铁路欺诈案、敲诈勒索、行贿受贿等，与欧洲工厂赤贫化的经历相比，简直就是无关紧要的小孩子的恶作剧。它们可能会影响人们钱袋的饱满程度，但不会像赤贫化那样，还会摧残人的心灵。

当然，还存在着其他更多的原因要求我们尽可能地阻止美国无产者的形成。只有当我们消除了将劳动力作为商品的现象，我们才有把握保证美国具有"免疫力"。

在欧洲，将无产者转变成真正公民的工作既十分困难，又十分重要。事实上，这已成为欧洲社会与文化的核心问题。对新兴的工业化国家来说，如印度及南美国家（这些国家一直为农村的无产者所拖累），在工业化进程中，要尽可能地保证不会出现新的工业无产者，这比任何事情都显得更为重要。

高工资水平及高生活标准并不能阻止救治赤贫化问题，尽管这是毫无疑问的，但这样的情形还是人人向往的。解决这个问题的唯一有效的方法就是接受这样的基本原则：**在工业经济中，劳动力是一种资本性资源**。工人的工资是一种当期成本，同时也要将它视为应对未来风险、确保企业存续的一种重要措施。

事实上，劳动力在工业经济中不是一种商品。这正是工业经济最显著的特征之一，也是它能解决经济冲突的根本原因。工业经济能这样做，部分原因是工业经济中的巨大财富。但是，根本原因在于工业化大生产关注的是未来，因此，它不会要求企业将工人工资只看成一种当期成本。工业经济体系的经济观点自身使得无产者这个概念变成过时之物，因为它要求将劳动力视为一种资本性资源。

CHAPTER 26 | 第 26 章

# 可预见收入与就业

在发达的工业经济国家中，经济政策的核心内容之一就是要让工人知道其期望收入与就业水平。

实行"**可预见收入与就业计划**"尽管不是解决当今工人对未知情况的恐惧、极度的不安全感以及消除不确定性的万能良药，它也不能保证工人的绝对安全，但它的确能系统性地降低工人所面临的就业问题的不确定程度。最重要的是，可预见收入与就业保证使工人有可能进行自己的预算规划，也使企业有可能拥有灵活的劳动力成本体系。

## 对可预见收入计划的误解

为了正确理解可预见收入与就业保证计划，我们首先要澄清一些常见的误解。首先，它不是也永远不会是完全充分就业的一种保障，也就是说，它永远不可能是绝对安全的保障。随着近年来"年工资保证制"的流行，这样的误解颇为盛行。的确，可预见收入与就业保障计划应该保证工人拿到最低年度工资，但它不能保证工人拿到最高年度工资。在流行的讨论中，人们误以为它保障的是后者。此外，它所保证的最低收入水平是灵活的，要视总体经济条件的变化而定。完全充分就业保障计划就像炼制使人长生不死的仙药一样不可能，而可预见收入与就业保障计划类似于一种人寿保险。

事实上，对"年工资保证"的公众误解，使得我们采用合适的可预见收入与就业保障计划成为非常必要的事。工人，尤其是美国的工人第一次明白了，经济不安全不是必然的，也不是无法避免的。他们看到经济安全的一丝曙光，这令他们终生难忘。除非我们快速采取行动，在经济与企业可承受的条件下满足工人的合法要求，否则，"年工资保证制"就会真的被迫变成完全充分就业保障了。

但是，这样的保证只会给工人和经济带来损害。工业经济无法达到这样的要求。商业萧条只要出现，哪怕很小，经济就必然会违背这样的承诺。没有一家公司能长期为不工作的工人支付工资而不倒闭破产。绝对安全保障实在是一纸空文。它给工人带来的是一种安全的幻觉，会在工人最需要经济安全时给他带来最大的失望。由于工人对经济体系、管理的能力与诚信已完全失去信心，在最初的测试中，所谓的可预见收入与就业保障计划根本不为工人所看好。在20世纪经济繁荣时期发展的每一个旨在保证充分就业的计划（在那个时期有很多这样的计划）都在大萧条开始时一一失效，这样的事实终结性地证明了，任何旨在消除经济波动的纸面保证其实都是空谈。那些在大萧条期间被迫停止就业保障计划的公司中的员工，对任何新的就业保障计划都表示深深地怀疑，如果不是强烈的话。

与任何充分就业保障形成对比的是，可预见收入与就业保障能成功地度过即使是非常严重的经济萧条。事实上，它从一开始就考虑到了经济萧条的可能。此外，为了保证它的可靠性与有效性，它不会给企业带来严重的风险。

　　一个有保障的可预见收入与就业水平,并不意味着存在着"就业权利"。如果"就业权利"只是指能制止武断解雇的有序的解雇程序及解决纪律问题的申诉程序等,那当然可以这样说。但是这个口号常常指无论经济条件如何,都要求实现就业和一定的收入水平。这样的"就业权利"与"年工资保证"一样,都是一种幻想,一旦遇到经济倒退(还不用说是经济萧条),它们就会随风飘逝。另外,它还会使经济裹足不前,使企业的成本居高不下,充斥着低效率生产者,不仅损害高效率生产的利益,同时也会损害整个经济,最终的受累者也包括工人自己。这样做,还意味着保护过时的产业,妨碍甚至阻止技术的进步。

　　这似乎有些夸张,但最近约翰 L.刘易斯提出的煤矿工人的"就业权利"证明,这并不是夸大其词。刘易斯提议,根据"就业权利",煤矿业应实行全行业就业计划。这个计划规定,除非全部煤矿减产 1/3 以上,也就是全年工作 40 周,每周工作 30 个小时,否则任何煤矿不应开除任何煤矿工人。他的计划是为了阻止那些挣扎在亏损边缘线的煤矿大量解雇工人,防止煤矿工人在技术进步过程中被淘汰。如果这真的是保持"稳定"的唯一途径,那反倒证明了"自由放任"主义者最具争议的观点(也就是,激烈的不稳定对经济中的每个人,包括工人在内,要胜于任何形式的稳定)是正确的。

　　约翰 L.刘易斯的提议比卡特尔的危害更甚。卡特尔的存在也会牺牲高效率企业、经济以及消费者的利益,维持高成本、低效率生产者的存续。但是,尽管卡特尔会弱化经济激励体系,但它至少不会阻止技术进步。然而,约翰 L.刘易斯的提议却真的能使技术进步变成不可能。根据他的计划,那些装配了先进机器设备的公司必须要减少自己的产出,以达到不影响那些低效率公司就业的目的。

　　就像需要"年工资保证"一样,刘易斯要求的就业的契约权利也是一种社会病的严重症状——这种社会病就是对收入安全的担忧，它体现了社会对解决这一问题的可行计划的强烈渴望。

## 如何预见收入与就业

要讨论任何可预见收入与就业计划，我们首先要了解这样的事实：即使在20世纪30年代经济大萧条的谷底，美国工人投入生产的人工小时数也至少是经济表现最好时代的2/3。从近似繁荣的1937年到极度萧条的1938年，这12个月，也许是商业活动与就业水平衰退最严重的12个月，即使在这段时间，美国绝大多数行业的人工小时数的减少至多不会为20%~25%。当然，没有一家企业能完全预见未来。但是，每家大的企业都可利用过去的经验推测未来，判断最糟糕的灾难重现时，会发生什么事情。完全的确定性是不可能的，但是可能的概率是可获得的。这种可能的概率适用于一类群体，而不是一个个体。300年的保险业经验告诉我们，如果这个概率适用于一大群个体，那么，单个的情况就是可保险的。

从技术上来说，由过去的经验推知未来并不是一件很容易的事。在过去的20年里，情况已经发生了巨大的变化：新的产品出现了，新的工艺也出现了；工作的设计改变了，工资结构也不同了；旧的工厂消失了，新的工厂建起来了；特别是，工会合约出现了，它对工人的解雇、不同类型工人的配置等都有相当大的约束力。在预测未来业务衰退对就业的影响的最初阶段，管理者难免要犯一些错误。这需要管理者花费好几年的时间，耐心地琢磨，才能寻找到如何由过去的经验推知未来的可靠方法。

但是，即使在最初阶段，错误的程度也不会足以完全推翻这种努力。任何一家企业的管理者都能大致正确地说出，如果公司的业务缩减10%、20%、30%或40%，则会对公司的就业产生怎样的影响，也能大致正确地说出，如果出现经济大萧条，也就是像1932年的情形重现，工厂的工作时间会是多少，哪些工作还必须保留。至于计算12个月期间内，业务及就业的最大减少是多少，那是最为容易的事。因此，管理者完全能回答类似"整个经济周期需要多少人工小时数"的问题，更为重要的是，能在任何12个月的期间之前，提前测定多少比例的劳动力能获得充分就业。

建立这样一种模式，本身也会对工人产生重要的影响。目前，美国的所有工人都深信自己处于完全的无保障之中。即使是那些整个大萧条阶段都一直有工作的工人，也和那些5年内一直没有工作的工人一样，也深深地感到没有保障，也为"萧条综合征"所困扰。如果说在由过去推知未来的过程中，管理者什么也没有做，就仅仅是用过去已知的期望数代替未来的未知数，那就已经很好了。因为事实与人们通常的印象常常大相径庭。我们只举一个例子就能说明这个问题。最近，某家公司的所有管理者几乎异口同声地告诉我，在1932年，他们的公司只在工厂里象征性地保留了一部分工人，而在1937～1938年，他们公司至少解雇了一半的工人。实际的数据表明，大萧条最严峻时，该公司投入的人工小时数是1929年的58%。而1937年（这一年对该公司来说是个好年份）和1938年（这一年公司亏损甚大），该公司投入的人工小时数的减少，至多不超过25%。如果管理者夸大经济萧条的影响，工人也会同样地夸大经济萧条的影响。不幸的是，管理者常常会这样做。

一旦我们拥有这样的一个模式，就能对经济不安全的原因施以控制。我们能根据总人工小时数预测，确定单个工人的未来工作及预期收入，即使达不到这个层次，至少也能估计出不同类型工人的未来就业及预期收入。**这一步，由一般的总体预测，转变成具体的单个个体的可保障的预期，是最关键的一步**。同时，这一步也是技术层面上难度最大的一步。这一步需要占用很多的时间，而且可能还要根据最近的经验进行大幅度的修正。我知道的一家大企业，共花了两年的时间才达到单个工人就业及收入预测的层次。在这一步中，不仅要确定出单个工人的预期就业及预期收入这两个数据，同时还要建立起相关的统计分析方法。

如果计划在这一步就停止了，它已经具有相当大的价值了。这会成为促使工人建立起自己的预算计划的第一步。它能有力地促使工人在经济状况好的时期里建立起应对未来风险的准备基金。可以这样说，如果一个工人的工种技术含量较高，收入较高，而且他知道自己将面临的风险是什么，那么，他完全有能力建立起自己的收入保障体系。如果人们对未来风险是什么、有多大都毫无了解，我们就不可能指望他们能建立起自己的防御未来风险的体系。此时，人们的理性行为就是只顾眼前，尽量在当前获取尽量多的收入。相反，如果人们知道未来风险是有限的，而且是可以预算的，此时，建立起合理的风险准备金体系就变得十分有意义，而且很有吸引力，尽管任何一个工人都难以建立起足够的风险准备金，足以抵御长时期的失业风险。

企业应承担起收入与就业预测的工作。这就是说，企业有义务保证向那些未来12个月就业可能达到最低标准以上的工人支付固定的最低周薪。这种风险，尽管比较小，但是不可避免。当然，针对这种情形的保障计划中应包含免责条款，明确规定，在任何12个月期间，只要确证为突然的经济下滑，那么固定周薪就会自动下调。企业还要一次性地设立另外一个保障基金，用来应对从准备下调固定周薪到正式启动免责条款期间的额外支出。这是一个相对较小的数目，大约也就是完全就业时全部年工资支出的5%左右，也就是相当于每个工人按100～200美元计算，就可以应对这个问题了。此外，这个支出也是一次性的。数年之后，应对这种唯一的必然风险的成本负担就会变得很小。事实上，从保险的角度来看，这类风险所需要的风险溢金很小。这是因为，在任何一个时点上，少数几家企业的突然下滑风险，很容易就能被此时仍处于正常状态的大多数企业所冲销掉。

我们对所涉风险进行了详细的讨论，主要就是因为，对于一项可预见就业与收入保障的计划要确保是零风险的。保证计划应比预测的更加保守一些，就如同寿险公司在实际工作中会使用比精算死亡率更高的死亡率指标一样。预测不是为取悦于人，而要可靠、经得起时间的考验。对工人来说，更重要的是，要让他知道自己的当前状态是什么，要让他能真正相信就业与收入的预期，而不是给他空洞的承诺，在关键时刻却不能实现。如果一项计划承受着风险，则只有在它实施一段时间之后，它才能真正发挥作用。也就是说，只有当管理者和工人彻底地理解了它的基本概念之后，它才能真正发挥作用。风险的计量必须尽量准确，应对措施要充分，而且要对它的数量及期限做出严格的限定。

我们已经提到，预测工作自然地会导致公司必须要履行这样的承诺，那就是保证向未来12个月就业可能达到一定标准以上的工人支付固定的周薪，**无论他们在未来12个月是否真的工作**。很显然，要符合这个条件，工人应有相对较好的就业预期。每个工人的就业预期都是可以预见的，但是只有就业预期较好的一部分工人才能得到一定收入的保证。在不同的行业中，这种保证的数量是不同的，不同的企业也是不同的。但是，如果一家企业能保证4/5的工人在任何一个12个月期间内工作50周，那么这家公司一定是特别稳定的公司。如果这样的承诺只给予少于3/5的工人，那么这家公司就是一家特别不稳定、经营不好的公司。即使是这样的公司，通常也应能保证另外的15%的工人能工作30周。

对于这样的计划的管理，就是说，即使一个工人不工作也要每周支付给他一定的工资，其实很简单。当然，此时支付的工资总是平常工资的一个比例，可以将它视为该工人在以后正常返回工作的工资的一种提前支付。这项工作的会计处理比较复杂，需要做大量的解释，但是，它在实际工作中是可以实现的。现在已经进行就业与收入预测工作的一些公司已经能做到这一点了，例如明尼苏达州奥斯汀地区的荷美尔肉食品包装公司就是一例。但是，即使有些公司遇到比荷美尔肉食品包装公司可以成功克服的困难更大的问题，它也应保证周薪的支付。工人最低周薪是保证他基本生活的保障，可使该工人及其家庭避免堕入赤贫如洗的惨境。

## 提升收入与就业预期

一旦收入与就业预测工作投入实施了，还可以采取措施提升收入与就业的预期，使就业更稳定，收入预期得到更大的提高。当然，这不能给企业带来额外的负担，毕竟，企业的本质是追求利润。

经营中的波动是一种浪费、不经济、昂贵的成本，这几乎已成为成功管理的一个公理了。一家工厂的生产如果季节性波动很大，那么在高峰时期，它的生产规模会很大，而年平均的生产规模会远远地低于高峰时期的要求。这就要求高峰生产时期所需的设备等投入的利润率要很高，这样才能弥补这些设备的占有带来的总体生产成本的增加，因为这些设备除了在高峰时期，都会处于闲置状态，这实际上使公司的总体生产成本提高了。举个例子来说，某家公司的经济业务的波动性还不算特别大，估计有 1/3 的设备一年中只有 2 个月使用。这就意味着，这些设备生产所带来的单位收入，必须比一直使用设备带来的单位收入要高四五倍，才能弥补总体生产成本的增加。

高峰时期的工作通常匆匆忙忙、成本昂贵、效率低下，需要特别维护与修理，工厂要扩大，还需要追加资本性设备等。例如，每有一辆火车经过时，铁路修理工就必须中断他们的工作，站在一边等火车通过，每次都会耽误好几分钟。在运输繁忙的季节，铁路工人的实际工作时间和他们站在一旁等候的时间几乎可以达到1∶2。因此，交通量越小，轨道的维修费用就会越低。

某大型汽车公司1941年支付的工厂内部油漆费用是1938年的4～6倍，原因并不是油漆的材料或人工费用上涨了，而是1938年该公司是一班制，而1941年该公司则实行的是2～3班制。1938年，油漆工是等公司下班后，在空空的工厂里施工。而1941年，他们只能围着忙碌的机器和其他工人施工。通过平抑产量波动、计划好闲置期间厂房与设备的使用而实现运营的平稳化，能够给企业带来实实在在的益处。

这样的工作同时也是提高工人就业预期的一种有效办法。事实上，目前最广为人知的一项就业保障计划，就是辛辛那提市的宝洁公司的就业保证计划。它的出发点就是减少季节性波动，而不是给工人以就业保障的空洞承诺。

为了保证运营的平稳，首先要对公司的运营模式进行细致、认真的研究，对工厂的维修、扩张项目等进行合理的规划。对于这些工作，即使是大型公司，也只是为数极少的几家认真地展开过。针对这些项目的储备应事先建立起来。不用说，这并不会给公司带来额外的负担。这笔在好年份时通常用于维修的资金，仍作为维修支出从经营收入中列支，只是并不是实际花费掉，而是作为储备保存起来，等到业务下滑时才启用。

提高收入预期的唯一办法就是参加失业保险。事实上，在可预见收入与就业计划中，应建立起失业保险制度，并将它视为支付工资的一种主要的补充。在经济严重衰退的年份，这就会显得特别重要。可预见收入加上失业保险，即使在最糟糕的年份，也能保证所有行业的至少一半的工人能获得全额的年薪，另外的25%能获得全额年薪的2/3。如果没有失业保险，一半以上的工人通常只能获得70%的全年工资，另外的25%可能只能获得全年工资的50%～55%。

但是，一旦参加了失业保险，就没有人愿意考虑可预见收入计划了。美国的法律实际上阻止收入与就业预期计划的实施。如果一个工人工作负荷饱满，每周工作40个小时，一年能工作30周，那么在美国的绝大多数州，他这一年的其他时间都能享受到失业保险的赔付，大约能达到他的正常工资的2/5～2/3。这样，他能拿到年度全额工资的80%，甚至更多。在现行的法律框架下，如果工人能得到企业的任何收入与就业的保障，他就不能获得失业保险的赔付。一个工人一年工作40周，每周工作30个小时，与另外一个工人每周工作40个小时，一年工作30周，其工作量是一样的。但是美国的绝大多数州规定，只有当一个工人一年中至少有12周完全失业时，他才具备享受失业保险的资格。此外，在此期间内，如果他接受雇主的任何支付，他将失去领取失业保险金的资格。然而，可预见收入与就业计划要实现的恰好是这件事。

这样的法律有损于公众的利益。公众希望国家的法律能在最大程度上支持和鼓励企业建立起可预见就业与收入计划。这种法律规定也与这样的事实不相符合：失业保险金不是"救济金"，它们的来源是雇主和员工自己缴纳的保险费，而不是来自福利救济或国家税收。如果失业保险是由私营保险公司而不是政府承保的，那么监管机构和法院早就会将这种约束作为无理行为加以废除。事实上，多年前，一个政府委员会对收入保障问题进行了调研，提出修改相关法律的议案，但是，迄今为止，还没有什么动静。

可预见收入与就业计划的实施需要从一开始就得到工会的密切合作，至少要从管理层确定了预测的模式时开始。工会必须要理解管理层追求的是什么，以及保障计划的条款。给暂时失去工作的工人预先支付一个最低周薪，应体现管理层与工会的共同努力，以消除工人的某种疑虑，怀疑这种计划是一种剥夺本该属于他们权利的陷阱。

为了保证计划的有效性，工会的相关规则应做出相应的修改。例如，在解雇时要严格坚持以资历作为依据的做法就可能造成严重的不公平,特别是那些服务年限可能很长的公司与行业。这样做就可能意味着那些最需要可预见收入的人得不到保障,特别是那些上有老、下有小的25~40岁的工人,而那些年龄较大、快接近退休年龄的老员工已基本没有家庭负担了,却能得到保障。

大部分保障计划同时还要求工人能相对自由地在不同部门和工作之间调换工作,否则,就业与收入预测,即使能完全做到,在同一家工厂中也会出现很大的差异。比如,如果某个部门服务时间较长的员工很少,那么这个部门的员工几乎全部能享受充分就业。而隔壁的部门,由于服务时间长的员工很多,所以甚至连已服务20年的工人都可能面临长期失业的危险。但是,这种允许工人在不同部门之间自由流动的做法,与绝大多数工会的基本原则相左,尤其是那些手工业的工会。为了解决这种问题,要保证工会同意这样的规则,需要做好事先的计划。同时,它还要求工人提前得到多部门工作、多工种工作的培训,并在工厂中实施持续的工作岗位轮换制度,尽管这种制度是如今的工会实际上难以同意的。

另外,还有一些法律问题要解决。其中之一我们在前面已经提及,那就是目前的失业保险法。另外一个就是现行税法中关于折旧方法的规定。除非对这个规定进行修改,否则,任何通过延迟维修稳定经营的努力都会难以成功。

## 有多少人能得到多少保障

收入与就业保障计划不能阻止经济萧条,也不可能解决经济萧条问题。它的唯一目的是通过减除(或至少减轻)失业问题给工人及其家庭的经济、社会生活带来的毁灭性影响,从而使经济萧条带来的失业问题变得可预见、可忍受。这当然会在一定程度上减轻经济萧条后果的严重性。甚至可以说，它能有效地防止类似1932年和1933年的情形重演，防止经济萧条演变成一种恐慌。但是，收入与就业保障不可能是彻底驱逐经济萧条的根本手段。

另外，这项计划不能防御工人面临的其他几种主要经济风险。例如，它不能防御技术性失业风险。事实上，任何收入与就业保障计划都应明确说明，该计划中没有任何限制管理层进行流程方法、工具及产品变革的内容。另外，任何计划不是一成不变的，而是每隔一段时间就要重新修改一次，比如每隔3~5年等，就要根据技术变革进行相应的修改。

收入与就业保障计划不是一种铁的保证，不能阻止企业可能会出现的业务衰退、整个行业的衰退、破产、歇业、停产或其他严重的经济"病症"，甚至"死亡"。特定行业及业务的系统性风险，也就是从事该行业及业务赖以生存的每个人都要承担的风险，是任何收入与就业保障计划都无法抵御的。从单个行业来看，它们都是十分严重的风险。但从整个经济来看，它们只是次要的，而非主要风险。

比上述不足与局限性更重要的是，不是所有的企业都能进行有效的预测，而如果没有这种预测能力，其他一切都无从谈起。**从总体上来说，只有大型企业才具备预测的能力，而且要花费相当多的人力。**小企业，即使经济状况不错，通常也不能以它过去的情况作为未来预期的可靠基础。

即使在那些足够大且能进行有效预测的公司里，也有相当多的公司不能满足保障的最低要求——最少多少人能获得至少多少保障。这种最低要求有时非常低。有时，只有60%的工人能获得60%的全额工资，也就是相当于满负荷工作期间人工小时总数的36%，能达到这样的标准就能保证该保障计划是有意义的。类似地，在未来的12个月里，如果2/3的工人能拿到上一年工资全额的3/4，换句话说，在未来的12个月里，工资的下降不要超过 50%，这样的保障计划就是有意义的。

然而，有些行业连这么低的要求都难以达到。首当其冲的是那些生产重型设备的行业，例如铁路运输设备、发电设备或机床等，经济发展势头一衰退，这些行业就会整块整块地消失。例如，在某一经济衰退年份，整个美国的铁路设备制造业只生产出了三台火车头，这就意味着，在这一年，几乎全美国的火车头生产厂全部被关闭了。

对另外一些能够进行有效预测的企业来说，如果要在保障计划中考虑失业补偿，只有当经营稳定时才能实现，否则，该计划能覆盖的工人比例将会很小，从而失去意义。这类行业包括：钢铁工业、汽车工业、农用设备工业及其他生产耐用消费品的行业。而那些经营业务因时尚潮流而波动巨大的行业，如制衣业，就很难保证就业与收入保障计划的实施。在这样的行业中，总体的工作数量相对稳定，但是特定企业的工作数量可能会出现极大的、不可预见的波动。对时尚潮流的任何错误判断都可能给一家企业带来灭顶之灾，使之完全消失。因此，对这类行业而言，有效的收入与就业保障应该是针对整个地区的，比如纽约的服装行业或加利福尼亚的服装行业。

风险状况处于中间状态的行业是最需要保障计划的行业。在火车头制造厂工作的工人知道，他们一直处于完全失业的风险中。而一个在消费品生产厂工作的工人知道，只要该企业经营得不错，销售比较稳定，那么他的工作是相对保险的，即使在经济萧条的年份也是这样。感觉到就业的不安全感比就业预期保障差的工人，通常都是来自那些有些波动性，但又不是极度波动的行业。

在某些行业和企业中，不同岗位之间的就业预期相差很大，在这样的企业或行业中，几乎不可能通过工人在不同岗位之间自由轮换，而实现全公司范围内就业预期模式的建立。例如，在铁路行业中，路基和铁轨维修岗位的就业就比较稳定，主要的波动是季节性的。铁路上机车的维修雇用了大量的劳动力，他们的就业预期与汽车工业的工人差不多，只有在极端经济萧条的时期，他们才会面临完全失业的风险。要给这个群体的工人有价值的保障计划，需要稳定经营业务，并将保障计划和失业补偿紧密结合起来。最后一类工人——从事机车及零部件生产的工人的就业受运输量波动的直接快速的影响，而这种风险是铁路行业控制不了的。给这类工人建立就业保障就十分困难。

尽管有以上种种不足，但是我们的企业还是能够给很大一部分工人建立有价值的就业保障计划，足以平抑最差的情形，保证提前 12 个月计划的实施。大概有 1/3 的工人能获得这样的保障（除了全面采取利润分享及转向反周期的经营策略之外）。今天，我们尽管只有大概 1/3 的工人是正式的工会成员，但是，工会决定了所有行业的政治与社会氛围，是舞台上的"主角之一"。保证 1/3 的工人即使在最不景气的年份也能获得至少一半的全额工资（再重复一遍，这是一个相当保守的数），这会对经济产生令人瞠目结舌的影响。它将能大大消除"工资是收入"与"工资是成本"这两者之间的鸿沟。

这还将会对大多数不能获得任何保障的工人的就业安全产生直接的影响。因为，有保障的工人即使在极不景气的年份仍然能保证基本消费的支出，这就为整个经济提供了购买力。

最关键的是，可预见收入与就业计划能赋予工人一项以前他从未拥有的能力——做好未来计划的能力。正是缺乏计划未来的能力、只顾眼前，而不是其他原因，造就了贫困者。

CHAPTER 27 | 第 27 章

# 利润中的工人利益

　　利润和盈利性中必须要有工人的切身利益，与企业必须要有工人的切身利益一样，其重要性已在很久以前就为人们所认识。因此，在过去的几百年里，人们对利润分享计划进行了多次尝试。今天，它又被人们提出，被当作解决所有工业病的万灵丹。然而，几乎没有一家大型企业，也没有一个重要行业的工会对任何的利润分享计划感兴趣。在绝大多数情况下，利润分享计划只给人们带来了失望的体验。

　　所有利润分享计划失败的主要原因是，它们的目的是给予工人一种与他的工作无关的经济利益，从而使他变成"合作伙伴"。但是，事实上，如果我们将合作伙伴定义为他在企业中有投入，那么工人原本就已经是一种"合作伙伴"了。他投入的本钱就是工作，这对他来说，比任何与工作无关的财务利益要重要得多。正是因为他看到了他自己的关键利益（也就是他的工作）从属于且受控于盈利性，有时为了追求盈利性甚至会危害他的工作，这才导致工人抵制和反对利润。

大多数利润分享计划中与工人的工作无关的分红，对工人来说，最多像是汤中的调味品或一道可有可无的开胃小菜。他甚至可能会厌恶这种计划，因为他可能会认为该计划中所包含的一些价值及优先顺序对自己是不利的。有一个古老的故事说明了这一点。故事说的是一个银行家家族中的一个人，掉进了一条湍急的河里，一个乞丐救了他。银行家十分感激，他给这个乞丐提供了一个合伙人的身份，以此作为报答。但是乞丐厌恶地说："这就是你们家人感激救命恩人的方法，这样，你就可以让我替你还债了。"工人对传统的利润分享计划的感受与此十分相似。

另外，在传统的利润分享计划中，除了一些小企业建立了工人与利润的关系，大型企业很难建立起工人的努力与公司的利润之间的关系，因为这种关系在通常情况下太不明显，且难以确立，更不用说特大型的企业了。

更进一步地说，即使在公司发展势头良好的年份，工人能从公司利润中分享到的部分也是很小的。绝大多数工业企业的利润通常只是总的工资支出的 1/10。即使公司的全部利润都被工人分享掉，每个工人最终得到的利润分成数量也是非常小的，因而在实际中没有太大意义。它只会带来敌意和厌恶，而不是利润的分享。公司数以千万计的总利润与每个工人分享到的几美元之间的差距实在太大。它只能让工人产生被欺骗的感觉。很显然，利润分享计划给工人带来的红利远远抵不上工资增长 10 美分或每年多几周就业保障所带来的收入的提高。想当然地认为这种计划也能改变工人对待企业、对待利润的态度，纯属白日做梦。

另外，以往的利润分享计划假定工人对利润分享的兑现方式也与股东一样，每年一次，待利润实现时兑现。这种情形只可能出现在好年份中，工人都充分就业，收入不错，此时，额外的小数量的收入对他们来说无关紧要。而在那些不景气的年份里，公司没有利润，甚至处于亏损状态，工人可能失业或部分时间失业，恰恰在这些年份里，工人对额外收入的需要更为紧迫。

## 有效利润分享的必要条件

如果利润分享计划是有效的，真的能将工人的利益和利润捆绑在一起，它就必须能做到，建立起利润、工作及工人的需求三者之间的合理关系。

实质上，这就意味着利润分享计划的首要目的应该是工人工作的改善。在很多时候，这就意味着就业保障的提高。因为工人认为，对盈利性原则的遵从，是他们就业保障的最大威胁。

在好年份里，应将工人的利润分享提取出来，设计好良好的制度，帮助工人度过最困难、最需要帮助的时光，比如在坏年份、生病了或老了的时候。

**另外，在绝大多数情况下，单个的工人所分得的利润分成数额很小，对他来说，没有什么实质性的帮助，产生不了什么实质性的影响。**工人的重大需求只有通过集体的力量才能加以解决，除非他很富有，否则没有人能独自依靠自己满足重大的需求。例如，1000人每人都存有50美元的积蓄，他们之中的任何一个人仅靠自己的50美元积蓄，根本不能防御任何风险，包括失业、生病、年老。但是，要是将1000人的50美元聚拢在一起，形成一个5万美元的储备基金，那么，任何人出现上述风险都能得到有效抵御。无论是从客观上，还是从主观上说，从心理角度或从经济角度来看，将利润分成分配给每个工人是一种资源的浪费。应保证每个工人能从基金中提取属于他自己的那一份，就像寿险公司允许保单持有人借款一样。但是，储备基金的性质应是一个集体性的基金，用以应对员工集体的共同性风险。

重要的是，利润分享基金服务的目的应由工厂社区决定，而不是由管理者决定。工厂社区要决定工人的需要和愿望是什么。仅通过调查问卷了解工人推荐的用途，这样做还远远不够。在这件事上，管理者要做的事情只限于与工人谈判，确定利润分成的数额。至于如何使用基金，应由工人自己决定。这个基金必须是工人自己的基金，而且是工人不可撤回的财产。

最后，基金的管理也是员工自己的责任。管理层可以派代表参加基金的管理委员会，但只限于提供技术支持、咨询、警告严重的管理不善或不诚实行为。委员会的控制权属于工人及其代表。这样的一个委员会为工人及工会干部获得管理者的感觉，学会与企业及其管理者合作，通过承担一定的责任而获得社会声望及满足感提供了绝好的机会。

利润分享基金应由各个公司各自管理。它应是一家特定的公司成立的、服务于该公司的特定工厂社区的特定目的的基金。如果成立一个全行业性的或全国性的基金，其效率必然会大打折扣。

## 利润分享基金的使用

利润分享基金的一个明显用途，就是在可预见收入与就业计划中用来提高工人的收入保障。我们之前讨论过的最低周薪，无论工人工作还是不工作，都要支付。但是，从本质上来说，它是对未来预期会重新工作的工人的一种提前工资支付。要进一步提高工人的收入保障，就要求支付未来不会被从工资中扣减的额外资金，这只能来自好年份时公司分拨出来的利润分享基金。

在实际操作中，利润分享储备基金还可以用来提高一些企业愿意承担，并能够承担的责任。例如，公司就业保障计划的实施通常不会完全达到预测的水平，但是有了这家基金公司，就得完全兑现预测的目标。一些小的风险可以通过从利润中提取的临时基金加以解决。随着这类基金的增长，保障的程度就会得到提高。没有哪家企业敢保证在任何情况下都能实现充分就业。但是，在很多情况下，在好年份从利润中提取出一小部分基金，在不好的年份就能发挥出很大的作用。

这只是很多种可能用途中的一种。利润分享基金还可以用来支付技术改造时期的解雇补偿费及停工补偿费，也可以用来发放病假补助、死亡抚恤金，或作为退休员工菲薄的养老金的补助。

当然，把现有的基金分成很多小块是一种错误。但是，在不同的情况下，利润分享基金可能会有完全不同的用途。例如，南方的一家钢铁厂发现，他们的黑人职工占总员工的2/5，其最大的需求是购房、读好的学校及去体面的医院看病。而一批工作在与世隔绝的山沟里的铁路工人认为最大的需求是建立一个保证他们的孩子在不景气的年份仍能接受良好教育的基金。他们认为自己能挺得过经济萧条，但是，当他们失业了或工作时间锐减时，希望孩子的教育不会受到影响。因此，他们希望将利润分成基金用于孩子的教育，而不是增加收入。

## 给企业带来的益处

一个设计合理、能解决工人真正需求的利润分享计划，能令工人确信，公司的利润与自己的利益并不抵触，而是相容的。最佳的利润分享计划自然也不会将工人改造成利润的宣传者、利润动机的信仰者。但是至少能创造出一种氛围，使得关于利润的作用、意义及必要性的理性讨论成为可能。它至少能改变工人的一种极端态度——对利润的深刻的反感。在那种态度下，任何关于利润的讨论都是不可能的，因为工人的耳朵对有关利润的一切言论完全关闭。此时，任何有关利润的观点只可能加深工人的反感。通过利润分享计划，工人至少能聆听有关利润的客观作用的讨论。至少，一个有效的利润分享计划能让工人知道，公司的利润是波动的，好年份较大的利润经常会被坏年份的菲薄甚至亏损所摊薄。"年利润"只是会计账簿上的一个符号而已。能做到这一步，已经是一个巨大的进步了，它意味着工人对工业经济系统的理解与接受程度的加深。

但是，利润分享计划给企业带来的实实在在的、直接的益处并未改变工人对利润的反感态度，而是根据经营的波动，合理安排社会保障与福利的支付。它构建了一个灵活的劳动力成本体系，这既是企业最需要的，也能使工人从中获益。

如今，对"福利"的要求，也就是对安全保障的要求，至少与高工资率的要求一样强烈。从美国的所有行业来看，每支付1美元工资，就要支付大约10～20美分的"附加福利"。此外，这种需求还会变得更为迫切。

更重要的是，一旦这些福利支出的原则广为接受，工人就会要求企业向不同的基金分拨资金，无论是好年份还是坏年份，甚至工人不工作时也是如此。寿险、退休基金、养老基金、病假补助等，都需要资金投入，而且特别是在一个人失去工作时，他对这些保护的需求更为迫切。但是，即使是最强大的企业，也没有能力在经济萧条的低谷时期，仍承担高峰时期全额工资10%的社会负担而不破产。

相反，如果社会性负担根据企业的业务量及利润而确定，那么绝大部分企业就有能力承担这些负担。换句话说，企业在好年份可以提取出超过10%的储备金，而在坏年份，可以少提或不提。这类福利基金的支出，在一个合适的会计制度下，都是随着利润的波动而波动的，即使在今天，也是这样的。但是，只有将这种与利润波动的关联关系公开宣布，并作为一种原则牢固地树立起来时，企业才能真正地让工人看到，公司利润中也有他们的利益。

利润分享计划还提供了缓和工人对管理者高薪的强烈不满的唯一可行

途径。它当然不可能完全平息工人对管理者的薪水与自己的工资之间差距巨大的抱怨,这需要工人彻底理解管理工作及现代企业的组织。从工人的观点来看,他们最不满的是,管理者无论是好年景还是差年景,一样拿着高薪。换句话说,经济波动的风险全部由拿着低工资的工人承担了。另外,大部分工人都认为,管理者的工资是以一种秘而不宣的方式从工人的工资袋中掏出来的。因此,管理者能从压低工人的工资中得到切实的好处。通过实行针对所有员工,包括管理者的利润分享计划,可以大大地消除以上两种工人对管理者反感的原因。

例如,规定管理层的固定工资不高于工人平均年收入的某个倍数。规定最高的固定工资是全职工人平均税后年收入的 10 倍,在目前的水平下,这就相当于每年 2.5 万～3.5 万美元。当然,管理层应有权根据就业水平分享利润。

通过奖金的分离,企业就可以建立起象征职位和权力的薪水级别,最高管理者获得最大的份额,其他的依此类推。这样可以保证管理者的固定工资尽管比工人的平均工资要高出很多,但是多出的倍数不至于过于夸张,仍在工人可想象的范围之内。只有当工人的就业水平达到一定的标准,并保证工人也能从利润中分享利益,管理者才能得到额外的补偿。要保证管理者的利润分享计划能减少工人对管理者高薪的反感程度,就必须和工人的利润分享计划相配合。

很显然,这样一种方法只是一种治标不治本的方法。但是,它至少能降低工人对管理者高薪的反感情绪,仅就这一点,就值了,更不用说它还能给企业带来其他的益处了。社会性需求要求工业企业使用收入差别作为权威与权力的象征。每个社会都需要这样的象征,即使是天使之国,也有等级,而不是完全平等的。要求管理者为非经济性激励(也就是社会性激励)工作,就应正确理解高薪的作用。高薪的作用主要是社会性的,而不是经济性的。尤其是我们现行的对高收入征以近乎是没收性的税收，高薪几乎就完全是一种非经济性、提升声望的激励手段。从社会的角度来看，在所有的权威象征物中，货币的危险性最小，它比服饰或头衔的象征物要安全得多。服饰性或头衔性的象征会滋生傲慢情绪、轻微的苛政及膨胀的权力欲望。而货币，只有货币不会带来这些负面的社会影响，而且还可以对高收入进行征税。在美国，与欧洲流行的看法不同，货币本身，即财富本身，并不能令一个人在社会地位方面身价百倍。这一点，从美国有钱人的儿女尴尬、不合意、暧昧的社会地位可以得到明证，他们的巨大财富除了做一些慈善事业以外，并不能给他们带来真正的社会地位的提高。

然而，高层管理者的高薪仍是员工深感不满的地方，这当然是可以理解的。尽管这种不满会逐渐变得微不足道，但它并不是一种浮在表面的问题。它反映了我们的社会思潮与社会不同阶层的需求之间的矛盾。因此，我们即使不能彻底消除这个污点，至少也要努力淡化它。

推行合理的利润分享计划，对于正处于工业化的国家而言尤为重要。苏联在这个计划方面的工作比其他国家要深入得多，这不是偶然现象。在工业化早期阶段，要建立起有效的收入与就业预期计划几乎是不可能的，这种计划要求的前提条件是较高的工业化程度和成熟的管理。另外，早期工业化阶段更是工人的社会性需求的顶峰时刻，这些需求只有通过利润分享计划加以解决。在这个阶段中，工人还不太清楚如何在工业化的世界中生活。他们刚刚脱离农村，来到一个新的世界，仿佛无根之草，传统的习惯全被剥离了，他们会变得十分迷茫和迷惑。我们不需要到南非的金矿、印度或土耳其去看这些情景，在美国就能看到。例如，第一次世界大战时期到阿克伦的南方人，在两次大战期间到底特律工作的南方人（无论是白人还是黑人），或者是今天去南方腹地的新工厂中工作的农村小伙子，都反映了工人在早期工业化阶段的社会与文化上的无知觉。这个阶段的利润分享计划不仅能为满足社区需求提供资金，它还能促进一个最大需求的满足：形成工业化社区。

最后，它还能阻止赤贫如洗的无产者的形成。同时，它还能防止工人形成反对利润及盈利性的情绪，而在这个阶段中，最应强调利润，也最需要利润。除非在这个阶段让工人感受到利润中也有他们的利益，否则他们最容易在这个阶段形成对盈利性的反感情绪。例如，在一些老牌的西方工业化国家中，工人现有的态度实际上在一个世纪前就形成了。

对于那些新兴的工业化国家来说，它的经济的羽翼尚未丰满，收入与就业保障计划难以实施，那么利润风险计划就成为构建良好工业秩序的主要经济工具了。但是，对发达的工业经济国家而言，它同样也是一种不可或缺的工具。尽管收入与就业保障能给予工人最低保障，但是只有当工人能感受到利润中也有他们的利益时，他们才会心甘情愿地接纳工业社会的新秩序。

# 第28章 | CHAPTER 28
# 失业的威胁

收入与就业预期及利润分享计划，足以解决工业社会中的经济紧张问题，但是，它们无法克服人们对经济萧条的心理恐慌，而今天的工人一直处于这种心理恐慌之中。大规模失业的重复出现必然会带来政治巨变和社会崩溃，它将摧毁任何一种工业社会，这成为人们公认的真理。每个工业国家都在十分努力地制定反经济萧条政策，并将维持高水平的、稳定的就业作为经济政策的首要目标。

然而，迄今为止，我们一直和以前一样，从来也没有真正找到过切实有效的反经济萧条政策。主要有两个原因导致了这个危险的失败：

第一，我们常常将两类性质完全不同的经济萧条混为一谈：一类是由于长期的资源配置失调而导致的经济萧条；另一类是商业性或周期的经济萧条。这两类不同的经济萧条需要不同的治理政策。

第二，我们所有的人都认为反经济萧条政策应由政府实施。防止、治理经济萧条的确是政府的责任，但是仅靠政府履行这个责任，只会加深经济萧条,因为政府有可能会通过制造战争解决经济萧条问题。一个真正的反经济萧条政策当然应是一个全国性的政策,但是,它要依靠企业,由企业落实、实施。

## 结构性经济萧条与商业性经济萧条

我们现有的反萧条经济政策完全是针对周期性或商业性失调而设计的。部分原因在于我们关于近期经济萧条的经验,部分原因在于约翰·梅纳德·凯恩斯的深远影响,他将大萧条的一些特殊特征一般化,进而形成了关于经济萧条的理论。我们现在通常假设所有的经济萧条都像美国20世纪30年代发生的经济萧条一样,都是商业性或周期性的经济萧条,也就是说,是现有经济结构内部的一种混乱状态。

然而,这种观点是站不住脚的。另外一种经济萧条,是由于现有的经济基础及其国际经济地位的根本改变而造成的,我们称之为结构性经济萧条,它完全不同于商业性或周期性经济萧条。人们之所以将这两种萧条混为一谈,是因为它们造成的结果是相似的,都会有经济困难和失业问题。但是这种混淆,使得正确的治疗难以实行。就如同仅因为便秘和阑尾炎都会导致腹痛,就采用同样的方法治疗它们一样,这样只会使结果变得更加糟糕。服用泻药只会加重阑尾炎,同样地,将治理商业性经济萧条的措施用于治理结构性经济萧条,只会加重问题的严重性。

未来几十年的主要问题可能不是商业性经济萧条,而是结构性经济萧条。西方及欧洲中部正在遭受的就是结构性经济萧条,它是由全球范围内工业革命带来的世界经济结构变化及深刻变革而导致的。英国的经济也陷入了一种类似的结构性经济萧条中。印度、马来西亚及印度尼西亚面临的经济困难也大致如此。主要经济体之间的竞争地位及相互关系是最为重要的问题,而经济学家大肆吹捧的"凯恩斯革命"可能只是过眼云烟。

关于结构性经济萧条的原因我们已经了解了很多，但是，迄今为止，关于如何与这种经济萧条做斗争，我们仍是一无所知。传统的自由贸易、多边贸易概念已经被证明为无法应对国际性的结构性经济萧条。它只会令这种"病症"在更大范围内传播，将一个成员国的"病症"扩散成全世界性的"病症"。这是因为它们的假设前提是前工业经济的，仍假设贸易主要是气候与地理条件不同的国家之间的原材料和食物的交换，将国内经济的信贷、价格及生产置于国际贸易平衡的完全的、无保留的控制之下。这在18世纪（当时国际贸易构成货币交易的主体），也许是合理的。但是，这在工业经济时代就会具有破坏性的影响。具有讽刺意义的是，像美国这样的国家，越是宣称推崇自由贸易学说，它自己的经济运行规律越是与自由贸易学家持有的主要假设相矛盾。

双边贸易和自给自足是自由贸易的替代之物，但利用它们调治结构性经济萧条，只会带来更为严重的后果——从长期来看更是如此，它们会使经济失调变成永久性的问题。它们的基本思想是牺牲其他所有国家的国际贸易平衡，以解决一个国家的国际贸易失衡问题。双边贸易及自给自足经济思想的保守性不是一种偶然，而是本质性的。另外，全世界只有一个国家实施这种政策时才会取得效果。如果每个国家都采用这种政策，那么这些政策能够带来的暂时的但快速见效的缓解作用也会消失。

但是，我们需要指望能说服任何国家在遭遇严重的结构性经济萧条时不退回到双边贸易和自给自足的旧思维中。这倒不是因为它们能带来快速的缓解作用，而是因为这是今天所有的国家唯一能采取的行动。即使自由贸易的药方是有效的，面临危机的国家也不会采用，因为采用自由贸易这一药方，要求政府在面临危及本国经济繁荣，甚至危及本国经济生死存亡的经济萧条时，不要采取任何行动。但是，在那种情况下，没有哪个政府敢袖手旁观，无所作为，否则就可能会被推翻。除非我们能找到新的、有效的应对结构性经济萧条的经济扩张政策，否则政府仍会，也只能采用纯粹的、保守的经济政策，应对结构性经济萧条。

为了应对结构性经济危机，我们需要新的国家经济学概念、新的工具及新的制度。工业经济体系显然需要大型的、紧密联系的、基本自足的地区性经济体，就像美国及苏联这样的经济体。像马歇尔计划和杜鲁门先生所号召的、发展中地区系统性经济开发的国际行动计划，有可能成为迈向新的国际经济体系的第一步。

凯恩斯式的方案，也就是反周期措施，只会使结构性危机变得更为严重。一个遭受结构性危机的国家的确也出现了通货膨胀，只不过不是货币性的通货膨胀，而是生活标准的"通胀"。这样的国家不需要更多的消费，需要的是更多的生产和更多的资本。因此，凯恩斯主义的刺激消费的药方是处理这个问题的最糟糕的办法。此外，现在的凯恩斯主义的药剂师，只继承了他们老师的药方，却缺乏他们老师的诊断技能，这只能使问题变得更加不可收拾。

## 反周期性经济萧条政策的要求

尽管结构性经济危机是未来几十年中的主要问题，但人们害怕的是商业性或周期性的经济萧条。人们要求政府拿出一套有效的政策，让他们从恐惧中走出来。正是这种要求给任何一个工业国家的政治经济机构带来了巨大的压力。

旨在克服周期性失业威胁的政策必须能消除周期性经济萧条形成的条件。它必须能防止经济萧条演变成类似20世纪30年代的经济瘫痪，必须能克服长期的大规模失业问题，最后，它还必须能让西方世界从失业恐惧的阴影中走出来。

政府的行动必须在以上三个方面下大气力。

在这里，我们并不是要讨论周期性经济萧条的原因。我们知道不知道经济萧条的原因，其实并不重要，无论它是由工业组织的本质特征、资本主义的本质特征引起的，还是由于货币问题、过量生产、消费不足以及太阳黑子引起的，都无关紧要。我们甚至不知道是否真的存在"经济周期"，关于或大或小、有规律的上下波动存在的证据也只是差强人意。

但是，即使我们真的知道周期性经济萧条的原因是什么，我们也无法阻止严重的经济萧条的到来，除非我们能阻止经济萧条之前的经济繁荣。如果没有一个经济大繁荣在前，那么大规模长期失业、信心、想象力及企业的逐渐瘫痪就不可能发生。如果有一个经济大繁荣在之前发生了，那么这些问题的出现就无法阻拦。

一个想要获得民众支持的政府绝不会阻止经济繁荣。经济繁荣的特点是信心的无限膨胀，任何对现有经济的健康性的怀疑、影响普天同庆的欢乐气氛的观点，都被认为是毫无根据的悲观主义而遭到拒绝。繁荣时期的另外一个特点就是没有人愿意放弃他们认为正在享受的繁荣。每个群体想到的是让另一个群体做出牺牲，其结果是每个人都享受着无节制的放纵。

在第二次世界大战之后美国的繁荣期，工人愿意看到的是对价格及利润上限控制的延续，而不要对他们的工资进行上限控制。而管理层愿意看到的是工资控制的继续推行，只要对公司的利润及产品价格没有上限控制即可。然而，没有人同意原材料配给制度的继续推行，但是如果没有原材料配给制度，实际上就不能实施任何真正的控制。在英国，也上演着类似的故事，尽管名义上各种控制仍然存在。英国唯一有把握的控制，就是能保证将通胀的肆虐向后拖延一段时间。

即使是一个极权政府，也难以抵制繁荣时期的公众压力。苏联政府显然未能及时实施控制，阻止严重的通货膨胀的发生。但是在阻止经济扩张、防止过大的波动等方面，也就是防止人民的生活由相对舒适堕入极端的简单和贫困（这是过去 30 年苏联人民生活的基本特征），苏联政府处于一种特别有利的位置。不仅是因为苏联政府在很大程度上不受民众的影响，而且是因为苏联还不是一个发达的工业国家，因此，任何经济收缩的威胁都会被一些新兴行业的发展所抵消。同时，这些新兴行业尽管对苏联来说是崭新的，但在西方已有成熟的范例可以参照。然而，即使拥有这么多优势，苏联政府也不能认为成功地控制了通胀性扩张的出现。

对于发达程度较高的工业化国家的政府来说，制止经济萧条，恢复经济繁荣的工作更为困难，几近无可奈何，除非发动起另一个"妖魔"——全面战争。现在，我们知道解决就业问题唯一可靠的政策、唯一可采用的能产生较好结果的行动，就是加大资本商品的生产。凯恩斯最初开出的解决严重紧缩问题的药方是创造消费购买力，这实际上也是 20 世纪 30 年代"罗斯福新政"的理论基础。然而，事实证明，这个药方并不能达到"启动经济之泵"，令经济恢复繁荣的目的。实际上，今天的凯恩斯主义者已经放弃了他们老师的药方，而改用"直接订购资本商品"的"大剂量"药方，用来应对比较严重的经济紧缩。

但是，政府应具体订购什么资本产品呢？对于处于成长阶段、不成熟的工业经济而言（如苏联），这个问题是不难回答的。因为，它可以效仿发达的工业经济不断建立起新的工业，那么订购的资本商品自然是来自新兴行业的。但是，对于高度发达的工业国家，如美国、英国、加拿大或西欧国家，这个问题就难以回答了，因为在经济萧条时期，这些国家的每个已知的、可以想象得到的生产资本商品的行业都有生产富余。

这些国家通常会也只能给出的答案是"公共事业"项目。经济萧条时期适合于大量建造公路、医院、水坝、学校、机场和邮局。我们应该执行这样的政策，公共事业项目的建设应由经济繁荣时期推迟到经济不景气的时期——尽管这样的政策会遭受巨大的公众压力，而且在目前的年度预算制度下实施起来也十分困难，但这样做是十分必要的。然而，即使公共事业项目能够得到最成功的施行，它仍不足以对经济状况的改善起到实质性的作用。此外，如果对于公共事业项目建设的时期选择得不恰当，还可能将一个小规模的经济扩张转变成一个大规模的经济扩张，从而增加通胀的压力。公共事业项目能在一定程度上缓解经济紧缩，但是，它终究不能填平严重的经济萧条与经济繁荣之间的巨大鸿沟。

在一个不是完全由政府控制的经济中，公共事业项目计划必然会导致其他所有资本商品生产行业订单减少，这反过来又会降低政府订单对经济的刺激作用。即使在一个完全的工业化经济中，如果**信心缺失**，就会出现货币流通速度减缓的现象，从而削弱公共事业项目的作用。例如，罗斯福新政时期"启动经济泵"计划的落空，就说明了这一点。只有在这样的经济中，完全由国家控制，而且人民只能基本维持温饱，才不会出现公共事业项目的作用被抵消的情形。因为在这样的经济中，所有的行业即使失去了信心，也不会停止资本商品的生产，而消费者也不会减少购买，使货币流通速度降低，因为他太穷了，挣的钱必须马上花掉以换取生活必需品。严重经济萧条期间更为重要的因素，其实不是经济的，而是心理的，也就是信心。公共事业项目计划，从其本质上来说显然是一种紧急情况下采取的特殊措施，在它立即创造出工作岗位的同时，也创造出了人们对经济前途的迷茫。

结果，发达的工业化国家的政府手中，就只有一个对付严重的或长期经济萧条的武器——增加军备计划。同时，政府对这个武器的运用也最轻车熟路，这种方法也是最容易实施的，因此也是最流行的，因为常常可以假借爱国和国家安全的名义。

很显然，依靠军火生产对抗萧条的政策与经济萧条本身一样，具有极坏的后果，它只能带来国际军备竞赛。无论这件事对某个国家的军事安全是多么有益，国际军备竞赛的唯一结果只可能是战争。也许更危险的后果是，利用军火生产克服经济萧条的政策，可能会令一个国家的外交政策服从于国内经济的需求和要求。军备计划越是能创造工作岗位，军火生产就越是难以减少或停止。外交政策也不得不随之转调，以确保军备计划的持续推行。如果生产何种类型武器的决策取决于特定武器的生产能增加多少工作岗位，那么国家军事安全本身就会处于危险之中。

即使我们能克服以上两种障碍，政府能采取抑制扩张的行动，寻找到军备计划以外的反萧条政策，政府的行动也难以有效地克服人们对经济萧条的恐惧心理。这是因为政府最多能做到的是采取"充分就业"的政策。然而，它又不能给予个人他需要的失业保护，这听起来有点自相矛盾。

政府政策从本质上来说是一个总体性的概念，比如"6000万工作岗位"或者"充分就业"。类似地，度量一项政策是否成功的标准也是总体性的、抽象的，比如总失业人数、工业生产指数、国民收入及支出等。但是，某个工人的担忧是非常具体的、个人的。他担心自己会失去工作，担心找不到下一份工作。如果他的担心超出他自己及家庭的范围，最多也就会想到同一个城市中同类工厂中的其他工人。6000万就业岗位或者是工业生产总指数对他来说太抽象，也太遥远了。

如果一个政府不能有效地采取反萧条的政策，人民是不会原谅它的，它也就不可能继续在位了。对这种失误的惩罚，不仅是某个政府的下台，还可能会出现革命或分裂，彻底摧毁现有政府的政治组织形态。因此，政府被迫承担起这份责任。然而，没有一个政府真的以为自己能履行好这份职责。政府面对失业问题时表现出的无可奈何，与公民对失业的恐惧程度相比，有过之而无不及。这表明，无论是经济顾问、卷帙浩繁的统计资料还是公共事业计划，都只是一副掩人耳目的漂亮外表而已。

## 企业内部的反萧条政策

我们必须要找到一些组织能真正实施的有效的反萧条政策，要同时达到以下目标：抑制扩张，创造资本商品的生产及保证个人工作岗位的安全。政府不能推卸实施这样政策的责任，但是，仅靠政府自身，又难以承担起反萧条政策的全部责任。

无论是在自由企业的经济中，还是在社会主义经济中，应对周期性紧缩的最有力的反抗，其实应来自企业内部。只有企业能制订出反周期性萧条的资本商品支出计划，才能给工人一个有意义的工作保障。

企业内部的反萧条政策的起始点是收入与就业预测。从未来经济发展预测到采取措施应对波动的跨越其实难度并不大，这可以通过一个长期资本支出计划加以实现，比如5~10年的资本支出计划。企业应将资本支出预算与运营支出预算分开来。主要的资本支出、厂房与设备的重大改造、设备的大规模重置等，应在经济繁荣期向后推迟，直到经济紧缩时期再实施。在经济繁荣的年份，应尽可能地拨付出用于资本项目的资金，而这些项目本身则在不景气的年份施行。

如果这些资金确实被用于创造就业的项目中了，应对其免税。如果在该使用这些资金的年份，企业却没有真正使用，那就应该征以几乎等同于没收的税率。

这样的税收激励足以刺激企业，尤其是大型企业采用这种反萧条政策，因为这样做显然对其自身有利，对国家的经济也有利。如果这还不够，那就应该施行惩罚性的税收政策——如果企业在繁荣年份没有拨付一部分资金用于紧缩时期的创造就业项目，那么就对它的利润课以惩罚性的重税。此外，只有当这部分资金确实被用于员工的收入与就业保障项目中，才能给予其税收减免。

企业采用这样的政策还能有效地控制过度的经济扩张。由于资本支出被推迟了，因此，繁荣时期就不会有资本支出，这样就可以大大地缓解进一步加大通胀的压力。在繁荣时期，资金被分拨出来，用于未来的项目，这一举措应具有明显的反通胀效果。

　　这个政策还能回答一个难题，也就是工业化程度高的国家在经济萧条时，应订购何种资本商品。我们不必由政府采用单一的计划，使其规模大得难以管理，而可以让遍布整个经济体的企业制订各自的计划，最终形成成千上万个各自不同的资本商品订购计划。政府对这些计划的协调是十分必要的，以免出现时机不成熟就开始或者由于信心不足半途而废的情况。但是，这些计划的形成和具体执行应留给企业自己去完成。

　　最重要的是，这样的政策还必然能带来心理方面的积极影响。它不仅针对萧条本身，同时还针对人们对萧条的恐惧。它是唯一有希望缓解现代工业社会中"萧条综合征"的政策。在繁荣时期，它不仅能抑制牛气冲天的那种忘乎所以的乐观情绪，同时也能防止萧条时期只看到破败和灭亡的病态绝望。在萧条时期，这种极度抑郁的心理是"繁荣—萧条"这个循环往复的经济周期规律中最危险、最糟糕的因素，其危害作用比其他任何经济因素都要大得多。

# 7

第七部分

# 工业秩序原理之二:
# 联邦制管理组织

THE NEW SOCIETY

第 29 章

"组织学就是研究人的学问"

第 30 章

分权制与联邦制

第 31 章

竞争性市场对管理来说是必要的吗

# 第29章 | CHAPTER 29
# "组织学就是研究人的学问"

迄今为止，工业企业总体上仍在沿用新工业社会的原则，解决它自身的政府性组织问题及社会组织问题。这些原则的使用被人们认为是理所当然的，它们被原封不动地保留了下来。在前工业社会中，无论是合伙制的贸易企业，还是小作坊，一两个人或一小群人就可以构成商业体了。在这样的商业体中，其他人的存在都是为了帮助合伙人或大师傅更好地完成生产，他们都是帮手。人们曾试图将这个概念照搬到现代企业中。然而，在现代企业中，真正能完成生产的，不是哪个人或哪些人，而是整个组织。现代企业不是"某个人的长长的影子"。如果现代企业按照传统的作坊的模式进行组织，那么它将变得无法管理。现代工厂不仅仅是一个大作坊。如果人们都持有这样的观点，认为现代企业只不过是大一些的作坊，那些口称"我的工人"和"我们的幸福大家庭"的人，就是有意识或无意识地持有这种观点的人，其结果是具有社会破坏性的。目前，实际的工业企业组织表现出了强烈的前工业化的人格化特征，这说明现代工业企业尚未有任何适合自身秩序的原则。

新生事物试图通过老的原则组织起来，这是一种很自然的现象，毕竟新生事物刚刚从这些老的原则中脱离出来。无论在什么地方，新的组织总是通过对旧的组织的逐步改造而形成和发展的，企业也不例外。事实上，在过去的 50 年间，企业发展演化的历程与现代国家管理的早期发展过程十分相似。现代国家的出现，对应于企业，就是将企业由某个人的组织改造成一个客观的、非人格化的组织，就像现代国家对中世纪王权的改造一样，将一个人的国家改造成一个民族的国家。中世纪的王权行使的是"统治"，而现代政府进行的是"治理"和"管理"。君主亲自、直接行使王权，而国家则需要一个组织——政府及其庞大的"人力机器"，即官僚体系组织，才能实现治理与管理。然而，当封建领地的诸侯政权纷纷垮台或被消灭时，地方治理的权威又被收回到中央。一开始的处理方式与诸侯王在位时，看上去似乎没有什么不同，只是规模不同而已。事实上，情况在消亡之中发生了根本的变化。起初，国王想通过增加自己的随从，也就是他的朝廷官员的方式承担起治理地方的新职责。这样做的结果导致了"首相"的出现，像黎塞留。首相手中掌握着巨大的管理权力，事无巨细，都要经过他的同意。他不仅直接负责对外政策、国内政策、指挥战争，还直接管理王室寝宫使用的手帕供应等细节。这种结果的出现完全是出自无意的，而非有意为之。另外一个结果就是凡尔赛宫的出现，其目的就是尽一切可能将国王的"侍从"聚集到一个屋顶下，以维持朝廷的有效管理。

企业的发展过程中也有与此对应的阶段。最好的例子就是现代工业的开拓者和象征者——福特汽车公司的发展经历。直到 1946 年亨利·福特去世之前，新的管理层正式上任，其间有 20 年的时间，福特汽车公司就像一个巨大的工业王国，由数位"首相"统治着。这些"首相"独揽决策大权，而且只有他们知道公司业务的发展状况。事实上，全部的生产都集中在一家工厂里，也就是红河工厂。它可能是现代工业生产的最大规模的集中，堪称当代世界的一个奇观。

这样的结构是沿用前工业时代的概念，组织现代工业企业的结果，如果采用适合于现代工业企业的原则进行组织，结果绝不会是这样的。亨利·福特的一位资历最老、关系最密切的副手曾提道："福特先生无论何时看红河工厂，都会想起他起家时的自行车维修铺。"过去的影响由此可见一斑。

现在，凡尔赛宫已不会再有了，原先的宫殿也早已变成空荡和令人压抑的殿堂，供游人参观凭吊。一个世纪后，国王的首相被内阁制所取代——它将不同的职能分派给不同的官员，这些官员在他们自己的权力范围内具有相当大的自主权。在这些官员之上有一个总管，或是一个人，或是一个委员会，其负责基本政策决策，但又不承担具体管理职责。就像凡尔赛宫标志着首相制度的一个顶峰，创下了无法超越的规模纪录一样，福特的红河工厂也是如此，世上再也不会有第二家红河工厂了。

在旧的基础上停留太久是危险的。法国为黎塞留的成功付出的代价是300年的政府不稳定和行政管理涣散。而福特公司为它的不合适的管理组织付出的代价是，在过去的25年里，它由行业的领袖降至第三位。如果不是亨利·福特在早期积累了巨大的财富，在20世纪30年代，福特公司都可能被迫破产。它的未来还要看新的管理层是否能够扭转或者阻止这种下滑的趋势。红河工厂，就像凡尔赛宫一样，如今更多的是一个吸引游客的景点，而不是一家真正具有生产能力的工厂。它的制造成本居高不下，而且缺乏弹性，氛围极为恶劣。即使是工会，也因内讧、猜疑和相互敌视而四分五裂，几乎已经陷入瘫痪。担心和不安笼罩着管理层，尤其是中下层的管理层。

从T型车的推出到亨利·福特之死的20年期间，也有很多比福特汽车公司管理得好的公司，即使是这些公司，也存在明白无误的迹象，表明现代企业对新的组织原则的迫切需要。最明显的一个证据就是，管理层普遍存在着紧张、有压力的气氛。这种紧张不是由于对工作的担心或竞争压力造成的，而是由混乱、对游戏规则的不理解造成的。每个人都像是在靠感觉进行演奏，没有乐谱。每个人都想参照一下邻座的，希望他已经有了乐谱，或已将某个篇章熟记在心了，但是邻座和他一样，也在被迫进行即兴演奏。即使演奏者是擅长使用乐器的名家，在这样的合奏中，他一样会感到担忧、失望和紧张。为了保证群体的团结，就必须要采用十分严格几乎是死板的纪律。因此，在讨论工业组织时，人们越来越多地使用军事词汇，比如"直线与参谋"，这绝不是一种偶然现象。严格的纪律只能缓解暂时的问题，但从长期来看，它只会增加紧张和沮丧感。即使军队的组织方式不是特别能够满足企业的需要，其结果仍是如此，毕竟，军队的组织方式是为了服务于未来某一时刻的战争。

另外一个迹象就是人们对"组织"的日益关心。一家又一家的公司潜心研究"组织学"，精心编制"组织手册"。关于管理组织的文献更是迅猛增加（尤其是在美国），而且越来越多的文献都有一个共同的主题："组织学就是研究人的学问"。同样地，在学校里，企业组织学这门学科，尽管很年轻，也有取代早已开设的经济与政治学科的趋势。至少在美国，政府行政管理学已经成为主修政府与政治学的核心课程，而该学科的核心课程以前一直是宪法学和政治理论。

对组织的关心，并不像反对大规模化的人们所声称的那样，是一种天生的结构性失衡的病理和症状，而是一切依赖人力资源组织才能取得成效的组织的一个典型特征。这些组织包括现代国家、军队，特别是教会。在天主教会（西方最古老也是最成功的组织）如何进行组织，尤其是如何组织"管理团队"以及选择和训练未来领导人，是最高层的首要职责。没有哪家企业的"组织手册"会像教会的教规戒律那样卷帙浩繁，更不用说像教规那样清晰、前后一致、充满智慧了。

当然，关于组织的突然的大声疾呼，也透露出现代企业的确存在严重的无组织问题。它表明，合适原则的缺失已成为一个严重的缺陷，也是许多问题形成的根本原因。同样明显的是，人们对"头痛医头、脚痛医脚"式的解决工业企业组织问题的方法，日益感到不满。处于现代工业中的人们真正需要的不是"组织的原则"，而是一个清晰的、基本的秩序原则。他们就像一群几十年都住在摇摇欲坠的草房子里的人一样，年年修修补补、扩建、改造，最终还是破破烂烂、摇摇欲坠。他们再也不能忍受这样的生活了，决心从零开始重新建造一座新楼。

尽管对新原则的需求已日益得到认可，但是真的采用新原则，根据新原则将工业企业成功地组织起来，还要走很长的路，这将是一件更为困难的事。其实这个原则既不新，也不难于理解，但是它与传统不符，而我们的企业及管理者却是在这样的传统中成长起来的。这个新原则就是联邦制。

CHAPTER 30 | 第 30 章

# 分权制与联邦制

分权在美国企业中特别流行，被认为是包治工业社会百病的灵丹妙药而广为接受。然而，这是一个含义极其模糊的概念。它的原始含义仍被广为使用，即指按职能对责任与权力进行分解与指派，也就是说，是"集权"的反义词。今天，这个词还有另外一个常见的用途，是指生产单元在地理上的分散，这些生产单元可以是由集中的权威统一管理，也可以不是。另外，这个词也可用来描述真正意义上的联邦制组织形态，也就是一种同时加强中央和地方权力的组织形态。

从该词的原始含义来看，分权毫无疑问是十分必要的。职能应界定清楚，权力必须与责任匹配，决策尽可能地由低层而不是高层管理者做出。强调职能分权的概念、不断警告工业企业集权的危险，这一点非常重要。我们大部分的企业权力过于集中，最高管理层以下的分权只是一种想象，无论公司的组织结构图给你的印象表明这家公司的分权程度有多高。

然而，职能分权并不能解决管理组织与管理职能的结构性问题。它不能填补具体的管理者与高层管理者之间的鸿沟，因此，它不能使具体管理者对高层管理问题有必要的理解。它对管理的连续性问题也没有什么帮助。具体管理者仍难获得关于高层管理工作及思维方式的培训，也不能考验他是否具有从事高层管理工作的能力，除非他已真正处于高层管理的岗位上了。职能分权可使企业的一些具体问题变得容易一些，可以缓解高层管理者从事具体操作性和常规工作的压力。但是，严格地说，这并不是企业的结构性问题，而是方法、程序与习惯的问题。职能分权是管理的一种重要工具，但是，它不是我们寻找的秩序原则。

从其起源来说，地理上的分散其实与管理组织无关。它的目的是将生产放置在靠近原材料或市场的地方，以达到降低运输成本、劳动成本，或为消费者提供更好的服务的目的。另外的重要影响因素是关税及对外国企业的一些限制，当然，这些因素只对一小部分美国企业有影响，但对欧洲的企业来说，则是至关重要的。即使在今天，当企业决定是否将生产单元移至他处，或在其他地方建造一个新的生产单元以扩充现在的生产能力，而不是对老的工厂进行扩建时，这些经济因素仍是企业考虑的重点。推动地理分散的另外一个重要因素就是考虑军事上的安全性。

地理分散本身不会对企业的组织产生多大的影响，它只是使过度集权变得稍微困难一点。总部通过电话在500英里之外实施控制，总会因联系不足而不那么顺畅，这样的情况对集权的实施总会有一些抑制作用。但这纯粹只是地理分散的副产品。很多公司都已成功地克服了距离给完全集权制带来的影响，例如美国的铁路企业，这样的例子还有很多。

职能分权与地理分散不能解决管理组织方面的问题，尽管它们的鼓吹者声称它们能。这是因为，它们试图机械地解决这个问题，但是这个问题不是一个机械的问题，而是一个组织制度问题。它们不能改变企业的结构，而只是改变了企业的工作程序。它们并未触及影响有效管理的企业结构因素。工业企业需要的是一个全新的制度，而职能分权与地理分散只能提供管理的改革。当然，这些改革也是企业迫切需要的。但是，它们未能触及问题的根本。

## 联邦制原则

企业真正需要的是这样的原则，它能赋予总部和单元真正的管理职能与权力。这个原则就是"联邦制"，根据这一原则，企业可以被看作由自主的单元组成的一个整体。联邦制企业及其所有的单元都从事同样的业务。相同的基本经济因素决定着各单元及整个企业的未来，它们都面临着相同的基本决策，都需要相同类型和种类的具体管理者。因此，这样的企业在整体上需要一个统一的管理层负责基本管理职能：决定公司从事的业务；人力资源的组织；选择、培训和考虑未来领导者。

与此同时，每个单元又是一个经营主体。它有自己的产品，有自己独立的市场。因此，每个单元在总的管理层设定的范围内应享有相当宽泛的自主权。每个单元都应有自己的管理体系。尽管各单元的管理大部分都属于具体管理，主要关注眼前和不远未来的利益，而不是基本政策，但是在一些局部范围内，单元管理也需要承担起一些真正的高层管理职责。

在美国，通用汽车、新泽西州的标准石油、强生公司的外科医疗用品供应公司等，都是运用这个新原则的典范。在美国，这个原则也被称为"分权制"，但这个词很容易令人产生误解。对这个新原则而言，地理上的分散并不是必要的。例如，强生公司可能是运用这一原则最成功的公司，它的一些主要单元，都在一个小镇上，它们之间以及与总部之间的距离仅几步之遥，但这并不妨碍联邦制原则在该公司的成功运用。我们甚至可以说，新原则加强了总部的权力和权威，而不是相反。它不仅促成了公司整体有效管理的形成，也促成了不同单元有效管理的形成。最终的结果是，每个层次上的管理都成为另一个层次上管理的平衡之轮，正是有了这个平衡的存在，才使得另一个层次上的管理能真正有效地向前推进。

分权制与联邦制在概念及结构上有本质上的不同。在联邦制下，每个单元有它自己的产品与市场。因此，它的自主权不是权力分解与指派的结果，而是自生的。用法律的术语来说，它的管理具有原生性的自主权，而不是派生性的自主权。公司总部的管理高层可以任免每个单元的管理者，但是不可能剥夺每个单元的管理者的权威及自主权，除非他将整个单元取消掉。公司总部应放手让每个单元的管理者管理自己的业务。这并不是分权制的一种变异形式，也不只是一种管理变革，而是一个独立的新概念，是一个基于联邦制思想的组织制度的新概念。⊖

联邦制可以将管理高层人员从具体事务中解放出来，使他能够全神贯注于自己的工作。它还清晰地界定了具体管理人员的职能与责任，并给出测量他们具体工作的成效与业绩的"尺度"。除此之外，它还能有效地填补高层管理与具体管理之间的鸿沟。当然，每个单元的管理者肩负的高层管理责任是十分有限的。他们的工作范围要小得多——他们要在公司总部高层管理者设定的范围内展开工作。对每个单元的管理者来说，高层管理性质的工作只是一种偶然事件，而不是他们工作的核心内容。除了工厂里的人力资源组织工作是属于纯粹的高层管理性质的工作以外，其他的高层管理性质的工作很少。在这方面，每个单元的管理者拥有的权力、负有的责任完全和公司的管理高层是对等的。但是，在这些局部范围内，单元中的管理者行使的都是真正的高层管理职能。

在联邦制的组织中，单元的管理者必然也会参与一些基本决策，比如

---

⊖ 关于联邦制管理组织的案例，请参阅作者的著作《公司的概念》(1946)，第2章。必须指出的是，在那本书中使用的是"分权制"一词。

决定他们的单元从事什么业务，界定他们权威的界限以及一些基本政策的决定。在公司基本政策的讨论与决策过程中，很自然地，他们也会参与其中。通过这样的过程，他们可以逐渐理解管理高层面临的问题及其职能。这样有助于管理高层的决策在基层得到有效落实，而不是阳奉阴违或不理解，这两种情况在非联邦制的企业中经常出现。

通过联邦制，对于高层管理的接续问题也近似找到答案了。在联邦制企业中，当管理者还是组成单元的管理者时，他就得到了关于高层管理者面临的问题的全面彻底的教育。因此，在高层管理职责的训练方面，他已有一定的基础了。此外，组成单元的管理工作还为他提供了检验独立决策能力的机会，即使他在这次考验中失败了，也不会危及整个企业，甚至对他个人都不会产生太大的影响。如果事实证明某人不适合做高层管理工作，他可以继续在现有的岗位或其他具体管理岗位上为企业做出贡献。

联邦制企业还提供了测量具体管理者业绩的客观标准，这个标准能使企业在不带个人感情色彩和客观的基础上选择接班人。对一个人的判断，可以看他在独立决策过程中的表现，而不是依靠印象或直觉。尽管"标准"这个词不是严格意义上的"尺度"，但它至少有指南针的作用。完全根据这个标准进行决策是愚蠢的。但是，在每一个具体的情况下，至少要充分说明"指南针"所提示的信息为什么没有被遵循。比如，一个人在基层的表现非常出色，他为什么不胜任高层管理工作？而为什么另一个人尽管有这样那样的缺点，却被认为胜任高层管理工作？尽管个人判断不应完全被取消，但是，个人喜恶都应被制止，更不用说偏见和袒护了。通过这个标准，可以全面提高关于提拔某人决策讨论的层次。需着重考虑的是该工作的客观要求，而不是要求升迁的个人应具备什么条件，或他们自己感觉有什么优势。最重要的是，这样可使被选中或被拒绝的个人感到这个决策是理性的、客观的，是基于可理解、可接受的理由的。

联邦制组织还是解决现代工业企业中容易滋生的过度专业化、过度单元化问题的最佳方式。组成单元的总经理不是一个部门的头儿或一个技术能手，而是一个具有自主权的经营主体的领导——他要负责生产、工程、销售、采购、会计和人事。他要成为一名成功的总经理，就必须将该组成单元看成一个整体，而不是一组部门。他必须逼着自己从"专家"转变成"通才"，这样，尽管他们通常都比较年轻，但有着不同一般的考虑问题的新方法。

## 为什么不将企业分解开

有的人也许会问，既然联邦制中的每个单元本身都是一个自主的经营主体，我们为什么还要一家总体意义上的大企业呢？将联邦制企业分解成独立的小企业是不是更好呢？联邦制企业与纯粹的控股企业有什么区别呢？控股企业存在的唯一目的就是以较小的资本投资控制大企业。联邦制企业的总部应履行什么职能？特别是总部的管理高层应履行什么样的职能？

这些问题的答案在160多年前就已经出现了。答案就在《联邦党人文集》（*The Federalist*）一书中，这本书首次建立并运用了联邦主义原则。特别是关于"现行联邦制的不足"与"保持政府活力的必要性"等问题的研究文献（文献第15~23篇，几乎都是汉弥尔顿写的），已经包含了上述问题的答案。

只有一点需要强调。汉弥尔顿假设他的读者已经接受一个国家需要政府的观点。但是，人们还没有普遍理解为什么工业经济体系需要管理者，为什么在工业经济体系中，管理职能必须得到执行。这个必要性是由工业生产的本质所决定的，而不是以人的意志为转移的。事实上，关于管理职能是否需要履行，我们并没有什么选择的余地，这正如企业大规模化的反对者要让我们相信的那样。事实上，反对工业企业大规模化的运动如果能成功，只能带来一个结果，那就是由政府机构承担起履行管理职能的责任。如果是这样，这些政府机构不仅会大型化，而且会变成超级庞然大物。

通常，单个的单元本身难以实现有效的高层管理，就好比13个殖民地都太小，难以建立起自己的强大政府一样。单说财政负担就已让政府不堪重负，更不用说找到足够数量的能胜任管理的人选等问题了。

仅依靠小的单元本身，很难实现产品和流程的有组织、系统性的改进，技术创新与研究，产品与市场的研究等工作。同样，能给工人提供保障的措施也难以实现。在很多情况下，每个单元专注于一个产品或一个市场，生产会最具效率。但是，这是有前提的，只有当单个的产品是一个整合在一起的"产品线"的一部分，每个单元以联邦制中的"共同公民权"为纽带，与从事相同业务的其他单元有机地联系在一起，这才可能实现。

总之，将联邦制组织与控股公司或其他类型的金融控制工具相类比，完全是一种误解。联邦制组织的目的，恰恰是控股企业根本不可能实现的。这个目的就是给企业提供一个"有效的管理"。因为联邦制自身就能提供这样的管理，因此，它所提供的原则正是工业企业及工业社会所迫切需要的。

## 联邦制管理组织的前提条件

只有当企业的所有单元基本都从事同一种业务，才可能运用联邦制原则。必须要有"共同语言和共同的传统"才能造就"共同公民权"。与此同时，只有当企业作为一个真正的整体，联邦制原则才能适用。一个整合在一起的真正整体，是由不同的部分整合而成的，而这些组成部分本身也是整合而成的整体；总的产品可以自然而然地分解成组成部件，每个组成部件自身又是一个独立的整体。

根据这个要求，汽车行业的公司——通用汽车公司，是第一家真正建立起联邦制组织的公司，也就是情理之中的事情了。在我们常用的物品中，没有哪样物品比汽车更能满足上述要求了，它本身既是一个完整的产品，又可以被看作许多部件的复合体。汽车的部件（比如车身、发动机、方向盘、刹车系统和照明灯等）尽管都是一辆汽车的组成部分，但是它们之间又彼此完全不同。它们各自都有自己的主要备件和配件市场，像火花塞、减震器等附件，几乎要占到相应部件市场销售额的一半以上。同样地，通用旗下的不同产品系列，如雪佛兰、庞蒂亚克、奥尔兹莫比尔、别克和凯迪拉克，覆盖了整个汽车消费市场，而它们本身都是一个独立的整体。这5个品牌的汽车本身构成了5个经营主体，它们不仅要与其他汽车公司生产的同等价位的车竞争，甚至还要和通用汽车自己生产的其他品牌的车竞争，尤其是在二手车市场上。管理高层的工作必须考虑汽车业务的未来，因此就要处理好所有汽车品牌、所有部件市场、所有配件市场面临的共同问题及它们之间的关系。

强生公司也同样如此，它所有单元的生产都是为了服务于一个市场，但是每个单元的产品本身又是一个完整的体系。标准石油的情况就更加简单，它的主要单元是根据生产的不同阶段划分的，而不是根据产品。石油产品生产的每个阶段都是一个独立的过程，从石油勘探、原油生产、管道运输、炼油，到最终的汽油和柴油产品的销售，各自都是一个独立的过程。每个阶段所需要的技术和设备都不相同。另外，按照生产阶段划分的各个单元也有它自己的市场和上游供应商。例如，原油生产部门可以自己选择合适的石油勘探公司，也可以将原油出售给合适的炼油厂。事实上，有很多独立的公司只专注于石油生产的某个阶段，比如有独立的原油生产公司、独立的炼油企业、独立的石油产品销售公司等。尽管每个过程都可以是独立的，但它们都是一条链上的一个环节，只有合在一起才能够生产出最终的有用的产品。

当公司下属的一些工厂能够生产出一种服务于一个完全独立的市场区域的产品时，联邦制也是可以适用的。这方面最典型的例子就是外国或海外分支机构。但是，在一个幅员辽阔的国家（比如美国）中，国内就存在着几个独立的区域市场。一家公司如果在东部和西部沿海都有工厂，那么即使是在经济衰退的情况下，它也会让它们各自独立运行，而不会将东部工厂生产的产品运到西部，因为运费太高了，还不如让西部的工厂独立生产产品以供应当地的市场，那样比从东部运输产品更加节约成本和费用。在这样的情况下，西部工厂的管理者的确在行使着真正的管理职能，事实上就像是运营着属于自己的公司一样。

联邦制不是普遍适用的。如果不同的单元不从事同一业务，就不可能出现一个真正意义上的整体的管理高层。每个单元将是一个完全独立的个体。此时，它们就需要各自的管理高层。事实上，此时甚至根本不会出现整体意义上的管理，尽管有一些人拥有这样的头衔、享受着这样的工资待遇。

另外，如果各个单元没有真正意义上的各自独立的市场，那么它就不能享有真正意义上的自主，无论是产品意义上各自独立的市场，还是地理意义上的独立市场。此时就会存在整体的管理高层，而各个单元的管理者难以真正履行管理的职能，至多只是整体管理高层的一个具体操作部门。只有当基层单元是因结构性的原因而必须获得权威与职能时，单元的自主才能成为可能。也就是说，只有当基层单元是一个真正意义上的独立经营体时，它才能够获得真正的自主。而靠整体管理高层分派的权威和职能，尽管整体管理高层是十分情愿的，但是基层单元也不可能有真正的自主，这也就不是真正的联邦制了。

事实上，的确存在着很多无法分解的公司，比如大部分铁路公司。铁路公司可以实现很高程度上的地域分散，在这方面要比一般制造企业的分散程度高得多。但是，铁路公司的区域经理与其他企业中依靠独立的产品或市场而获得自主权的分部经理相比，所享有的自主权要小得多。总体而言，大部分的制造业和商业企业能够实行联邦制，而公共设施企业和运输企业则难以适用联邦制。尽管联邦制有着十分宽泛的内涵，要比大部分管理者所认识的还要宽泛得多，但是它并不是无所不包的。不能实行联邦制的企业，至多只能实行区域意义上或具体职能意义上的分权，这样做尽管可以减轻管理高层的工作负担，但不能从根本上解决实行有效管理的问题。

## 联邦制的局限性

即使联邦制能得到充分的运用，它也不可能是解决所有管理组织问题的万灵丹。首先，它仅适用于管理高层，对组成单元的内部并不适用。但是，对未来高层管理候选人的选拔、训练和考查的工作，应在他升至组成单元最高管理层之前早就开始了。

其次，即使是联邦制也不能创造一个客观的、中立的外部组织，负责公司最高管理层的选拔工作——这样的组织其实是十分必要的。不仅如此，它甚至还可能会削弱企业中现有的类似组织，因为联邦制企业中的董事会几乎注定不会容许外部人员的进入。这样的结果是，董事会里几乎清一色都是现任的和已卸任的公司管理高层。

我认为，这是立法应干预的唯一的管理组织方面的问题。我们已经通过监管制度强制要求公司的账目必须接受一个有相应资质的外部组织或注册会计师的审计。我也可以制定类似的监管制度，要求公司的管理层人事政策及管理组织，应接受有相应资质外部机构的独立审计。这个制度可以这样设计：要求超过一定规模的企业，其董事会中应有两名董事专门负责公司管理组织及管理层人事政策的审查工作。这两名董事每年要向公众报告公司所采用的政策、采用的确保公司管理有效运行的措施、确保公司管理的持续性的措施、管理者升迁决策的依据等。

这样做的困难在于确定负责这项工作的人需符合什么条件。很显然，他们的任职不可能由政府指定，因为他们的工作是职业性的，而不是政治性的。当然，也不可能采取类似注册会计师考试的方式考查他们是否符合标准。这是因为，对从事这种工作的人来说，考试中能考查的技术技能或知识，并不是最重要的。重要的是，他们是否具有一定的智慧和洞察力，而这两者都不可能通过考试测试出来。一种解决方式就是由各个企业自己选择合适的人选，只要它能让监管机构（如证券交易委员会或某个联邦政府的公司注册机构），相信它所选择的人选完全具备相关能力及任职资格。通过多年的运作，可以逐渐形成一套规范，规定从事这种新职业的基本要求。另外一种办法就是成立一个由著名企业家及政府代表组成的委员会，它有权向他们认为合格的申请者颁发职业执照，也有权在审慎检查的基础上拒绝向那些他们认为不合格的申请者颁发职业执照。无论操作如何进行，现在的企业从自身利益出发，对一个独立的管理层人事政策外部审查机构的渴求，就像 50 年前对外部财会审计机构的渴求一样迫切。

第31章 | CHAPTER 31

# 竞争性市场对管理来说是必要的吗

在解决管理职能有效行使的诸多问题过程中，企业所处经济的组织与企业内部因素一样，都是决定可行方案的重要影响因素。尽管我们还没有最终的证据，但种种迹象表明，只有当企业处于一个真正的竞争性市场中时，也就是说，该市场的价格是由消费者在可替代产品的比较选择中确定时，这些问题才可能得到解决。很显然，联邦制只能在这样的市场中才可能存在，如果不是这样的市场，联邦制只能实施职能的分权。

管理问题的解决需要一个外部的、客观的管理绩效测度。需要测量的不是专业能力，而是确保企业生存和繁荣的业绩。唯一的测度标准是企业在真正有效的市场上的表现，这当然也只是一个非完美的测度。而其他的任何测度标准都难以做到客观、排除人为因素。这些标准可能是由需要进行绩效评测的人自己制定的，甚至有时其测评内容不当：常常容易变成测量某个专项职能的技术能力指标，而不是测量管理整个企业的总体绩效指标。

在苏联式的"劳动竞赛"中，投入了大量的人力和精力研究替代市场表现的绩效测度标准，而这个标准在苏联经济中发挥着很重要的作用。"劳动竞赛"的确能测量相对生产效率，甚至还可以测量技术的能力。但是，它不能测量管理能力及绩效。所有的"劳动竞赛"关注的必然是工作的不同方面，比如操作的速度、消费的量、所需的人工小时数等，但它不能测量整体的效率。"劳动竞赛"的假设前提是认为当前的工作是理所当然合理的，包括当前的产品、流程及组织。但是，管理的最重要的职能就是要保证产品、流程及组织能适应变化，能预见未来，勇于创新。"劳动竞赛"将过去的业绩作为唯一的测度标准，反而可能会打击管理层关注未来的积极性。

为了支持这一观点，我举一个不是来自苏联经济中的例子，而是一家处于自由企业经济中的企业，但它的特殊性又决定了它只能采用类似"劳动竞赛"的业绩测度标准——这个例子就是美国电话公司。电话行业必然是一种垄断行业，否则，就不会有企业愿意提供电话服务。这个行业的特点决定了它不可能采用竞争性市场中的表现作为业绩测度标准。美国电话公司开发的绩效测度标准比苏联的"劳动竞赛"中使用的指标更细致、更实用，而且使用的历史也更长。但是，这些标准都是纯粹的技术绩效指标，如每个接线员平均接话数、长途电话接通时间、每千名顾客需要的正式员工数、任一时刻的故障线路数等。从西雅图到基韦斯特，公司的每一位管理者，直到最底层的监工和工头，都以这些指标为准则，与其他的管理者展开竞争。但是，没有任何一个指标是测量管理绩效的。

在美国的所有大公司里，美国电话公司可能是最具有管理意识的公司。它由一系列具有相当自主权的公司组成，每家组成公司都有自己独立的领域和自主的管理层——从外部的所有特征来看，它是一个彻底的联邦制企业。该公司的管理层也十分清楚公司只有技术性指标，而缺少管理绩效指标。但是，它至今仍未能开发出测度管理绩效的标准。由于它的测度标准都是技术性的，而非管理性的，因此，该公司的绝大多数管理者甚至公司最高层，都忙于技术性的工作。原因不是他们短视或不重视，而是因为电话服务根本就不处于竞争性市场中。

我这里所说的"竞争性市场"不是指理论经济学家尤其钟爱，但是又毫无实际意义的"完全竞争"市场。"竞争性市场"不会因为经济的生产资源私人所有而必然存在，也不会因为生产资源国有化而必然消失。即使在一个管制经济中，政府通过货币和信贷政策建立起消费与资本积累之间的平衡，"竞争性市场"也可能是存在的。"竞争性市场"存在的唯一要求就是，消费者在满足某种需要时能够真正有多种选择，同时，消费者的这种选择能够决定，至少能显著地影响市场的规模及产品的价格。

由上可知，电话公司并不处于一个竞争性市场之中。在美国，电话已经是一种生活必需品，它的需求在很大程度上不受价格的影响，甚至服务质量的优劣也不会影响需求。唯一的重要影响因素是总体经济景气状况，而这个因素是电话公司无法控制的。同时，某个特定地区的电话业务一般只能由一家公司提供，这是被以往的经验所证实了的。类似地，提供家用照明电力的公司也不处于"竞争性市场之中"。但是提供其他家用设备用电的公司至少处于某种程度上的竞争性市场中，它可能会与其能源或动力供应商形成竞争，比如煤、煤气、液化气、煤油等。而提供工业用电的公司则处于真正的"竞争性市场"中，因为工业用户可以建自己的发电厂，这必然会影响市场的规模及价格。

有一种经济体系，它的性质决定了它消除了一切"竞争性市场"的存在，那就是仿效苏联经济的体系，我们今天称之为"计划经济"。计划经济的基本特征就是消除一切"竞争性市场"的特征，将消费者决定市场规模及价格的权力转移到计划者手中，实际上也就是将这些权力转移到一个新生的、能控制所有行业的高层管理者集团手中。至于计划经济体制除了在持续的恶性通胀或所有商品全面短缺的情况下能否真正有效运行，不是我们这本书关心的问题。有一点可以肯定,在计划经济体系中,不可能存在任何外部的、独立的测度管理能力与绩效的标准。

与此同时,计划经济相对于其他任何人类已知的经济形式,更加依赖高层管理职能的有效实现,而且也给它的高层管理者提出了更高的要求。可以这样说,计划经济依赖这样的前提假设才能实现:能选拔出人格完美、永不失败的管理者。我们应当原谅他们所持有的这种对人的完美性的超级信心,因为,这些人,如"计划经济"的绝大多数鼓吹者,并没有看到真实的管理是什么样子,对管理的不完善、极易出错等情况也知之甚少。但是,计划经济的本质决定了它缺乏一个充分有效地测量管理能力与绩效的标准,在这样的情况下,就希望实现管理的完美,这显然太过草率。

我们拥有的所有证据都表明,一个真正的计划经济,如苏联的经济,其实一直处于管理危机之中。经常出现的工业管理者、主管行业的部长及委员甚至计划委员会最高领导成员的"清除",说明了两个方面的问题:有效的业绩考核标准的缺失;业绩表现很差。在这些人中,主管行业的部长或委员实际上就相当于美国大型企业的总裁。事实上,苏联政治体制的根本性的、不可弥补的弱点,与它的计划经济体制的根本性弱点之间有着惊人的相似。首先,它们都缺乏有序的接班人制度,无法进行未来领导人的预备、训练和考查,无法确立选拔合法接班人的标准,甚至除了采用强制或"大清除"等手段,就无法解除不合格的领导人。更重要的是,它们都缺乏一个相应的宪法原则。如同任何宪法原则都会要求政府受客观公正、神圣不可侵犯的法律的外部检查和制约一样,管理组织的"宪法原则"(例如,联邦主义)也应如此,需要一个公正无私、无法被操纵的"竞争性市场"的检查和测量。

在我们已有的关于市场的极其浩繁的文献中,关于它在解决有效管理方面的作用却鲜有记述。然而,市场的这项功能与它的其他任何经济功能一样重要。此外,在工业社会中,这也许是市场最重要的且无法被取代的功能。

# 8

第八部分

# 工业秩序原理之三:
# 工厂社区的自治性

THE NEW SOCIETY

第 32 章
社区的治理与企业的管理

第 33 章
管理层必须真正管理

第 34 章
工人及其社区自治机构

第 35 章
工厂社区自治机构与工会

第 32 章 | CHAPTER 32

# 社区的治理与企业的管理

我们前面所谈到的经济原则,如收入与就业预测、利润共享及反萧条政策、联邦制等,使得工业社会解决其政治与社会问题成为可能,但是它们本身并不能解决政治与社会问题。它们既不能实现管理的合法性,也不能给予工业企业员工应有的社会地位和公民权。

政治与社会问题的根源不是存在于管理的结构中,而是由管理职能本身导致的。无论管理是如何组织的,无论管理人员是从何处招聘而来的,无论管理人员向谁负责,管理者的首要责任总是保证企业的经济业绩,而不是保证企业员工的福利和利益。我们必须始终从管理的视角看待企业。

通过选择合适的人、对管理者进行合适的培训、激发管理者的"社会良知"等手段改变管理行为,也无益于这些政治与社会问题的解决。当然,确保有社会责任感、有高超的领导才能的人进入管理层,是一件好事。但是,管理者就是管理者,他们必须要履行经济职能,承担经济责任。他们作为个人可能深受欢迎,而且自己的人际关系也处理得很好。但如果他们不总是将经济业绩放在首要的位置,那么他们就会总是失职,在组织中也不可能赢得尊重。目前十分流行的依靠人格魅力,而不是依据一种有效原则解决政治与社会问题的方式很难成功。这样做只会导致"开明的管理专制",而一切"开明的专制"都会以引发革命而告终。

我们需要这样的一个原则,它必须能体现这样一个事实:企业的利益及它的员工的利益是不同的。这种不同是一种性质上的不同,一个完全是经济性的,而另一个是政治性、经济性和社会性的混合,且社会性占主导地位。此外,它们在方向上也不同:一个追求的是产品生产,而另一个追求的主要是社会地位及公民权。

不仅利益和目标不同,而且还有不同的组织。工厂社区确实存在于企业中,就像企业真实地存在于社会中一样。但是,工厂社区不再是企业的一种创造之物,即如企业不再是政府的创造之物一样。它的存在不是为了企业的目标与需要,而是为了企业员工作为人的需求和目标。管理层既不能创建,也不能消除工厂社区。在任何一家企业中,它都是自发的、不可扼杀的。

如果企业及其员工的利益处处矛盾,那么工业社会秩序就不可能形成。如果是那样,无论在哪种社会组织形态下,企业唯一可能的组织形式就是阶级斗争。所幸的是,尽管它们有很大的不同,但是在最重要的方面,即社会性方面,却是基本一致的。

由于企业必须同时实现两个分立的、不同的职能,因此,必须在多元主义的基础上构建企业的组织。由于企业内部的分歧与冲突可以包容在一个坚固和谐的基础之中,社会性方面的政策能同时符合两个方面的利益,因此,多元化组织不仅是可能的,而且是对双方都有益的。企业需要的是一个负责经济业绩,并被赋予履行这项职责全部权力的管理层。它同时也需要一个工厂社区的自治机构履行社会职责。这个机构应该是从属性的,但又是自主的——应赋予该机构与工厂和社会生活有关的职能的权力。

但是，工厂社区自主的自治机构又不能成为企业的占统治地位的机构，它不仅职能受到限制，而且完全是从属性的。管理层仍然是企业中占统治地位的机构，经济业绩仍是企业的第一法则。事实上，只有当工厂社区的自治机构能帮助管理层更好地实现管理的职能，促进企业的经济业绩，它才能得到真正的认可。但是，与此同时，工厂社区的自治机构又必须要有它自己的组织和领导。它的合法性不是来自管理层的批准，而是来自工厂社区的选举。在只与工厂社区社会生活有关的问题上，它的权力是原生的，而不是派生的，就像管理层在与经济业绩有关的问题上享有原生的自主权力一样。

## 工厂社区自治机构的管辖范围

管理层与自治机构之间的关系，并不像两颗在各自轨道上运行、相隔多少光年的恒星那样，毫不相关。工厂社区的自治机构的确需要它自己的职能、权力和责任。但是，总体来说，它所履行的不是独立的职能，而必须在与管理相协调的基础上才能开展工作，当然，这种协调既有合作也有冲突。

一个领域只有是纯粹社会性的，它才与经济业绩完全没有关系。这个领域是由那些无论是在时间上还是在空间上都与工作岗位及工作本身没有关系的社区生活性职能组成的，如上下班的交通运输、停车场、自助餐、娱乐活动（包括运动俱乐部、业余爱好俱乐部、野炊、聚会及教育活动）。

还有另外一个领域，只要不影响工作的完成，对于它的具体运作企业并不关心，包括休假安排、轮班制度及具体班组的任务分配。企业只关心每一个轮班、具体的班组需要多少人、他们应符合哪些条件，至于他们具体是谁，企业并不关心。

在这些领域中，工厂社区的自治机构完全可以自己说了算。从社会性角度来看，这些领域不是无足轻重的领域，但也不是极其重要的领域。尽管它们不是至关重要的，但它们对员工的感受极其重要，尤其是餐厅、娱乐和教育活动以及野炊更是如此。在这些地方，工人以社区成员的身份聚在一起。正是由于它们与工作没有任何关系，也正是因为这些活动打破了权力和部门专业化的界限，因而它们的影响要超过本身的重要性。它们还能使个人积极参与其中，甚至积极组织相关活动。它们还提供了一个机会，让员工展示平时在工作时无法展示的才华和能力。如果管理层连这些活动也把持着，就会导致强烈的反感。那样做，工人的感受就像希特勒侵占捷克斯洛伐克之前，苏台德地区的德国人的感受一样。尽管他们有自己的公立学校、政府资助的属于他们自己的大学、戏剧院和歌剧院（也就是说，在所有的具有实质重要性的事情上，他们享有完全的文化自治），但是他们对邮局里的职员及电话局里的接线生只懂捷克语感到不满，感觉受到了歧视。他们在与捷克人的日常接触中，只感受到这类被歧视的小麻烦，而对文化上的自治早已不再有意识了。正是这些小烦恼引起的怨恨，成为苏台德地区的德国人支持希特勒发动军事行动的关键原因。

将客观上重要性不强，但情感上反应强烈的活动，诸如自助餐、娱乐活动、轮班制度、休假安排等的责任和控制转移给社区自治机构，就消除了一种滋生强烈不满和反对管理层情绪的源头。同时，它还赋予工厂社区的自治机构一个权力范围，而自治机构的成员很看重这个权力范围。

这样做也不会给企业的内部结构带来根本性的改变。除了这些领域以外的事情，都或多或少地与经济利益相关，因此需要社区自治机构与管理层之间的协调。

属于社区自治机构职权范围的具体职能，各个企业各不相同。但从总体上说，包括六大类，按其与经济利益的关联性由低到高排列如下：

第一类职能包括安全与健康事务，这主要是与员工有关的事务。事实上，它们与经济业绩没有直接的关联，因此应将关于这些事务的职能毫无保留地转移给工厂社区的自治机构。

第二类职能是指管理层对它们的基本政策有法定的、重要的责任，但对它们的具体管理不感兴趣。如收入与就业保障预测计划、利润分享基金及其他保障与福利。在这些制度与计划的确定过程中，管理层很显然要发挥带头作用。但是它们的具体管理与责任应该是社区自治机构的事，管理层的参与仅限于技术建议与支持，在出现严重的不诚实及管理不善的情况下行使否决权。

第三类职能包括人事管理的大部分职能，如职位安排、工作分配、培训、考勤、人事变动率、工厂的纪律与规章制度、工人在不同部门和职业之间的转换等。此时，管理层对政策和执行的关心程度与社区自治机构一样高。因此，这些职能的实现需要双方的通力协作。

第四类职能包括这样一些问题，比如职位晋升、工资差距、职位要求、职位说明、时间与动作研究、产出的标准、奖励工资、是通过裁员还是通过延长工作时间实现劳动成本削减等决策，双方关注的程度同样都很高。这些问题需要双方共同决定，事实上，现在只要是签有劳务合同的企业，确实也是这样做的。但是，这些问题与人事管理中的其他问题有所不同，它们都是极易引发冲突的问题。尽管双方都同意的政策的管理应该像任何其他人事政策的管理一样，是一种共同的事务，但政策本身是通过讨价还价和相互妥协，而不是共同合作形成的。

第五种职能是指在技术变革这个关键领域中，社区自治组织有着完全不同于管理层的职能。它的主要工作是一种"沟通"。工人可能需要接受重新培训。可能还存在着当该工人的工作被取消后，如何将他重新吸引进来的问题；或者确实不能给他新的工作岗位，只能解雇他，由此产生的相关补偿问题。但是，对工人来说，最重要、最需求的服务是被告知准备进行的变革的意义，并告知管理层工人的反应。建立起与技术变革有关的沟通制度是社区自治机构能给企业做出的最卓越的贡献之一，它不仅有益于增强工人的心理安全感，同样有利于企业的经济业绩，而且，这项工作只有社区自治机构能胜任。

第六类职能是指社区自治机构还能通过生产率的促进，为提高企业的经济业绩做出直接的贡献。尽管我们在讨论劳工与管理层合作问题时，总会将这一条放在首位，但它的实现实际上是最困难的。它假设可预见收入与就业计划已经实施，利润分享计划也已得到正确的运用，工人对管理层高薪的反感情绪已得到平抑。它还试图从工人的自治机构那里获得支持，以实现一些超越这些机构自身职能的目的，而这些机构的自身职能主要是指组织工厂社区社会结构。要取得促进生产率的合作的成功，必须要有这样的一个基础，那就是从工人的角度来说，他能理解管理的职能是什么，为什么经济业绩是企业的主导原则。只有当工人有相当丰富的自治管理的经验之后，才能做得到，否则，提高生产率的合作就可能会在繁荣期结束时受到工人的强烈指责。然而，在经济疲软的时期，最需要的恰恰就是这种合作。

## 社区自治机构的组织

社区自治机构中必须有一个中心机构全面负责所有职能，就像企业需要一个高层管理团队一样。试图按童子军的方式组织工厂的生产——每个人都负有一定的职能，都拥有一定的头衔，这样做只会严重干扰有效的生产。它会破坏整个想法的有用性，而且会削弱其社会效应。今天，在工厂社区内部存在的大大小小的联合工作委员会，对工厂社区的社会氛围影响甚微，部分原因在于这种削弱作用，部分原因则在于管理层对社区自治原则的抵制。

自治机构必须尽可能地贴近员工。它所覆盖的单位应尽可能地小，尽量保证每个员工都有机会积极参与。在一个有25 000名员工、9家工厂的企业中，仅设置一个负责社区自治组织的全部职能的总的委员会，实际上毫无意义。这样的组织远离具体问题，难以发挥作用；也远离具体的员工，难以成为他们心中的自治机构。每家工厂（如果工厂很大），甚至每个部门，都应成立自治机构的基层组织。

管理层与社区自治机构之间的关系应该是怎样的呢？这对关系必须基于这样的原则：这个机构必须是一个自治性的机构。这对关系在企业中最恰当的类比是：联邦制企业中总部管理高层与各组成单元的管理层之间的关系。它们之间唯一的区别就是，工人不可能被赋予经济方面的责任和经验，而只能被赋予社会性的责任与经验，这是由工人的位置及职能所决定的。

管理层的职能应该是与社区自治机构一道，确立清晰的社区治理的绩效标准，而不是监督或干预自治机构的具体工作。而对于那些密切影响企业经济业绩的职能，需要管理层的干预时，管理层应尽量使用抗议权与否决权，而不是批准权与决定权。

最重要的是，我们应记住，社区自治机构的存在及权力不是管理层恩赐的，而是建立在一种有法律约束力的责任之上的。社区自治机构不是工会的替代。相反，社区自治机构要保证自己的强大和独立，就必须依靠劳资合同。

工厂社区自主的自治机构的出现，带来的是一个新的**原则**，而不是一种令人诧异的新的实践。在现实生活中，一些事务，比如安全与健康，在许多行业都被置于管理层与工人的联合委员会的工作中，并取得了令人满意的结果。内部规则已逐渐变成通过申诉程序由管理层与工人联合解决问题。而所有企业中的工作及班组的分配都要在劳资合同中写清楚，几乎可以说由工会单独决定。而员工的解雇和升迁要服从由工厂社区的自治组织制定的而不是由管理层制定的规则。甚至连工人的雇用，在很多行业中，也不再完全由管理层控制着，而是转变为完全由工会控制。但是，迄今还没有一家企业接受了这样的原则：企业的社会生活的管理是社区自己的责任。然而，这条原则最为重要，它对企业问题、管理问题、工厂社区问题及工会问题都可能产生决定性的影响。

建立这样一个工厂社区的自治机构（它既服从且受制于企业追求经济业绩的需要，又在一定的限定范围内高度自主），是解决一系列难题的一种可行答案。这些问题包括：企业需要它的所有员工都能对管理工作持正确的态度，都能自愿地接受企业的经济原则等。同时，它还能满足企业员工关于公民权、得到认可、享有机会的要求。此外，单靠这一点，就能解决员工对企业和工会的"忠诚分裂"问题，以及工会职能、工会凝聚力和工会领导权的问题。

同时，它的建立并不会削弱管理层的权威和权力。相反，它会强化它们，并促使工人承认公司的治理权威的合法性。

# 第33章 | CHAPTER 33
# 管理层必须真正管理

我们发现企业必然会对工厂社区提出三个方面的要求：首先，它必定会要求工人对管理工作持充分理解的态度；其次，它必定会要求工人理解企业的经济性原理，并接受盈利性和生产率等业绩尺度；最后，它必定会要求工厂社区不断增加输出训练有素、经过考验的员工，以补充"工业经济中产阶级"。所有这三个方面的要求都可以通过工厂社区的自治达到，事实上，也只有工厂社区的自治机构才能满足这三个方面的要求。

管理者态度只能从管理经验中获得。教义、宣传、培训课程及书籍都不能产生管理者态度。这些东西对已经有一些管理经验的人来说非常有用，但对那些毫无经验的人来说，却不会产生多大的作用。

全国计划协会最近的一项关于"工业秩序和平的原因"的研究提供了一个例子，很好地说明了这一点。㊀这项研究讲述了一个政府的高层部门的个

---

㊀ 全国计划协会案例研究 No.4。"哈依克-弗里曼公司——美国服装工人工会中的工人"。唐纳德 B.斯特劳斯，华盛顿特区，1949 年 1 月。

受到专门训练的劳动经济学家的故事。他是工会领袖的朋友,也是工会组织的忠实信徒。他掌握着很多理论知识,并接受过专门训练。在该案例中的公司工会建立伊始,他就被委任为公司的劳资关系经理。但是,直到他真正从事该工作,他才开始真正理解劳资关系的含义。

用他自己的话来说,他学习了很多研究生经济学课程。通过这些课程的学习,他知道一套75美元的西服的利润在2美元左右。他也知道,要制一套西服,大概需要200多道工序。只要每道工序多花1美分,公司的利润就会化为乌有。但是,研究生课程教给他最有价值的东西是:这些在理论讨论中毫无生气的数字,一旦真的变成现实的管理责任,需要你进行决策时,你就会知道何其困难!这段研究生课程学习的经历使他变成一个非常谨慎甚至有点吹毛求疵的讨价还价的高手。

在现代企业中,工人是不可能有管理企业业务的经验的。普通员工显然是不可能被赋予决策企业业务的权威和责任的,无论他是从事生产工作、技术工作还是文秘工作的普通员工。因为他们的工作不可能以分权制的形式组织起来。这些工作的性质决定了他们只能接受指令,而不可能发号施令。

试图通过咨询委员会的方式让员工获得管理经验的办法,只有在一定的条件下才能取得成效。例如巴尔的摩的麦考密克香料公司开创的"次级董事会"制度,就代表了这方面的努力。条件就是,这样的董事会的成员尽管职位不高,但确实是从事管理工作的员工。对其他类型的员工来说,这种方式无异于毫无实际意义的游戏。它可能让其他类型的员工多学点知识,但绝不可能让他获得管理经验。因为,只有当他真正负责一项影响他的职位与工作的决策时,他才能获得真正的管理经验。出于同样的原因,试图通过将工人代表安排到董事会或进入管理高层让他们获得管理经验的做法,也会是徒劳无功的。无论在哪里,这种努力最终都会以失败而告终,如1918年以后德国、奥地利或捷克斯洛伐克曾做过的类似努力,法国和英国现在也在做类似的工作，但无一例是成功的。即使工人代表有足够的知识，能参与到决策中，也会因为决策问题与他关心的问题及他的工作相距太远，而变得毫无意义，更不用说那些更广大的普通工人了。

但是，在工厂社区的自治管理中，工人能获得管理的经验。尽管这种管理经验是关于其他类型的问题的管理经验，但是，重要的是，它们确实是进行真正决策的经验，是建立有效政策、处理冲突、进行妥协的经验。它确实也是关于如何处理工厂整体问题的经验。相对于企业业务管理的管理经验而言，工人更容易接受社区事务管理的经验。此外，与从事工会工作获得的管理经验不同的是，工会的管理经验对工人来说是一种不愉快的经验，而社区自治过程中的管理经验却是愉快的，因为它的目的是为了满足工人的要求，并保证工人与企业的和谐相处。

在任意时刻能获得第一手的社区自治管理经验的人数是有限的，但是，它带来的影响能传遍整个工厂。当然，较大规模的工作轮换可以使更多的人有机会获得这种经验。另外，社区自治机构总部的工作，要依赖各基层代表才能顺利开展。正是这些基层代表将自治机构总部的精神与态度传遍整个工厂，自然要让这些基层代表及时了解总部的决策动态。工厂社区自治机构的成员最终不可避免地会成为工厂中确定"公众舆论"的最合适人选，他们的态度会很快传遍整个工厂。例如，亚拉巴马州伯明翰市的美国铸铁管公司，其自治机构的管理经验在全厂数千名工人间传播之快着实令人惊讶。该公司工厂社区自治机构的成员都是深受工人尊敬，并被视为领导者的人士。员工愿意听他们的，而且渴望自己能跟得上他们的思想和观点。如果这些人士根据自己的管理经验采取"同情管理者的态度"，那么，同样地对待管理工作的态度也就会传遍全工厂。

正是由于这个原因，工厂社区自治机构似乎能克服企业管理层与工人之间有效沟通的巨大障碍。如果管理者告诉工人说，企业现在处于经济困难中，需要更高的生产率和工作效率，工人肯定会把它当作托词而不予重视。相反，如果管理层能够让自治机构的成员相信公司的经济状况是多么的不容乐观，再通过自治机构成员之口将它传播出去，工人就会认真接受。

工厂社区的自治机构应能让工人及时、有效地感知公司的经济现状，在工人们的需求和愿望与公司的盈利性及效率之间，建立起清晰而直接的关系。它应能切实地留出一定的让工人自己做出经济决策的空间。总部应有自己支配的预算。现在，绝大部分企业的社区生活费用混在企业的总费用中，几乎没有一个工人知道，要保证厂区安全或维持一个像样的自助餐厅的正常运营需要花多少钱。如果他们知道花费的数目，他们肯定不敢相信。现在的企业不仅没有从服务于社区的活动中获得工人的感激，反而还增加了工人对自己及管理层的反感之情。我强烈地建议，将对于这笔钱花在什么地方、怎么花的决策留给社区自治机构自己决定。企业应拨出多少钱用于社会活动，应在劳资合同中确定清楚，并直接付给工人，可以在每小时的工资上额外增加一点，比如15～20美分；或者每年发一次，大约几百美元。而自治机构则需要确定具体的目标及计划，而且应征得社区成员的同意，然后从员工那里再把这些钱征收上来。

最后，工厂社区的自主性自治机构还特别有助于能力强、训练有素的员工的升迁，而这一点正是企业最迫切需要的。在工厂社区自治机构办公室工作的员工所接受的训练，绝不比任何工头或进行中层管理的初级经理所获得的训练少。他们受到的训练主要不是生产方面、工程方面或某种特定的技能。但是，他们受到的训练能让他用全局的眼光看待企业。他们能明白到底什么是管理。最重要的是，他们一定能获得关于人的管理的技能和认识，而这正是绝大部分中层管理者最缺乏的，也是一个人在生产性工作中最难获得的。

## 管理权威与工厂社区

无论社区自治机构能给企业带来什么样的益处，它都不能削弱管理层对企业的管理，这样的代价是得不偿失的。但人们对自治机构最直接的反对理由就是认为它破坏了管理层的权威，甚至有的人说，由于社区自治组织的存在，使得管理职能无法实现。

毫无疑问，管理层的责任在于管理，无论怎样，都要保证管理职能的实现。管理层的权威应得到强化，因为在美国，某些地方的管理层已经弱化到不能正常履行职能的地步。但是，管理者应管理什么呢？是所有的事情吗？一个宣称包揽地方全部事务的政府，很可能会被认为是一个什么事也管不了的政府。

管理层的第一责任是保证企业的经济业绩。管治权力对管理层来说是一种必要的权力，因为保证企业生产正常运行的是人。但是，企业的社会性组织方面的职能，只有当它影响组织的经济业绩时，才属于管理层的职能范围。这两者事实上是相分离的。企业的社会性组织与经济业绩基本不相干，即便相干，那也纯属偶然，既然如此，管理层插手企业社会性组织的事务，不仅没有道理，而且反而会削弱管理层的权威。

如果企业缺乏一个自治机构承担工厂社会性生活的管理，则只要管理层插手这些事务，怨恨和反感的情绪就会滋生。人们会觉得自己被当成孩子一样对待。

某家大型石油公司就是一个很好的例子。它为工人建立了一个相当完备的医疗、退休、死亡的福利体系。但是，调查表明，工人自己把其他一些东西，比如工作保障，看得比这些福利要重得多。其实，只要使用目前福利体系中的一小部分钱就可以建立起一个完全的就业保障体系。有很大一部分员工对公司的政策反对情绪很大。如果一名工人辞职或因某些原因而被解雇，那么，他将丧失所有的对福利的要求权。管理层感到很委屈，因为公司花了大笔的钱维持这个福利体系。但是，工人并不这样认为。他们甚至认为这些福利就像是对他们的一种"贿赂"，以便让他们留在公司继续卖命。有的员工甚至认为，公司是利用这种方式威胁员工听从命令、闭上嘴巴，不要鸣冤叫屈，否则就解雇，使员工失去所有的福利。工人反感情绪非常强烈，也很普遍，这也是很多员工组织工会的一个重要原因，这是一个火药味很浓的工会。然而所有这一切却是管理层始料未及的，他们原本只是一片好意。

在绝大多数工厂社区的问题上，管理层通常不能做出正确决策。由于这些错误决策，使得人们怀疑他们在经济事务方面的能力与决策。

最近，一家相当大的公司的总裁给员工写了一封信，告诉他们，公司的业绩经过战争时期和战后时期若干年的迅猛发展后，现在开始下滑了。他坦诚而清晰地说明了公司面临的经济现状，并提醒大家注意，公司的预算必须削减，人员也必须有所裁减。他还勾画了公司应对经济衰退的主要措施。数周之后，一家外部研究机构在该公司进行调研。调研人员发现，基层管理者、监工及工人，几乎毫无例外都对总裁的判断持不信任态度。他们表示，在工厂的社会问题上，公司的管理高层经常表现出他们对情况十分不了解，因此，他们觉得公司的高层对经济问题的判断也不会高明到哪里去，要么，就是因为管理层的无能才造成业绩下滑的。这个例子之所以特别典型、有说服力，是因为每个接受调查的基层员工都会引用一些与他们密切相关的政策决定是多么不恰当，以说明公司的管理层对情况是多么不了解。可见，基层员工对管理者缺乏敬意，不是出于思想观念或一般原则，而是基于他们的切身体验，这些切身体验告诉他们，公司的管理层与公司的社会性组织之间相距遥远。

今天，工厂社区社会生活的管理是不是管理层的责任，或者说管理层有没有能力管理好社区的社会生活等,这样的问题已是多余。因为,管理层通常不再具有进行这些决策的权威了,剩下的只有事情弄糟时受指责的份儿。这些问题绝大部分由工厂社区自治机构决定,在制定政策与规章制度时,管理层还要分出一部分权力给工会。有时甚至是工会决定政策和规章,但管理层承担着这些政策与规章制度施行的全部经济责任。由于每一个政策的出台,管理层都会公开尖锐地批评,但最终又不得不妥协。因此,执行得好,得不到任何赞誉;执行得不好,全部的错则都是管理层的。

一个极端的例子是铁路工人工会内部规则的执行管理。管理层接受了工会制定的规则,以资历作为唯一的分派线路的依据。事实上,管理层在规则的制定上根本插不进话。此外,管理层在"班组调度员"那里没有权威,对他控制不了。然而"班组调度员"却是实际确定哪个班组分派到哪趟列车的人。他们获得这个职位的依据是在工会中的资历,而不是背景、所接受的训练或经验,而且他们很少会因能力不足或错误而被调换岗位或接受处罚。他们犯的错误全部由管理层承担。由于班组安排不当而造成的损失,令每条铁路都付出了很多代价。我在写此案例时,仍有 6 条铁路面临着因班组调配不当而造成的罢工问题。这些争议使工人相信,管理层在蓄意破坏工会,而且管理层是无能的。最糟糕的是,每条铁路的管理层都认为,将班组调度移交给工会的建议是对他们的"管理特权"的攻击。

有的人也许会说,管理层自身能承担起工厂社区社会机构的职责。也有的人会说,如果管理层在这些方面有完全的权威,能使管理层更强大。但是,只承担某方面的责任却不再享有该方面的权威,这样不可能使管理层更强大。如果一个政府只承担责任,却没有相应的权威,这样的政府必定会丧失政权与尊严,这是最基本的政治学原理。如果说,只有权威却没有责任可能会导致暴政,那么,只有责任却没有权威只会招致嘲弄。现在的管理层已不再独享权威,将自己从完全责任中解放出来反而会巩固自己,赢得声望。

到现在为止，我们都是持这样的否定观点：自治性的工厂社区不会削弱管理。事实上，还可能存在着更为积极的观点：自治性的工厂社区还能强化管理。从这些与企业经济业绩无直接关联的事务中撤出，会使管理层在所有与经济业绩相关的事务中赢得更多的权威。现在，人们总是指责管理层对权威的需求完全是出于支配欲，而非出于工作的需要。因为现在的管理者在太多与企业的经济业绩相关性不大的领域下达指令，所有这些指令都招致怀疑和反感。相反，如果管理层明确表示，在那些与工人的社会生活直接相关，而不是与企业的经济业绩直接相关的领域，不会下达指令，在这样的情况下，人们就会感到管理层的指令、要求和决策确实是出于企业的经济要求和整个企业的利益。

与此同时，通过工厂社区的自治机构，还可以让社区里最具影响力的人物每天都能了解企业面临的问题。绝大多数问题不是以冲突的形式呈现的，而是以联合决策中所需的数据、事实的形式出现的。它们不再是一种抽象的原则，而是与具体的、特定的和直接的要求密切相关的数据与事实。因此，这些问题变成可理解的，而且他们至少也愿意（即便不是急于要）认识这些问题。毕竟这些问题与他们的切身利益是相关的。社区自治机构中的管理层代表会经常提到社区自治的某个决策，指出它尽管是可行的，但是不能发挥作用；他还可能指出，可以通过其他措施更好地实现某个目标等。社区自治机构中人员对管理层代表每天的耳闻目睹，总是能起到一定的作用的。但是，要注意的是，管理层代表每次都必须针对一个特定的问题展开具体详细的讨论，而不是说一些含混不清、毫无意义的一般管理原理。通过这种方法，能将管理的一般性问题转化成具体的问题，这是工人自己做不到的。

与此同时，工厂自治机构也创造了一个良好的沟通渠道，通过这个渠道，可以将管理工作的本质传播给工人。管理层面向工人的直接沟通，难以取得他们对管理层面临的问题的理解，也难以赢得他们对管理工作的尊重。他们看到的只是在公司的杂志上，占据极大篇幅的公司的老板和其他公司的老板在高尔夫俱乐部的照片。看着这些照片，工人想到的只是，这些老板生活多潇洒，拿着人人想拿的高薪，拥有大量的钱和休闲时间。

但是，在自治机构中的人也要履行管理职能。他们所在的位置几乎是逼着他们去理解管理层的工作和职能。他们不太可能会喜欢上那些"老板"，这既不是初衷，也没有必要。但是，他们一定能理解管理层的职能。即使他们可能不会尊敬那些正处于管理岗位上的人，但他们一定能学会辨别有能力和无能的管理者，而且他们一定会对管理工作本身充满敬意。这比喜欢"老板"更为重要，那只是管理层的一种虚荣，对企业的业绩并无实质的帮助。

最好的例子可能是亚拉巴马州伯明翰市的美国铸铁管公司。这家公司的雇员有数千名，既有白人，也有有色人种，它引入了有效的工厂社区的自治机构制度。这个例子最有意思的地方是，25年前，它采取的是一种完全不同的方式。当时，该公司的创始人去世后，工人成为该公司资本股份的持有者。然而，工人作为所有者，几乎不能使公司正常生产。工人自己是第一个认识到这个问题的，而且承认自己对此没有太大的兴趣。他们之中的一些人甚至承认，这样做还不如直接的利润分享计划带来的好处大。由于工人持股，公司一直难以从外部获得融资，只能将利润的大部分用于公司的扩展计划。

经过若干年，公司开始建立工人的自治机构制度。之所以要这样做，是因为人们开始认识到，个人的利润分享计划不是工人想要的，工人需要的是集体的利润分享计划，而决定利润的集体用途则需要一个社区机构。因此，公司建立了一套工人委员会制度——一个全厂的工人委员会以及一个解决有色人种雇员特殊问题的工人委员会，它们成为工厂社区的核心机构。

这样做不仅没有削弱公司管理层的地位，反而大大地强化了公司的管理。工人现在理解为什么一家企业需要一个专业的管理团队，管理层为什么必须在经济事务上享有完全的权威；也理解了为什么管理层的薪水那么高；甚至开始理解企业必须要有一定的利润，而效率最大化及盈利最大化是对工人有利的。而常见的对严格制度或裁员等问题的反感情绪也完全改变了。有时，某个工人因违反了工人委员会制定的纪律或规章而被开除，反倒是管理层会出面干预。常常是管理层出来说，不要因为业务的暂时下滑而解雇某个工人。

这样的公司也不是理想国。它也有它的难处和冲突，包括工会与管理层之间的关系更为紧张。但是，它至少赢得了工人对管理工作的理解和接受。

第 34 章 | CHAPTER 34

# 工人及其社区自治机构

对于一个负责任的工厂社区的自治机构的需求，是贯穿本书关于工业经济中人的相互关系的研究主线。关键的研究结果表明，员工需要也要求获得参与那些与其切身利益相关的、与其工作密切相关的事务的实际经验。

一些例子清楚地说明了这一点，当然，这些例子主要来自我自己的经验。

在第二次世界大战时期，一家大型飞机制造公司突然遭遇士气低落、产出效率大幅度下降的情况。最令管理人员烦恼的是，该公司也许是该地区唯一的一家已在工人中树立起高昂士气的飞机制造公司。管理层面对的是工人突然爆发的不满意和公开的敌对情绪，眼看"紧急罢工"迫在眉睫。经调查发现，这次氛围突然转向的原因在于管理层的一个决策：决定雇用一些有经验的专业人士管理公司的红十字会、血库及募捐活动，而这些活动一直以来都是由工人自己管理的。管理层本来是出自一片好意，他们觉得这些活动对志愿者来说，负担太重了，如果由专业人士管理这些活动可能会更为成功。

然而,对工人来说,这些活动已经成为他们自己的事了,他们发起了这些活动。他们中间的领导层赋予了最有责任心和抱负的员工以一定的采取行动的权力及相应的责任。这给他们带来了声望,使他们在工厂里及社区中赢得了尊重。他们也知道自己的工作没有专业人士做得好,但是他们要依靠自己克服困难、弥补不足。因此,管理层的决定,对他们来说不只是投了不信任的一票。这看似对工人自己的事务的一个微不足道的干预,却带来了很大麻烦,这些事实际上与管理层并不相干。这件事前后经过数个月的时间才得以平息,最后,控制权被交给工人自己。管理层的一片好意却带来了麻烦,好在,损害最后还是得到了弥补。

某个大型电力公司的例子也提供了同样的教训。原先,这家公司向相邻的两个城市供电,由于这两个城市实行的是各自独立的电力系统,因此,适用于服务不同城市的工人的公司政策也有所不同,这其中就包括人寿保险。

其中一个城市的工人的人寿保险臭名昭著、效率低下。工人不仅得不到好的保险,还要缴纳昂贵的保费,但是该地区 80% 的工人都参加了这个计划。而另一个地区则采用了最新的人寿保险计划,不仅保费低、保险好,而且大部分保费也由公司支付,但该地区参加人寿保险计划的工人不到 40%。而另外一个城市的保费则是完全由工人自己承担。

长期以来,管理层对第一个城市的人寿保险计划极为不满。最后,公司聘请了一个保险专家小组来研究,如何将第二个城市更充分的保险计划推广到全公司。最后的结论却出乎管理层和保险专家的意料:应在全公司范围内采用的第一个城市的低效保险计划,甚至不用对它的保险范围或保费进行改进。

第一个城市的工人对他们的低效保险计划有很深厚的感情,尽管他们很清楚它效率低下而且很昂贵。但是，它是他们自己的计划，而不像其他的计划，是管理层制订的。这个计划是 25 年前由一群工人自己挑选保险公司，商定保险条款并签订保险合同形成的，而且所有的保险经纪人都由一些员工在业余时间充当。而公司不支付保费也是这个保险计划深得工人之心的原因之一，因为这正是工人感到自豪的地方。

在另外一个城市，新的保险计划被看成公司发起的一个活动。公司选择保险公司并就保险合同条款进行谈判，派员工充当保险经纪人。新计划显然在财务上更具有吸引力，但是，它唯一的吸引力也仅在于财务方面，而第一个城市的保险计划却给工人带来了声望和满足感，这远胜于财务上的吸引力。

最好的证据来自通用汽车在 1947 年举办的论文竞赛。在这次竞赛中有 17.5 万名工人提交了自己的征文。通过这些文章的分析，可以发现：有两家工厂的娱乐活动完全是由工人自己组织和实施的。在这两家工厂里，娱乐活动成为工人对工作满意度的主要来源之一，甚至排在保险计划、参与管理及工资之前。而在其他一些工厂里，娱乐活动受到管理层的控制，员工的满意度就小得多了。而在那些由管理层发起并具体组织娱乐活动的工厂里，无论这些活动组织得多好，员工即使不反感，也有不满意的迹象。

设立工厂社区的自治性机构，同时也是唯一能满足工人对发展机会要求的方法。它能为工人创造经济价值系统以外的发展机会，而这样的机会是现在的企业里最缺乏的。社区自治机构里的位置，无论是高层（即处于核心部门的位置），还是基层部门的位置，都能带来声望，它们能让工人获得一种新的成功的感觉、一个展示才能的机会、一个赢得声望的机会。一个工人，无论他在工厂社区的委员会工作的时间有多短，他在工厂及当地都是一个大人物。他知道重大事务的责任。能在委员会工作，就充分说明了工人对他的尊重、对他的为人及能力的信任。

然而，有自主权的自治机构也不是解决所有工厂社会问题的万灵丹。

但是，它能填补企业里不同群体之间的鸿沟，能建立起沟通的渠道。它能使工人及中层管理者了解高层管理工作，以高层管理的视角看待企业的问题；也能使高层管理者从工人及中层管理者的角度考虑问题。它能令"投币机论"无法立足，能让企业中的不同群体真实地面对面。

工厂社区的自治机构应由工人构成，但它必须与管理层紧密合作。工厂的所有问题，员工想了解的事情，他们的所有疑惑、抱怨和不解，都必然会是讨论的话题。它们都会以正常的方式被提出，而且会与某个具体的决策有关，也就是说，会以容易为工人所理解的方式提出来。这不仅适用于工厂社区自治机构管辖的范围，同样也适用于这个范围之外的诸多方面。工人关于自己的工作想了解什么，不了解什么；关于产品，工人想了解什么，还不了解什么；关于工人和工作流程、工人和产品、工人与其所在团队的适配程度等问题，都会逐一浮出水面。具体工作安排，包括工作与工人是否匹配，将工人组织成团队，监工的权威与职能等问题也会显现出来。当然，这种机制不可能自动地解决这些问题。事实上，有某些问题是很难解决的。但它至少能创造出有利于问题解决的政治与心理氛围，如果连这些氛围都没有，那么这些问题就根本不可能得到解决。

我最近才看到一个生动的例子，它反映出工厂社区自行决策与管理层保留决策权两者之间的差别有多大。印第安纳州的一家公司决定要开发一种更好的工作安排方法，在同一个城市的另外一家公司（这两家公司规模相当，从事的业务也类似）听说了这件事，也决定跟进。两家公司都决定，新员工进厂先试用6个月再定岗位，而且由领班和新员工一起确定合适的岗位。两家公司从同一所州立大学聘请了同一位专家作为它们的心理咨询顾问，而且两家公司的工作安排手册也大同小异。但是，在一家公司中，新的工作安排方法施行顺畅，而在另外一家公司里，则彻头彻尾地失败了；在一家公司里，该方法得到领班和工人的热烈拥护，而在另一家公司里则遭到暗中破坏和反感；在一家公司里，问题得到解决，而在另一家公司里，则变成一个永久的伤痛。

两家公司的唯一区别是：在一家公司里，这件事完全是由工厂社区进行决策，而在另一家公司里，这件事不是由工厂社区进行决策，只是征询了它们的意见。在第一家公司里，管理层召集了领班会议，说明了想法，然后请领班选出6名代表负责该问题的研究，并制定出工作安排手册，管理层也请10年以上工龄的工人推出代表、制定手册。最后，管理层还请工会提名一些代表参加这个问题的委员会。而另一家公司，虽然也召开过类似的会议，但是管理层没有请领班和工人推举自己的代表，而是指定了几名员工负责这个问题的研究，压根儿就没有予以理睬工会。

在第一家公司里，外部专家是由领班和工人组成的委员会聘请的，为该委员会服务。而在另一家公司里，管理层直接聘请了同一位专家。在第一家公司里，委员会全面负责与该问题有关的所有方面，请来其他领班和工人，聆听他们的意见，测试他们自己的想法，最后制定出工作安排手册。而在另一家公司里，这些工作则由人事部门完成，而委员会的作用只是提供咨询。由委员会全面负责的工厂，最终给出了一个适用的工作安排手册，而在另一家公司里，领班和工人的兴趣早就消失了，最后，基本上就是将第一家公司的工作安排手册照抄一遍。尽管第二公司的领班都知道，该工作安排手册在第一家公司运用得很好，但他们对该手册在本公司的实施，除了持有蔑视的态度之外，什么也没有。在他们看来，这无非是管理层凭空构想的一纸空文罢了。至于该公司的工人，则认为这完全是管理层的一个阴谋诡计。在第一家公司里，工会是该计划实施的坚强后盾。而在另一家公司里，尽管它的工会与第一家公司的工会同属一个工会的基层组织，但员工认为该计划的实施违背了劳动合约，会引起有正当理由的申诉。

最有意思的差异是，两家公司参加该计划的领班和工人的社会地位具有天壤之别。在第一家公司里，他们成为领袖，表现在各类领班俱乐部、工厂的体育协会的选举时，他们总是领导的合适人选。他们给工人解释该计划是怎么回事儿时，每位聆听者都毕恭毕敬。而在另一家公司里，这些曾经参与该计划的领班和工人，都要假装他们从来没听说过这件事。

这件事对管理者看待工人的态度也产生了巨大的影响。在第一家公司里，管理层谈到的是他们打算继续请工厂社区做其他事，称赞工人的智慧、热情及对公司的忠诚。而在另一家公司里，管理层则深深怀疑工人及他们的领班是不是有毛病，应接受心理治疗。

在另一家公司里，管理层试图管理工厂社区，它的人员关系政策是失败的，证据就是工人心理失衡，这可能是为工厂社区服务但又不是由工厂社区自己做主的社区管理机构存在的最严重的问题。它容易使管理层形成一种错误的观念，认为工人存在着心理问题，应通过心理方法矫正，其实这并不是真实的情况，就如同"投币机论"一样荒谬，不仅是一种机械的论调，而且还具有破坏性。不幸的是，这样的事却经常发生，管理者在努力为工人做些事，试图建立"建设性"的友好态度的种种工作失败之后，他们很容易持有这种观念。

当然，将自己的行为与政策的不完善而造成的失败归咎于他人的心理失调，是一种很容易想到的借口。毫无疑问，企业员工中有心理问题的人数不比任何其他组织少。企业的确也需要心理医生、心理门诊，就像需要一般的医师与医疗门诊一样。但是在今天美国的企业界中，为什么有这么多的员工关系管理者认为，工厂的社会问题的根源是工厂外部的因素，是工人的个人心理问题？我告诉你，真正的原因不是这些，而是管理层的人员关系政策的失败，因为他越俎代庖，将工厂社区的事作为管理程序加以制定。

基于员工有精神问题这种观念的任何计划都将会是有害无益的，因为它对待员工连起码的作为人的尊严都没有。同时，这种观念也意味着，它放弃了这样的信条：企业的利益与员工需求的实现，依赖每个员工的能力与抱负的充分施展。而它反倒认为这些能力与抱负是精神问题的症状，应通过一些无害的渠道将它们转移出去。这种观念导致的行为不是将工厂建设成一个正常的工作场所——这样的场所应允许人们的行为可以在一个容许的范围偏离正常，在这样的工厂中，人们可以实现作为一个人和一个公民的需求——而是将工厂建成一个非正常的工作场所，将工人的基本需求看成精神疾病。不难想到在这样的企业里，全部员工对这种方式以及对管理层的反应必定是强烈的反感。

这看起来似乎夸大其词。不幸的是，很多企业都在向这个危险的方向发展。如果企业的员工关系管理者持有管理层应控制工厂社区的观念，则企业的员工关系管理工作就会不可避免地堕落成这种扭曲的形态。要确保企业的员工关系工作切实有效，就必须持这样的观念：在实际决策中，管理层应负责地参与工厂社区事务，而不是控制。

## 工厂社区里的中间阶层

到目前为止，我们关于工厂社区的讨论主要针对的是普通工人，主要是最基层的体力工人及办公室的小职员。但是，将社区自治的原则运用到工业经济社会中工厂的中间阶层，可获得更好的效果。

工厂的中间阶层主要包括工头、技术员、工程师、销售员、会计师、设计师和初级经理等，他们一般都掌握着一定的管理权力或从事某种专业性的工作。但是，他们的权力范围非常狭窄，从属于企业管理层的决策和政策，他们无法真正积累管理经验，也无法真正获得"管理者态度"及全局观。他们的工作难以采用联邦制原则加以组织,也不可以通过分权的方式赋予他们更大的权力。现场监督、技术工作甚至中层管理工作所掌握的权力范围、所承担的责任过于狭窄,几乎难以构成真正的管理工作。

在社会性上,中间阶层的状态可能比普通工人更加糟糕。他们既无法与管理高层沟通,又无法与自己阶层中的其他人进行沟通。因为,他们通常不在一起工作,中间阶层更多地与普通工人在一起工作,同时考虑到自己的身份与权威,他们又不会参与到下层的组织中去。甚至,即使他愿意,他也不可能被接纳。中间阶层是孤立的,他们处在管理高层与普通员工及其工会的夹缝之间,他们的工作及升迁机会取决于前者,而他们的工作业绩又要依靠后者。

他们的发展机会甚至比普通工人还少,普通工人至少有工会组织和非正式的社会组织,在那里他们可以找到领导的感觉、获得认可。而监工或技术人员只有极少的、纯粹是经济职能方面的升迁机会。他唯一能让自己找到感觉的机会是"仗势欺人",通过对下层的欺凌弥补自己没有真正权力和地位的缺憾。但是,这样的白领阶层拿自己毫无反抗能力的下属出气,对公司来说有百害而无一益,只会导致工作的无效率,甚至会出现工人的暗中破坏及更严重的后果。

尽管中间阶层的单个个人不可能被赋予真正的独立权力,但是中间阶层作为一个整体能负有相当大的责任及威望。如果将他们组织成一个自治组织机构,它就能获取真正的权力。

中间阶层的自治机构与普通工人的自治机构应分开。在很多情况下,中间阶层的自治机构是管理层用来处理工人的社区自治机构相关问题的一个机构。不像普通工人的自治机构那样,中间阶层的自治机构不需要以企业管理层与工会之间达成的协议作为基础,它的存在依赖授予它的管理权力——这使它成为企业的整个管理架构中的一部分。它的形态不必是组织十分严密的，但是又要比只召开几次会议，或就特定问题指派几个专门的委员会等形式更加正式一些。它的成员数量通常不太大（除非是特大型企业），应该是数以百计而不是数以千计。

这两类自治机构的主要区别在于：中间阶层的自治机构在经济绩效方面有更大的发言权，而工人的自治机构在社会性问题上有更大的发言权。中间阶层自治机构的三大职能包括：与管理高层的沟通、中间阶层自身的人事管理（包括选择和培训适合监工及技术工作的人员、工作培训、不同部门的轮换等）、在普通工人的自治机构面前代表公司处理问题（特别是有关普通工人的人事管理问题）。以上三大职能中的每一种都有其社会性的一面，但是它们的经济性至少与其社会性一样重要，因为它们都涉及企业人力资源的充分利用。我们可以说，中间阶层的自治机构是联邦制原则在管理高层之外的一种扩展运用，同时，它也是社区机构自治性原则的一种运用。而中间阶层不仅真正地参与到工厂社区自治机构之中，同时也受到它的制约。这一阶层既享受到管理职位带来的声望和满足感，同时也忍受着"大规模生产机器上一个小齿轮"式的社会性孤独。

有的人会反对工厂自治机构的整个思想体系，理由是员工自己不可能像管理层指派的经过训练的专业人士那样有效率地管理工厂的社会性事务。还有其他的理由，比如有一些工作是纯粹技术性的，工人自治机构不可能很好地完成，因为，在这里占主角的是政治考虑、派系斗争、个人野心甚至是歪曲宣传。但这些说法都没有抓住重点。假设工厂社区会辞退安全工程师或者是医生，而让那些没有受过训练的人完成这些专业性很强的技术工作，这种假设本身就没道理。社区自治机构掌握的是社区事务的决策与命令权，而不一定是具体的执行。当然，社区组织中必然会存在着无能之辈、欺世之徒。但这种情形对任何自治组织而言都在所难免。自治组织的目的不是创造出一种几近最好的"政府"形态（这常常是一种幻想），而是建立一个最负责任、最能被公民接受和支持的机构。我们不是在一个工作较差和一个工作较好的两种组织之间进行选择，而是在一个根本不能工作和至少能完成部分工作的两种组织中进行选择。由于大部分工作是非技术性的，因此，是可以创建出一个运行顺畅的工厂社区的，而这只有通过工厂社区自治机构才能够实现。

第 35 章 | CHAPTER 35

# 工厂社区自治机构与工会

　　工厂社区的建立要求工会必须发挥积极的、建设性的作用。工会的参与对工厂自治机构的成功具有举足轻重的作用。自治机构必须要有一个更为坚实的基础，而不是仅仅依赖管理层的意志，否则，它就会堕落成"家长式"统治，堕落成"服务于公司的工会"，就会成为被工厂利用的工具，用甜言蜜语和空头衔收买工人。仅仅依赖管理层的良好意愿而建立起来的工厂自治机构，是完全无法与管理层较量的。这样的工厂社区统治机构就像完全听命于沙皇的俄国议会：只要议会违背沙皇的意愿行使表决权，马上就会被解散。它至多只是一个咨询机构，不可能享有任何真正的权威，或受到任何真正的尊重。

　　工厂社区自治机构能拥有的唯一坚定基础就是劳资协议，写进劳资协议的内容不再是可以随意废除的许诺。它是具有法律约束力的，有了它就有了一个英勇善战的"卫士"。

　　如果工会不积极参与到自治机构的事务中，它的唯一选择就只能是敌对和反对。如果工会不将工厂的自治机构视为自己的盟友，它就会认为自治机构企图破坏工会，甚至想颠覆工会。此时，工厂社区的自治机构将会成为工会发动争取员工"效忠"之战的直接导火索。而在这场战争中，首先倒下的将会是工厂社区自治机构。

许多企业的管理层都会用工厂社区自治机构反对工会或抵消工会的影响，因此，这个问题应予以重视。自治机构与工会之争只会殃及自身，摧毁工人对工业社会中有效社会秩序原则的信赖。那样只会使工会变得更为强大，对管理层及企业更加仇视。这种策略就如同一直未嫁的姨妈非常宠爱她的外甥，但一边对"这个可怜的小伙子"特别好，一边又对他年轻的妻子非常不好，最后破坏了他们幸福的婚姻一样。她虽然成功地拆散了这桩婚姻，但她也会成为她的外甥及其妻子永远痛恨的人。任何管理层试图应用自治机构将工人从工会中拉出来，效忠于自己，最后的下场只会像那个未嫁的姨妈。

工会全面介入工厂社区的自治机构中，同样是对公司及管理层有利的事情。公司与工会之间最为突出的问题就是工人的"分化的忠心"问题，工厂社区的自治机构不能消除工会的出现带来的冲突，而这些冲突恰恰是工会存在的理由。指望通过工厂社区自治机构的建立来营造一个太平盛世是一种幻想，持这种幻想的人没有真正理解权力的本质及冲突的功能。工厂社区自治机构面临的冲突同样深深扎根在共同的土壤之中。在日常工作中，公司的管理层与公司员工因共同的任务和目标而一起工作，但这并不意味着冲突的尖锐性得到缓解。当然，此时，冲突后果的严重性得到了缓解，它不再是建立一切关系时首先要考虑的焦点问题。但是在今天，情况变得更加糟糕了，冲突的恶果令一切关系都变得苦不堪言，即如一滴苦胆汁坏了一道菜一样。但是，如果我们能将所有的冲突包藏在一个有效运行的工厂社区中，它将转化成一种次要矛盾，而不是占主导地位的矛盾。此时，工会和管理层将不再为争取工人的忠诚而相互争斗，因为它们都能共同分享工人对公司的一种新的、更坚定的忠诚。

工会对自治机构的介入还能极大地提高管理层与工会打交道的地位。基层工会组织的领导人几乎肯定是在工厂社区自治机构中任职或曾任职的人。尽管他们绝不会偏向管理层，也不可能是容易打交道的人，但他们能够理解管理层面临的问题和工厂的具体问题。缺乏这种理解正是目前管理层与工会之间关系恶化的根本原因。在大多数情况下，基层的工会领导人在冲突问题上一般态度强硬，但他们也会尊重他们必须与之打交道的管理层，同时也希望能得到他们的尊重。

同时，工会还可以成为企业和工人之间良好的沟通渠道。工会的官员（如工会代表或工会委员会的委员）在工厂里的地位及职能将会发生根本的改变。工会代表无疑行使着重要的管理职能，实际上，他们的管理权威和权力要大于对应的管理层的官员，即领班。指标的建立、纪律的制定、工人与工人之间矛盾的解决、工人与班头之间矛盾的解决等，这些工作实际上都是由工会代表完成的。今天，他们仍然行使这种权力，而这种权力主要是针对管理层和公司的。

在一个能充分发挥作用的工厂社区自治机构中，工会的参与将会带来很大的不同。工会代表将成为自治机构的代言人，成为工人与工会领导人、工人与自治机构之间的联系纽带。他们虽然不是管理层的代言人，但也不再行使对付管理层的权威，而是会与管理层通力合作。工会代表职能的转变，非常有利于管理层代表——领班的工作的顺利展开，他们的工作变得易于管理，工作的意义也得到体现，自身的声誉和地位也得到空前的提高。其实，我们只要采取一些必要措施引导工会代表管理工厂社区事务，就能极大地促进领班作为"第一线管理者"的行为能力，并取得巨大的改观。比如在标准石油公司的几家炼油厂中，就由管理层和工会共同管理安全工作；在几家钢铁公司里，管理层和工会代表共同寻找工人不满的原因，建立建议制度。

工会对自治机构的参与还能使它完成一项新的任务，那就是促成工厂社区及工厂所在城镇社区的共同发展。在一些工业城市里，尤其是中等规模的城市，如俄亥俄州的阿克伦、加拿大安大略省的温泽、密歇根州的弗林特等，工会在市民生活中占据着举足轻重的位置，成为连接工厂和城镇的纽带。但是，在这些城市里，工会也会利用自己的重要地位鼓动社区力量对付管理层及企业。他们利用工会的社会与政治力量制造统治压力，以达到自身的目的。他们没有努力让城镇社区明白，工业工厂特别需要将工业工人整合到地方社区中去，这是目前做得最不够的地方。在这方面，工会总体上来说没有做出实质的努力。当然，也有几个例外。如两个纽约服装工人工会是本地最具影响的工会，它们就从未放弃过任何通过合并而提高自己的实力的机会。但是，从总体上来说，绝大部分工会将自己手中的权力运用成制造压力的工具，运用方式狭窄，而且短视。

在工业化城市里，工会具有任何其他群体及机构都无法比拟的优势。美国的企业管理层最近才认识到"社区关系"的重要性，地方社区也需要了解工厂和工厂里发生的事情，以及工厂社区被地方接受的重要性。但是，企业管理层与地方社区之间事实上是很难直接对话的。尽管双方就共同关心的问题进行合作的余地很大，如工厂区位、交通、停车问题等，但是，企业管理层远离普通民众，他们无法与地方社区保持亲密接触，他们拥有的权威及其职务也在管理层与地方社区之间筑起了一堵无形的阻隔之墙。

此外，已有的大量研究表明，地方完全是通过工厂的工人形成对工厂、工厂政策以及对企业管理层的看法。因此，企业只要有意识地利用工厂工人，尤其是通过工人的工会组织，就能够被所在社区理解和了解。

工会同地方社区、社区生活诸多方面的联系有多紧密，企业管理层同地方社区及社区生活的诸多方面的关系就有多疏远。工会能正式或非正式地参与到地方社区的所有事务中。工会会员一般都是普通百姓、教徒、学生的父母，他们也是酒店和小赌场的常客。工会成员的身份决定了工会，也只有工会才能把工厂生活的经验传达给地方社区，使地方社区了解和理解工业化企业成为可能。工业化企业迫切需要地方社区了解和理解自己，地方社区同样如此。对于一个从来没有在工厂里工作过的人来说，工厂即使不是一个令人恐惧的地方，至少也是一个神秘的地方。这种隔阂自然会在社会中造成一种持久的紧张关系。

地方社区同样也需要工会作为社区的一部分积极参与到社区工作中。只有工人参与到地方的社区自治事务中，才能真正恢复工业城市、工业城镇地方社区自治机构的生气和活力。如果没有工人的参与，地方性社区自治机构必然会变成纯粹的政府分支机构，或沦落成为愤世嫉俗、腐败堕落的机构。工人必须作为有责任心和自豪感的公民参与到地方社区自治工作中。也就是说，工人参与地方社区自治工作的目的不应是为了个人眼前的利益，而是为了整个社区的利益。而作为产业工人，能发挥其才干的唯一机构就是工会。

在社区中发挥重要作用对工会本身也是有利的。它是真正能够阻止工会运动全国化这一现实危险的一堵铜墙铁壁。它能给工会带来它最想得到的支持，而这个支持又是工会常常难以得到的，那就是来自中产阶级的支持。在美国，由于中产阶级与工会成员及工会领袖在教堂事务上（包括耶稣、教会、天主教会及犹太教会）的密切接触，使得工会在美国得到大众的普遍接受。例如，安大略省温泽市工会成员在教堂事务上无私而热忱的工作，是该地区汽车工人工会享有很高声望的重要原因。而在温泽市的对岸，底特律市发生的情况则是每一个工会领导都应牢记在心的深刻教训：工会的一些人试图利用工会在教会事务中的重要地位夺取进行有组织宗教活动的权力和威望，这一行动使底特律地区的中产阶级对工会极为反感，这种反感在底特律相当普遍。造成这种普遍的反感的最重要的原因是工会的不当行动，而不是管理层的宣传或其他因素。

## 工会与家庭

首先，只有工会能在一定程度上弥补工业与家庭之间的间隙。当然，工会也不可能完全弥补这种间隙。事实上，任何机构都不可能做到这一点。即使是前面提到的纽约的两个服装业工会也做不到这一点。尽管从事服装生产的家庭中几乎所有成年人仿佛都同属于同一个行业、同一个工会，但由于他们的人种或宗教信仰不同，有的属于宗教的少数派，有的则是意大利天主教教徒或东欧犹太人，所以他们既是紧密团结的群体，又是相互之间严重分立的群体。由于家庭在工业社会中不再是生产性单元，因此，它必然与社会分离，至多是工业社会的"通讯成员"，或享有一些"客人的待遇"，但它终究不是社会的主角。然而，工会至少能给家庭了解男人的工作及外面的世界的机会，让家庭因自己男人的工作而备感自豪。总体来说，美国的工会是知道这样的机会的（尽管迄今为止还没有很好地利用这些机会），这是美国的工会运动中最具特点也是最优异的特性之一。

从社会的角度来讲，工会发挥它在工业社会与地方社区的沟通作用、工业社会与家庭之间的沟通作用，可能是它最重要的任务之一。在这些方面，工会可以发挥其积极而富有建议性的作用。这不同于它在工厂里总是扮演着一个反对者的角色，而像是工人的"护民官"。但是，要行使好这些职能，工会至少要积极参与到工厂社区自治事务中，最好能满腔热情地投入到这些工作中。如果工会不能在工厂里发挥作用、履行职责，它就不得不将工厂以外的一切活动和机会，运用在服务于工厂内反对管理层及企业的斗争中。

## 工会能在工厂社区有效地开展工作吗

尽管社区自治组织的介入能给工会带来声望和权力，但是工会仍很难接受这样的责任。事实上，没有一个工会对工厂社区的自治机构袖手旁观，它总会插手社区事务。让一个强大的员工自治机构自行发展并行使其职能，对工会来说，这无异于政治自杀。因此，工会宁愿反对建起工厂社区自治机构，如果被迫同意，它也会设法通过暗中破坏而颠覆该组织。

乍一看，工会采取这样的态度似乎没有什么道理，因为工会能从社区自治事务的参与中获得实实在在的好处。事实上，社区自治机构的存在是工会解决其内部最棘手问题的唯一途径。它能极大地强化工会在基层的基础，提高工会成员参与工会事务的程度，提高工会成员对工会事业的兴趣，防止他们对工会失去兴趣。以往工会运动的经验与教训都表明，工会成员对工会事业的漠不关心是工会的最大危险。它还能进一步地增强工会的象征性意义：工会能给工人提供属于他们自己的发展机会，这个象征意义至关重要，是获得工人的忠诚的关键所在。同时，社区自治机构的存在还能解决工会领导人问题，能为工会提供丰富的、经过良好训练、经过考验的领导人选。它的存在还能大大降低工会的内部压力，排除极端派系的影响，缓解"政治罢工"的压力。最重要的是，它能使试图通过国家化手段打压工会组织的目的不可能实现。它将创造出为数众多的强大的工会"细胞"组织，每个"细胞"都有它自己的生命，任何政府都不能将它争夺过来，服务于自己的目的。

工会对工厂社区自治机构的参与也会带来切实的风险。尽管它能够强化工会的基层组织，但它的代价可能是全行业范围、全国范围的工会组织的削弱。社区自治机构越成功，工会变成一个松散的、由小的公司工会组成的联合体的可能性就越大。工厂社区自治机构可能会消除工会总是作为"反面角色"的功能，然而这个反面角色的必要性恰恰是工会存在的基础。一个工会能在 90% 的事务上都与管理层合作，而在剩下的 10% 的事件上成功地反对管理层吗？或者说，这样的工会会不会沦为管理层的傀儡？

更大的障碍存在于基本态度与基本信念方面。对社区自治事务的参与，需要一个前提条件，那就是要能接受、理解管理工作。对一个欧洲工会而言，这是最为困难的事情。对美国工会而言，这也是一剂难以下咽的苦药。这意味着要求工会接受这样的观点：公司的生存和繁荣是对工会有利的事情。另外，还要工会承认，至少要自己明白，尽管工会是一个独立的、有它存在的理由的机构，但它毕竟是一个从属性的、权力有限的机构。简而言之，它要求工会放弃工会组织的信仰，不再将工会的工作视为一种"神圣的事业"。长期以来，工会在它的实践中实际上已经放弃了这种信仰，但在它的信条中牢牢地抓住这个信念不放。

同时，工会还应该认识到，经济问题只是企业与工人之间关系的全部问题的一部分，尽管工会组织是围绕着经济问题建立的。尽管管理层在表达"投币机"观点时，工会是最激烈的反对者，但是除了极少数例子之外（如纽约的服装工人工会），他们自己实际上已意识到，他们与管理层一样深深地接受这种观点。

最后，工会的领导者必须放弃他们以前的习惯、思考与行为的模式，甚至对待人生的习惯看法。这对他们来说，可能是最难逾越的障碍。事实上，我们唯一的希望寄托于：现在的工会领导人大部分都已年老，新的、年轻的一代工会领导会变得更加灵活一些，不那么囿于习惯。

以上这些都是难以逾越的障碍。因此，如果我们发现，在工会及工会领导中反对工厂社区自治机构的声音比管理层还要大，就不足为怪了。工会里即使有愿意支持社区自治原则的人，他们也会三缄其口，生怕被人们视为"管理层的卧底"或"背叛自己阶级的人"。

然而，社会的进步要求工会参与到工厂社区的自治机构中。因此，我们必须设法促使工会克服自己的担心、放下自己的犹豫。我们很难改变工会的态度，只能寄希望于那些热心支持工厂社区自治机构的工会成员，通过他们施加一定的压力，要求工会的领导对工厂社区自治工作予以同样的支持。但是，我们至少能预先解决一个现实的问题，这个问题已被确证是存在的，那就是社区自治机构的存在将可能会把工会分成一个个小的"公司工会"，从而削弱工会的独立性、安全性及统一性，也削除了它作为反面角色的职能。

事实上，若果真如此，这就意味着，根据法律，工会成员资格是正常的，而且是一种令人向往的身份，就会得到普遍的认可。这并不一定意味着"限制性企业"，也就是说，只有当你已经是该工厂的工会成员时，你才可能被雇用。但它一定意味着"工会化企业"，也就是说，新员工必须在入厂后数周内加入工会，而且，只要他在该工厂工作，他就必须一直保持工会成员的身份。只有当一个工会能确保它的生存权、它代表工人的权利不会被管理层破坏，它才有可能愿意，也有能力参与到工厂社区自治事务中去。

但是这又带来一个大问题，怎么制约工会对公民的控制呢？它也会带来新的、难以处理的社会问题，即如何防止工会垄断、工会进行过多制约？

对于工会本身而言，它对工厂社区自治机构的参与也带来了一些问题。工会为了生存和发挥作用，它的活动范围必须要超越单个的工厂、单个的公司这样纯粹的基层层次。如果工会参与到工厂社区自治中，这个合适的活动空间在哪里呢？它应在哪个合适的范围内行使它作为反面角色的职能呢？最后，即使工会全面地介入工厂社区的自治机构中，也解决不了工厂社区中两个至关重要的问题——理性工资政策与罢工问题。

因此，在这本关于工业秩序讨论的书中，最后一个话题就是关于工会作为一个公民的问题。

# 9

第九部分

## 工业秩序原理之四：
## 作为公民的工会

THE NEW SOCIETY

第 36 章
理性工资政策

第 37 章
工会能在多大程度上控制民众

第 38 章
罢工何时会变得不堪忍受

# 第36章 | CHAPTER 36
# 理性工资政策

　　一个社会必须有一个工资政策，这对整个经济都是有益的。从工会的角度来说，它们应将自己首要的政治目标定在工资的谈判上。如果工会介入工厂社区的自治结构中，对一个纯粹的政治性工资政策的需要就变得尤为突出。关于工资的问题，似乎提供了唯一的、有意义的、有情感感召力的发挥反面角色作用的空间，同时也是唯一可以采取全国性或全行业行动的问题。

　　目前关于理性工资的大部分讨论都假定（即使没有明说），工资应由一位"场外"的公正仲裁者确定。事实上，一个"理性的工资政策"似乎必然会要求政府根据客观的经济标准确定工资。

　　而工会对待工资的立场既不是客观的，也不是理性的，对它们来说，唯一适用的标准就是权力的制衡。阿瑟 M. 罗斯在《贸易工会的工资政策》中已对此做了很好的总结。

　　这两种立场都是站不住脚的。其实，对于一个理性的工资政策追求的是什么这个问题，我们是知道答案的：在不同经济周期中保证最充分就业的条件下，给工人提供尽可能高的工资。理性的工资政策应该能让企业测算出工资负担，并保证企业有一定的灵活性，以调整不同经济周期中的劳动力成本，保证每一美元的工资支出都能带来相应的生产效率。理性的工资政策还应能带来最大的经济稳定。它所确定的工资负担既不要太高，使公司无法积累以应付未来成本；也不能太低，使经济丧失必要的消费购买力。它不应使工业生产的盈亏平衡点上升太高，以至于经济稍有一点衰退，就会带来大面积的失业。但是，同时又要确定工资应与生产率及工作效率的提高同步增长的基本原则。

但是，以上所述，没有一项是清晰的、客观的、可测量的。所有寻找测量合适工资水平的客观标准的努力，都被证明是徒劳无功的。完全客观地、无所偏倚地确定工资水平，只是一种幻想。政府制定工资政策，只是将原来私人团体之间的斗争转化成对政府控制的斗争。长此以往，它必然会损坏，甚至摧毁自由政府体制。

但是，我们同样不可能利用纯粹的权力斗争确定工资水平。

这个问题的解决方案必须要能同时满足两个方面的要求。这首先要求我们明确区分工资确定的两个不同阶段：关于工资负担及影响因素的谈判；确定具体的工资率。这同时也要求我们区分两种层次的工资确定：全行业层次及具体企业层次。第一个层次适合于确定工资负担，而第二个层次适合于确定具体的工资率。

## 工资负担和工资率

现在，关于工资的谈判都集中在工资率上。然而，这样做却没有什么道理。实际上，每小时或每件商品的工资率并不是企业感兴趣的对象，企业关心的是单位产出的工资成本。此外，每小时或每件商品的工资率也不是工人关注的对象，因为工人关注的是总收入。无论它的历史情况如何，对工资率的关注不再是关键方面，只关注工资率只会增加双方谈判的障碍。

对社会、企业及工会来说，最主要的问题是确定生产的工资成本负担应该是多大。在总成本中应有多大的比例用于人工成本？工人的总体收入水平应是多高？工资率不是首先要考虑的问题，至多是一个次要的问题。

如果要想使得关于工资的第一阶段的谈判取得一定的一致意见，或至少使双方都做出一些让步，就应将目标锁定在工资负担方面。谈判的主要内容也应围绕着影响工资负担的关键因素展开。这些因素包括哪些？其实这个问题的答案是显而易见的。首先，一般性的因素有：目前的工资水平、社会认为正常的生活水准。后者在美国常被称为"美国人的生活水准"，也就是要达到这种生活水准必需的支出。更准确地说，第二个因素就是要考虑到生活水准的变化对工资购买力的影响，还要考虑基本的经济原理及经济政策，例如特定的工资政策对整个国家经济的影响等。最后，还要考虑一些与行业有关的特定的因素，如行业的生产效率及盈利性、该行业就业的稳定性及保障程度、该行业所需要的特殊技能、安全风险、促进行业生产的激励因素、行业的竞争状况及其经济前景。

尽管我们可以预期，关于影响工资负担的因素是哪些、双方可以达成一定程度的一致，但是我们不要指望双方关于这些因素怎样产生影响、它们的相对影响程度如何等问题，能达成多高程度的意见一致。在谈判时，任何抱有超过基本可接受原则的"甜蜜的和谐"的幻想的人，最后都会很失望。但是，我们仍有希望获得一个对社会而言更为有利的结果。像工资负担这类谈判应尽可能地缩小意见不一致的范围。在少数问题上，可能会出现完全的意见不一致。提议越理论化，最终的意见不一致程度就可能越高。比如，关于"基本工资政策对经济的影响"这一纯粹的理论问题，在工会和企业老板之间就根本不可能达成一致意见，工会有它自己的理论，即"购买力"理论；

老板也有自己的理论，即"资本积累"理论。

但是，问题越具体，意见不一致的方面就越不再是原则问题——各方会在强调重点、具体时间安排等方面出现不一致。我们甚至能做到这一步：关于行业面临的经济状况可以在谈判之前，由工会及管理层的专家团达成一致，然后在谈判的过程中不再因此而争论不休。例如，纽约服装工人工会就做到了这一点。

更重要的是，我们应改变一下气氛。现在的情况是，双方坐下来争争吵吵，最终形成一个只适用于一时一地的合约。双方考虑的都是眼前的利益。双方都会使用甚至是滥用基本政策来获得暂时的利益。例如，工会会固执地坚持"只要生活费用指数上涨，工资水平就应上涨，因为生活费用与工资的关系最为密切"的立场，而且还会坚持"生活费用指数一旦下跌，工资不应下降，此时生活费用与工资无关"的观点。汽车工人联合工会在最近几年里就是这样做的，而且一直都没有更换领导人和谈判者。在20世纪30年代这样的萧条年份里，企业的管理层就会强调"支付能力"问题，而在40年代繁荣时期就会拒绝承认生活费用与工资的相关性。

然而，当谈判的主要内容是关于影响工资负担决策的因素时，双方必然会争执不休，坚持自己的立场。他们会就一些问题，如生活费用与支付能力的相关性等问题争论不休。但是，他们也会发现，如果某一年特别强调某个因素如何重要，而在下一年时压根儿不提这个因素，这样做根本行不通。所有这些都要求双方重新调整关注的焦点，努力开发出一个关于工资的长期基本政策，这是目前最为缺乏的。这项政策应能够制止只顾眼前利益而牺牲长期利益的行为，至少能使煽动性的言行失去吸引力。这个新的关注焦点甚至可以促使双方接受这样一个基本原则：工资应根据生活费用、生产效率及盈利性自动调节。

这样做，最大的收获也许是，在讨论基本影响因素时，合同谈判的压力、宣传及情绪的作用被降低了。但是，关于基本因素的讨论是不可避免的，应将它放置在理论性较强、关于未来的假设的讨论时进行，而不要放在立即要应用这些因素之前。

劳资双方在谈判时，如果能做出这样的调整，将会使企业的工资负担变成可预测的。企业对可预测的工资负担的需要，就像工人对可预知的收入一样迫切。谈判观点的这种转变对工会来说价值更大。它可使工会作为反对者的职能发挥更大的作用，同时这也为工会提供了一个新的发挥功能的机会，这将是一个针对全行业的新机会，工会可以在这里行使合法而重要的职能。劳资谈判的这种观点上的更新，还能规范全国性工会领导人的权力使用范围，保证他们不会影响基层工会领导的权威性和独立性，能够引导工会组织制定长期基本政策。

不管怎样，工资负担的谈判必须要与工资率的谈判，也就是具体劳资协议条款的谈判分开，才有可能取得成功。同样，工资负担的谈判应在行业层面上展开，才可能获得成功，但是，我们又必须避免全国性的工资政策谈判。

今天，关于工资负担的谈判，被淹没在无数的具体工资率的谈判中。我想，所有见证过今天所谓的"集体谈判"的奇差业绩的人，都不会相信这种谈判所带来的什么实在性的结果，除了苦不堪言、迷惑之外，什么也不能带来。我参加过的所有的劳资谈判，无不上演着类似的场景：一方根据基本经济原理陈述理由，而另外一方则以工厂中某个部门工资水平不公正作为回应，其实该部门工资的不公正程度并不大。尽管工资谈判中有着模拟的成分；尽管工资谈判的双方要尽量表演，给各自的利益团体留下深刻的印象，这一点对谈判双方来说，与最终要达成一定的结果一样重要；尽管工资谈判与经济问题的谈判一样，不可避免地是一场权力的较量；但是，如果任何时候双方都是你来我往地打口水战，就甚至连模拟演习的作用都达不到。与典型的工资谈判相比较，一些著名的荒唐行为，如匹克威克先生的行为、艾丽丝漫游奇境中遇到的法庭审判等，就不显得很荒唐了，甚至显得很明智、逻辑清晰。

如果所有的谈判都在行业层面上进行，那么混乱与迷惑将不可避免。而在美国，这种做法却很流行。同样地，如果工资谈判是一家公司一家公司地进行，最终的结果将是最不利于社会、企业和工会的结果，即由"工资领袖"确定的模式。例如，通用汽车在汽车行业就占据着"工资领袖"的位置，其他的汽车公司都模仿它的工资模式确定。美国钢铁公司在钢铁行业也是如此，但它的工资谈判是完全有害、令人情绪低落的。

但是，将工资谈判提高到全国层次也将是有害无益的。这个层次距离工厂这个层次太过遥远，在这个层次上讨论的问题对工厂而言太过抽象。在这个层次上，要讨论的是全国收入水平及国民产值。这些问题尽管十分重要，但是根本无法转变成对单个企业有用的信息。然而，每家公司的工资负担毕竟还是要确定出的。另外，制定全国性的工资政策还会不可避免地增强垄断的倾向。它容易导致工资刚性，容易蜕变成一种超级卡特尔。

从表面上来看，在全国层次上确定工资似乎对工会很有吸引力，尤其是能增强工会的政治力量，因为这对工会控制选票有决定性的意义。然而，这样做，工会的所得将会远远地小于它的所失，最终的决策权将会不可避免地集中到一小撮全国性领导人手中。虽然这些人与行业性的工会有一定的联系，但是他们绝不可能按照行业工会（更不用说基层的工会了）的方式行事，而是按照抽象的工会运动的方式考虑问题，采取行动。在这种情况下，工会联合会将成为唯一有效的劳工运动机构，而单个的工会则会萎缩成它的下属机构。这种情况无论发生在哪里，工会运动都会顷刻之间就土崩瓦解，希特勒之前的德意志工会理事会凌驾于行业工会及基层工会之上，便是一个明证。

因此，采用"总协议"的合适层次是行业层面，这个名称是比较合适的。而实际的具体工资率及工资协议条款的谈判，则应在单个企业的层次进行。如果我们正在着手准备建立可预测收入与就业保障计划及利润分享计划，就更应如此。因为可预测收入与就业保障计划及利润分享计划，必然会因企业的不同而不同，在实行联邦制的大企业里甚至因业务单元的不同而不同。

从表面上看，现在各个企业进行的以工资率为关注焦点的谈判，都大同小异。如果这些谈判都依照适用于不同行业的工资负担及其确定方法的总协议展开，这必然会从根本上改进这些谈判。单个企业层次进行的谈判以行业总协议为出发点，就会从根本上改变谈判的宗旨、限定谈判的范围，将会主要就总协议是否适用于本企业的实际情况展开争论，这就会取代目前流行的双方坚持各自的过分要求，无休止地你来我往式的争执。

### 关于工资政策的四个问题

我们在这里提供的粗略的方法，仅是一种初步的方法，而不是万灵丹。要使这种方法切实取得成效，应设法将劳资谈判集中在四个基本问题上，这四个问题是导致工会与管理层观点对立的根本原因。在这些问题上，只能达成一定的妥协，不可能达成真正的一致意见。

第一个问题是一个基本理论问题：是先有生产还是先有收入？关于这个问题，"资本积累论"一派与"购买力不足论"一派之间会永无止境地争执下去，就像关于"先有蛋还是先有鸡"的争论一样。然而，从政治的角度来看，这种争执清晰地表达了劳资双方关于目的、宗旨及责任认识的巨大差异。因此，尽管这种争执永远不会平息，但是它确实会深刻地影响最终的谈判结果。

第二个问题是关于某个特定企业在生产效率高于或低于行业平均水平时，工资负担应如何确定。如果一家企业的效率明显低于行业平均水平，它的管理层一定会说这是恶劣的宏观环境使然，而不是因为管理层的无能，要么就会把责任推卸到工人这边,说工人工作不卖力。因此,管理层几乎天然地会将低生产率作为低工资负担的合理理由。管理层一定会说,如果公司在目前低于平均水平的生产效率的条件下,却支付等同于行业平均水平的工资,这会导致公司的市场竞争地位进一步恶化。相反,如果生产效率比行业的平均水平高,工会则一定会坚持认为,这是每个工人提高生产效率的结果,因此应该获取高于平均水平的工资。

第三个问题是一个非常棘手的问题,它同样与生产率有关。如果生产率提高了,谁应获得奖励呢?工会会说,全部的奖励应以更高的工资的形式支付给工人。管理层则会说,生产率提高带来的利益应在公司和消费者之间分享,至少大部分利益应在这两者之间分享,也就是以更高的利润和更低的价格的形式出现。

第四个问题可能是双方争执最严重的问题。这个问题是:因生产率提高而带来的利益应在什么时候分配给工人?是取得生产率的增长之后再调高工资,还是公司应先调高工资以促成生产效率的提高呢?工会会说,在没有先支付更多的工资之前,就要求工人提高生产率,这样做是把经济进步的代价强加于最没有能力承担它的人群身上。管理层则会说,先增加工资无异于一场赌博,没有人能承担得起,尤其是工人更无法承担其中的风险。双方都有各自的理由和证据,这正是双方争执如此激烈的原因。事实上,这个问题是许多最为棘手、最令人感到痛苦的工资冲突背后的原因。

这些基本冲突的存在,使得劳资谈判肯定不会变成一个引证统计数据与事实的过程,而是保持着它的基本性质:这是代表不同利益、服务于不同目的的群体之间实实在在的冲突。但是,如果我们能将劳资谈判集中在基本的、重要的问题上,我们就能在获得理性的工资政策方面前进一大步,这个理性的工资政策将能平衡公司的利益、工人的利益、工会的利益以及整个社会的经济利益。

第37章 | CHAPTER 37

# 工会能在多大程度上控制民众

工会对一般民众的控制问题不是一个道德问题。这个问题的解决不可能依赖给工会提建议。也不能认为工会代表着"普通民众",因此它就一定会采取正当行为,从而可以把这个问题轻描淡写地一带而过。这是一个权力的问题。为了保证工会能发挥作用,它必须要拥有相当广泛的权力,需要保证工会加入的普遍性。但是,一个社会要保证生存,就必须要对这种权力进行限制、控制和规范。在任何情况下,只要赋予工会权力,就要明确设定这种权力的界限,而且要控制他对普通民众行使权力的行为。所有这些都需要明确的方法。

在现代社会中,加入工会正逐渐成为现代生活的一个前提条件。通过对工会成员资格的控制,工会实际上就控制了公民的一种基本权利。到现在为止,我都一直假设工会是一个私人性质的、自愿性质的协会组织。因此,工会本身是决定入会条件的唯一裁决者。但是,工会的自愿性及私人性的性质在现代社会中不再成立,因为它已经带有很浓厚的类似政府权威的色彩,它拥有相当大的威慑性权力。随着工业社会新秩序的普遍接受，工会的公众性及强制性的特征变得更为明显、更为突出。

如果说到现在为止，人们对此已经有所认识，那就体现在阻止工会获取安全保障的努力上。并不是所有的这些努力都像《塔夫特－哈特利法案》中关于工厂只雇用工会会员的条文一样幼稚。这种试图通过官样文章阻止工会不当行为的方法，有点像要求洪水领取到一式三份加盖公章的许可证才可以泛滥一样幼稚可笑，而且无济于事。但是，试图通过完全否定工会安全保障解决问题的方法都会失败，而且会带来危害。相反，正确的出发点应该是公开承认工会要求安全保障的合理性，并通过立法使它容易获得安全保障。但是，与此同时，又要明确规定工会有拒绝接纳某人入会的权利，而公民也有申请加入工会的权利。

这其实并不是什么难事。几个世纪以来，我们已经有一套成熟的处理类似问题的规则，如申请加入律师协会、申请开业行医等。我们只要模仿先例就可以解决这些问题。

首先应规定，只有当下列三种情况出现时，才可以将某人开除出去：不履行缴纳会费的义务；在刑事指控时被判有罪；道德严重败坏。

当然，还有第四个原因：行为与工会会员身份严重不符，对工会组织或工厂社区会造成严重的恶劣后果。但是，这个原因需要进一步的界定。如果一个人经常制造麻烦，例如：每天早上上班都喝得醉醺醺的或经常打架斗殴，工会当然有理由将他开除。但是，因类似的原因开除某人，应有预先警告，屡教不改者方可开除。此外，要通过法律明确规定工会不能滥用这种开除不良分子的权力。尤其是，在法律中应规定，不能因种族、宗教信仰、政治信仰等原因，拒绝某人参加工会或用这些原因将某人开除出工会；也不能因某人反对工会的现任领导、曾鼓动人们反对所在工会而支持另一家工会或曾鼓动人们反对工会，就不允许他们加入工会或将他们开除出去。

当然，如果因某人以个人身份或公民的身份参加工厂以外的政治与社会活动就要将他开除，这也是要禁止的行为，除非他参加的活动是违法的或极不道德的。

其次，工会应依法制定一个处罚程序，保证被指控的成员有申诉的机会。处罚程序应符合公正、透明和客观的司法要求。目前，许多工会都缺乏这样的一个程序，它们现有的处罚具有"袋鼠法庭"⊖的一切特点。

最后，工会接受入会申请及做出开除决定时，应能在必要时接受公开的复审，类似于律师或医生对协会的决定不服时可以向法院提起诉讼一样。

从工会的角度来说，它们不会将这些要求视为对它们的压制。当然，只要是对工会权力限制的提议，总会遭到工会的反对。但是，有一项原则的现实可行性会遇到很大的怀疑，而且不仅是工会对此表示怀疑：工会不能因某人的政治信仰或政党派别而拒绝他入会或将他开除的原则。我们现在已经能做到的是，绝大部分工会都能接受不能因种族的宗教信仰而拒绝某人入会或将他开除这个原则，即使观点最为保守落后的手工业工会，也都能接受这个原则，虽然有些手工业工会对待黑人的实际行动与他们宣称的差距很大。但是，工会因申请者的政治党派而拒绝他入会，或以某人的政治党派而将他开除出会的情况越来越多。在这个方面，工会与美国大众的观点非常一致。

任何工会应该具有这样的权力：明确规定一些政治党派的成员不得在工会中承担领导职位，就如同它有权力宣布红头发的人或所有名字中有 P. 的人都不得承担工会领导职位一样。这是因为工会规定领导职位的资格并不会剥夺任何公民的权利。同样，拒绝某人进入工会的领导职位也不会影响他行使基本的公民权。

---

⊖ 私设公堂或非正规的法庭，多用于惩罚同伙者。——译者注

但是，这完全不等同于不允许某一党派的成员参加工会。只要美国的法律没有规定哪些政治党派是非法分子，工会自己的法规也不应该认为这些党派是非法分子。当我们问：工会能拒绝天主教徒或清教徒吗？能拒绝出生在太平洋沿岸地区的人吗？它的回答显而易见，不可避免地是"不能"。如果一个控制着工人及行业的强大工会做出这样的禁止入会规定，必定激起群愤，人们必会采取相应的立法与执法手段反对这种行径。因此，只要政府没有将某些政治党派列入非法分子，拒绝他们入会的行为与拒绝其他任何一类人入会就没有什么区别。概括地说，工会关于入会资格及开除会员的规定，并不完全是一种"私事"，也不完全是工会自己的事。用一个法律术语来说，它是关乎公众利益的事情。因此，工会绝不能剥夺任何少数群体的公民权，只要法律赋予了他们公民权。

## 工会会党资格限制的垄断性

第二个问题是，一些工会对入会制定的一些"霸王条款"限制了会员的入会，这种情况在一些手工业和贸易工会尤为突出。第一种常见的霸王条款是对新入会成员收取高额会费，这在比较老的手工业工会中较为普遍。其主要目的或者是为了让老会员的儿子仍能享受行业的利润回报，或者是让工会会员身份成为一种可买卖的资产。老会员的儿子或直系亲属入会，可以不缴纳任何费用或只缴纳很少的费用，而一个新会员要进入工会，也可以不缴纳会费，但是要从老会员或退休会员那里购买他们的会员卡。收取很高的入会会费是没有什么道理的。它既不是为了社会的利益，也不是工会正常运行所必需的。工会应该毫不犹豫无一例外地宣布这种行为是非法的，而且应规定入会费至多不超过几个月的会费之和。

更常用、更具破坏性的霸王条款，是关于学徒规定的实际或隐含的滥用。从长远来看，工会关于学徒比例的霸王条款无异于自掘坟墓。例如，美国铁路行业维修站手工业工会关于学徒入会的严格规定，极大地限制了技术人员的发展，最终成为促使美国铁路工业由蒸汽机车转向柴油机车的重要原因。后者不需要进行太多的维修和保养，由此，一家接着一家的铁路公司关闭了它们的维修站，将有维修手艺的工人永久地解雇。但是，从长远看，"复仇女神"对工会行为的报复，并不能治愈因此而带来的对社会、经济的恶劣后果。关于学徒的规定，包括学徒比例、学徒期应有多长、所需要的培训，应由政府掌握。我个人认为，不应对工会中的学徒比例有什么限制，就像律师协会不应限定法学院学生入会的比例，医生协会不应限定医学院学生入会的比例一样。对于任何工会限制学徒的比例，应适用反垄断法，如果它规定的内容限制了贸易，就应宣布它是非法的。如果某行业的工作不需要太多的技巧，该行业的工会却规定学徒条款，更常见的情况是，某种手艺的技巧性及原来的特征随着时代的变化已逐渐消失了，而它的工会仍规定学徒条款，此时，应动用反垄断法，宣布它们无效。

与学徒限制类似的还有工会关于技术进步、新工具使用、新材料及新工艺采用的限制。在美国，这种行为被称为"额外雇工要求"，在英国被称为"ca'-canny"。在美国，这类限制至少对两类行业至关重要：一是新的技术进步将要逐渐取代传统工艺的行业，如建筑业；二是长期就业趋势必然会缩减的行业，如铁路行业。但是，正是在这些行业里，对技术进步的阻碍会对行业发展及整个经济造成最大的破坏。它将阻止该行业的增长与发展，使之失去本可成为整个经济中流砥柱的地位，使之不可能成为一个重要的解决就业问题的行业，也可能使一个对经济至关重要的行业的重新振兴成为泡影。在这些行业里的确存在着由技术变革而导致的失业问题。但是，试图通过对技术进步的限制解决这个问题，无疑只会雪上加霜。

解决这个问题的方法，不是简单地宣布额外雇工要求是非法的，虽然常有人这样提议。当然，对于这样的行为应予以禁止，但是，这依赖于是否有一种良好的办法解决因技术进步而带来的失业问题，包括足够的解雇补偿、因技术过时而退休的年龄较大的工人应有足够的退休金、再培训、在与工会紧密合作下制定系统的下岗人员再吸收计划等。

## 工人的工会资历及保障

实施可预测收入与就业保障计划以及利润分享计划等工人经济保障措施，又会进一步强化工会的控制权。工会在实施这些计划时，会以工人的工会资历作为分配利益的绝对标准，让"自己人"享受这些利益，肥水不流外人田。这会给新员工招聘带来更大的困难，除非招聘的是最底层的工人。这还会导致各个工会对自己的管辖权、自己管辖的手工艺的范围的过度强调。工会与工会之间的竞争会不断增强，相互之间的排斥也会增强。简而言之，这可能会导致工会采取令经济与社会裹足不前的政策。它会极大地减少个人在经济中流动的机会，减少他在其他行业中获得新工作的机会，惩罚任何一个离开工作岗位或失去工作的人。绝对的、排他的工会资格标准，将会造成一种新的工人与其工作之间的锁定系统——它当然用的是"金钱"，但仍是一种枷锁。这将会造成一种个人不能轻易改变的固定状态，而这又是一种完全非理性的状态：这种状态是由就业这个事件决定的。

一家企业解雇了员工，在它向以前被解雇的员工提供就业机会之前，不能雇用外部的人，这是现在的普遍做法，甚至连那些没有工会组织的企业也是这样做的。这对其他行业失去工作的人来说是不利的，但每个行业都实行同样的政策，机会对每个人也就是平等的了。但是，我们不能接受那种将有着稳定的就业预期及良好的利润的企业转变成封闭的企业的政策。因为这样做将不可避免地产生"世袭特权"阶层，它将破坏社会的流动性。

至少，我们已知的任何体制，如果它给予自治集团排他的特权，而这种政策的许可又得不到公众的控制，它将会演变成一个封闭的世袭的垄断特权的体制。

我们必须要设法保证某人从一家工厂转向另一家工厂时，他的工会资历仍保持不变。我们必须要保证某人在更换工作时，能将他已获得的福利都带走。我们还要保证，某人在他从事的工种范围内更换工作，从一个工会转向另一个竞争性工会时，不会失去他已有的工会资历及对相关权利的要求权。最后，我们还要保证某人在不同的工种之间转换时，不会被排除在新的工种之外。例如，某人所掌握的技术在某个地区被认为属于凸版印刷领域，而在一个新城市被认为属于平版印刷，不能因为这个原因而将他排除在新城市的工作之外。或者，不能因为某人以前是开出租车的，就不能找到开卡车的工作。对工会限制流动性和竞争的要求也适用于有类似效果的公司政策。例如，公司的管理者是否能享受养老金福利，习惯的做法是，规定他只有不到竞争者那里工作才能享受到这部分福利，这样的公司政策就如同工会限制工人的流动与竞争一样。尽管公司这样做没有违背反垄断法的哪条哪款，但是它违背了反垄断法的精神。

然而，我们又不能宣布工会的资历标准及公众标准是非法的，这会破坏工会或工厂社区组织的稳定性。它们也是必要的。因此，我们面临的是一个平衡的问题。我们可以规定，当某人从一家工厂转向另一家工厂，从一个工会转向另一个竞争性工会时，他的工会资历在第一年暂时终止，或将他的工会资历削减1/3。从某个工种转向另一个工种时，要通过一个简单的考试，由新、老工会的领导人组成一个公正的主席团主管该考试。

但是，我们要设计什么样的办法，这并不重要。最主要的是要保证社会不会受制于工会的消极行为、对立法平衡的抵制。如果工会本身不能实现可行的效果，应适当采用立法手段。但是，相对于一个相当精细的体系而言，立法也只是一种很粗略的办法。就像用鞋拔修理手表一样，我相信，也许有这样的事情，但绝不是优秀的修表匠所推荐的方法。因此，在这个问题上，工会的领袖不仅负有特殊的责任，而且这也是一个机会。成为某个特定工会、某个特定工厂社区的成员这件事越重要，因这个成员资格而获得的保障和福利越多，工会制定向所有工人开放的政策就越重要。

第 38 章 | CHAPTER 38

# 罢工何时会变得不堪忍受

作为公民的工会，其面临的主要问题之一为罢工问题。如果能采用在本书中描述的工业社会秩序原则，罢工问题应能得到很大程度的缓解。根据这些原则，工会能获得正面的、有实质意义的地位，这会极大地消除工会因政治性要求而发动的罢工。它也能赋予工会领袖相应的职能，保证他不像维多利亚时代的情景剧中的约翰 L. 刘易斯这个角色那样，作为一个气愤的父亲，成天叫吼，不断地表演。工厂社区里的新机会为获取声望、升迁的需求提供了实现的可能。它为解决工会内部的派系之争找到了出路，这件事也只有在今天才有解决的可能。另外，在劳资谈判时，将工资率与工资负担分开的新思想的引入，特别是同时采用可预测收入计划、利润分享计划时，能够极大地减少因工资问题而引起的罢工，无论工资是这些罢工的实际原因，还是表面原因。

但是，罢工问题对工会来说仍然至关重要。也许，最终可能会发展成这样的情况："罢工权利"变成一个纯粹的象征性的权利，就像英国王室对英联邦政府制定的法案的否决权一样,虽然一直维持这种权利,但从不行使。但是,在可预见的未来,罢工还会出现。社会仍需要寻找新的办法与途径,协调工会的罢工需求与社会不允许任何私人团队通过采取一致行动破坏国家福利的需求两者之间的矛盾。

除了国家处于紧急状态(例如处于战争时期),可以明令禁止一切罢工,其他时期不可能这样做。剥夺罢工的权利就相当于彻底取消工会,那将会是迈向工会的国家化,迈向极权国家的第一步。另外,无论政府在罢工中干预什么,它必须从国家的利益出发,既不能偏向工会,也不能偏向雇主。《塔夫特－哈特利法案》赋予政府在必要的时候可以停止罢工的权力,尽管这种权力只有在罢工危及国家安全、国家福利及正常发展时才可以行使,但它明显地偏向了雇主这一方。这是该法案的一个严重问题,也是工会强烈反对该法案的根本原因。

但是,我们的社会应该能够,也必须树立起这样的观点:罢工只是一种特殊手段,它不是一种解决问题的常用办法。在这样的观点下,不同的团体之间应能事先同意在现有的合约的框架下解决争端。事实上,应大力推广常设公平裁决员制度,因为很多行业采用这种制度都取得了很好的效果。如果没有关于仲裁的协议,关于现行合约规定的各方的权利义务、现行条款的含义等争执,可以由专门负责解决协议争议的机构(也就是普通法庭)负责处理。而对于任何旨在强制实行现行合约、对现行条款的重新解释、改变现行条款的停工,无论是工人的罢工,还是雇主的停工,都应明令禁止。

这样的禁令实际上增强了工会及工会领导人的地位。现在,他们对未经批准的"野猫罢工"也无能为力,而且还要表示出宽容、理解,甚至还要表示出支持。一个例证就是,1949年6月的英国铁路工人罢工。罢工的原因是反对星期天加班,但这一点在合约中是双方完全同意的。差不多相同时期的福特汽车公司的罢工,实际上就是在新的劳资协议的具体谈判将要开始时，试图让工会领袖支持"野猫罢工"，反对现行的合约的条款，但这会损坏工会的权威。

然而，真正的问题是那些危及公众安全、大众福利、社会稳定的合法的罢工。没有任何办法可以解开这个结，只有将它一刀切除。没有哪个政府可能允许危及社会的罢工。给"基础工业"的工人以特殊的地位，这种做法不能解决任何问题，因为每个行业都有可能成为"基础工业"。任何政府都应该有判断某次罢工是否会危及公众福利的权力。它必须有采取合法的行动对付这类罢工，让工人返回工作的权力。

与此同时，政府的这种行动不能蜕变成管理层方面的干预。这在《塔夫特－哈特利法案》之下很容易实现。任何时候，政府以罢工危及国家利益为由禁止某次罢工，应暂时由政府接管所涉企业。在政府接管期间，该企业所获利润应是过去10年最低的年平均利润水平。如果在过去10年里，该公司某一年是亏损的，那么政府控制期间应将该公司的利润设为0。如果在政府接管期间出现了亏损，那么这个亏损应由该公司承担。

此外，如果工人罢工的公开要求是提薪，在接管的公司里，工人所得工资应保持原来的工资率水平。相反，如果罢工的理由是反对降薪，那么对于工人的工资应先支付相对于原先较低的薪水，而工人要求的薪水与实际所得薪水之间的差异则存入一个未决的信托账户。

换句话说，这样做，工人和雇主双方都会承担相当大的风险。当然，这样不会使任何一方有利可图。事实上，这样做，双方都有动力去寻找解决罢工问题的折中方案。对公司来说，政府接管带来的经济结果与罢工没有什么区别。而工人这一方，尽管面临的损失要比罢工中少一些，但是，他们也不太可能取得一些基础工业工人罢工所取得的胜利。在那种情况下，公众给予的压力太大，会促成罢工问题的及早解决。

本书的最后两章主要讨论了对工会的行动自由的限制与约束。但是这里的"制约性"已经与传统意义上对工会行动的法律上的制约性完全不同了。它的假设前提是存在着一个强大的、广为接受的、有保障的工会。这些制约的主要目的不是为了惩处工会或者是蓄意摧毁它，相反，是为了促使工会实现它重要的社会责任。换句话说，我们的目的是真正的监督，而不是限制。

只有一件事能将这种监管转化成惩罚性的、限制性的手段，那就是工会对任何限定其权力及行使权力的条件的努力都盲目地反抗。正是由于类似的反抗，使得早期对企业的监管变成了后来的限制。在美国，大部分的工会领导现在都认为，1946年国会讨论的《塔夫特－哈特利法案》，是他们拒绝当时联合制定一部真正监督工会行为的法律的重要原因，尽管他们不会公开承认这件事。希望得到行使社会与政治权力无所限制的许可，最后只会导致带有惩罚性的限制。我们希望工会的领袖，尤其是新的一代将要接替领袖职位的年轻人能够理解，美国工会的命运掌握在他们的手中，他们能够决定，美国的工会运动是接受惩罚性的限制，还是通过对其权力及职能的合理监管，而得到鼓励和加强。我觉得要求他们认识到这一点，并不是很高的要求。

结　论

# 一个自由的工业社会

现在的社会，要实现有活力的存在，必须是一个自由的社会。在极权国家时代，自由，不是每个人都能享受到的，即如战争时期的和平一样。欧洲人文主义者的"空想"简单到将个人自由和安全嫁接到独裁政府上，这是他们不谙政治的表现，是不可能实现的。其实，在自由的社会和奴役的社会之间并没有折中点。

工业社会将成为自由的社会，还是奴役的社会，主要取决于国家与企业及工厂社区的关系。如果中央政府直接并完全控制着企业及工业社区，那这个社会就不可能有自由可言。此外，正是这种控制能使现代意义下的专制变成真正的"极权"专制，因为人们对这样的国家机器毫无有效反抗的手段。在这样的社会中，没有任何有实际意义的隐私，更不用说自由了。相反，自治性的企业及自治性的工厂社区能构成一个自由的工业社会的坚实基础。事实上，今天的自由社会也要求企业及工厂社区具有自治性。

如果缺乏公民对政府的负责任的参与，这就会危及自由社会。没有他们的参与，自由社会的政府自己就会堕落。一个自由社会的政府，需要的不仅是赋予社会成员这样或那样的权利，或对政府的权力有这样或那样的限制，它更需要的是合格**公民**，即能承担责任的社会成员。当然，要让公民能负责任地参与政府事务，必须保证有一种基层的自治性的组织。因为公民作为单个的个体直接参与国家政府的事务是不太现实的，毕竟国家政府离单个的人过于遥远，令人鞭长莫及，而且，只有在基层的社区，单个的公民才能真切地感知到什么是政府。

如果基层的自治性政府过于脆弱，现在的福利国家就会破产，而且会变成专制国家。只要各种福利是由中央政府发放的，人们就会认为这些福利是白送的，没有什么成本。他们不会明白每一项福利都是从社会的生产中征收而来的，而要提高整个社会的福利，就必须要提高生产率及工作效率。工业社会创造的财富能保证这些福利是可实现的，然而，这些财富本身也构成工业社会繁荣及自由的最大威胁。

有的人说，解决这个问题的方法是取消福利的国家制，这显然是站不住脚的。我们这个社会创造了以前任何一个时代做梦都想象不到的巨大财富，如果我们不用这些财富满足人类抵御生存风险、获得安全保障的需求，它们又有什么价值呢？但是，我们不能将"福利国家"错误地认为是可以无限制地无偿给予的国家。如果社会成员不能认识到，他的需求的满足依赖全社会的产出、生产率及工作效率的提高，也就是说要依赖全社会成员的共同努力，那么福利国家就会陷入悲惨的境地，变成一个奴役社会。人们不愿意放弃安全保障的希望，情况越糟糕，他们就会越发地紧紧抓住这样的希望。最后，他们会强迫自己进入专制状态，其唯一的目的就是使大家所处境地的悲惨程度是"平等"的。

福利国家的福利应由国家进行计划，但是它的管理应在基层层面上进行。政府要确定的是标准。政府应向那些比较贫穷，达不到国家标准保障的群体进行补贴，而补贴的资金则来自富裕、能承担超过平均水平的负担的群体。但是，这个计划应是基层自治机构社区自己的计划。

在工业社会里，唯一有意义的基层自治机构就是企业及工厂社区。传统意义上的基层政府（如镇、城或县郡等）的没落，主要原因就是基层自治机构已转变成企业及工厂社区了。只有在这样的工业社会里，它的企业及工厂社区是自治性的基层"政府"组织，它们负责社会安全的管理，自由才是真正存在的。在本书讨论完工业社会秩序的职能性要求之后，我们现在要问的问题是，一个理想的工业社会的政治性要求是什么？要使一个工业社会仍保持自由社会的特点，需要什么条件？

## 自由企业社会中的财产所有权

自由企业体制的主要政治问题是工业企业的财产权问题。在自由企业体制中，确立企业及工厂社区自治性地位反倒不存在特别的政治性困难。事实上，自由企业体制正是建立在企业作为一种自治机构的假设之上的。通过工厂社区自治机构的建立，能够在很大程度上缓解工会独立于政府的问题，同时也能防止工会为了自身利益而操纵政府。但是，在自由企业体制中，企业投资者的权利或者说"资本家的权利"，是一个重要的问题。如果说企业中管理的合法性取决于自治性的工厂社区的建立，那么管理在整个社会中的合法性及其经济权力的合法性，则取决于是否能妥善地解决资本家的问题。

在平常的讨论中，人们常常会将两个完全不同的事物混为一谈，即投资者的法定权利及资本市场的功能。资本市场不是"资本主义的"，它与"资本主义"或其他什么"主义"都没有太大的关系，就如同银行体系和零售业体系与任何"主义"都没有关系一样。资本市场实现的是一种客观的功能，与意识形态没有必然联系。它主要是保证经济的灵活性及活力。成功的企业合理地分配它的利润，处置它给整个经济带来的困难，配置较大份额的储备金应对它自身的风险，这些都是非常必要的。否则，一个国家的经济很容易演变成垄断经济，只有少数的企业不断地扩张，变得越来越庞大。同样地，衰落的行业逐渐退出，新生的行业不断地浮现出来，这也是非常必要的。持续不断的衰老和更新是一个经济的基本的新陈代谢。如果人为地阻塞正常的新陈代谢，一个经济就会因自身产生的"毒素"不能排除而被毒死。要保护一个经济免受其自身产生的毒素与废料的侵害，唯一的一种途径就是促使不同的行业与企业争夺资本。事实上，为了保证一个经济是竞争性的，**资本的争夺至少和市场竞争及产品竞争发挥了同等重要的作用**。我们传统的经济思维主要集中在后两者上。

然而，在资本市场的职能中，没有哪一点要求一定要给投资者赋予所有权。投资者要的是分享未来收入的份额的权利。投资者自己准确无误地表明了这一点，他对所有权并不感兴趣。事实上，他根本不需要所有权。他放弃了法定控制权，拒绝了管理者一切企图使他们从企业的利益出发考虑问题的诱惑，更不用说直接介入管理了。

在今天，投资者所有权这个法律上的"虚幻"概念，唯一的作用就是能使某个人或一小群人通过购买某家大企业的一小部分股份而控制该公司的管理。有些时候，只要购买1%的股份就能实现绝对的控制。这种情形之所以成为可能，部分原因在于股权的充分分散：一些最大的企业拥有将近100万名个人股东，这些股东每人只持有很少的股份。这也解释了为什么股东对公司漠不关心，为什么他们会拒绝行使法定的所有权，甚至普通股赋予他们的投票权。

可以说，在很多时候，由少数股东控制对企业来说是一件好事。常常是有能力、有闯劲儿的人愿意利用控制权的法定情形与实际情形不符的机会，但这既不表明这种机会被滥用了，也不表明这种行为是合理的。它只能说明目前的概念难以站得住脚。

投资的本质中没有任何一点要求所有权，或者表明所有权（也就是控制权）是合理的。也许，将来有一天，人们看待人类生产组织控制权的可买可卖，就如同我们今天看待奴隶制条件下人的买卖一样。投资者所有权这个概念的荒唐程度有多深，就会带来多深的反抗。它将企业的政治与社会权威移植到金钱投资中，但是金钱投资实际上并不包含政治或社会责任，它所承担的只有经济风险。赋予投资以政治与社会权利是毫无道理可言的，投资的所有权利就是能获得经济回报。政治的与社会的职能，也就是管理性的职能，只能建立在企业作为社会的一个经济"器官"这种客观的功能之上。

解决问题的方法很简单，就是使"事实上"的情形法律化。也就是，大企业的投资者不应拥有所有权，而只能获得一个索取经济回报的权利。特别地，以下几个特例不包括在这个规则中。首先是对分支公司的投资，这主要是遵循所得税法对分支公司处理的先例。另外，企业的创始人也是一个例外——创始人将企业从无到有一手培育成一家繁荣的大公司，他理应享有所有权。但是，他的继承人就不应继续享有这种所有权。金钱是可以继承的、可以买卖的，但是权力不可以，因为权力必须要与相应的责任匹配。

最后，我们应把新规则的使用限制在大企业里。我们可以设定一个规模界限：比如，向雇员数超过5000~10 000的公司投资时，不享有所有权。或者，我们可以限定在发行不同证券的公司，比如发行票据、债券、优先股或普通股的公司。这两种方案都有其不合理之处，比如第二种方案会将福特公司排除在外，尽管它的规模很大。但是，总体上这两种方法的作用是一样的，它们都不会抑制投资者。

但是，这并不意味着彻底取消所有权这个法律概念，将企业转变成适用于公共法律的事物，类似于大学或州立医院等。事实上，以上提议的变革是在不改变任何法律概念的前提下进行的。与其让4000万股份中每个股份拥有一份虚设的所有权，还不如让每个股份成为投资权证，拥有一份真正的利润索取权，在公司清算时拥有一份资产所有权。除此之外，也有我们现在所称的"股份"，也就是所有权证，它赋予持有者完整的法定权利，这种权证应永久地被赋予董事会。"没有投票权的股份"这种金融工具已经得到广泛的使用。在很多情况下，公司的投票权都被委托给一个"投票信托"小组，投资者只持有索取利润的权证，而不持有投票权。而在福特汽车公司中，由福特本人及其儿子捐献给一个福利基金的大量股份，也是只能分享利润，但不具有投票权，而具有投票权的股份则掌握在福特家族手中。

投资者权利的法律架构的改变必须与董事会的改造同步进行，必须要把董事会改造成一个更有效力的组织，应使董事会成为管理者在经济职能方面拥有权威和权力的新的坚强后盾，而不是一个代表所有权的组织。董事会应包括投资者的代表，毕竟他们是真正关心企业业绩的人，也应包括管理者的代表，原因是一样的，即如前面所言，董事会不应只包括一些全职"管理审查者"，他们的主要职责是负责制定和实施管理组织的政策及保证管理连续性的政策。董事会还应该包括工厂社区及工厂所在社区的代表。这样的一个董事会有权力任免管理层。在所有的重大资本支出中，它有最终发言权。但是它不应该是企业实际的首脑统治机构——这是目前流行的荒谬的想象，它其实更应该是企业的监护者、政策制定者。

取消投资者虚设的法定所有权，其实不会对他的实际地位产生任何实质性的影响，但它的确能更改人们头脑中的一个根深蒂固的观念：企业的存在就是为了给股东谋取利润。这种观念因管理层的煽动性言论而更加牢固。它将股东和债权人放在同样的政治性地位上了。事实上，对企业来说，赚到足够的利润偿还债务，要比赚到足够的利润回报股东更为重要。这是因为，如果企业不能清偿债息，它就得破产。然而，在现实经济中，债权人并不是"公众敌人"。事实上，如果债权有什么内涵的话，它常常是一些正面的。美国的债权人通常都是一些大的机构，比如保险公司和银行，而股东更多的是中产阶级和工人阶级的个人投资者。在人们的头脑中，与债权紧密联系的是"寡妇和孤儿"，而与股权相联系的则是"华尔街"和"大亨"。最后，将所有权、控制权与投资相分离，也能让企业的员工明白，企业必须要满足股东的要求，原因倒不是因为他们拥有这个企业，而是因为，如果股东的要求得不到满足，企业就难以获得持续创造工作岗位并保证工作岗位安全、有吸引力所必需的资本。

## "大"的问题

自由企业社会还需要解决的第二个问题就是人们常说的"大"的问题。这个词实际上具有误导性。它意味着在工业社会中，我们能对"大规模"采取什么有用的措施。事实上，工业企业必须要做大，这是由技术的原因、管理的原因以及为了有效地服务于一个大规模市场等因素决定的。它还暗含着企业做大对社会是有破坏性的。但是，离开大企业，工业社会中的一些基本的经济问题就根本不可能得到解决。像研究发展这类事情，我们所取得的巨大进步很大程度上依赖它们，但是依赖它们的代价也是昂贵的，只有强大的企业才能负担得起。单单大企业就能支撑起战时生产的重担，它们也能很快地从军用转民用，或从民用转军用。大企业自身就能够实施长期政策。最后，也只有大企业才能负担得起管理层。事实上，反对大企业运动中最大的弱点常常是，一些情况的出现实际上是企业做大的结果，有时却被当作原因。对管理的需要，是由现代工业化的经济与技术特征所决定的——这个需要导致的结果就是"大企业"。如果大企业不能为工业社会提供管理者，政府就必须要提供。所有试图消除"大"的影响的努力，无非只代表了一种伤感的怀旧情绪，并且注定是要失败的。我们要做的选择不是在"大"和"小"之间进行选择，我们只能做这样一个选择：要么是数量众多的相互竞争的大企业，要么是一个超级大政府。

"大企业"这个称号似乎还意味着它们享有超级优越的竞争优势，它们对经济变动似乎已经免疫，似乎有着金刚不坏之躯。事实上，大企业的优胜劣汰的激烈程度丝毫不亚于小企业。在很长一段时间里，美国的汽车市场主要由少数几个汽车公司供应，这确是事实。但是，如今的主要汽车供应商与25年前已有很大的不同。那时，福特一家公司就占据了60%的市场份额，而今天，福特的市场份额却不足20%。通用汽车在早先时期占据了20%的市场份额，现在的市场份额却是40%。克莱斯勒公司在25年前还没有诞生，现在却占据了全美客车市场40%的份额。事实上，不仅汽车行业是这样，其他的所有行业也都是这样。福特公司的发展过程只是一个典型。在美国，几乎所有主要行业的领袖企业所占据的市场份额，都要比25年前少得多。也就是说，市场的增长要比大企业的发展快。

真正的问题是"小"。对一个自由的社会，一个运行正常的经济而言，让小企业能与巨型企业肩并肩地生存，特别是要保证新的企业能有机会成立并成长起来，是至关重要的。企业是大还是小倒不重要，关键是它们能不能成为自我更新的经济细胞。这不是一个规模大小的问题，而是工业社会基本新陈代谢的问题。

因此，我们需要创建一个有利于新生的、年轻的、成长中的公司发展的环境。这个环境不是依靠与大企业搏击而获得的，也就是说不是纯粹靠负面的行动而产生的。它需要采取积极的、有利于小企业和年轻企业的措施。然而目前，我们的政府政策却是惩罚和压迫小企业，尤其是新企业及成长企业的政策，尽管这招致很多的抗议。

我们规范企业的方式强制规定了很多的文件及表格，这使小企业不堪重负。而我们的财政政策没有为经济中的幼稚企业及成长中的企业提供任何应对风险和危机的准备金。指望年轻及成长中的企业能承担现有的税负，就如同要一个未成年的男孩背着步兵的背包进行40英里的急行军。最糟糕的是，我们拒不承认幼稚的或成长中的企业面临着如此多的巨大危险，患有如此多的"儿科疾病"，这些问题实际上要求它们能在一段较长的时间内从利润中提取部分准备金，并合理地摊销一些亏损。除此之外，我们需要一项坚定的政策，这项政策也许是一项全新的制度，也就是如何重新开启服务于新的创业企业的资本市场。现在的情况是，在现有的税收政策及中央银行政策的双重制约下，新的创业企业根本难以获得风险资本。

设计积极有力的扶植新企业及成长中的企业的政策，是防止大企业问题、经济权过于集中问题的最好方法。如果我们能采取这样的政策，我们就不必害怕大企业或垄断所带来的问题，因为我们为经济体提供了由它自身关注这些问题的力量。这种政策设计也是唯一的有效的防护措施。而其他任何政策最多只能做到治标不治本。

## "民主社会主义"的政治问题

民主社会主义社会面临的问题远比自由企业体制社会面临的问题棘手得多。在政府所有制的条件下，经济的灵活性及活力是一个现实问题。政府及贸易联合体之间的关系也存在着问题。最后，民主社会主义体制更加难以建立和维持企业及工厂社区的自治性。

一旦政府成为企业的所有者，就很难维持经济体正常的"新陈代谢"，也就是让该淘汰的淘汰，让新生的成长起来。任何一个政府愿意让一个大的、在它的直接控制之下并归它所有的行业衰落并消失吗？它会以保护"人民的投资"的名义竭尽全力地维持一项过时的、本应淘汰的技术。在自由企业体制的社会中，如果一个行业已不再有什么用途，它就不能继续吸引新的资本，进而会逐渐地萎缩，直至最终破产而消失。但是，如果政府是所有者，一个行业无论多么过时，它能让这个行业因资本"饥饿症"而死掉吗？

在民主社会主义体制下，更严重的问题是新行业的问题。我们的"计划者"似乎默认地假定，总有一个非计划性的、更为先进的经济可以模仿，可以"复制"这个更先进的经济体的行业布局模式。但是，如果民主社会主义真能遍布全球，或者如果真的有一个民主社会主义国家成为一个发达的工业化国家，它到哪里去模仿新的行业呢？它必须要自己产生新的行业，然而，迄今为止，没有哪个重要行业是在计划经济体制中诞生的。电力行业、化工行业、汽车行业、铝制品行业及人造纤维行业，这些行业在其发展初期都是充满不确定性的风险行业，而这几个行业只是一小部分代表。在它们的发展初期，技术很落后，但对资本投资的需求很大，结果却又是十分不确定的。任何一个政府会愿意参加这种前景极不明朗的"赌博"吗？甚至可以说，即使它愿意，但是它拿着公众的钱参与这样的"赌博"是合理的吗？

在民主社会主义社会中，对竞争的需求其实比自由企业体制社会更甚。**如果一个经济不是"自由企业体制"的经济，它就必须是一个"竞争性企业体制"的经济**。因为在一个非自由企业体制的经济中，制约性的力量必定会更为强大。我们甚至可以说，在民主社会主义经济中，"计划"的范围实际上变得更小了，比自由企业体制的经济中的"计划"范围要小。其实，要使得民主社会主义真正能实现，我们应该回归早期社会主义的"计划"的概念，也就是说，政府只对一些基本的经济因素进行控制（如信贷），而不是像现在的计划，要确定具体的生产和消费——现在流行的这种计划方式应彻底被抛弃。事实上，计划的思想根本不是源自社会主义理论家，而是源自第一次世界大战期间的战时经济。民主社会主义需要的实际上是一个自由的、非计划的资本市场或它的某种模仿形式。如果由政府决定应向哪些行业输送资本，哪些行业不能获得资本，这个经济注定会很快失去活力，变得僵化。

民主社会主义一旦确立，工会就会处于危机之中。工会突然进入管理层，此时，它面临的选择是：要么扮演传统的角色，作为一个反对企业与社会的特殊压力集团，利用其政治力量强迫社会的其他群体接受某个群体的要求，要么成为政府与管理层的左膀右臂，丧失它们作为代表工人的特殊机构的职能。

如果工会代替了政府，整个社会就会丧失经济生产率及效率，也会因此失去经济生存能力。这样做的一个结果就是社会各阶层对工会的不满会变得越来越强烈。最后，政府只能迫于公众舆论不得不通过"全国化"手段取缔工会运动。但这也意味着民主社会主义的终结，极权主义的开始。相反，如果工会成为管理层的一部分，丧失了它们原来的职能，它们就会失去成员的忠诚。自发的罢工和反对工会领导人的起义便会风起云涌，而工会成员则会越来越多地被其他群体所吸引。这些群体会承诺恢复"真正的工会"，并公开指责工会的现任领导人已被管理层收买。在这种情况下，最终的结果同样是政府出面压制工会，以防止公开的颠覆势力掌握对工人的控制权。

因此，民主社会主义应比自由企业体制的社会更关心如何维持真正自主的工会运动。条件之一也许是，在民主社会主义国家中，工会运动不应与任何政治团体有关——如果不是这样，它应放弃一切政治活动。在一个基本的产业国有化的国家中，既不允许工会成为政府的一部分，也不允许它成为反对派的一部分，这既是为了整个经济、政府，也是为了工会本身。但是，在社会主义政府的条件下，确保工会生存的根本条件是，管理层及工厂社区是自治的，而不是在政府的直接控制之下。只有这样，工会运动才能维持它作为反对者的角色，而又不反对政府本身。

能否确立管理层及工厂社区的自治性是民主社会主义的试金石。如果企业或工厂社区被政府直接控制，那么自由企业体制的社会就不可能实现。它只会导致对工会的压制，甚至还可能导致政府对每个公民的完全控制。

对民主社会主义国家来说，确立一个自治的工厂社区并不是难事。但是要容忍一个真正自治的管理层的确很困难，更不用说树立一个真正自治的管理层。管理层必须与政治一点儿都不沾边；必须要履行好其客观职能，最好地实现企业的利益最大化；必须从工作的本质出发确定自身不是一种公众服务机构。而政府作为所有者，享有所有的法定权利。对它来说，施行完全控制的诱惑力很大。此时，只有政府采纳我之前对自由企业体制社会中投资者的建议，对所有权采取合理的限制，才能保证企业是一个真正自治的机构，才能克服施行完全控制的诱惑。

此外，在民主社会主义体制下，管理层的独立性应基于社会群体的理念。管理者至少应享有与律师及医生平等的职业地位。律师和医生的独立性是建立在人们对他们的专业水平及职业道德的尊敬的基础上，而不是法律规定之上。也许，管理者还应享有真正"贵族"的地位，即如中国古代的士大夫，共和时期罗马元老院的议员阶层，或者是英国18世纪、19世纪的"绅士"——他们享有统治权力的基础在于他们肩负起的责任，而且他们得到了人们的广泛认可。

根据美国人对自由企业体制社会的理解，它更容易被接受，风险更小一些。但是，我们应该进一步理解的是，在这个世界上，有很多地方只有施行某种合适的民主社会主义或类似于民主社会主义的形式，才能够实行自由的工业社会。美国人并不理解欧洲以及前殖民地国家实行民主社会主义背后的动机。由于工业革命，导致了欧洲以及前殖民地国家遭受了严重的结构化危机，正是这个危机要求一个严格的社会制度、要求一定的集中，就像我们曾经需要战时经济制度一样，而要实现这些，只有对社会资源实行比较严格的组织形式。如果说民主社会主义是迫于需要而被采用的，那么目前它仍处于迫切的需要之中。

但是，比民主社会主义背后的经济动机更重要的是社会与政治动机。美国人认为的"自由企业体制"与欧洲的"资本主义"，甚至前殖民地国家的"资本主义"是有很大的不同的，用美国理解的概念去认识欧洲的概念或用欧洲的概念理解美国的概念，只会导致极大的混乱。事实上，如果我们用其他理解"资本主义"的方式认识这个概念，那么把美国的体制称为"资本主义"其实是很可笑的。

主要的差别不在于财富、资源或技术，而在于社会氛围。我们只要说一个事实，就会发现，不能将欧洲的情况完全照搬到美国。在美国，8个工人（而不是农民）中就有1个直接投资于工业证券。

更为重要的事实是，在美国从未出现过类似于欧洲的"统治阶级"的事物。基于同样的原因，美国也从未出现过欧洲意义上的"工业无产阶级"。事实上，美国社会组织的概念是社会地位的可流动性，可以上也可以下。

还有一些其他原因。美国人的"物质主义"造就了物质生活方式的统一性。其实这个词用来描述将物质商品作为成功的标志，而不是把财产占有作为成功标志的人生态度是有点误导的⊖。在美国，既没有所谓的上层社会的也没有所谓的下层社会的服饰、家具、车辆或者建筑。不同阶级之间的差异体现在财富的规模和数量上，而不是基本生活方式上。与这种物质上的统一同时并存的是文化组织（如教会和学校）的多重性和多样性，这颇令人费解，尽管这个现象通常不为人们所注意。在欧洲，情况正好相反，它是文化上的高度统一（还不是一般程度的统一）与物质、生活方式多样性并存。

---

⊖ 在我的记忆中，美国的传说和民间故事中从没有守财奴这个形象。

最后，美国与欧洲，更不用说与东方世界形成的最鲜明的对比是，在美国几乎不存在因社会性妒忌而导致的集体行动。这种妒忌只在一定程度上存在于像黑人这样一无所有的群体中。它反映在理查德·赖特的小说中，对美国人来说是一种极大的震撼，而在欧洲，无论是左派还是右派都把这种事情当作理所当然的事。

传统的欧洲社会主义无论是多么不切实际，却真实地反映了社会与政治紧张。在前殖民地国家，如拉美、印度等地，更是如此。另外，事实已经证明，欧洲的工业在总体上不能够产生真正的管理者，即能够将企业的利益置于自己的利益之上的管理者。少数的几个例外是：英国皇家化学工业公司和联合利华公司、德国的拉特瑙和荷兰的飞利浦集团。最近，欧洲（尤其是英国）也在有意识地培养管理层。当时，在总体上，欧洲的工业企业家通常都遵循法国的"所有者"模式，他们的重点是保护和扩大家族的财富，阻止一切"外部人"（包括那些真正为他们执掌企业运行的人）获得分享全部经济成果的权利、获得"资本家"应有的社会地位与政治权力。其中的原因之一是，欧洲大陆的工业过度地被控制在大银行的手中。另外一个原因毫无疑问就是，工业联合的强大威力和主流趋势，将管理决策的权力集中到卡特尔和贸易联合会的幕后之手中。

欧洲左派认为，剥夺私人所有者的财产之后，管理者阶层就会自然而然地产生，这是一种危险的幻想。但是，欧洲的"资本家"在总体上未能培养出真正的管理者，这也是不争的事实。然而，现代工业社会又非常需要管理者，对管理者的需求其实是这些国家最大的需求，甚至比对资本、原材料、技术诀窍和机器更迫切。由于未能产生出真正的管理者，欧洲的私人所有者在反对国有化时，只要涉及管理职能，他们的反对就显得十分苍白无力，所以他们只能求助于财产权的概念，或干脆努力表明私人所有权不是人们想象的那么罪恶，其结果自然是适得其反。

民主社会主义是前工业世界的产物，是 1850 年，而不是 1950 年的产物。那时，这个世界还是一个充满着传说中的怪物的世界——其实，即使这些怪物真的曾经在我们的地球上游荡过，它们也早就灭绝了。那时，人们压根儿不知道什么是现代生产。一方面，相信仅靠财富的重新分配就能魔幻般地使得现有的商品成倍甚至三倍地增长；另一方面，又以前工业时代的观点看待商品和服务的量，将它完全看成一个静态的概念，其结果就是，不能认识到生产率的提高能够创造财富。

在以上分析中所提出的自由工业社会显然和我们传统上所说的"资本主义社会"有着很大的不同。它与传统意义上的"社会主义社会"也有很大的不同。**工业社会不同于资本主义社会和社会主义社会，它是超越了这两种社会的新社会。**

本书所有的建议都不是什么特别的或革命性的创新。事实上，在一些领域（比如管理组织）中，本书所提出的原则只是对目前的最佳实践的一种概括和提炼。而在另外一些领域（比如收入与就业预测、工厂社区的自治）中，本书提出的原则，尽管是新颖的，其实只不过是揭示了一些事实存在但处于隐藏状态的趋势罢了。不过，在思想、信念和精神方面，这些原则还是很新、很激进的。妨碍我们实现自由的、运行良好的工业社会的最大障碍不在于制度，而在于我们束缚想象力的习惯。我们需要的不是什么"社会工程"，我们需要的是勇气和远大蓝图。真正的挑战是领导力——既包括管理层的领导者也包括工会的领导者，面临着最大的挑战。产生果敢、富有想象力的领导的时机已经成熟，不过，时不我待呀！

本书的根本目的不是描述一个理想的社会，而是寻求一个**适合我们这个时代的社会**。相对于寻求一个理想社会，成为穿越不同时代的救世的灯塔的目标而言，我们的目标不算野心太大。但是，这同时又是一项更具野心的工作。因为，它要求我们给出具体的、可行的、有效的、能够奏效的政策以及将会产生效果的政策。

  本书关注的重点是政治行动。这些行动治愈不了集中营、警察酷刑以及终极武器等我们这个时代的痼疾。它也克服不了西方人深刻的精神危机,无法将我们从令人震惊的精神麻木中唤醒。政治行动替代不了召唤我们这一代人忏悔的伟大先知、把我们重新引向光明的伟大圣人、重新唱响人类伟大与高贵之歌的大诗人。但是,正如一位伟大的先哲,而不是一个政治家曾经说的:"在成为基督徒之前,首先要成为公民。"如果说政治行动不能消灭游荡在这个世界上的人为的魔鬼,它至少能给我们这些仍徘徊在恐惧之中的人们与之斗争的武器、勇气和希望。

# 1962 年版后记

10 年或 12 年的时光在历史的长河中只是眨眼的一瞬间。但是，它对眼前正在发生的事件而言，却是足够长的一段时间。本书考察的恰好是当前的时代，而从本书第一次面世（恰好是朝鲜战争爆发前两个月）到现在，已经有 12 年了。在这 12 年中，我们的这个世界经历了快速的变化。

本书的一些"预测"变为现实的速度不仅比作者本人想象的要快得多，也极大地出乎 12 年前本书出版时批评者的意料。特别是在劳资关系方面更是如此。例如，在 1950 年时，年度收入保障计划几乎是天方夜谭。而在今天，劳资合同中已经有类似的事物，比如提供附加的失业补偿、有组织地重新培训、要权衡技术变革及其带来的失业问题等（最后一项出现在 1961 年 2 月旧金山码头工人的劳资协议以及全美玻璃瓶工人的劳资协议中）。

类似地，将工资和生活费用与生产率联系起来，在那时似乎是一种很幼稚的想法，然而，就在本书出版后不久，这就在汽车行业中变为了现实。最后，正如我在本书中"预测"的那样，"附加福利"（如退休金和健康保险）

所需要的资金必须从利润中筹措，而不应该将它们看成是成本或费用。如今很多重要的福利计划正是按照这个思路进行的（1961年美国汽车行业与工人达成的协议就是一个例子，而冠军纸业公司则是另外一个例子）。

更重要的是，即使在劳工运动组织内部，也都普遍承认工会只是次要的组织，而不是最重要的组织，它的生存依赖管理的有效性、管理的业绩。1951年最受关注的关于劳资关系的著作是哥伦比亚大学历史学家弗兰克·坦纳鲍姆写的《劳工哲学》（*A Philosophy of Labor*）（纽约：诺普夫出版社出版）。在该书中，作者以最流畅的文字阐述了劳工运动的传统观点，也就是说，工会才是工业社会最基本的、真正核心的组织和团体。10年以后，也就是1961年，关于劳资关系最受关注的论点来自一项调查研究。这项调查研究是由一群美国顶级的劳资专家完成的，他们来自普林斯顿大学、加州大学和麻省理工学院。他们开始时是抱着劳资关系和工会是核心的观点，在全世界范围内进行经济发展与工业化的调查的。但调查的结论让他们大吃一惊，他们发现劳资关系和工会其实只是次要的，工业社会中决定性的因素是管理和管理者的发展。

在本书中，我们谈到全国性的工资政策时曾指出，出于社会的利益和需要，会限定一个范围，只有在这个范围内，集体谈判才是许可的。这种观点不仅在当时被看成是子虚乌有，而且被许多来自管理阶层和工会的人认为，是对市场上无约束谈判这种自由精神的极其反动的攻击。然而现在，人们普遍接受这样的观点：尽管这样的政策很难定义，更不用说付诸实践了，但是，我们的确需要这样的政策。这种认识显然体现在肯尼迪政府的劳工政策中。这项政策公开宣称的倾向是：既不是"反工会"的，也不是"反管理"的；既不是"亲工会"的，也不是"亲管理"的，而是"服务于全民利益"的，正因为如此，尽管这项政策的很多方面遭受到了很苛刻的指责，但这丝毫没有削弱它受公众支持的程度。

还有一些领域，当时认为最不可能实现的却变成了现实。根据我们的理解，这是指：我们在本书中提出，单靠法定的权利是不可能真正解决工业社会的基本问题的。把国有化当作"魔杖"的幻想已经破灭了（这在前几年还是不敢想象的），现在的情况是，即使将已经国有化的企业归还给私人所有者也不会遭到工人的群起反对。事实上，英国的钢铁工人、德国大众汽车公司的工人和奥地利政府所有的工业中的人是返回运动最坚定的支持者。原因很简单，当管理层代表的是罪恶的资本家时，还好对付，如果他们代表的是"公众"或"国家"，就不好对付了。

当然，本书也有一些落空的预测。然而，这些都不是真正重要的、已发生的事件。真正重要的事件是作者在写作本书时已经完全看到但是没有深入思考、已经完全认识到但是没有深入理解的变化，这一点适用于所有试图进行分析和预测的作者。是什么决定着对未来的预测注定会失败呢？不是没有预测到的现象总会出现，而是预测的实现就意味着完全不同的开始。最失望的人通常总是预言实现了的预言者，抵达新前沿的开拓者，发现新大陆的探险家。

有四种发展属于上述真正重要的事件，它们体现了工业社会过去10年最重要的发展动态。第一点是欧洲的复兴。在经历了40年的停滞和退缩之后，它突然乘上了经济发展之车，而且成为经济发展的领导者。第二点就是近乎爆炸式的"预期革命"，全世界的国家，尤其是非洲和亚洲的那些处于完全的欠发达状态、前工业发展阶段的国家以及前殖民地国家，突然对经济与社会发展无限渴求。

第三点，与以上两点同等重要但又完全不同，那就是一个员工的中产阶层——"知识工作者"正在形成。在工业发达国家，尤其是在美国，这个阶层已经成为工人群体中数量最大、发展最快的群体。在本书中，这个阶层已经浮现出来了，可惜我们未能加以深入分析。这本书仍采用的是将工业社会分成两个集团——"工人"和"管理者"的方法。尽管我们在书中也反复强调，典型的工人集团应该是与技术性员工和有专长的员工有很大不同的集团。这个阶层尽管也是工人阶层，但是他们绝不会将自己称为"无产者"，而会将自己归入"中产阶层"，甚至有的会认为自己是"管理层的一部分"。此外，这是一个相当独立的阶层，因为他们拥有一种基本的生产资源——知识。但是，他们又是受雇于人的，而且，只有通过与工业组织的结合，他们的知识才能发挥作用。正是这个阶层的出现才使我们这个社会成为真正意义上的"新"社会。在此之前，没有哪个社会能使这么多的公民受到教育，并给他们提供发挥知识作用的机会。而我们这个社会只害怕受教育的人不够多，因为，如果没有运用知识的工人，而只有使用体力和手工技巧的工人，我们这个社会就不能充分发挥其他资源的生产力。

第四点，也许是前三点的一个自然结果，管理不再是一个需要强调和特别指出的事物。管理是一个真实的存在，在社会之中有它存在的价值和基本的职能，有它自己的权力范围和责任范围，有它特定的行为和问题，所有这些在今天都已成为显而易见的事实了。在美国，我们发现了管理。而现在，在世界范围内出现了"管理浪潮"，不仅欧洲、日本如此，发展中国家，即使是在苏联，也是如此。例如，在印度，在它的第一个五年计划中（也就是本书刚面世的时候），根本没有提到管理，它的重点是资本投资和支付的平衡。它的第二个五年计划则低调提及管理，然而它的第二个五年计划的巨大成功却是源于事先没有料到的、计划之外的私有经济中的大量的管理者和企业家的出现。而1961年开始实施的第三个五年计划中，则将管理者的培养作为一项核心任务，并投入了相当大的精力。

全世界的情况也都大致类似。"管理"是美国力图通过马歇尔计划输送给欧洲的事物。一开始，这种移植未能生根。但是今天，欧洲充斥着各种各样的管理杂志、管理协会、高级管理培训组织等。对一些最先进的管理技

（如运筹学，也就是将系统的方法，主要是数学的方法运用到管理问题中），欧洲的管理者比美国的同行更加热衷。

正是这些重要的变化，使得现在的情况与本书所假设的、讨论的大不相同。但是，与此同时，也正是这些重要的变化，使得本书试图给出的分析、试图指出的问题与机会、最终给出的结论显得更加重要，而不是变得不重要了。在以前，这主要是美国的故事、美国最关心的事情，或者至多是限于北大西洋传统工业化国家的事情，而现在，正如本书预测的那样，它已经变成国际关注的问题，成为真正的超越国家的问题。日本或印度面临的问题与美国和德国面临的问题并没有什么两样。巴西和罗得西亚在新的产业方面遇到的问题也没有太大的区别。根据我们已经掌握的信息分析，即使是苏联遇到的问题也没有什么太大的不同。

同时，机会也变得更大。特别是考虑到"知识工作者"的出现，这一点更是确信无疑。他们比过去单纯的体力工人更需要"管理意识"，事实上，如果他们缺乏这种意识，他们就会难以取得成功且备受挫折。他们无法从一个"被剥削者"的反抗性组织中获得社会地位、实现社会价值，他们属于19世纪社会主义运动中的无产阶级。此外，我们的经验表明，唯一能实现"知识工作者"的有效组织，使他们实现最佳业绩的方法，就是让他们自己管理自己的社区。所有关于为"研究者""营造一种学习氛围"的说法，其实就是在说，我们应将管理自己社区的责任赋予这些"研究者"。这其实十分重要，因为唯有如此，我们才能从这些高质量、高成本的人力资源中获得好的业绩和高的产出。

类似地，管理作为我们这个社会的一种核心职能的出现，也使得对这个职能的正确理解变得比其他任何时候都重要、都紧迫。不仅是管理者要正确理解管理的职能，全体其他公民也应正确理解管理的职能。对每一个社会而言，都有必要认真思考，要保证管理产生业绩，应赋予且必须赋予管理者什么样的合法权力和权威？同时我们又要防止另外一种倾向，那就是赋予管理者过多的权威，超越了保证他产生业绩的范围。必须要清晰界定赋予管理者权威的理由，因为只有人们把管理层看成是一个核心的但又是有制约的组织，我们的这个现代社会才能够正常运行。

在过去的12年里，由本书首先提出或描述的一些趋势和思想不断地涌现出来。很多当时属于预测的事物也都变成了现实。然而，我在这里想阐明的是，尽管12年过去了，但是我的基本宗旨，一如本书的主要目的和主旨，仍然没有改变：在今天的工业社会里，我们拥有的是一个完全不同的"新"社会，而作为公民，我们的工作就是要理解这个社会。我们不能运用过去的口号，甚至可以说任何口号理解这个社会。我们应以它自己的方式理解这个社会，将它看成和所有的人类创造一样，既是问题也是成就。

# 彼得·德鲁克全集

| 序号 | 书名 | 要点提示 |
| --- | --- | --- |
| 1 | 工业人的未来<br>The Future of Industrial Man | 工业社会三部曲之一，帮助读者理解工业社会的基本单元——企业及其管理的全貌 |
| 2 | 公司的概念<br>Concept of the Corporation | 工业社会三部曲之一，揭示组织如何运行，它所面临的挑战、问题和遵循的基本原理 |
| 3 | 新社会<br>The New Society: The Anatomy of Industrial Order | 工业社会三部曲之一，堪称一部预言，书中揭示的趋势在短短十几年都变成了现实，体现了德鲁克在管理、社会、政治、历史和心理方面的高度智慧 |
| 4 | 管理的实践<br>The Practice of Management | 德鲁克因为这本书开创了管理"学科"，奠定了现代管理学之父的地位 |
| 5 | 已经发生的未来<br>Landmarks of Tomorrow: A Report on the New "Post-Modern" World | 论述了"后现代"新世界的思想转变，阐述了世界面临的四个现实性挑战，关注人类存在的精神实质 |
| 6 | 为成果而管理<br>Managing for Results | 探讨企业为创造经济绩效和经济成果，必须完成的经济任务 |
| 7 | 卓有成效的管理者<br>The Effective Executive | 彼得·德鲁克最为畅销的一本书，谈个人管理，包含了目标管理与时间管理等决定个人是否能卓有成效的关键问题 |
| 8 ☆ | 不连续的时代<br>The Age of Discontinuity | 应对社会巨变的行动纲领，德鲁克洞察未来的巅峰之作 |
| 9 ☆ | 面向未来的管理者<br>Preparing Tomorrow's Business Leaders Today | 德鲁克编辑的文集，探讨商业系统和商学院五十年的结构变化，以及成为未来的商业领袖需要做哪些准备 |
| 10 ☆ | 技术与管理<br>Technology, Management and Society | 从技术及其历史说起，探讨从事工作之人的问题，旨在启发人们如何努力使自己变得卓有成效 |
| 11 ☆ | 人与商业<br>Men, Ideas, and Politics | 侧重商业与社会，把握根本性的商业变革、思想与行为之间的关系，在结构复杂的组织中发挥领导力 |
| 12 | 管理：使命、责任、实践（实践篇）<br>Management:Tasks,Responsibilities,Practices | 为管理者提供一套指引管理者实践的条理化"认知体系" |
| 13 | 管理：使命、责任、实践（使命篇）<br>Management:Tasks,Responsibilities,Practices | |
| 14 | 管理：使命、责任、实践（责任篇）<br>Management:Tasks,Responsibilities,Practices | |
| 15 | 养老金革命<br>The Pension Fund Revolution | 探讨人口老龄化社会下，养老金革命给美国经济带来的影响 |
| 16 | 人与绩效：德鲁克论管理精华<br>People and Performance: The Best of Peter Drucker on Management | 广义文化背景中，管理复杂而又不断变化的维度与任务，提出了诸多开创性意见 |
| 17 ☆ | 认识管理<br>An Introductory View of Management | 德鲁克写给步入管理殿堂者的通识入门书 |
| 18 | 德鲁克经典管理案例解析（纪念版）<br>Management Cases(Revised Edition) | 提出管理中10个经典场景，将管理原理应用于实践 |

# 欧洲管理经典 全套精装

## 欧洲最有影响的管理大师
### （奥）弗雷德蒙德·马利克 著

### 超越极限

如何通过正确的管理方式和良好的自我管理超越个人极限，敢于去尝试一些看似不可能完成的事。

### 转变：应对复杂新世界的思维方式

在这个巨变的时代，不学会转变，错将是你的常态，这个世界将会残酷惩罚不转变的人。

### 管理成就生活（原书第2版）

写给那些希望做好管理的人、希望过上高品质的生活的人。不管处在什么职位，人人都要讲管理，出效率，过好生活。

### 管理：技艺之精髓

帮助管理者和普通员工更加专业、更有成效地完成其职业生涯中各种极具挑战性的任务。

### 战略：应对复杂新世界的导航仪

制定和实施战略的系统工具，有效帮助组织明确发展方向。

### 公司策略与公司治理：如何进行自我管理

公司治理的工具箱，帮助企业创建自我管理的良好生态系统。

### 正确的公司治理：发挥公司监事会的效率应对复杂情况

基于30年的实践与研究，指导企业避免短期行为，打造后劲十足的健康企业。